Stein Ugelvik Larsen · Ekkart Zimmermann (Hrsg.)

Theorien und Methoden in den Sozialwissenschaften

Stein Ugelvik Larsen
Ekkart Zimmermann (Hrsg.)

Theorien und Methoden in den Sozialwissenschaften

Westdeutscher Verlag

Bibliografische Information Der Deutschen Bibliothek
Die Deutsche Bibliothek verzeichnet diese Publikation in der Deutschen
Nationalbibliografie; detaillierte bibliografische Daten sind im Internet über
<http://dnb.ddb.de> abrufbar.

Die Übersetzung dieses Werks ist durch die Stiftung
MUNIN – Marketing Unit for Norwegian International Non-fiction – gefördert.

1. Auflage August 2003

Alle Rechte vorbehalten
© Westdeutscher Verlag/GWV Fachverlage GmbH, Wiesbaden 2003

Lektorat: Frank Engelhardt

Der Westdeutsche Verlag ist ein Unternehmen der
Fachverlagsgruppe BertelsmannSpringer.
www.westdeutscher-verlag.de

Umschlaggestaltung: Horst Dieter Bürkle, Darmstadt
ISBN-13: 978-3-531-13995-1   e-ISBN-13: 978-3-322-80451-8
DOI: 10.1007/978-3-322-80451-8

Inhalt

Einleitung zur deutschen Ausgabe

Ekkart Zimmermann

Bildungsgüter aus Skandinavien sind *in*. Hoffentlich gilt dies auch für das vorliegende Werk und einen folgenden zweiten Band jenseits weiterer PISA- und anderer Schocks. Stein Larsen als norwegischer Herausgeber hat zur Entstehungsgeschichte des vorliegenden Werkes in seinen Kapiteln das Notwendige gesagt. Ergänzend bleibt hier für die deutsche Ausgabe festzuhalten:

1. Wir haben versucht, sprachliche Eigenarten einzelner Autoren zu berücksichtigen, insgesamt aber auch eine gewisse stilistische Einheitlichkeit zu erzielen. Man ist überrascht, dass abweichend vom Normalfall die (zumeist) englische Zweitfassung der Autoren oft umständlicher ausfällt, als man dies von der – zugegeben geglätteten – deutschen Fassung erwarten würde. Dass die Sachverhalte und Argumente allerdings nicht immer journalistischen Staccato-Stil erreichen, ist bedauerlich und angesichts zu schützender geistiger Originalität unvermeidlich.

Auch sind nahezu alle norwegischen bzw. skandinavischen Untersuchungsbeispiele samt Quellen übernommen worden. (Deutsche Ausgaben wichtiger Werke und z.T. ergänzende Literatur sind in den jeweiligen Kapiteln am Schluss vermerkt.) Diese Befunde, Illustrationen und daraus resultierenden Argumente sind meist von durchschlagender Bedeutung und wären für den deutschen Sprachraum höchstens durch Parallelbefunde unterstrichen worden. Mitunter handelt es sich auch um höchstwillkommene und bislang eher übersehene Ergänzungen zu bedeutenden Streitfragen, etwa bei der Anwendung der Weber-Merton-These auf Skandinavien.

So hätte Kap. 11 mit dem inversen Gesetz der medizinischen Versorgung nach Hart eine eigene Recherche gerechtfertigt, kann doch in Deutschland angesichts gestaffelter Beiträge in mancher Hinsicht nicht von der krassen Klassenmedizin wie in Grossbritannien die Rede sein. Freilich droht eine deutliche Entwicklung in diese Richtung. Dass Jensen in seinem Kapitel für das ölreiche Norwegen eine merklich sozialistischere Gesundheitsversorgung anmahnt, steht auf einem anderen Blatt.

2. Auf das "alte Europa" fallen *cum grano salis* acht Gesetze, wobei solche Klassiker wie Adam Smith (Kap. 9), Johann Heinrich von Thünen (Kap. 10), Émile Durkheim (Kap. 13) und Max Weber (Kap. 1) die solide Bastion bilden. Ob dies auch für eher hermeneutisch orientierte Theoretiker wie Hans-Georg Gadamer (Kap. 3) und die Vertreter des extremen Finitismus (Kap. 4) gilt, ist aus der Sicht und Präferenz dieses Autors eher fraglich. Die entsprechend grundlegende Kritik, dass man aus den eigenen als Instrument angebotenen

Argumentationszirkeln selbst nicht herauskommt, ist freilich von beiden Autoren (Doublet und Grimen) in den jeweiligen Kapiteln vermerkt.

Auch kann die übliche Zweiteilung: hier europäisches reichhaltiges Theoretisieren, dort theoretisch begrenztes empirisches Forschen angesichts solcher Mustertheoretiker wie von Thünen über die Bodenrente, ihre Voraussetzungen und Folgen, Durkheim über die Varianten und mannigfachen Ursachen des Selbstmordes oder auch Smith über die grundlegende Effizienzsteigerung von Märkten dort, wo ihre Voraussetzungen erfüllt werden und oft als Logik darüber hinaus, nicht aufrechterhalten werden. Allerdings gilt dieser Befund keinesfalls für die neuere empirische Theoriebildung, wie sich unschwer an der unterschiedlichen Qualität der Fachjournale ablesen lässt, wenngleich auch dann noch viele der „amerikanischen" Theoretiker nichtamerikanischen Ursprungs sind.

Fruchtbare empirische Theoriebildung lässt sich in der Vorgehensweise bei von Thünen gleichermaßen wie etwa in der These zum Gegendruck (Kap. 14), zur Zweistufenhypothese der Massenkommunikation (Kap. 15) und bei den vielfältigen experimentellen Effekten aus der Hawthorne-Studie (Kap. 8) und zu den Placebo-Effekten (Kap. 7) erfahren.

3. Dem Leser mögen verschiedene Lektürewege eröffnet werden. Dabei kann der Schwierigkeitsgrad einzelner Kapitel, letztlich eine empirische Frage, berücksichtigt werden. Folgende Gruppierungen bieten sich in grober Sortierung u.a. an:

a) nach *Disziplinen*
Soziologie: 1, 5, 6, 8, 11 - 13, 15
Volkswirtschaftslehre: 5, 9, 10, 12
Politikwissenschaft: 11, 12, 14, 15
Sozialpsychologie: 2, 6 - 8, 12, 14, 15
Wissenschaftsgeschichte:1, 2, 5, 8, 9
Wissenschaftstheorie: 1 - 7
diverse Bindestrich-Soziologien: 7, 8, 11, 12

b) nach *Mikro- und Makrozusammenhängen*
Mikro: 1, 2, 3, 4, 6, 7, 8, 9, 12 - 15
Makro: 5, 6, 9 - 15

c) nach *empirisch-theoretischen Gesetzmäßigkeiten* im strengen Sinne: 7, 8, 10 - 15

d) nach *wissenschaftstheoretischen* Fragen der Begriffsbildung, Theoriebildung und Theorienüberprüfung: 1 - 7, 9 - 15

e) nach der *"Komplexität"*: hier empfiehlt sich für entspannende Lektüre dauerhafter Wechsel zwischen Teil I und Teil II. Kap. 1 - 5 wirken aus dieser Sicht vielleicht etwas mühevoller.

Alle diese Blöcke und weitere Querkombinationen eignen sich natürlich gleichermaßen für die Lehre. Allgemein werden einige der hier behandelten „Gesetze" u.a. auch in den folgenden deutschsprachigen Werken erörtert bzw. gestreift:

Esser, Hartmut 1999: *Soziologie. Allgemeine Grundlagen*, Frankfurt, Campus.

Esser, Hartmut 1999-2002: *Soziologie. Spezielle Grundlagen*, Bd.1-6, Frankfurt, Campus.

Haller, Max 1999: *Soziologische Theorie im systematisch-kritischen Vergleich*, Opladen, Leske+Budrich.

Joas, Hans (Hrsg.) 2001: *Lehrbuch der Soziologie*: Frankfurt, Campus.

Opp, K.-D. 2002: *Methodologie der Sozialwissenschaften*, Wiesbaden, Westdeutscher Verlag.

Wiswede, Günter 1998: *Soziologie. Grundlagen und Perspektiven für den wirtschafts- und sozialwissenschaftlichen Bereich*, Landsberg am Lech, Verlag Moderne Industrie.

4. Der Titel *Theorien und Methoden der Sozialwissenschaften* als wörtliche Übersetzung aus dem Englischen bedarf verschiedener Eingrenzungen und Erläuterungen:

a) Von *einigen* Theorien, z.T. grundlegenden, ist hier die Rede.

b) Dabei werden auch einzelne Methoden der Datenerhebung und Untersuchungsplanung am Rande berührt (wie z.B. in Kap. 1, 2, 3, 13 – Inhaltsanalyse, Kap. 7, 8, – Experiment, Kap. 11, 14, 15 – Befragungen, Kap. 12 – Beobachtung), mehr nicht. Auch kann trotz häufigen Bezugs auf theoretische Drittvariablen (s. die Kap. 1, 5 – 15), komplexere Mehrvariablenanalysen und Unterspezifizierungen (s. Kap. 1, 2, 5 – 9) nicht von einer Datenanalyse die Rede sein.

c) Dessen ungeachtet sollte aber deutlich werden, wie eng der Zusammenhang von Theorie, Untersuchungsplanung, daraus folgenden Methoden, neuen empirischen oder rein theoretischen Entdeckungen und dauernder Rückkopplung zwischen Beobachtungen und ihrer Reduktion durch und auf allgemeine theoretische Aussagen ist. In diesem Sinne und in dieser Zielvorstellung ist dieser Titel zu rechtfertigen. Die Kollegen aus dem engeren Methodensektor brauchen keine Angst zu haben, ist doch die *angemessene Untersuchungsplanung* die Krönung jedweder Wissenschaft, wobei die Methoden hilfreiche Dienste leisten.

d) Was wäre die Alternative gewesen? "Gesetz und Struktur" als wörtlicher Titel der norwegischen Originalausgabe? Dies würde unnötige und weitgehend falsche Konnotationen auslösen.

Besonders wichtig sind in diesem Zusammenhang die Einleitung und das Schlusskapitel von Stein Larsen. Zum einen geht es um eine Rechtfertigung für den mitunter saloppen Sprachgebrauch, wenn von Theorien, Hypothesen, Gesetzen, Gesetzmäßigkeiten und Quasigesetzen die Rede ist. Angesichts des – mit

Kuhn zwischen pessimistisch und vorsichtig-optimistisch zu deutenden – Entwicklungsstandes der Sozialwissenschaften in einem weiten Sinne ist dies unvermeidlich.

Zum täglichen Gebrauch kann vor allem der minimale theoretische Werkzeugkasten empfohlen werden, den Larsen im Schlusskapitel anführt und an verschiedenen Beispielen erläutert: Gegenhypothesen, Nullhypothesen, Zusatzhypothesen und die Dauersuche nach übergeordneten sparsamen Theorien. Eine ernsthafte Lektüre dieser Kapitel sowie Auseinandersetzung mit vorliegenden Theorien und neueren diesbezüglichen empirisch-theoretischen Befunden wird sich immer im Rahmen der von Larsen in den Vordergrund gerückten Kombinationsstrategie von kleiner Induktion und grosser Deduktion bewegen, um seine Wortwahl etwas zuzuspitzen. Allerdings fehlt hier der *explizite* Bezug auf das Hempel-Oppenheim Schema der gesetzlichen Erklärung und die konkrete Vorgehensweise in der hierarchischen Zuordnung von wenn- (je-) und dann- (desto-) Komponenten einzelner Hypothesen bei der Deduktion – s. dazu: Opp, K.-D., 2002.

All dies gilt gleichermaßen für das Eigenstudium wie für die Nutzung des vorliegenden Werkes in universitären Veranstaltungen.

5. Gedankt sei verschiedenen Mithelfern, Heinz Sahner für seine Befürwortung dieses Unternehmens beim Westdeutschen Verlag, Caterina Peter für die Niederschrift der Erstfassung, Isolde Heintze, Anja Mays und Guido Mehlkop für mannigfache Korrekturanregungen, Literaturhilfe und Unterstützung bei der Erstellung der Indices, Lutz Heidemann für die Übertragung der Grafiken und dem Lektorat des Westdeutschen Verlages für nachhaltigen Druck. Meinem langjährigen Freund Stein Larsen gilt spezieller Dank, dass er – *sit venia verbo* – diese Perle seinem deutschen Kollegen und nunmehr seinen deutschen Lesern anvertraut hat. Verbliebene Fehler aus der Übersetzung sind die meinigen (nicht die nicht immer konsistenten Literaturangaben im Original). Für weitere Anregungen und Kritik sind alle Beteiligten dankbar.

Zu guter Letzt: man wird vieles Überraschende in diesen Abschnitten lernen, bis hin zu Großmutters Kochrezepten (Kap. 5 über Hysteresis), und unvermutete praktische Hinweise in diesen theoretischen Kapiteln finden. So kann man sich nach Broch (Kap. 7) den kostpieligen Gang zum Fitness-Center sparen, nebst diversen anderen "Therapien". Mit von Thünen kann man seine Wohnkosten kontrollieren, mit Adam Smith auch bei sogenannten öffentlichen Gütern die Marktnähe wirtschaftspolitischer Angebote von Umweltorganisationen und Parteien prüfen u.v.a.m.

Wie sagte doch bereits Kurt Lewin? "Nichts ist so praktisch wie eine gute Theorie." Leider ist in der Mehrzahl der Fälle das Gegenteil umso richtiger.

München, 22. April 2003

Ekkart Zimmermann

Lehrstuhl für Makrosoziologie
Technische Universität Dresden
zimmer-e@rcs.urz.tu-dresden.de

Einleitung

Stein Ugelvik Larsen

Dieses Buch möchte die Studenten zu einem frühen Zeitpunkt ihrer Studien mit einigen zentralen Thesen und Theorien bekanntmachen, die zu den fundamentalen Überlegungen in den Sozialwissenschaften gehören. Durch die Verbindung methodischen und theorieorientierten Lernens mit konkreten klassischen "weitreichenden Gesetzen" (*covering laws*) werden die Studenten damit vertrautgemacht, wie Theorien zur Erklärung sozialer Phänomene formuliert und angewandt werden. Dieses Werk will somit Studenten in ihrer ersten Phase des Studiums hilfreich sein.

Für Studenten am Beginn einer akademischen Disziplin mag sich die Phase der Einführung jedoch besonders schwierig gestalten. Zu einem frühen Zeitpunkt ihrer Studien sollten Studenten somit eine Möglichkeit erhalten, einige zentrale Konzeptionen in ihrem Arbeitsgebiet kennenzulernen. Doch darf man sich dies vernünftigerweise nicht als einfache Aufgabe vorstellen. Neue Studenten sind nicht mit bedeutsamen Konzeptionen und der Art des Denkens vertraut, das zu besichtigende Terrain ist eher kompliziert. Um den Gebrauch dieses Werkes zu vereinfachen, werden alle fünfzehn Gesetze in gedrängter Form dargeboten und in ähnlichem Muster beschrieben. So ist zu hoffen, dass es den Studenten leichter fällt, die Theorien zu verstehen und zu vergleichen, obgleich sie sich mit sehr verschiedenen Themen beschäftigen und in unterschiedlichen akademischen Disziplinen entstanden sind.

In den Sozialwissenschaften wie in allen Wissenschaften entsteht mitunter Uneinigkeit über verschiedene Aspekte des theoretischen Status einzelner Disziplinen. So mögen sich verschiedene Positionen finden, jede hebt einen besonderen Gesichtspunkt hervor. Die Ansichten divergieren, in welcher Weise Theorien in Forschung und Lehre genutzt werden sollen. Dennoch herrscht immer relativ breites Einvernehmen, dass Theorien einen prominenten Platz im Lehrangebot einnehmen sollen. Ohne starken Bezug zur Theorie verbleiben methodologische Fragen an der Oberfläche. Statistische Techniken und Richtlinien sind wichtig für die Datensammlung und Datenanalyse im Allgemeinen. Doch können sie ihren vollen Nutzen nur dann entfalten, wenn sie in wissenschaftlichen Problemen verankert sind, d.h. im Verständnis und der Suche nach einer Theorie. Dieses Werk zielt deshalb darauf ab, die Lehre von Theorien wichtig werden zu lassen und das allgemeine Niveau theoretischer Kultiviertheit innerhalb der Sozialwissenschaften anzuheben.

Struktur der Kapitel

Alle Kapitel folgen dem gleichen Muster, wobei das Ziel eine systematische und vergleichbare Darbietung aller Gesetze und Theorien ist. Der Leser soll die Grundlagen erkennen, auf denen Bewertungen getroffen werden, und Ähnlichkeiten der Theorien wahrnehmen, wenngleich sie verschiedene Felder abdecken. Ich halte dies für eine sehr nützliche Art des Wissenserwerbs über Theorien,

1. weil der Leser lernt, in theoretischen Begriffen zu denken, und erkennt, warum dieses wichtig ist;
2. der Leser viele zentrale Gesetze und Theorien innerhalb der sozialwissenschaftlichen Disziplinen und ihrer Nachbarfächer kennenlernt;
3. der Vergleich der Theorien erleichtert wird, da das Muster der Analyse gleichbleibt.

Alle Kapitel in diesem Buch entstammen den Seminaren *Law and Structure*, einer langjährigen Aktivität am Department of Comparative Politics der Universität Bergen. Während dieses Seminars haben wir ausgewählte Gesetze nach den gleichen Prinzipien und der Form der Darbietung wie in diesem Buch analysiert und diskutiert.

Jeder Beitrag beginnt mit einem *Originalzitat* (1), wie vom Autor der Theorie in der Originalsprache niedergelegt (hier mit einer Ausnahme direkt ins Deutsche übertragen, EZ). Doch stellt eine Theorie häufig die Basis eines gesamten Buches dar oder ist zwischen den Zeilen verborgen, so dass es nicht immer leicht ist, die entscheidenden Sätze zu identifizieren, die die Theorie begründen. Der Originalformulierung der Theorie folgt eine *kurze Erläuterung* (2), die dem Leser einen anfänglichen Überblick über das zu Erklärende verschafft.

Darauf wird der *Hintergrund* (3) der Theorie dargeboten, wobei der Autor die Person oder die Personen hinter der Theorie und den geschichtlichen Zusammenhang ihrer Entstehung erörtert. Absicht ist hier, einen Hintergrund für die Theorie aus der Perspektive der Wissenschaftsgeschichte zu liefern. Viele sozialwissenschaftliche Theorien sind innerhalb spezifischer sozialer oder akademischer Umgebungen entstanden, so dass ein Vergleich dieser Kontextabhängigkeiten interessante Einblicke liefert. Doch entwickeln sich Theorien in den meisten Fällen unabhängig, brechen aus der Umgebung ihrer Entstehung aus und werden zu Gesetzen allgemeiner Anwendbarkeit auf Phänomene, die weit entfernt von denen liegen, die die Theorie ursprünglich angeregt haben.

Die nächste Überlegung betrifft die *Formalisierung und präzise Definition* (4). Jede Theorie, die in einem Zitat gebündelt ist, wird mitunter vage und mehrdeutig sein. In diesem Abschnitt wird der Autor den Kern und die genaue Logik der Theorie herausarbeiten. Die bedeutsamen Variablen werden ins Licht gerückt und ihre wechselseitigen Verknüpfungen erklärt. Verschiedene Gesetze und Wechselbeziehungen werden mit Hilfe von Abbildungen, simplen Illustrationen und/oder mathematischen Formeln vereinfacht. Die Formalisierung führt zu größerer Präzision, sobald die sprachliche Fassung der Originalformulierung "zurückgelassen" ist. Doch ist die Balance zwischen logischer Vereinfachung und Loyalität der originalen Formulierung gegenüber häufig alles andere als gradlinig.

Im Abschnitt *Allgemeinheit und Prüfbarkeit – Kritik* (5) beschäftigt sich der Autor mit der Frage, ob die Theorie aus einer Theorie mit größerem *Allgemeinheitsgrad* abgeleitet werden kann. Gibt es eine Theorie auf einem „höherem Niveau", von dem aus die betreffende Theorie abgeleitet werden kann? Wenn dem so ist, gibt es andere Theorien, mit denen die betreffende Theorie in sinnvoller Weise verglichen werden kann? Dabei geht es darum, Aufmerksamkeit auf mögliche neue Paradigmen zu lenken (vgl. Kap. 2 über Thomas Kuhn). Auf diese Weise können wir vielleicht eine Basis für die Entdeckung neuer und allgemeiner theoretischer Perspektiven erlangen. Mit Blick auf die *Prüfbarkeit* diskutiert der Autor den Grad, bis zu dem die Theorie verifiziert (was nach Popper niemals möglich ist, s.u., EZ) oder falsifiziert werden kann. Kann die Theorie, so wie sie formuliert und formalisiert worden ist, empirisch getestet werden? Welche Herausforderungen bringt ein solcher Test mit sich? In den Sozialwissenschaften wird der Begriff der *Operationalisierung* auf die konkreten Messoperationen einzelner theoretischer Variablen angewandt, wenn die Theorien auf empirische Evidenz getestet werden. Die Operationalisierung ist die konkrete Operation, die durchgeführt wird, um zu klären, ob die Hypothese mit den Fakten übereinstimmt. Ein hohes Maß an Innovation ist häufig nötig, um eine halbwegs angemessene Operationalisierung zu finden. Auch variiert dies von einer Theorie zur anderen. Die Operationalisierung ist deshalb kein einfacher Prozess, sondern vielmehr eine wichtige theoretische Herausforderung, der häufig nur unzureichende Beachtung in Kursen über die Methodologie geschenkt wird.

Der Abschnitt *Empirische Einschätzung – Schlussfolgerung* (6) liefert einen kritischen Überblick über einige der zentralen Ergebnisse, die die Forscher auf der Basis der jeweiligen Theorie gewonnen haben. Empirische Resultate werden vorgelegt, die die Theorie stützen, wie auch solche, für die das nicht der Fall ist. In den *Schlussfolgerungen* versucht der Autor zu summieren, wo die Theorie heute zu verorten ist. Hier präsentiert der Autor Beispiele empirischer Tests, die die Theorie aus verschiedenen Gesichtspunkten analysieren und somit dem Leser einen Eindruck vermitteln, wie fruchtbar die Theorie als Quelle für Deduktionen gewesen ist, die empirisch getestet worden sind und sich als „richtig" oder „falsch" erwiesen haben. Schließlich beinhaltet jedes Kapitel eine *Literaturliste* (7), die die vom Autor genannten Werke und die wichtigsten Texte anführt, die der Begründer der Theorie verwandt hat.

Grundlegende Theorien und auf Teildisziplinen beschränkte Theorien

Der erste Teil des Buches berührt Theorien, die sich auf grundlegende Aspekte der Sozialwissenschaften beziehen, wohingegen der zweite Teil Theorien anführt, die speziellen Disziplinen eigen sind und die die normale disziplinäre Arbeitsteilung an norwegischen und ausländischen Ausbildungsinstitutionen repräsentieren. Insgesamt stellt das Buch einen Überblick nicht nur von Theorien dar, die sich auf bestimmte Disziplinen beziehen, sondern auch von Theorien, die grundlegend für alle Humanwissenschaften sind. Ein fähiger Sozialwissenschaftler muss mit beiden gut vertraut sein. Die Arbeitsteilung zwischen verschiedenen Teildisziplinen der Sozialwissenschaften mag sehr wohl künstlich begründet sein. Dabei sind Unterschiede in vielen Fällen durch zufällige historische Ereignisse zustandegekommen. Das Wachstum von Erkenntnissen in einer Disziplin ist jedoch häufig gleichermaßen Resultat der Spezialisierung auf einem bestimmten Gebiet wie des fruchtbaren Einflusses anderer Disziplinen.

Die ersten beiden Theorien, die in Teil I dargestellt werden, beschäftigen sich mit den Voraussetzungen für das Wachstum der Wissenschaften im Allgemeinen und beziehen sich im Prinzip auf *alle* Typen wissenschaftlicher Beschäftigung. Nils Gilje stellt in seiner Diskussion der Weber-Merton-These den Hintergrund für den Durchbruch der modernen Wissenschaft dar (Kap. 1), wohingegen Harald Grimen sich mit der Theorie wissenschaftlicher Revolutionen von Kuhn beschäftigt (Kap. 2). In beiden Kapiteln wird die Basis für die Erklärungen im Lichte der sozialen Voraussetzungen für Durchbruch und Wachstum dargestellt. Beide Theorien sind empirisch testbar, obgleich ihre Inhalte differieren.

Die folgenden beiden Theorien – über den hermeneutischen Zirkel (Kap. 3) und die These des Finitismus (Kap. 4) – beschäftigen sich mit den Grenzen für das Wachstum des Wissens. David Doublet zeigt, wie Verstehen und Interpretation unvermeidbar durch soziale Grundlagen bedingt und an gegebene historische Umstände geknüpft sind. Der hermeneutische Zirkel besagt, dass wir unfähig sind, historische Vorurteile zu überschreiten und dass innere dynamische Beziehungen zwischen einer Behauptung und dem Empfänger bestehen, der sie decodieren muss. Gleichermaßen erklärt Harald Grimen in seiner Erläuterung des Finitismus (der These der Begrenztheit), dass alle Begriffe sozial bedingt sind. Eine Voraussetzung für eine angemessene/korrekte Interpretation eines Begriffes liegt in einer festgeschriebenen Beziehung von deutender zu sozialer Umwelt, in der der Begriff verwandt worden ist. Wenn eine angemessene Deutung hergestellt werden soll, kann man weder „hineinplatzen" oder aus einem sozialen Kontext „herausfallen". Deshalb vermitteln diese beiden Gesetzmäßigkeiten/Thesen eine kritische Einstellung zur Frage, wie neues Wissen möglicherweise unabhängig von den sozialen Umständen zustandekommen mag, unter denen wir handeln.

Die Hysteresis-These (Kap. 5) und sich selbsterfüllende Prophezeiung (Kap. 6) werfen das Problem auf, wie Theorien über die Gesellschaft getestet werden können, ohne durch vorexistierendes Wissen beeinflusst zu sein. Gaute Torsvik zeigt, wie die Geschichte ein Einflussfaktor in allen sozialen Umgebungen, auch in den Naturwissenschaften, sein kann, der die Erklärung sozialer Phänomene erschwert. Jan Erik Karlsen beschäftigt sich mit der „Selbsterfüllung" von Theorien und damit, wie das Wissen über Theorien zwischen verschiedenen Individuen eine der Hintergrundbedingungen für die Theorie darstellt. Wenn Menschen z.B. glauben, dass eine Bankkrise bevorsteht, achten sie auf frühe Warnzeichen, ob eine Krise ausbricht. Doch agieren sie damit gerade in solcher Weise, dass die Bank pleitegeht, obgleich diese vor dem panikartigen Abzug der Einlagen solvent war. Beide Theorien werfen demzufolge die Frage auf, wie Erklärungen sozialer Phänomene Hysteresis und Selbsterfüllung in grundlegender Formulierung in Betracht ziehen sollten.

Die letzten beiden Kap. des Teils I beschäftigen sich mit Problemen, die aus Experimenten innerhalb der Sozialwissenschaften erwachsen. Ole Jacob Broch erläutert den Placebo-Effekt (Kap. 7) und wichtige Unterschiede, die sich ergeben, wenn experimentelle Resultate von anderen nichtbeabsichtigten Effekten zu trennen sind. Wenn ein neues Medikament getestet werden soll, erhalten die Experimentalgruppe und die Kontrollgruppe Substanzen, obgleich es für die Kontrollgruppe nur in inaktiver Weise geschieht und keiner in beiden Gruppen weiß, wer nun was erhalten hat. Gleichwohl kann die Verabreichung allgemein zu einem Effekt führen, der als Placebo-Effekt bezeichnet wird. Tom Colbjørnsen beginnt mit dem sogenannten Hawthorne-Experiment (Kap. 8) und zeigt, wie Individuen, die an einem Experiment teilnehmen (Arbeiter in einem Industrieunternehmen), ihr Verhalten aufgrund der Teilnahme anderer am Experiment ändern. Diese Theorien rücken die Schwierigkeiten ins Licht, die sozialwissenschaftlichen Experimenten innewohnen und die zu besonderen Anforderungen an die Forscher führen, wenn sie bestimmte Effekte auf abhängige Variablen messen wollen.

Teil II führt einige der Klassiker in verschiedenen sozialwissenschaftlichen Disziplinen an. Der Ökonom Jan Erik Askildsen analysiert die Bedingungen, die für die Gültigkeit der „unsichtbaren Hand" von Adam Smith innerhalb einer freien Marktgesellschaft vorliegen müssen (Kap. 9). Der Geograph Peter Sjøholt skizziert die Bedingungen, die auf der Basis von Thünens isoliertem Staat für die verschiedenen Formen der Landwirtschaft in verschiedenen Zonen gelten (Kap. 10). Mit Blick auf beide Theorien wird ein Aspekt von großer Bedeutung für alle theoretischen Analysen deutlich, nämlich die Unterscheidung zwischen den Annahmen hinter der Theorie und der Theorie selbst. Letztere berührt explizit die Beziehungen zwischen unabhängigen und abhängigen Variablen.

Der Politikwissenschaftler Thor Øivind Jensen beschäftigt sich mit Fragen, die aus der Verteilung wichtiger wohlfahrtsstaatlicher Vorteile innerhalb einer

Gesellschaft resultieren. Das inverse Gesetz der Gesundheitsfürsorge (Kap. 11) von Hart behauptet, dass alle Wohlfahrtsreformen an einer innewohnenden Schwäche leiden, derzurfolge diejenigen, die den größten Bedarf an den jeweiligen Leistungen haben, in deutlichem Unterschied zu den Zielen der Reformen die geringsten Leistungen erhalten. Eine vergleichbare negative Tendenz demonstriert der Sozialanthropologe Ørnulf Gulbrandsen in seiner Erörterung der Ausbeutung des „gemeinen Lands", der Allmende (Kap. 12). Diese wird häufig übernutzt und ruiniert aus Gründen des rationalen Selbstinteresses der Menschen, die danach streben, ihren persönlichen Nutzen zu maximieren. Diese beiden Theorien gehören zu verschiedenen Teildisziplinen, sind sich aber ähnlich darin, dass sie empirische Theorien darstellen und aus allgemeinen Theorien abgeleitet werden können: das Gesetz der inversen medizinischen Versorgung von Hart aus dem sogenannten Matthäus-Prinzip („Denn wer da hat, dem wird gegeben, und wird die Fülle haben; wer aber nicht hat, dem wird auch das, was er hat, genommen werden." Matthäus 25, Vers 29) oder der Statustheorie und die Tragödie der Allmende entweder aus der Sicht der marginalen Nutzentheorie oder aus der Problematik des Trittbrettfahrertums. Der Soziologe Knud Knudsen erörtert Durkheims klassische Selbstmordhypothese (Kap. 13) und demonstriert, wie diese Hypothese auf einer allgemeinen Theorie aufbaut, die sich mit starker und schwacher sozialer Integration beschäftigt. In vielen sozialwissenschaftlichen Textbüchern wird diese Hypothese als vorrangiges Beispiel der Widerlegung durch eine Vielzahl empirischer Tests angeführt. Die Theorie verbindet makrosoziologische Vergleiche zwischen Ländern, Regionen, Berufsgruppen, religiösen Gruppen usw. und Mikrobeziehungen (Selbstmord innerhalb von Familien, in speziellen Gebieten). Die Vorstellung ist weitverbreitet, dass Selbstmord eine klar identifizierbare Handlung darstellt, die über verschiedene Grenzen und Bevölkerungen hinweg leicht verglichen werden kann. Eine solche Analyse begünstigt die Formulierung von Theorien größerer Reichweite.

Die letzten beiden Kapitel erörtern Theorien, die sich mit Wahlverhalten beschäftigen. Der Politikwissenschaftler Lars Svåsand analysiert Gegendruckeffekte (Kap. 14), der Medienforscher Helge Østbye richtet seine Aufmerksamkeit auf Effekte der Meinungsführerschaft (Kap. 15). Beide Theorien sind allgemein, empirisch und falsifizierbar. Beiden ist eigen, dass weder die Gegendruckfaktoren noch Meinungsführerschaft direkt gemessen, sondern nur durch indirekte Beobachtung erfasst werden können. Dies ist auch ein zentraler Aspekt im Begriff des Gesetzes bzw. der Gesetzmäßigkeit oder einer Theorie: sie werden nicht direkt getestet, sondern nur indirekt durch Ableitung von Hypothesen und durch aus Operationalisierungen abgeleitete empirische Tests. Nur auf diese Weise kann das Vorliegen von Faktoren des Gegendruckes und der Meinungsführerschaft bestätigt und erklärt werden.

Die prozessorientierte Theoriedefinition:

THEORIE (umfasst verschiedene konkrete Hypothesen)

HYPOTHESEN (umfassen verschiedene empirische Tests)

TESTS (werden auf empirische Beispiele angewandt; Antwort: ja oder nein – wahr oder falsch)

Eine Theorie kann wahr oder falsch sein, wobei dies durch Ableitung konkreter Hypothesen (Deduktion) entschieden wird, die wiederum selbst gegen empirische Evidenz getestet werden. Eine Theorie kann fruchtbar oder unfruchtbar sein, wobei die Klassifikation hier darauf beruht, ob das Potenzial für die Ableitung interessanter und verschiedener Hypothesen gegeben ist, die wiederum gegenüber dem empirischen und verfügbaren Wissen testbar sind.

Der Begriff der Theorie: Struktur und empirische Verallgemeinerungen

Es ist keine leichte Aufgabe, eine unzweideutige Definition der Theorie zu liefern, so wie der Begriff augenblicklich in den Sozialwissenschaften im Gebrauch ist. Doch finden sich zumindest zwei verschiedene Modi zur Beschreibung des Charakters einer wissenschaftlichen Theorie:
1. Die prozessorientierte Definition, die die Funktion einer Theorie in der wissenschaftlichen Arbeit hervorhebt.
2. Die eingrenzende Definition, derzufolge wissenschaftliches Theoretisieren als eine spezielle Aktivität unter den vielen anzusehen ist, in denen sich Wissenschaftler engagieren.
In der prozessorientierten Definition stellt die Theorie das Leitprinzip dar, wenn man nach stabilen Beziehungen sucht. Sie ist der Endpunkt, unter dem singuläre Beobachtungen gebündelt und in deren Begriffe verschiedene Forschungsresultate zusammengefasst werden. Somit liefern Theorien Antworten auf viele Phänomene, auch verschiedene und unverbundene. Nach dieser Definition liefert eine Theorie eine allgemeine Erklärung für viele Fragen, die sich aus isolierten Beobachtungen ergeben.

In der prozessorientierten Definition illustrieren die verschiedenen Schritte von der Theorie und Hypothese bis zum Test, wie die Subsumtion des Besonderen unter das Allgemeine zustandekommt. Eine Theorie umfasst eine Anzahl verschiedener Hypothesen, d.h. Annahmen darüber, wie bestimmte Beziehungen innerhalb einer Gesellschaft auftreten. Deshalb ist es möglich, aus einer Theorie viele verschiedene Hypothesen abzuleiten, die alle die gleiche Theorie als gemeinsame Basis haben.

Ferner bietet eine Hypothese eine Anzahl an Möglichkeiten, Tests abzuleiten, die überprüfen, wie die empirische Wirklichkeit aussehen muss, wenn eine Hypothese falsifiziert werden soll. Diese Art der Definition von Theorien beinhaltet, dass die Theorie nicht Gegenstand eines direkten Testes ist, sondern nur die Hypothesen werden getestet, die aus der Theorie abgeleitet werden. Die Vorgehensweise gründet auf der Annahme, dass eine Theorie eine Aussage auf einem allgemeinen Niveau darstellt und dass die Hypothese eine konkrete Aussage repräsentiert, die aus der Theorie abgeleitet ist.

Ein Beispiel für eine prozessorientierte Definition liefert die Studie über den Selbstmord durch den französischen Soziologen Émile Durkheim (vgl. Kap. 13). Durkheim versuchte die Frage zu beantworten, warum Selbstmord in Dänemark und Schweden häufiger als in Norwegen und warum weniger häufig unter Katholiken und Juden als unter Protestanten war. Die Beobachtungen aus Selbstmordstatistiken verlangten Antworten, die alle beobachteten Variationen miteinbezogen. Durkheim musste alle Fragen unter einigen wenigen grundlegenden Antworten organisieren, die die Beobachtungen aufgeworfen hatten, wobei den einzelnen Beobachtungen eine genau zugeordnete Bedeutung zuzuschreiben war. Seine isolierten Beobachtungen sind das, was wir Tests genannt haben. Die allgemeinen Antworten, die er zu finden suchte, haben wir als Hypothesen bezeichnet. Durkheim entdeckte verschiedene solcher Hypothesen, um präzise Antworten auf die Fragen zu finden, die ihn antrieben.

Mit einem solchen Arsenal von Hypothesen bestritt Durkheim seine Suche nach einer allgemeinen Theorie, unter der alle diese Hypothesen eingeordnet werden konnten. Dies führte zur Theorie der sozialen Integration: er fand, dass soziale Abweichungen und soziale Gemeinsamkeiten gemäß dem Ausmaß starker oder schwacher Bindungen und sozial bedeutungsvoller oder nichtbedeutungsvoller menschlicher Beziehungen variierten. Die Theorie konnte Antworten auf verschiedene Formen abweichenden Verhaltens liefern wie Selbstmord, Kriminalität, Scheidungen usw. Aus der allgemeinen Theorie können wir somit verschiedene Hypothesen ableiten, die sozial abweichendes Verhalten oder soziale Solidarität und Gemeinschaftssinn (*commonality*) betreffen. Wenn wir eine Theorie als „wahr" oder wahrscheinlich betrachten, liegt das daran, dass wir sie als durch mehrere getrennte Beobachtungen gestützt ansehen. Daraus folgt, dass eine gute Theorie hilfreiche Antworten auf unsere Fragen liefern wird, wenn wir verschiedene Formen des sozialen Lebens analysieren. Auch wird eine gute Theorie ein Instrument zur Vorhersage der Zukunft sein: die Theorie ist anwendbar auf Vergangenheit, Gegenwart und Zukunft gleichermaßen.

Das „Aussehen" einer Theorie kann beträchtlich variieren. Ein gesamtes Buch kann „die Theorie" sein. Die Theorie mag auch die Form einer mathematischen Formel oder eines verkürzten Satzes annehmen. In den Sozialwissenschaften finden wir auch häufig Autoren, die die Begriffe *Theorie* und *Modell* unterschiedslos verwenden. Auch gibt es Beispiele, mit denen eine konkrete Hypothese erörtert wird, wobei die Theorie nicht in einfachen Worten dargestellt wird, sondern stillschweigend als eine zugrundeliegende Voraussetzung verstanden wird.

Eine Theorie ist eine Behauptung, die sich darauf richtet, wie Phänomene (alle/verschiedene desselben Typs) einander beeinflussen (alle/verschiedene desselben Typs). In der heutigen Terminologie werden diese „Phänomene" als Variablen bezeichnet. Die gängige Formulierung lautet, dass die unabhängigen Variablen für die Veränderung (Wirkung) der abhängigen Variable verantwortlich sind: wenn sich die abhängige Variable Y verändert, so liegt dies an einer Veränderung in der unabhängigen Variable X. *Veränderung in X führt zu Veränderung in Y: X → Y bzw. $\Delta X \to \Delta Y$.*

In vielen anderen Fällen wird der Terminus der Theorie auch für Sätze gebraucht, die etwas Abstraktes im Unterschied zu Konkretem bezeichnen. Auch mag eine Person als „Theoretiker" bezeichnet werden, was bedeutet, dass diese Person eher unpraktisch ist. Diese Art der Umgangssprache ist mit dem Begriff der Theorie hier unvereinbar.

Eine Theorie ist deshalb ein Instrument der Gedanken, um Ordnung in einen großen und komplizierten Bereich der Wirklichkeit zu bringen. Die Theorie bezieht sich auf die Wirklichkeit, auf unser empirisch etabliertes Wissen, mittels Hypothesen und Tests, die zeigen sollen, wie die Realität sein wird, wenn unsere Theorie „wahr" ist. Wir gebrauchen häufig den Begriff der *Deduktion* (d.h. „herab"leiten aus dem Allgemeinen zum Speziellen) und *Induktion* (hinführen vom Speziellen zum Allgemeinen). In der klassischen Logik lernen wir, wie die deduktive Schlussfolgerung in der Kombination zweier Prämissen und einem Schluss daraus funktioniert. In der praktischen Logik ist es nicht immer leicht herauszufinden, wie die richtigen/vernünftigen Deduktionen lauten. Die Basis korrekter/vernünftiger Deduktion und zutreffender/vernünftiger Verallgemeinerung mag in der Tat lediglich das Verständnis sein, das unter der Mehrheit der Wissenschaftler innerhalb einer bestimmten Disziplin herrscht. Die Übereinstimmung mag auch vorübergehender Natur sein, wobei sich Uneinigkeit in wissenschaftlichen Kreisen darüber ergeben wird, was eine korrekte/vernünftige Ableitung darstellt und was eine korrekte/vernünftige Verallgemeinerung bedeutet. Doch ist allgemein akzeptiert, dass die Theorie eine vorrangige Rolle dabei spielt, Antworten zu liefern, die sich aus dem Studium spezieller Erscheinungen des sozialen Lebens ergeben.

Die zweite Definition der Theorie zielt darauf ab, Theorien von anderen Aussagen *abzugrenzen*. In der Geschichte der Wissenschaft ist dies nahe dem sogenannten *Abgrenzungsprinzip* anzusiedeln, Abgrenzung der Wissenschaft von der Nichtwissenschaft. Es war der österreichisch-britische Philosoph Karl Popper, der diese Definition in der Auseinandersetzung mit dem sogenannten Wiener Kreis vorschlug, deren Mitglieder die Ansicht vertraten, dass eine Grenzlinie zwischen Wissenschaft und Nichtwissenschaft durch das Testen der Theorien gegenüber der Realität gezogen werden könnte. In dieser Hinsicht bestand Übereinstimmung zwischen den Wiener Philosophen und Popper. Es ist das Testkriterium, das wissenschaftliche Theorien von nichtwissenschaftlichen wie etwa normativen Behauptungen und Spekulationen abgrenzt.

Uneinigkeit bestand darüber, welchen Status Theorien als endgültige Wahrheiten einnähmen. Popper behauptete die Unmöglichkeit, die Wahrheit einer Theorie zu bestimmen, selbst wenn sie mittels Tests in korrekter Form aus derselben Theorie bestätigt worden sei. Später könnten neue Hypothesen aus der betreffenden Theorie abgeleitet werden, wobei neue Tests an der Verifizierung scheitern könnten. Somit können wir niemals in schlüssiger Weise sicherstellen, dass eine Theorie wahr ist, sondern lediglich, dass sie falsch ist. Es gibt keine endgültigen Wahrheiten, obgleich wir zumindest schlüssig ableiten können, wann eine Theorie sich als nichtzutreffend oder falsch erwiesen hat. In der Sicht von Popper besteht somit die Aufgabe der Wissenschaft darin, die mangelnde Validierung (Falsifikation) von Theorien zu betreiben, nicht die Errichtung „endgültiger" Wahrheiten.

Entsprechend der eingrenzenden Definition gilt eine wissenschaftliche Theorie demzufolge als allgemeine Aussage, die der Falsifizierung gegenüber der Realität unterliegt. Diese Falsifikation wird durch den oben benannten Prozess berührt: Theorie, falsifizierbare Hypothese und Test.

Theorien, Gesetzmäßigkeiten, Hypothesen und Wirkungen

Die Autoren dieses Werkes gebrauchen eine unterschiedliche Terminologie, wenn sie diverse Theorien erörtern. Im einen Kapitel reden sie von „Thesen", wohingegen es an anderer Stelle „Gesetze" heißt, und in anderen Abschnitten ist von „Wirkungen" die Rede. Der unterschiedliche Gebrauch der Terminologie ist das Ergebnis unseres Wunsches, unseres Bemühens, die Theorien so darzustellen, wie sie in der internationalen Literatur erörtert werden und wie sie sich in den Originalformulierungen finden. So wird z.B. die Zwei-Stufen-Hypothese (Kap. 15) in den Sozialwissenschaften weitgehend als *Hypothese* und nur sehr selten als Theorie bezeichnet.

Der Leser sollte durch die verwandte Terminologie nicht verwirrt werden. Alle Kapitel beschäftigen sich mit allgemeinen Theorien, unterscheiden sich aber mit Blick auf empirische Tests und Falsifizierung. Einige von ihnen können leicht mit vorstehenden Definitionen der Theorie in Übereinstimmung gebracht werden. Andere hingegen besitzen einen weniger klaren Status als empirische Theorie, was besonders für die Theorien im ersten Abschnitt gilt, z.B. die über den hermeneutischen Zirkel (Kap. 3) und die Hysteresis-Theorie (Kap. 5). Beide Kapitel beschäftigen sich mit allgemeinen Schwierigkeiten, auf die man trifft, wenn unzweideutige Schlussfolgerungen aus empirischen sozialen Bedingungen abgeleitet werden sollen. Sie bieten nicht leichthin eine Basis für die Ableitung empirischer Tests, wenngleich auch dies möglich ist. Das gilt auch für die Kapitel über den Finitismus (Kap. 4) und die sich selbsterfüllende Prophezeiung (Kap. 6). Einige mögen die Ansicht teilen, dass es angemessener sei, das Gesetz der inversen medizinischen Versorgung von Hart eher als empirische Verallgemeinerung denn als Theorie in einem strikteren Sinne des Wortes zu bezeichnen. Dieser etwas unklare Gebrauch in der Terminologie besagt, dass das theoretische Konzept in der Tat nicht so klar abgegrenzt ist, wie ich oben erörtert habe. Dennoch beschäftigen sich alle Kapitel mit Theorien, Gesetzmäßigkeiten, Hypothesen oder Wirkungen mit direkter Bedeutung für die Sozialwissenschaft und können zumindest im Prinzip gegen etabliertes Wissen empirisch getestet werden.

Im letzten Kapitel des Buches versucht der Autor die Diskussion dahingehend zu erweitern, wie man neue Perspektiven sowohl für die „Entdeckung" des Charakters einzelner Theorien als auch des „Umgangs" mit einzelnen Theorien finden kann, wobei vier nichtvereinbare Hypothesen eingeführt werden. Er verweist auch auf die schwierige, aber wichtige Unterscheidung zwischen den Annahmen hinter einer Theorie und der eigentlichen Theorie. Dies ist somit eine Einladung an den theoretisch orientierten Sozialwissenschaftler, die schwierige, aber dennoch sehr stimulierende Aufgabe konkreten Theoretisierens anzutreten.

Teil I:

Theorien über die Grundlagen der Sozialwissenschaften

1. Die Weber-Merton-Hypothese: Protestantismus und der Durchbruch der modernen Naturwissenschaft

Nils Gilje

1. Originalzitat

Die ausgeprägte Vorliebe der protestantischen Askese für den durch mathematische Fundamentierung rationalisierten Empirismus ist bekannt [...]. Die bevorzugte Disziplin alles puritanischen, täuferischen und pietistischen Christentums war demgemäss die *Physik* und demnächst andere mit gleichartiger Methode arbeitende mathematisch-naturwissenschaftliche Disziplinen (Weber 1972 [1904 – 1905], S. 141).

Der puritanische Komplex eines kaum verhehlten Utilitarismus, innerweltlicher Interessen, methodologischer unermüdlicher Handlungen, durchgreifenden Empirizismus, des Rechtes und sogar des Auftrags unbegrenzter Prüfung, des Antitraditionalismus – all dies stimmte überein mit den gleichen Werten in der Wissenschaft (Merton 1970 [1938], S. 136).

Der asketische Protestantismus half, die Aktivitäten der Menschen in Richtung der experimentellen Wissenschaft zu motivieren und zu kanalisieren. Dies ist die historische Form der Hypothese (Merton 1968, S. 589).

Die allgemeine Hypothese, die hier erörtert wird, besagt, dass die Wissenschaft zu dem Zeitpunkt in der westlichen Gesellschaft, als sie noch nicht in aufwendiger Form institutionalisiert war, erhebliche Legitimität als nichtbeabsichtigte Folge der religiösen Ethik und Praxis des asketischen Protestantismus gewann (Merton 1984, S. 1093).

2. Kurze Erläuterung

(Erstes Zitat:)
Die ausgeprägte Neigung des protestantischen Asketentums für den Empirizismus ...
Der entscheidende Punkt der Weber-Merton-Hypothese – wie in den vier obigen Versionen dargestellt – besteht in der Annahme, dass eine bestimmte Wertverwandtschaft zwischen dem asketischen Protestantismus (z.B. Puritanismus, Wiedertäufertum und Pietismus) und den neuen experimentellen Wissenschaften besteht, die sich schrittweise während des 17. Jahrhunderts entwickelten. Nach Max Weber (1864 – 1920), der die erste Fassung der Hypothese formulierte, besaß der asketische Protestantismus eine besondere Vorliebe für die neue Physik. Hintergrund war der ausgeprägte Glaube der asketischen Protestanten, dass Gott und seine Absichten nur durch seine Schöpfung erkannt werden konnten. Gott selbst äußert sich nicht nur in den Heiligen Schriften, sondern auch im Buch der Natur *(Biblia naturae)*. Die neuen Naturwissenschaften konnten deshalb als eine Form der Suche nach „Gott in der Natur" verstanden werden. Die Erforschung der Natur bedeutet die Deutung der Handschrift Gottes

oder das Finden eines Weges zu Gott. Einige der bedeutendsten Wissenschaftler dachten, es sei möglich, die „Bedeutung" der Welt durch empirisches Verständnis der göttlichen Gesetze zu erfassen, die die Natur regieren. In protestantischen Kreisen gewann die experimentelle naturwissenschaftliche Philosophie deshalb hohes Ansehen und religiöse Billigung: die Erforschung der Schöpfung ist ein Beitrag zur Glorifizierung Gottes. Auf diesem Hintergrund kann man auch behaupten, dass der asketische Protestantismus Menschen zur wissenschaftlichen Forschung motiviert hat. Nur in den Naturwissenschaften – und nicht in den Spekulationen der Scholastiker oder in der humanistischen Philosophie – war es möglich, die Schöpfung Gottes physisch zu erfassen und mit der Erforschung zu beginnen, was er mit der Welt vorhatte (vgl. Weber 1992, S. 182-183; Weber 1989, S. 16-21).

Weber hob auch hervor, dass der asketische Protestant und der Naturforscher weitere Werte teilten: beide waren weltliche Asketen, die gemeinsamen den Glauben hegten, dass die Welt in einer methodisch kontrollierten Weise gemeistert werden konnte. In der Sicht Webers bestand eine unzweideutige Wahlverwandschaft zwischen der Ethik des asketischen Protestantismus und dem Geist der neuen Naturwissenschaften.

Die sogenannte „Merton-These" wurde vom amerikanischen Soziologen Robert K. Merton (1910-2003) in seiner klassischen Studie *Science, Technology and Society in Seventeenth Century England (=STS)* im Jahre 1938 formuliert. Eines seiner Ziele war herauszufinden, ob die puritanische Ethik gleichermaßen Nähe zum Geist der Wissenschaften wie zum Geist des Kapitalismus besaß. *STS* kann somit als Fortsetzung des Forschungsprogramms angesehen werden, das Weber zunächst entwickelt hatte. Die Monographie von Merton ist ein expliziter Versuch, die Bemerkungen von Weber über den asketischen Protestantismus und die Naturwissenschaften zu testen (Merton 1970, S. 59-60; Rattansi 1990, S. 351). Wie Weber betont Merton, dass das puritanische Ethos eine neue religiöse Bedeutsamkeit mit sich brachte und Legitimität für die Wissenschaft schuf. Die puritanische Ethik und Praxis stellte auch einen wichtigen Beitrag für die Institutionalisierung der neuen Wissenschaften dar. Ein Einfluss dieser Art war in anderen religiösen Bekenntnissen schwerlich zu finden (Merton 1970, S. 86-102).

Der aufregendste Teil in der Studie von Merton ist vielleicht sein Versuch, eine besondere Harmonie zwischen den Werten des Puritanismus und den neuen Naturwissenschaften herzustellen. In der Analyse der Arbeiten von Wissenschaftlern wie Boyle, Newton, Ray, Wallis und Watkins, versuchte Merton die Motive herauszuarbeiten, die sie zum Engagement in der Wissenschaft trieb. Das Ergebnis dieser Forschung ist sowohl beeindruckend als auch herausfordernd. Merton fand eine Wechselbeziehung zwischen dem Ethos des Puritanismus und „den anerkannten Eigenschaften, Zielen und Ergebnissen wissenschaftlicher Untersuchung" (1970, S. 90). In der Sicht von Merton stellten die neuen Wissenschaften „Muster des Verhaltens dar, die den puritanischen Empfindungen kongenial waren. Vor allem schlossen sie zwei hochgehaltene Werte ein: Utilitarismus und Empirizismus" (1970, S. 92). Dieses Argument war von großer Bedeutung für Merton, insbesondere die Kombination von Rationalismus und Empirizismus, die so charakteristisch für die puritanische Ethik ist. Diese Vereinigung verkörpert auch „das Wesen, den Kern des Geistes der modernen Wissenschaft" (Merton 1970, 1992). Merton bestreitet ebenso wie Weber irgendeine Absicht, eine vollständige Erklärung der Beziehung zwischen Puritanismus und Wissenschaft liefern zu wollen. In der Sicht von Merton standen beide Komponenten in einem komplizierten System wechselseitig abhängiger Faktoren. Deshalb ist es vollkommen falsch, Religion als die unabhängige und Wissenschaft als die abhängige Variable anzusehen (vgl. Merton 1970, S. 104-105).

3. Hintergrund

Zu Beginn des 17. Jahrhunderts war die Sicht in radikal-protestantischen Kreisen weitverbreitet, dass eine Reform der Kirche von einer Reform der Wissenschaften begleitet sein müsste und dass die traditionellen Autoritäten nachzugeben hätten. In der Sicht vieler Protestanten der Zeit war die aristokratische Tradition gleichermaßen verhängnisvoll für Kirche und Wissenschaften: „Weder Wissenschaft noch die Kirche brauchen einen Papst" (Samuel Hartlieb). In dieser Hinsicht repräsentiert die Weber-Merton-These die Einstellungen und Ansichten prominenter Naturforscher der Zeit (vgl. Cohen 1990; Hill 1965; Hooykas 1972; Webster 1976, 1986.). Das bedeutet jedoch nicht, dass die *Theologen* des asketischen Protestantismus irgendeine Absicht hatten, die traditionelle Weltsicht abzuschaffen oder eine wissenschaftliche Begrifflichkeit der Natur vorantreiben wollten. Weber und Merton realisierten, dass viele der protestantischen Theologen des 16. Jahrhunderts keine besonders positive Einstellung gegenüber den neuen Wissenschaften hatten (mit Melanchthon und Calvin als möglichen Ausnahmen), noch dass sie eine positive Stellungnahme gegenüber dem modernen Kapitalismus einnahmen. In diesem Fall können wir von einem mehr oder weniger zufälligen gleichzeitigen Auftreten von Werten reden. Das Legitimationspotenzial des asketischen Protestantismus war somit eine unbeabsichtigte Folge seiner Theorie und Praxis. Die Reformer hatten nicht die *Absicht,* eine wissenschaftliche Revolution zu erzeugen (Weber 1923, S. 359; Merton 1970, S. 74-100).

Weber wie Merton heben hervor, dass Ethik und Praxis des asketischen Protestantismus viel von ihrer Bedeutung für die moderne Wissenschaft verloren haben. Ebenso wie der triumphierende Kapitalismus, nachdem er sich etabliert hatte, nicht länger die Unterstützung des Protestantismus brauchte, entwickelte die moderne Wissenschaft ein immer stärkeres Ethos der Selbsterzeugung, das sich zum größten Teil von den religiösen Werten befreit hat (vgl. Weber 1992). Merton analysierte das Ethos der modernen Wissenschaft in weiteren Werken, d.h. die Normen, die sich aus Werten wie Universalismus, Kommunismus [u.a. Zugang zur Wissenschaft ebenso unbegrenzt wie die Veröffentlichung ihrer Ergebnisse – EZ], Uneigennützigkeit und organisiertem Skeptizismus ergeben (vgl. Merton 1968, 1973, 1976).

Im Werk von Weber ist die hier behandelte These in ein größeres Forschungsprogramm für eine neue Soziologie der Religion integriert und wird in Verbindung gebracht mit anderen Hypothesen über die langfristige „Entzauberung der Welt". Eine vollständige „Entzauberung der Welt" würde bedeuten, dass grundsätzlich keine magischen, mysteriösen oder nichtberechenbaren Faktoren der Natur am Werk sind (vgl. Weber 1990, S. 13). Der asketische Protestantismus war ein wichtiger Faktor in diesem Prozess. Die Feindschaft des Protestantismus gegen Magie pflastert somit den Weg für ein natürliches Bündnis mit den neuen Wissenschaften. Beide Bewegungen teilen die Annahme einer konstanten und einsehbaren Ordnung, die der Natur innewohnt. Das Buch der Natur ist in mathematischer Sprache geschrieben und enthält universale Gesetze, die magische Kräfte ausschließen. Nach Weber eröffnet die protestantische „Entzauberung der Welt" den Weg zu einem säkularisierten und rationalen Weltbild, das somit eine wichtige Voraussetzung für die experimentelle Wissenschaft darstellt.

Robert K. Merton ist einer der Klassiker der Soziologie. Einen Grossteil seiner Karriere verbrachte er an der Columbia University. Lewis Coser hat Merton angemessen als „unseren wichtigsten Anreger soziologischen Denkens" (Coser 1975, S. 9) bezeichnet. Viele der soziologischen Begriffe und Theorien von Merton sind zu grundlegenden Bestandteilen der wissenschaftlichen Kultur geworden: manifeste und latente Funktionen, soziale Dysfunktionen, sich selbsterfüllende Prophezeiungen, Statussätze und Rollensätze, der Matthäus-Effekt, das Thomas-Theorem, Theorien mittlerer Reichweite, soziologische Ambivalenz usw. Wie wir noch sehen werden, können die späteren Konzeptionen und Theorien von Merton Licht auf die Probleme werfen, die er in STS angesprochen hat.

STS war die erste ausführliche Monographie von Merton. Sie basiert auf seiner Dissertation von 1935 und wurde zunächst in dem Journal *Osiris: Studies on the History and Philosophy of Science* im Jahre 1938 publiziert. Aus verschiedenen Gründen war die Monographie vor ihrem Neuabdruck im Jahre 1970 wenig bekannt (vgl. Cohen 1990; Merton 1990). Der Artikel von Merton „Puritanism, Pietism and Science" (1936) war demzufolge der Ausgangspunkt für große Teile der frühen Diskussion der Weber-Merton-These.

Merton war beruflich noch bis zu seinem Tode (23.2.2003) aktiv und wird heute als einer der Gründer der Soziologie der Wissenschaft angesehen. Unter seine wichtigsten Werke rechnen wir die folgenden: *STS* (1970), *Social Theory and Social Structure* (1968), *The Sociology of Science, Theoretical and Empiri-*

cal Investigations (1973), und *Sociological Ambivalence and other Essays* (1976). Merton ist vielleicht am besten für seine zahlreichen Artikel bekannt, von denen nur die verbreitesten hier genannt seien: „Science and the Social Order" (1938), „The Self-Fulfilling Prophecy" (1948), „Social Structure and Anomie" (1949), „Singletons and Multiples in Scientific Discovery: A Chapter in the Sociology of Science" (1961), „The Matthew Effect in Science" (1968).

Die Weber-Merton-These stellt ein interessantes Beispiel für „mehrfache wissenschaftliche Entdeckungen" dar, wie Merton dies bezeichnet hat, wobei er eine Tendenz verschiedener Forscher sah, ungefähr zur gleichen Zeit und unabhängig voneinander zu denselben Resultaten zu gelangen (1973, S. 343-370). In verschiedenen kleineren Arbeiten, die in den 30er Jahren publiziert wurden, hat Dorothy Stimson (unabhängig von Merton) die Beziehung zwischen Puritanismus und der Wissenschaft des 17. Jahrhunderts erforscht. Sie entwickelte die Theorie,

> dass der Puritanismus ein bislang wenig beachteter wichtiger Faktor war, der die Traditionen in England günstig für die neue Philosophie von Bacon stimmte. Er trieb den Denkstil voran, der half, das Interesse an Wissenschaft zu wecken und eine bereitwillige Rezeption für die Arbeiten der Genies zu schaffen, die in diesem Jahrhundert tätig wurden (Stimson 1990, S. 151-152).

Ungefähr zur selben Zeit argumentierte der Literaturhistoriker Richard F. Jones zugunsten einer ähnlichen Hypothese in seinem wichtigen Werk *Ancients and Moderns: A Study of the Rise of the Scientific Movement in Seventeenth-Century England* (1961, ursprünglich im Jahr 1936 veröffentlicht). Weber, Merton, Stimson und Jones sind somit mehr oder weniger zu den gleichen Schlussfolgerungen gelangt, obgleich ihre Arbeit sich auf unterschiedliche Methoden und unterschiedliche Daten stützte (Merton 1948). Dieser Fall der Mehrfachentdeckungen ist in sich selbst ein interessantes Phänomen der Wissenschaftssoziologie.

Die Weber-Merton-These kann auch als ein „Phönix-Phänomen" in der Geschichte der Ideen angesehen werden: einige Theorien und Hypothesen, wie z.B. die Selbstmord-Studie von Durkheim, die protestantische Ethik-These von Weber und die Weber-Merton-These, scheinen unsterblich zu sein, obgleich sie harter Kritik unterworfen sind. In revidierter und erneuerter Form entstehen sie aus der Asche und erleben eine Renaissance nach der anderen (Merton 1961, 1984). Folglich stellt die Weber-Merton-These einen entscheidenden Teil einer mehr oder weniger dauerhaften wissenschaftlichen Kontroverse auf den Gebieten der Soziologie und Geschichte der Wissenschaft dar. Sie kann somit als interessanter Fall für Studien über wissenschaftliche Kontroversen angesehen werden (vgl. Engelhardt und Caplan 1987).

Bis zur Mitte der sechziger Jahre hat die Weber-Merton-These nur wenig Interesse entfacht. Zu einem gewissen Grad schien die Forschung über die Geschichte der Wissenschaft einige empirische Ergebnisse von Merton zu unterstützen. Doch zeigte sie wenig Interesse an seinen theoretischen und soziologischen Absichten. Die These schien mehr oder weniger ausgeschöpft zu sein. Doch mit Ende der sechziger Jahre änderte sich die Situation radikal, vor allem angesichts neuer Ansätze in der Geschichte der Wissenschaft und Kultur, die von Christopher Hill (1965), R. Hooykaas (1972) und Charles Webster (1974, 1976) vorangetrieben wurden. In vielerlei Hinsicht unterstützten diese Studien die Schlussfolgerungen von Merton und gaben Anlaß zu einer intensiven Diskussion unter Wissenschaftshistorikern und Soziologen. Die Debatte nahm noch eine weitere Wende in den achtziger Jahren. In dieser Zeit wurde der Aspekt der Weber-Merton-These, der sich mit dem Pietismus beschäftigte, besonders starker Kritik unterzogen (Becker 1984, 1991). Diese Kritik zwang Merton zur Reaktion. Er entwickelte neue und ausdifferenzierte theoretische Beiträge in dieser Diskussion (1984).

In den achtziger Jahren wurde zunehmend deutlich, dass die sogenannte Weber-Merton-These im strikten Sinne des Wortes nicht eine These ist, sondern verschiedene logisch und empirisch interdependente Thesen beinhaltet. Für sich allein enthält auch die Merton-These radikal verschiedene Annahmen über die Beziehungen zwischen Puritanismus und Wissenschaft (Abraham 1983, Zukkerman 1989, Ben-David 1991). Sie verlangt deshalb eine Klarstellung und theoretische Erläuterung.

4. Formalisierung – präzise Definition

Bei dem Versuch, eine präzise Darstellung der Weber-Merton-These zu liefern, mag es nützlich sein, zu benennen, was sie *nicht* behauptet. Weder Weber noch Merton behaupteten, dass die frühmoderne Wissenschaft ausschließlich ein protestantisches Geschäft war. Weber hob hervor, dass „die erste Basis der modernen Wissenschaft in *katholischen* Gebieten und Ländereien lag" (Weber 1987, S.324). Es kann nicht behauptet werden, dass der Puritanismus die moderne Wissenschaft geschaffen hat noch der Protestantismus dies in einem weiteren Sinne tat. Die Naturwissenschaften des 16. und 17. Jahrhundert wurden durch Forscher unterschiedlichen christlichen Glaubens entwickelt, die ihren Ausgangspunkt von den Kenntnissen nahmen, die die Griechen, Araber, Juden und andere entwickelt hatten (Merton 1970, S. 86-102).

Die Weber-Merton These stellt keine Theorie in der Wissenssoziologie dar, die implizieren würde, dass in gewisser Weise der asketische Protestantismus die Erkenntnisinhalte der neuen Naturwissenschaften bestimmt hätte. Sowohl Weber als auch Merton haben diese Art einer spekulativen *Wissenssoziologie* (Weber 1989; Merton 1945, 1973) zurückgewiesen.

Die Weber-Merton-These behauptet, asketische Protestanten seien eher als Mitglieder anderer religiöser Gemeinschaften geneigt, Naturwissenschaften zu studieren und experimentelle Forschung als einen Beruf anzusehen (Merton 1970, S. 111). Merton vertrat die Ansicht, dass diese Hypothese durch eine Untersuchung der konfessionellen Einstellung der Mitglieder der Royal Society getestet werden könne: „Wenn der Puritanismus so eng mit der Wissenschaft verknüpft war, wie wir anzunehmen gezwungen waren, dann sollte die Zusammensetzung dieser Pioniergruppen [Royal Society, NG] diese Verbindung widerspiegeln" (Merton 1970, S. 112). Selbst wenn die Puritaner nach Merton nur eine relativ kleine Minderheit der englischen Bevölkerung darstellten, machten sie 62 % der Mitglieder der originalen *Royal Society* aus (1970, S. 114). Vergleichbare Forschungen, die über die wissenschaftlichen Gemeinschaften auf dem Kontinent und die Akademien betrieben worden sind, scheinen diese Tendenz zu bestätigen, was auch für Mertons Forschungen über den Puritismus gilt, die auf Sekundärquellen aufbauen (1970, S. 119-127). Nachfolgend wird diese Puritanismus/ Pietismus-These als W-M 1 bezeichnet.

Mitunter scheint Merton anzunehmen, dass W-M 1 als eine testbare empirische Ableitung aus einer allgemeineren Hypothese dargestellt werden kann (vgl. den Titel des Kapitels VI in STS: „Puritarism, Pietism and Science: Testing an Hypothesis"). In dem Artikel von Merton „Puritarism, Pietism and Science" finden sich verschiedene Versionen der allgemeinen Hypothese, die bereits sehr vorsichtig im Jahre 1936 formuliert worden war:

> Die These dieser Studie lautet, dass die puritanische Ethik als eine idealtypische Ausdrucksform der grundlegenden Werteinstellungen des asketischen Protestantismus im allgemeinen die Interessen der Engländer des 17. Jahrhunderts so kanalisierte, dass sie ein wichtiges *Element* in der verstärkten Pflege der Wissenschaften darstellten (1936, S. 1).

Diese These behauptet, dass die *puritanische* Ethik die Interessen der *Engländer* auf die Wissenschaften lenkte. Mit Blick auf den Pietismus hat Merton eine ähnlich allgemeine Hypothese formuliert. Dies ist möglich, weil „die ethischen Prinzipien des Puritanismus und Pietismus nahezu identisch sind" (Merton 1970, S. 124). Weil Merton W-M 1 als gut bestätigt ansah, betrachtete er es als legitim, die allgemeinere These zu entwickeln, die nachfolgend als W-M 2 bezeichnet wird.

Ein anderes wichtiges Problem, das in STS formuliert wird, nimmt seinen Ursprung aus Mertons originärer Analyse der neuen Wertorientierung im England des 17. Jahrhunderts. Mit der Datenbasis von 29 120 Biographien in dem Dictionary of National Biography konnte er zeigen, dass von 1640 an ein dramatischer Wechsel in den Einstellungen zur Wissenschaft und zu anderen intellektuellen Aktivitäten stattfand. Zur selben Zeit, wie der puritanische Radikalismus im Gefolge der Englischen Revolution seinen Einfluss auf die kulturellen Institutionen festigte, kann ein wachsendes Interesse an der „experimentellen Philosophie" festgestellt werden, gemeinsam mit einem höheren Status für die Wissenschaft. Diese Situation beinhaltet Veränderungen in den Einstellungen, neue kulturelle Orientierungen, die während der zweiten Hälfte des 17. Jahrhunderts darin resultierten, dass die Naturforscher die Spitze der intellektuellen Hierarchie erklommen. Diese empirischen Befunde wurden auch durch andere Typen von Daten unterstrichen (Merton 1970, S. 38-54). Die abschließende

Folgerung von STS verweist darauf: „Auf der Basis der vorliegenden Studie mag es nicht zu weithergeholt sein zu folgern, dass das kulturelle Klima im England des 17. Jahrhundert besonders fruchtbar für das Wachstum und die Ausbreitung der Wissenschaft war" (Merton 1970, S. 238).

Diese Schlussfolgerung ähnelt derjenigen von W-M 2: Die neue religiöse Ethik und Praxis, die sich zunehmend in England in der zweiten Hälfte des 17. Jahrhunderts etablierte, schuf einen Rahmen für günstige Entwicklungen der Wissenschaft. Diese historische Hypothese kann jedoch in soziologischer Formulierung präziser gefasst werden. Der Wandel wird deutlich im Vorwort von Merton zu der 1970er Ausgabe von STS erfasst, in dem er behauptet, dass der Puritanismus „Fortschritte der Institutionalisierung der Wissenschaft durch Bereitstellen einer substantiellen Legitimierungsbasis mit sich gebracht hat" (Merton 1970, S. xvii). Dies ist die entscheidende Botschaft in „The Fallacy of the Latest Word: The Case of Pietism and Science" von 1984: „Der asketische Protestantismus unter Einschluss des Pietismus diente, eine im Entstehen begriffene und noch schwach institutionalisierte Wissenschaft zu legitimieren (...)" (Merton 1984, S. 1096). Diese *Institutionalisierungs*these, die sich sowohl bei Weber wie auch beim frühen Merton findet, wird nachfolgend als W-M 3 behandelt.

Hervorgehoben sei, dass keine der Thesen Puritanismus als unverzichtbares oder absolut notwendiges Element für die fortschreitende Etablierung (oder Institutionalisierung) der Naturwissenschaft in dieser Periode ansieht. Merton betont, dass andere *funktional äquivalente* Ideologien eine vergleichbare Legitimität geschaffen haben. Im Werk von Merton findet sich nichts, um die Hypothese zu rechtfertigen, dass nur der asketische Protestantismus solche Funktionen erfüllt haben könnte: „*Wie es sich abgespielt hat,* lieferte der Puritanismus eine große (aber nicht ausschließliche) Unterstützung zur historischen Zeit und an historischen Orten. Aber das macht ihn nicht unverzichtbar" (Merton 1970, xviii).

Aus historischer Sicht ist leicht zu verstehen, dass die wissenschaftliche Forschung im 16. und 17. Jahrhundert mit vielen Hindernissen zu kämpfen hatte (vgl. die Prozesse gegen Servet, Bruno und Galileo). Die religiösen und politischen Autoritäten nahmen oft eine feindliche Position gegenüber *eigenständiger Überprüfung* ein. Weitverbreitet war die Furcht, dass Wissenschaft die traditionelle Weltsicht untergraben und zu Atheismus führen würde. Die intellektuelle Elite an den Universitäten bestand weitgehend aus Scholastikern und Humanisten. In dieser Gruppe fanden sich kaum Interessenten für experimentelle Forschungen und Naturwissenschaften. Sie verwarfen schlichtweg jede Idee, dass die Naturwissenschaften einen gleichen Status wie ihre eigenen Disziplin (oder einen sogar darüber hinausgehenden) haben sollten. Die neuen Wissenschaften konnten deshalb auch mit keiner unmittelbaren Unterstützung der traditionell akademischen Autoritäten rechnen. Doch setzte in der vierziger Jahren des 17.

Jahrhunderts die englische Revolution alle etablierten Autoritäten unter Druck. In dieser Situation erwuchs den Naturwissenschaften vielleicht unbeabsichtigte Unterstützung durch die puritanische Ideologie. Auch bleibt festzuhalten, dass diese Ideologie Elemente des Utilitarismus von Francis Bacon und utopische Ideen enthielt (vgl. Webster 1974, 1976). Auf diese Weise wurden die neuen Naturwissenschaften mit einer Art *religiöser* Legitimität ausgestattet.

5. Allgemeinheit und Prüfbarkeit – Kritik

Ohne Zweifel ist W-M 1 der Teil der Theorie, der am angreifbarsten ist. Der Versuch von Merton, die These mittels einer Analyse des puritanischen Einflusses unter den frühen Mitgliedern der Royal Society zu überprüfen, trifft auf verschiedene Schwierigkeiten. Bereits im 17. Jahrhundert fanden sich Kontroversen über die Definition und Abgrenzung des „Puritanismus", ebenso wie dies heute unter Historikern der Fall ist. Der Begriff ist sowohl in einem weiteren wie in einem engerem Sinne gebraucht worden. „Puritanismus" mag interpretiert werden als Bezeichnung für die hochgradig heterogene religiöse und ideologische Bewegung, die die dominante Kraft in der englischen Revolution werden sollte und eine wichtige Position im politischen und intellektuellen Leben bis zur Restauration der 1660er Jahre einnahm. Aber „Puritanismus" mag auch verstanden werden als Bezeichnung für die fundamentalistische religiöse Elite, die die „Speerspitze" der Englischen Revolution bedeutete und die gänzlich aus dem öffentlichen Leben nach 1660 verbannt worden ist. Praktisch keiner von Mertons Puritanern gehört zu dieser Gruppe. In vielen Situationen gebraucht er den Begriff „puritanisch" in einer solchen offenen und umfassenden Weise, um fast alles am englischen Protestantismus einzuschließen. Wie von Michael Hunter herausgearbeitet, entwickelt Merton „eine generalisierte Verbindung zwischen religiösen und intellektuellen Trends, die unbestreitbar ist, weil sie so vage ist" (Hunter 1981, S. 113).

Verschiedene Forscher haben versucht, W-M 1 zu testen, wobei die gründlichste Forschung von Lotte Mulligan durchgeführt worden ist. Sie nimmt als ihren Ausgangspunkt 162 Mitglieder der *Royal Society*, die älter als 16 Jahre im Jahre 1642 waren und damit alt genug, um Partei im Bürgerkrieg zu ergreifen. Sie fand, dass nur 38 das Parlament unterstützten, wohingegen 85 Royalisten waren (der Rest konnte konfessionell nicht eingeordnet werden). Folglich gelangt Mulligan zu einer Schlussfolgerung, die stark von der Mertons abweicht:

> Der typische Hintergrund eines Wissenschaftsenthusiasten in der 1660er Jahren war nicht aus der Mittelklasse, händlerbezogen oder puritanisch, politisch radikal, unakademisch oder utilitaristisch. Vielmehr war unser typischer Fellow ein Royalist, anglikanisch, ein an der Universität erzogener Gentleman (Mulligan 1973, S. 108).

Man darf natürlich fragen, wie signifikant solche statistischen Daten sind. Im 17. Jahrhundert hatte die *Royal Society* viele passive Mitglieder, die sich nicht mit der Forschung beschäftigten. Möglicherweise wäre der Test von Mulligan genauer (und bedeutungsvoller) gewesen, wäre die Auswahl auf „den harten Kern" begrenzt gewesen. Von den zehn aktivsten Mitgliedern (Robert Boyle, Jonathan Goddard, Henry Oldenburg, William Petty, John Wilkins, Lord Brouncker, Walter Charleton, John Evelyn, Sir Robert Moray und Christopher Wren) haben sich die ersten fünf auf die Seite des Parlaments im Bürgerkrieg geschlagen, ein Faktum, das auf einen stärkeren „puritanischen Einfluss" unter den *Forschern* hindeuten mag als Mulligan annimmt (vgl. Brooke 1991, S. 114).

Auch lassen sich Befunde anführen, dass Merton das *puritanische* Ethos überbetont hat. Wahrscheinlich ist, dass eine gemäßigte und offene anglikanische Ideologie, der sogenannte „Latitudinarianismus", eine wesentlich wichtigere Rolle spielte als Merton annahm. Diese religiöse Ideologie, die eine starke Unterstützung von den 1660er Jahren an erfuhr, kann durch ihren Willen zum Kompromiß und zu religiöser Toleranz gekennzeichnet werden und wurde nach der Restauration ein sicherer Hafen für viele ehemals Radikale. John Wilkins (1614-1672) wird häufig als ihr herausragender Sprecher angesehen (Shapiro 1970). Während des Bürgerkrieges war er ein gemäßigter Anhänger von Cromwell und dem Parlament. Als Vorsteher des Wadham College in Oxford nahm er verschiedene Wissenschaftler mit ausgeprägt anglikanischen royalistischen Sympathien auf. Nach 1660 umfasste sein *Club for Comprehension* viele ehemalige Sektierer und Radikale. Im Jahre 1668 wurde der berühmteste Kopernikaner Englands zum Bischof von Chester ernannt. Er beendete seine Karriere als Hofgeistlicher von Karl II. Macht es Sinn, Wilkins als „Puritaner" zu bezeichnen? Man mag ihn in den 1640er Jahren vielleicht einen gemäßigten Puritaner nennen, aber es wäre definitiv falsch, ihn nach der Restauration als Puritaner zu klassifizieren.

Verschiedene Forscher haben vorgeschlagen, in unterschiedlichen Zusammenhängen den Begriff „puritanisch" durch „anglikanisch" zu ersetzen (Jacob und Jacob 1980). Aus empirischer Sicht gibt es Gründe zur Annahme, dass viele der religiösen und säkularen Ideologien im 17. Jahrhundert zur Legitimierung wissenschaftlicher Aktivität beitrugen und Studenten zu wissenschaftlicher Forschung motivierten. Es ist jedoch nahezu unmöglich, das relative Gewicht dieser verschiedenen „ismen" präzise anzugeben, wobei die Lage dadurch zusätzlich erschwert wird, dass sich mit dem Ablauf der Zeit die Beziehung zwischen diesen Faktoren verändert hat. Dennoch können wir annehmen, dass die protestantischen Werte eine dominante Stellung in diesem Komplex einnahmen. Ein Großteil der Kritik der Weber-Merton-These wäre wahrscheinlich anders ausgefallen, hätte Merton den Begriff „protestantische Ethik und Praxis" statt „puritanische Ethik und Praxis" verwandt.

Merton selbst hat W-M 2 als eine These „mittlerer Reichweite" bezeichnet. Wenn „puritanisch" durch „protestantisch" ersetzt wird, zeigt sich, dass ein Großteil der Forschung über die Geschichte der Wissenschaften im 17. Jahrhundert tendenziell die Hypothese stützt. Obgleich sich starke empirische Gegenargumente finden, genießt die These immer noch bemerkenswerte Unterstützung. Doch lassen sich aus soziologischer und philosophischer Sicht verschiedene Einwände gegen W-M 2 anführen: Merton hat nie behauptet, dass die puritanische Ethik eine unabhängige Variable für die Wissenschaft als abhängige Variable sei, und damit irgendeine starke Beziehung zwischen Ursache und Wirkung konstruiert. Deshalb bleibt es unklar, ob sich in der Sicht Mertons mehr als eine Korrelation zwischen der Ethik des Puritanismus und dem Geist der Wissenschaft findet und was dieses „mehr" sein kann. Aus empirischer Sicht ist es immer schwierig festzustellen, *was* Menschen zu wissenschaftlicher Forschung motiviert. Sowohl Weber als auch Merton behaupteten, dass die puritanische Ethik ein sehr wichtiger Faktor sei. Doch selbst in den Fällen der Naturwissenschaftler mit klarer puritanischer Orientierung bleibt es problematisch herauszufinden, ob es ihre *religiöse Überzeugung* war, die sie zur Wissenschaft geführt hat. Merton selbst sieht dieses Problem:

In welchem Ausmaß die alten Puritaner ihre Aufmerksamkeit auf die Wissenschaft Y richteten, weil dieses Interesse durch ihr Ethos erzeugt worden war, und zu welchem Ausmaß der Fall umgekehrt bei denjenigen war, die in eine Wissenschaftskarriere Y eingetreten waren, aus welchen Gründen auch immer, und dann die Werte des Puritanismus mit ihren eigenen übereinstimmend fanden? (Merton, 1970, S. xxviii).

Merton sah beide Prozesse als real wirkend an, doch sah er keine Möglichkeit, die Stärke ihrer Interdependenz präzise anzugeben. Im Prinzip kann man sich auch vorstellen, dass beide, puritanische Ethik und der Geist der Wissenschaften, durch dieselben sozialen und wirtschaftlichen Umstände bedingt waren, was den Kern einer marxistischen Kritik der Weber-Merton-These ausmachen würde.

An einer Stelle ist es absolut notwendig, alle drei Thesen (W-M1, W-M 2 und W-M 3) zu revidieren. Es besteht kein Grund zu der Annahme, wie Weber behauptet, dass die *Physik* die bevorzugte Disziplin unter asketischen Protestanten war. Unter Puritanern und allgemeiner unter Protestanten nahmen weder Physik noch die mathematisch-naturwissenschaftlichen Wissenschaften eine einzigartige Stellung ein. Walter Pagel (1985), Piyo Rattansi (1990) und Charles Webster (1976, 1982, 1986) haben gezeigt, dass viele Protestanten ein besonderes Interesse an der Medizin, Chemie (Alchemie), Biologie, Metallurgie und „praktischen" Wissenschaften hatten. In der Tat war eine Disziplin nahezu ausschließlich von Protestanten dominiert, nämlich die Chemie: Libavius, Jean Beguin, Daniel Sennert, Nicaise Le Febvre, Nicholas Lemery und John Boyle waren alle Protestanten. Während der meisten Zeit des 17. Jahrhunderts hielten auch „okkulte" Disziplinen eine starke Position in diesen Zirkeln. Vor diesem Hintergrund kann die Reichweite von Webers These der protestantischen *Entzauberung der Welt* in Frage gestellt werden. Für viele der Naturalisten des 17.

Jahrhunderts gingen Astronomie, Alchemie, natürliche Magie und Naturwissenschaften Hand in Hand. Sogar Newton lauschte der Panflöte (vgl. McGuire und Rattansi 1966; Webster 1982).

6. Empirische Einschätzung – Schlussfolgerung

Religions- wie auch Wissenschaftshistoriker haben die Behauptung von Merton (und Weber) kritisiert, dass die ethischen Prinzipien des Puritanismus und Pietismus mehr oder weniger identisch waren (Merton 1970, S. 124). Es ist stark zweifelhaft, ob der Pietismus als kontinentales Äquivalent des Puritanismus gelten kann. Die Einstellung des Pietismus zu den Naturwissenschaften war wahrscheinlich skeptischer und negativer als diejenige des Puritanismus. Diese Kritik ist besonders von Georg Becker (1984, 1991) in den Vordergrund gerückt worden. Doch besitzen wir wenig Kenntnisse über den Anteil, den die Religion an der Legitimation und Institutionalisierung der experimentellen Forschung im lutherischen und calvinistischen Europa hat. Diese Kontroverse kann deshalb definitiv nicht als im Sinne von Becker gelöst gelten (vgl. Merton 1984).

Viele der gegenwärtigen Diskussionen der Weber-Merton These öffnen sich vergleichenden Analysen. Wir haben Grund zu der Annahme, dass die Naturwissenschaftler in ihren Aktivitäten im katholischen Europa auf stärkere Begrenzungen als im England des 17. Jahrhunderts stießen. John Wilkins z.B. hatte keine Schwierigkeiten, seinen Pro-Kopernikus-Essay *Discourse concerning a new planet* im Jahre 1640 zu publizieren. Dies wäre in Italien oder Spanien wahrscheinlich unmöglich gewesen. Andererseits ist es eine zweifelsfreie Tatsache, dass Forscher mit einem katholischem Hintergrund wie Galileo, Descartes, Mersenne und Gassendi wichtige Beiträge zur Mechanisierung des Weltbildes und zum neuen „Atomismus" lieferten. Die Frage ist, ob sich in der katholischen Kultur ein *funktionales Äquivalent* zu Mertons asketischem Protestantismus findet. Bislang ist dies jedoch eine andere Diskussion und ohne definitive Schlussfolgerung.

Andere Forscher haben vorgeschlagen, dass die Weber-Merton-These im Licht der chinesischen und arabischen Geschichte der Wissenschaft fruchtbar studiert werden kann. Es findet sich ein breiter Konsens, dass die chinesische Technologie zum Ende des Mittelalters ein erheblich entwickelteres Stadium als die des Westens erreicht hatte. Auch gibt es Grund zu der Annahme, dass die arabische Wissenschaft (insbesondere auf den Gebieten der Astronomie und Optik) in der gleichen Periode fortgeschrittener als die westliche Wissenschaft war (vgl. Huff 1993). Doch schon im 16. Jahrhundert scheinen die chinesische wie die arabische Wissenschaft zu stagnieren. Wie ist diese Stagnation zu erklären? Warum war die wissenschaftliche Entwicklung in China und der arabischen Welt unfähig, denselben Trend zur Rationalisierung aufzunehmen, der den Westen durchsetzt hat? Warum haben diese Kulturen nicht eine speziell *moderne* Wissenschaft entwickelt? Dieses Problem ist vielleicht am klarsten von Toby E. Huff formuliert worden:

> Insgesamt betrachtet war die arabische Wissenschaft in der Mathematik, in der Astronomie, in der Optik, in der Physik und Medizin die fortgeschrittenste der Welt. Auf verschiedenen Gebieten verlor sie die Vorherrschaft zu unterschiedlichen Zeitpunkten. Doch kann behauptet werden, dass bis zur Kopernikanischen Revolution des 16. Jahrhunderts ihre astronomischen Modelle die fortgeschrittensten in der Welt waren. Folglich liegt es nahe zu fragen, warum sich die arabische Wissenschaft entgegen ihrer technischen und wissenschaftlichen Überlegenheit über fünf Jahrhunderte nicht zum Status einer modernen Wissenschaft erhob (Huff 1993, S. 52).

Die Weber-Merton-These und besonders W-M 3 haben sich als fruchtbar für die Diskussion solcher Probleme erwiesen. Klar scheint, dass weder Konfuzianismus noch Islam dieselbe positiv legitimierende Funktion in ihren entsprechenden kulturellen Zonen wie der Protestantismus in England hatten. Dies mag vielleicht zur Erklärung beitragen, warum die Forschung in den Naturwissenschaften nie eine eigenständige *institutionelle* Stütze in den traditionalen chinesischen und arabischen Kulturen gewann. W-M 3 stellt immer noch eine aufregende und herausfordernde Hypothese dar.

Keinerlei Versuch ist unternommen worden, die Weber-Merton-These im Licht norwegischer oder skandinavischer Daten zu testen. In Forschungen über den norwegischen Pietismus, präziser über die Haugianische Bewegung ist herausgearbeitet worden, dass die Gefolgsleute des populären norwegischen religiösen Führers Hans Nielsen Hauge ein aktives Interesse am technologischen und wirtschaftlichen Fortschritt hatten, aber wahrscheinlich kein solches Interesse auf die Naturwissenschaften richteten (Gilje 1997). Doch soll ein Fall dieser Art nicht als Beispiel gegen die Hypothese gewertet werden. Die Haugianer des ausgehenden 18. Jahrhunderts ließen alle kulturellen oder institutionellen Voraussetzungen für Wissenschaft vermissen, was auch für die puritanischen Buren im 17.-18. Jahrhundert in Südafrika gilt (De Klerk 1977). Folglich kann der asketische Protestantismus nicht *per se* die Interessen auf die Naturwissenschaften lenken. Er kann nicht als wirksamer Grund für die gleichen Wirkungen unter allen historischen Umständen dienen. Puritanismus und Pietismus sind wichtige Variablen nur angesichts materieller und institutioneller Bedingungen, die die Forschung in den Naturwissenschaften möglich machen. Nochmals sollte hervorgehoben werden, dass der asketische Protestantismus nicht eine unabhängige Variable darstellt.

Eine ungelöste Frage bleibt, ob der Pietismus und allgemeiner Protestantismus zur Legitimierung der Naturwissenschaft in Skandinavien beigetragen haben. Wir wissen, dass Tycho Brahe recht gute Arbeitsbedingungen in Dänemark hatte. Zu Beginn des 17. Jahrhunderts war es wahrscheinlich in Dänemark und Norwegen gefährlicher, ein Theologe als ein Astronom zu sein (Garstein 1953). In dieser Periode scheint der Protestantismus in Norwegen eine gewisse Vororientierung auf topographische, naturgeschichtliche Forschungen gehabt zu haben (vgl. Peder Claussøn Friis, Erik Pontoppidan et al.). Aber selbst mit Blick auf Fragen dieser Art gelangen wir nicht zu endgültigen Schlussfolgerungen. Die Bedeutsamkeit der Weber-Merton-These für Skandinavien bleibt deshalb eine ungelöste Frage.

In dieser Studie haben wir uns das Ziel gesetzt zu zeigen, dass die Weber-Merton-These aus konzeptionellen und empirischen Gründen problematisch ist. Doch war der Protestantismus wahrscheinlich wichtig bei der Legitimierung der Forschung und in der Hinwendung zu den Wissenschaften. Allerdings ist es schwierig, dies auf empirischer Basis nachzuweisen. Auf jeden Fall ist W-M 1 hochgradig zweifelhaft.

W-M 2 und W-M 3 können immer noch als plausible und fruchtbare Thesen angesehen werden. Zugegeben brauchen wir hier präzisere Definitionen und Modifikationen, doch erzeugen diese Versionen der These immer noch wichtige Fragen und nehmen eine zentrale Position in den jüngsten Diskussionen über die Beziehung zwischen Religion und Wissenschaft ein. Die Probleme, die die Institutionalisierung wissenschaftlicher Forschungen berühren, explizit in W-M 3 ausgedrückt, haben sich als fruchtbar und stimulierend für eine vergleichende Soziologie der Wissenschaft und der Geschichte der Wissenschaft erwiesen.

Für Merton war klar, dass die Geschichte der Wissenschaft nicht mit der Reformation beginnt. Dennoch hat er vielleicht dem religiösen Faktor zuviel Bedeutung zugemessen bei seinem Versuch, die Institutionalisierung der Wissenschaft in England und allgemeiner in Europa zu erklären. Bis zu einem gewissen Ausmaß hat er die Rolle, die die *Universitäten* in der Entwicklung der modernen Wissenschaft gespielt haben, nicht berücksichtigt. Wir sollten nicht vergessen, dass Kopernikus, Kepler, Galileo, Brahe und Newton die Produkte der internationalen Universitätskultur waren. Von Beginn an repräsentierten die Universitäten wissenschaftliche Werte und die Chance, alte wie neue Ideen zu kritisieren. Dies war der Boden, in dem die neuen Naturwissenschaften Wurzeln schlagen konnten.

Obgleich die Weber-Merton-These nachhaltig kritisiert worden ist, hat sie erstaunlich gut überlebt. Der harte Kern des Forschungsprogramms bleibt mehr oder weniger intakt, wohingegen weniger wichtige Hypothesen und Annahmen modifiziert oder zurückgewiesen worden sind.

7. Literatur

Abraham, G. 1983: "Misunderstanding the Merton Thesis: A Boundary Dispute between History and Sociology", *Isis* Bd. 74, S. 368 – 387.

Becker, G. 1984: "Pietism and Science: A Critique of Robert K. Merton's Hypothesis", *American Journal of Sociology* Bd. 89, S. 1065 – 1090.

Becker, G. 1991: "Pietism's Confrontation with Enlightenment Rationalism: An Examination of the Relation between Ascetic Protestantism and Science", *Journal of the Scientific Study of Relegion* Bd. 30, S. 139 – 158.

Ben-David, J. 1991: *Scientific Growth. Essays on the Social Organization and Ethos of Science,* University of California Press, Berkeley/Los Angeles/Oxford.

Brooke, J.H. 1991: *Science and Relegion. Some Historical Perspectives,* Cambridge University Press, Cambridge.

Cohen, I.B. (Hrsg.) 1990: *Puritanism and the Rise of Modern Science. The Merton Thesis,* Rutgers University Press, New Brunswick und London.

Coser, L. (Hrsg.) 1975: *The Idea of Social Structure,* Harcourt, New York.

De Klerk, W.A. 1976: *The Puritans in Africa: A Story of Afrikanerdom,* Penguin, Harmondsworth.

Engelhardt, H.T. und A. L. Caplan 1987: *Scientific Controversies,* Cambridge University Press, Cambridge.

Garstein, O. 1953: Cort Aslaksøn. Studier over dansk-norsk universitets- og lærdomshistorie omkring 1600, (Cort Aslaksøn. Studies in Danish-Norwegian Learning abaout 1600), (in Norwegian), Lutherstiftelsens forlag, Oslo.

Gilje, N. 1997: "Hans Nielsen Hauge and the Spirit of Capitalism", in *Philosophy Beyond Borders* (Hrsg. Ragnar Fjelland u.a.), SVT Press, Bergen.

Hill, C. 1965: *Intellectual Origins of the English Revolution,* Oxford University Press, Oxford.

Hooykaas, R. 1972: *Religion and the Rise of Modern Science,* Scottish Academic Press, Edinburgh.

Huff, T.E. 1993: *The Rise of Early Modern Science. Islam, China and the West,* Cambridge University Press, Cambridge.

Hunter, M. 1981: *Science and Society in Restoration England,* Cambridge University Press, Cambridge.

Jacob, J.R. und M. J. Jacob 1980: "The Anglican Origins of Modern Science: The Metaphysical Foundations of the Whig Constitution", *Isis* Bd. 71, S. 251 – 257.

Jones, R.F. 1961: *Ancients and Moderns: A Study of the Rise of the Scientific Movement in Seventeenth-Century England,* Washington University Press, St. Louis.

McGuire, J.E. und P.M. Rattansi 1966: "Newton and the 'Pipes of Pan'", *Notes and Records of the Royal Society* Bd. 21, S. 109 – 134.

Merton, R.K. 1936: "Puritanism. Pietism and Science", *Sociological Review* Bd. 28, S. 1 – 30.

Merton, R.K. 1938: "Science and Social Order", *Philosophy of Science* Bd. 5, S. 321 – 337.

Merton, R.K. 1945: "Sociology of Knowledge", in G. Gurvitch und W. Moore (Hrsg.): *Twentieth Century Sociology,* Philosophical Library, New York, S. 366 – 405.

Merton, R.K. 1948: "The Self-Fulfilling Prophecy", *Antioch Review* (Summer), S. 193 – 210.

Merton, R.K. 1961: "Singletons and Multiples in Scientific Discovery: A Chapter in the Sociology of Science", *Proceeding of the American Philosophical Society,* Bd. 105, S. 470 – 486.

Merton, R.K. 1968: *Social Theory and Social Structure,* Free Press, Glencoe, Illinois.

Merton, R.K. 1970: *Science, Technology and Society in Seventeenth Century England,* Fertig, New York.

Merton, R.K. 1973: *The Sociology of Science: Theoretical and Empirical Investigations,* University of Chicago Press, Chicago.

Merton, R.K. 1976: *Sociological Ambivalence and Other Essays,* Free Press, New York.

Merton, R.K. 1984: "The Fallacy of Latest Word: The Case of 'Pietism and Science'", *American Journal of Sociology,* Bd. 89, S. 1091 – 1121.

Merton, R.K. 1990: "STS: Foreshadowings of an Evolving Research Program in the Sociology of Science", in I. Bernhard Cohen (Hrsg.): *Puritanism and the Rise of Modern Science. The Merton Thesis,* Rutgers University Press, New Brunswick und London, S. 334 – 373.

Mulligan, L. 1973: "Civil War Politics, Religion and the Royal Society", *Past and Present,* Bd. 59, S. 92 – 116.

Pagel, W. 1985: *Religion and Neoplatonism in Renaissance Medicine,* Routledge, London.

Rattansi, P. 1990: "Puritanism and Science: The 'Merton Thesis' after Fifty Years", in Jon Clark u.a. (Hrsg.): *Robert K. Merton. Consensus and Controversy,* Falmer Press, London/New York/Philadelphia, S. 351 – 371.

Shapiro, B. 1968: "Latitudinarianism and Science in Seventeenth-Century England", *Past and Present,* Bd. 40, S. 16 – 41.

Shapiro, B. 1970: *John Wilkins 1614 – 1672: An Intellectual Biography, University of California Press, Berkeley.*

Stimson, D. 1990: "Puritanism and the New Philosophy in 17th Century England" (1935), in I. Bernard Cohen (Hrsg.), *Puritanism and the Rise of Modern Science,* S. 151 – 159.

Weber, M. 1923: *Wirtschaftsgeschichte von Max Weber,* (Hrsg. S. Hellmann und Palyi), Duncker & Humblot, München.

Weber, M. 1987: *Die protestantische Ethik II. Kritiken und Antikritiken* (hrsg. von Johannes Winckelmann), Gütersloher Verlagshaus, Gütersloh.

Weber, M. 1989: *Max Weber's 'Science as a Vocation'* (hrsg. von Peter Lassman und Irving Velody), Unwin Hyman, London.

Weber, Max 1972: *Gesammelte Aufsätze zur Religionssoziologie.* 6. photomechanisch gedruckte Aufl. Mohr/Siebeck, Tübingen.

Weber, M. 1992: *The Protestant Ethic and the Spirit of Capitalism* (übersetzt von Talcott Parsons), Routledge, London und New York.

Webster, C. (Hrsg.) 1974: *The Intellectual Revolution of the Seventeenth Century,* Routledge und Kegan Paul, London.

Webster, C. 1976: *The Great Instauration: Science, Medicine and Reform 1626 – 1670,* Holmes & Meier, New York.

Webster, C. 1982: *From Paracelsus to Newton: Magic and the Making of Modern Science,* Cambridge University Press, Cambridge.

Webster, C. 1986: "Puritanism, Separatism and Science", in D. Lindberg und R. Numbers (Hrsg.): *God and Nature. Historical Essays on the Encounter between Christianity and Science,* University of California Press, Berkeley, S. 192 – 217.

Zuckerman, H. 1989: "The Other Merton Thesis", *Science in Context,* Bd. 3, S. 239 – 267.

Ausgewählte Werke in deutscher Sprache

Hill, C. 1990: *Über einige geistige Konsequenzen der englischen Revolution,* Berlin, Wagenbach.

Merton, R.K. 1995: *Soziologische Theorie und soziale Struktur,* Berlin, New York, De Gruyter.

Merton, R.K. 1985: *Entwicklung und Wandel von Forschungsinteressen: Aufsätze zur Wissenssoziologie,* Frankfurt am Main, Suhrkamp.

Weber, M. 1996: *Wissenschaft als Beruf,* 10. Aufl., Unveränd. Nachdr. der 9. Aufl. von 1992, Berlin, Duncker und Humblot.

Weber, M. 1996: *Die protestantische Ethik und der „Geist" des Kapitalismus.* 2. Auflage, Weinheim, Beltz, Athenäum.

2. Die Theorie wissenschaftlicher Revolutionen von Kuhn

Harald Grimen

1. Originalzitat

[...] Der schrittweise Übergang von einem Paradigma zu einem anderen in einer Revolution stellt das übliche Entwicklungsmuster der reifen Wissenschaft dar (Kuhn 1970, S. 12).

2. Kurze Erläuterung

Das Ziel der Untersuchung von Kuhn sind reife Wissenschaften, in denen die Forscher gemeinsame Annahmen oder *Paradigmen* teilen. Unreife wissenschaftliche Disziplinen sind *vorparadigmatisch* und werden in rivalisierende Schulen mit unterschiedlichen Weltsichten eingeteilt. Zu verschiedenen Zeiten haben einige Disziplinen diese Phase hinter sich gelassen. Die Forscher sind zu einer Übereinstimmung über die grundlegenden Annahmen ihrer Disziplinen gelangt. Ihre Disziplinen sind gereift. Der Konsens über grundlegende Annahmen stellt ein Zeichen der Reife dar. Danach folgt die wissenschaftliche Entwicklung einem charakteristischen Muster: sie wechselt zwischen Perioden der Revolution und Perioden der Stabilität.

Für Kuhn rechtfertigen die Parallelen zwischen politischer und wissenschaftlicher Entwicklung den Gebrauch des Begriffes „Revolutionen", um gewisse Phasen der wissenschaftlichen Entwicklung zu beschreiben. Wissenschaftliche Revolutionen sind nicht-kumulative Episoden, „in denen ein älteres Paradigma vollständig oder in Teilen durch ein inkompatibles neues Paradigma ersetzt wird" (Kuhn 1970, S. 92). Politische und wissenschaftliche Revolutionen weisen entstehungsgeschichtliche und strukturelle Ähnlichkeiten auf.

Entstehungsgeschichtliche Ähnlichkeiten bestehen in der Art, in der Revolutionen zustandegekommen sind: Politische Revolutionen werden ausgelöst durch ein Gefühl in Teilen der Gesellschaft, dass etablierte Institutionen nicht länger die Probleme lösen, für deren Lösung sie geschaffen waren. Wissenschaftliche Revolutionen beginnen, wenn einige Forscher der Überzeugung sind, dass eine etablierte Theorie nicht länger für die Forschung in einem bestimmten Bereich der Natur gültig ist, in dem diese Theorie zuvor die Richtung angegeben hatte. In beiden Fällen ist das Gefühl einer Krise eine notwendige Voraussetzung für eine Revolution.

Strukturelle Ähnlichkeiten berühren die Entwicklungsmuster dieser Revolutionen. Politische Revolutionen haben das Ziel, Institutionen in der Weise zu verändern, die ebendiese Institutionen nicht zulassen: alte Institutionen müssen somit durch neue ersetzt werden. In der Übergangsphase zwischen alten und neuen Institutionen wird einer Gesellschaft politische Kontrolle fehlen. Eine zunehmende Zahl von Menschen wird sich gegenüber den etablierten Institutionen entfremdet fühlen. Das Ergebnis ist eine Krise, es findet sich breite Unterstützung für die Restrukturierung der Gesellschaft. Die Gesellschaft ist in rivalisierende Teile gespalten: diejenigen, die das alte Regime verteidigen, stehen denjenigen gegenüber, die ein neues etablieren möchten. Das Ergebnis ist Polarisierung und Auflösung der normalen Politik. Die Teilnehmenden sind uneins über den politischen Rahmen, innerhalb dessen der Wandel stattfinden und bewertet werden soll. Sie erkennen keinen gemeinsamen überinstitutionellen Rahmen an. Deshalb müssen sie auf Propaganda und häufig auf Zwang zurückgreifen. Revolutionen sind Geschehnisse außerhalb der normalen Institutionen und der normalen Politik, Perioden, in denen die Politik nicht mit normalen Mitteln betrieben wird.

Veränderungen in Paradigmen sind durch ähnliche Merkmale gekennzeichnet. Die Wahl zwischen verschiedenen Paradigmen besteht auf der sozialen Ebene zwischen nichtkompatiblen oder nichtvergleichbaren sozialen Konventionen und auf der theoretischen Ebene zwischen nichtkompatiblen oder nichtvergleichbaren Erwartungen. Die Wahl wird nicht durch normale wissenschaftliche Kriterien entschieden. Solche Kriterien hängen von kontroversen Paradigmen ab und sind nicht überzeugend für diejenigen, die nicht an das Paradigma glauben. Werden Paradigmen in Debatten über Paradigmenwechsel benutzt, so übernehmen sie eine zirkulare Rolle, bei der jede Gruppe auf ihr eigenes Paradigma verweist, um es zu verteidigen. Veränderungen in Paradigmen werden nicht durch Beobachtungen und logische Argumente allein herbeigeführt. Überlegungen, die die beiden Parteien in einer Paradigmenkontroverse teilen, sind nicht hinreichend weitläufig und stabil, um solche Argumente überzeugend werden zu lassen. Auch finden sich bei Paradigmenwechseln keine Standards, die von allen Untergruppierungen der betreffenden Gruppe anerkannt werden (Kuhn 1970, S. 94). Revolutionen sind außerinstitutionale Ereignisse, Perioden, in denen Wissenschaft durch außergewöhnliche Mittel ausgeübt wird. Um Revolutionen zu erklären, müssen wir den Gebrauch von Propagandatechniken erforschen wie auch auf Beobachtungen und logische Argumente zurückgreifen.

3. Hintergrund

Thomas S. Kuhn (1922-94) war Professor für Philosophie und Geschichte der Wissenschaft am MIT, nachdem er in Harvard, Princeton und Berkeley gelehrt hatte. Er studierte theoretische Physik, doch interessierte er sich schon früh in seiner Karriere für die Geschichte der Wissenschaft. Er hat vier Bücher publiziert: *The Copernican Revolution: Planetary Astronomy and the Development of Western Thought* (1957), *The Structure of Scientific Revolutions* (1962, neu aufgelegt 1970), *The Essential Tension* (1977), und *Black-Body Theory and the*

Quantum Discontinuity, 1894-1912 (1978). *The Structure of Scientific Revolutions* ist sein bekanntestes und am stärksten diskutiertes Buch, das heute als Standardwerk gilt.

Kuhn gehört zur sogenannten nach-empiristischen Orientierung in der Theorie und der Geschichte der Wissenschaft. Diese nahm ihren Ursprung in den 1950er Jahren, teilweise als Reaktion auf den logischen Empirismus. Später debattierten die Nach-Empirizisten mit Vertretern einer anderen Richtung, dem kritischen Rationalismus (Popper und seine Anhänger). Wichtige Namen des Post-Empirizismus sind N.R. Hansson, S. Toulmin, M. Hesse und P.K. Feyerabend, vielleicht auch I. Lakatos und L. Laudan. Das Buch von Toulmin *The Philosophy of Science* (1953) wird oft als Beginn dieser Entwicklung gesehen. Diese Denker unterscheiden sich in vielerlei Hinsicht und führen oft Debatten untereinander. Doch teilen sie gewisse Ideen, die es erlauben, sie derselben Tradition zuzuordnen:

1. Sie sind mehr oder weniger *Relativisten*, die entweder die Idee transhistorischer universeller Kriterien für rationale Überzeugungen und Handlungen bezweifeln oder gänzlich zurückweisen. Sie weisen auch die Vorstellung einer deutlichen und ahistorischen Unterscheidung zwischen wissenschaftlicher Aktivität und Wissen und nichtwissenschaftlicher Aktivität und anderen Arten von Überzeugung zurück und glauben stattdessen an eine erkenntnistheoretische Kontinuität zwischen wissenschaftlicher Erkenntnis und anderen Meinungen. In dieser Hinsicht unterscheiden sich Lakatos und Laudan von anderen und können nicht kategorisch als Post-Empirizisten eingestuft werden.

2. Sie sind *methodologische Kontextualisten* und Anhänger einer historischen Orientierung in der Erforschung der Wissenschaften. Was Wissenschaft ist, muss im Lichte historischer Umstände verstanden werden, unter denen die Forschung durchgeführt und die Resultate bewertet worden sind. Die Abgrenzungslinie zwischen Wissenschaft und Nicht-Wissenschaft ist von der Umgebung abhängig und historisch geprägt.

3. Sie kennzeichnet eine *Handlungsorientierung*. Sie lehnen die Sicht ab, dass wir realistische Bilder davon bekommen können, was Forschung ist, indem wir erzielte Forschungsresultate betrachten. Stattdessen heben sie die Bedeutung historischer Studien der wissenschaftlichen Verfahren hervor und kritisieren die frühe Philosophie und Geschichte der Wissenschaft für die Nichtbeachtung dieses Gesichtspunktes.

4. Ihre Sicht über die Beziehung zwischen *Theorie* und *Beobachtung* gründet auf der Zurückweisung der Annahme, dass die Sprache der Theorie und die Sprache der Beobachtung grundsätzlich verschieden sind. Es ist unmöglich, Beobachtungen zu beschreiben, ohne durch theoretische Annahmen beeinflusst zu sein. Beobachtungssätze sind „theoriegeladen" (Hansson 1969, S. 306), eine Sicht, die Popper auch teilte. Viele von ihnen neigen einer kon-

struktivistischen Schlussfolgerung zu: die Welt und ihre Struktur sind durch unsere Theorien über sie geschaffen. Wenn unsere Theorien sich ändern, so wird sich die Struktur der Welt ändern, zumindest der Welt, so wie wir sie wahrnehmen.

5. Sie sind *semantische Holisten*, die auf eine besondere Philosophie der Sprache über Sinn und Beziehung der Begriffe bauen, die in der Entwicklung von Theorien benutzt werden. Der Sinn jedes einzelnen Begriffs wird durch den gesamten theoretischen Kontext bestimmt, von dem er Teil ist. Der Sinn bestimmt den Bezug des Begriffes. Wenn wir Teile einer Theorie ändern, wird sich der Sinn und folglich die Beziehung eines jeden Begriffs ändern (Bedeutungsvarianz). Theorieveränderungen beinhalten umfangreiche Verschiebungen: wir verschieben Bedeutung, Bezüge und Weltsichten.

6. In ihren Studien nehmen sie *umfangreichere* Einheiten als einzelne Theorien zum Ausgangspunkt: Konstellationen einer Theorie, Methodologien, Werte, metaphysische Vorannahmen, Ideen über die Legitimität von Problemen und Lösungen und dergleichen. Paradigmen, Forschungsprogramme und Hintergrundtheorien sind Beispiele umfangreicherer Einheiten als bei Einzeltheorien üblich. Kuhn passt in dieses Bild. Er definierte sich selbst als Wissenschaftshistoriker. In einer autobiografischen Bemerkung hält er fest, dass er von der Physik für die Philosophie zur Geschichte der Wissenschaft kam, als er entdeckte, dass die Wissenschaft, so wie sie sich in historischem Quellenmaterial offenbarte, als Aktivität erwies, die sich gänzlich von der unterschied, „die implizit in der Wissenschaftspä-dagogik und explizit in standardphilosophischen Abhandlungen der wissenschaftlichen Methode zu finden ist" (Kuhn 1977, S. 4).

4. Formalisierung – präzise Definition

Kuhn unterscheidet zwischen verschiedenen Phasen der Entwicklung einer Disziplin. Eine Disziplin setzt sich aus Fachspezialisten innerhalb abgegrenzter Felder zusammen. Wechsel ereignen sich gleichzeitig auf einer sozialen und einer theoretischen Ebene: neue Paradigmen bilden sich aus dem theoretischen und sozialen Chaos heraus. Sie führen zu einer neuen Gruppenstruktur, die theoretische Orientierungen untermauern wird, bis Erwartungskrisen in der Beziehung zwischen Paradigma und Erfahrung neues theoretisches Chaos erzeugen. Dann lösen sich die Paradigmen wie auch die Gruppen auf, die sie tragen. Die motivierende Kraft ist Forschung, verstanden als erwartungsgeleitete Aktivität, für die das Paradigma den Horizont der Erwartungen darstellt. Veränderungen ereignen sich, wenn Erwartungen systematisch und unreparierbar zerstört werden.

Die Theorie von Kuhn wird in tabellarischer Übersicht auf der übernächsten Seite dargestellt (modifiziert in Übereinstimmung mit Brante 1980).

In der *vorparadigmatischen* Phase ist eine akademische Disziplin in rivalisierende Schulen geteilt. Den Spezialisten fehlen gemeinsame Ansichten und Methoden. Ihnen mangelt es an einem gemeinsamen Paradigma oder einem gemeinsamen Horizont der Erwartungen. Es besteht kein Übereinkommen darüber, welche Arten der Phänomene studiert werden sollen. In der Optik vor Newton herrschte Übereinstimmung darüber, was das Licht wirklich *ist:* Licht wurde wahrgenommen als Teilchen, die ihren Ausgang von physischen Objekten nahmen, als Veränderungen des Mediums zwischen den physischen Objekten und dem Auge und als Wechselwirkung zwischen dem Medium und einer Emanation des Auges. Es gab keine einheitlich anerkannten Beobachtungen, die alle Forscher zu erklären sich gezwungen fühlten, noch für alle verbindliche Standardmethoden. In der Abwesenheit eines Paradigmas sind alle Tatsachen gleichermaßen bedeutend und die Datensammlung erfolgt zufälliger als in einer späteren Forschungsphase. Die vorparadigmatische Phase weist keine gemeinsame Metaphysik auf (Einverständnis darüber, welche Arten von Phänomenen untersucht werden sollen), keine gemeinsamen Methoden, noch allgemein anerkannte Beobachtungen, die jeder zu erklären versucht, noch gemeinsame Kriterien für die Bedeutsamkeit von Daten. Die Datensammlung ist unsystematisch und zufälliger Art, Versuche werden kontinuierlich gemacht, die Disziplin aus ihren grundlegenden Annahmen heraus aufzubauen. Kuhn nannte solche Disziplinen *unreif.*

Zu verschiedenen Zeiten in der Geschichte hat sich dies in den wissenschaftlichen Disziplinen ereignet. Die dort tätigen Fachgelehrten gewannen gemeinsame Ansichten, was häufig mit der Vorherrschaft einer Schule auf dem Gebiet zu tun hat. Die Disziplinen traten in eine *paradigmatische* Phase ein: die Astronomie mit Ptolemäus' *Almagest,* die Geometrie mit Euklids *Elementen,* die Physik mit Aristoteles' *Physik,* die Optik mit Newtons *Optik,* die Theorie der Elektrizität mit Franklins *Elektrizität,* die Chemie mit Lavoisiers *Chemie,* die Geologie mit Lyells *Geologie.* Diese Werke definierten legitime Probleme und Methoden für die Forscher. *Beispielhafte Vorläufer existierten nicht,* um bestehende Forschergruppen von konkurrierenden Vorgehensweisen abzulenken. Zugleich waren sie in ihren *Ergebnissen offen* genug, um Probleme für die Forschung aufzuwerfen. Kuhn nannte Forschungsresultate, die diese beiden Merkmale aufwiesen, „Paradigmen". Mit diesem Terminus ist er in der Lage zu behaupten, dass „einige akzeptierte Beispiele der tatsächlichen wissenschaftlichen Vorgehensweise – Beispiele, die Gesetz, Theorie, Anwendung und Instrumentation einschließen – Modelle für besonders kohärente Forschungstraditionen liefern" (Kuhn 1970, S. 10).

Phasen	Theoretische Ebene	Soziologische Ebene
Vorparadigmatische Periode	Kein gemeinsames Paradigma. Keine Übereinstimmung darüber, welche Arten der Phänomene von der Disziplin analysiert werden sollen. Keine gemeinsamen anerkannten Beobachtungen oder Standardmethoden. Unsystematische Datensammlung.	Viele Schulen oder Institutionen rivalisieren miteinander und existieren nebeneinander. Schwache Kommunikation zwischen den Mitgliedern der Disziplin. Bücher sind die wichtigsten Kommunikationsmedien.
Etablierung eines Paradigmas	Beispielhaftes Forschungsresultat ist festzustellen. Übereinstimmung über legitime Methodenprobleme und -lösungen. Übereinstimmung über fundamentale metaphysische Fragen.	Beginnende Professionalisierung. Spezialisierte Fachzeitschriften, Vereinigungen und wissenschaftliche Gesellschaften etablieren sich. Spezialistenkonferenzen finden statt. Fachzeitschriftenartikel werden das wichtigste Kommunikationsmedium.
Normale Wissenschaft	Forschung als die Artikulation von Paradigmen, „aufräumende" Operationen und „Problemlösungen". Ziel der Forschung ist nicht die theoretische Innovation oder die Entdeckung neuer Typen von Phänomenen.	Bücher, Universitätsdisziplinen. Die Disziplin erlangt Kontrolle über die eigene Sozialisation neuer Mitglieder.
Anomalien	Erwartungskrise: neue Resultate entstehen, die nicht in das Paradigma passen.	Beginnende Kritik und Diskussion der grundsätzlichen Voraussetzungen.Erste Zeichen von Kommunikationsmängeln zwischen Forschern.
Krise	Das Paradigma wird verwässert und in verschiedenen Versionen weiterentwickelt. Sehr intensive Forschung. Alles wird auf den Prüfstand gebracht. Philosophische Diskussionen und Versuche der Entwicklung neuer Theorien.	Polarisierung in der Forschungsgemeinschaft, harte kritische Diskussionen, beginnende Verschiebung der Loyalität vom Alten zum Neuen.

Phasen	Theoretische Ebene	Soziologische Ebene
Revolution	Alternatives Paradigma entsteht, und das alte wird zurückgewiesen.	Bekehrung, große Gruppen von Forschern wechseln ihre Loyalität, beruflicher Bürgerkrieg, alte Zeitschriften werden geschlossen und neue entstehen.
Neues Paradigma	Generelle Anerkennung neuer beispielhafter Forschungsleistungen, neue Übereinstimmung über „die Grundlagen". Neue Wahrnehmung von Problemen, neue Lösungen, neue Methoden.	Neue Publikationen, alte Journale mit neuem Profil, neue Sozialisation, neue Gruppenstruktur, neue Personen gewinnen Autorität, Anhänger des überholten Paradigmas werden marginalisiert und verschwinden.

In der paradigmatischen Phase wird die Kommunikation zwischen Forschern erleichtert, weil sie Grundlagen voraussetzen können. Die Disziplin wird professionalisiert, Fachzeitschriften werden gegründet und Spezialisten ausgebildet. In dieser Phase wechselt die wissenschaftliche Entwicklung zwischen Perioden *normaler Wissenschaft* und der *Revolution*.

In Perioden normaler Wissenschaft wird ein Paradigma als selbstverständlich angenommen. Übereinstimmung besteht über die Grundlagen der wissenschaftlichen Disziplin. Eine Analyse des Paradigmas bereitet die Anfänger auf die Mitgliedschaft in der Forschungsgemeinschaft vor. Da jeder die grundlegenden Ideen und Techniken an denselben konkreten Modellen lernt, wird die fortdauernde Forschungspraxis der einzelnen Forscher selten zu Kontroversen über die Grundlagen führen. Die Wissenschaftler sind denselben Regeln und Standards verbunden: „Die Bindung und der offensichtliche Konsens, die dies hervorruft, stellen Voraussetzungen für eine normale Wissenschaft dar, für die Entstehung und Fortführung einer bestimmten Forschungstradition" (Kuhn 1970, S. 11).

Ein Paradigma erlangt seinen Status, weil es Probleme löst oder besser als seine Wettbewerber löst, die von einer Forschergruppe als dringlich angesehen werden, obgleich es nicht jedes Problem erledigt. Anfangs liefert es nichts als „ein Versprechen des Erfolges, der in den ausgewählten noch unvollständigen Beispielen zu finden ist" (Kuhn 1970, S. 23-24). Die normale Wissenschaft ist der Versuch, das Versprechen zu ehren, wobei die Kenntnis der Fakten, die durch das Paradigma betont werden, vergrößert wird, die Übereinstimmung zwischen den Fakten und Vorhersagen verbessert wird und die theoretischen Ideen, die dem Paradigma zugrundeliegen, artikuliert werden.

Kuhn charakterisiert die normale Wissenschaft alternativ als „Aufräumen" (*mop-up work*), als Artikulation des Paradigmas und als Problem- bzw. Rätsellösen (*puzzle-solving*).

„*Mopping-up*" *operations* sind Gegenstand der Karriere der meisten Forscher. Sie stellen Versuche dar, die Natur in die relativ rigiden Kategorien des Paradigmas zu zwingen. Die Aktivität ist nicht darauf gerichtet, neue Typen von Phänomenen zu entdecken. Was nicht hineinpasst, wird oft nicht beachtet. Das Ziel der Forscher ist nicht, neue Theorien zu ersinnen. Auch sind sie häufig intolerant gegenüber neuen Theorien, die von anderen entwickelt werden. Die normale Wissenschaft ist an der Spezifizierung von Phänomenen interessiert, die bereits im Licht des Paradigmas sichtbar sind. Dies stellt eine Aktivität mit einem drastisch verengten Gesichtsfeld dar. Doch ist dies kein Mangel, sondern notwendig für die wissenschaftliche Entwicklung. Das Paradigma akzentuiert relativ enge Probleme. Für die Forscher heißt dies, einen Teil der Natur im großen Detail zu studieren, und zwar in einer Weise, die anderenfalls gänzlich unvorstellbar wäre.

Artikulierung bedeutet, Messungen vorzunehmen und präzisere Vorhersagen zu machen (z.B. durch die Entwicklung neuer Instrumente), die Entdeckung neuer Felder, auf denen sich Vorhersagen als zutreffend erweisen mögen, die Klarstellung von Begriffen, die Entfernung und die Beseitigung zweideutiger Formulierungen, wie auch die klarere Beschreibung von Problemen, die zunächst nur undeutlich wahrgenommen worden sind: „Diese drei Klassen der Probleme – Bestimmung bedeutsamer Geschehnisse, Übereinstimmung dieser Fakten mit der Theorie und Artikulierung der Theorie – erschöpfen, so glaube ich, die Literatur der normalen Wissenschaft, sowohl theoretisch als auch empirisch" (Kuhn 1970, S. 34). Eine solche Beschäftigung nimmt die meiste Zeit der Forscher in Beschlag. Ohne ein Paradigma, das Probleme definiert und dauerhafte Lösung verspricht, wären ihre intensiven Bemühungen nicht vorstellbar.

Kuhn vergleicht die normale Wissenschaft auch mit dem *Lösen von Rätseln* (*puzzle-solving*). Ein Rätsel hat Lösungen, von denen wir wissen, dass wir sie finden können, wenn wir die Teile zusammenfügen, bis das Resultat eine wahre Kopie des Bildes darstellt, dass bereits zur Verfügung steht. Wenn die Lösung nicht gefunden wird, so liegt der Fehler in der Person, die sie nicht findet, nicht in dem Problem. Der puzzle-solver und nicht das Rätsel ist dafür verantwortlich zu machen. Gleichermaßen bietet das Paradigma den Forschern Kriterien zur Auswahl lösbarer Probleme. Die Gemeinschaft akzeptiert solche Probleme als wissenschaftlich und ermahnt ihre Mitglieder, sich mit der Lösung derselben zu beschäftigen. Ein Grund, warum die normale Wissenschaft voranschreitet, stellt die Konzentration der Mitglieder einer Forschungsgemeinschaft auf Probleme dar, deren Lösung zu finden ausschließlich durch ihre eigene Unfähigkeit begrenzt ist: „Das Versagen, eine Lösung zu finden, diskreditiert nur den Wissenschaftler und nicht die Theorie" (Kuhn 1970, S. 80). Die Forscher werden durch die Vorstellung motiviert, dass sie Probleme lösen können, die bislang noch keiner gelöst hat.

Die normale Wissenschaft ist „eine stark determinierte Aktivität, doch ist sie nicht gänzlich von Regeln vorbestimmt. Deshalb (...) habe ich geteilte Paradigmen eher denn geteilte Regeln, Annahmen und Gesichtspunkte als die Quelle des Zusammenhaltes für normale Forschungstraditionen eingeführt. Regeln (...) leiten sich aus Paradigmen ab, doch können Paradigmen die Forschung in der Abwesenheit von Regeln leiten" (Kuhn 1970, S. 42). Die normale Wissenschaft wird mit einer relativ dogmatischen Einstellung betrieben. Es ist die Periode der anonymen Handwerker. Ihr deutlicher Dogmatismus ist funktionaler Natur und erlaubt ihnen detaillierte Erforschung, wie auch fruchtbare Ideen nicht vorzeitig auf die Seite zu legen, bevor ihr Potenzial nicht erschöpft worden ist.

Dennoch treten *Anomalien* häufig auf, Phänomene, die nicht in das Paradigma eingeordnet werden können: „Die Entdeckung beginnt mit der Einsicht in eine Anomalie, d.h. mit der Wahrnehmung, dass die Natur irgendwie die vom Paradigma geleiteten Erwartungen verletzt hat, die die normale Wissenschaft beherrschen" (Kuhn 1970, S. 52-53). Paradigmen sind Horizonte der *Erwartungen*. Häufig ereignet sich etwas, das die Erwartungen vereitelt. Die neuen Theorien entstehen nach einer Periode fachlicher Unsicherheit und sind durch Anomalien geschaffen, die sich als resistent gegenüber allen Lösungsversuchen erweisen. Krisen entstehen, wenn sich das Paradigma als unfähig zur Lösung von Problemen erweist, die durch dasselbe Paradigma ins Licht gerückt werden. Die Entstehung verschiedener Versionen derselben Theorie ist häufig ein Zeichen einer Krise. „Durch die Verbreitung von Varianten des Paradigmas lockert die Krise die Regeln des Problemlösens in einer Weise, die es letztlich ermöglicht, dass ein neues Paradigma entsteht" (Kuhn 1970, S. 80).

Nicht jede einer Theorie entgegenstehende Evidenz wird notwendig eine Krise erzeugen. Es gibt keine Theorie, die frei von widersprechender Evidenz wäre. Doch werden hier und dort Unregelmäßigkeiten festgehalten, die deutlich „ausdrückliche und grundlegende Verallgemeinerungen des Paradigmas infragestellen" (Kuhn 1970, S. 82). Wenn eine Anomalie als mehr denn nur ein normales Teilproblem wahrgenommen wird, kann eine wissenschaftliche Disziplin in eine *Krise* gestürzt werden, die Anomalie wird als ernstes Problem wahrgenommen. Die besten Forscher der Disziplin verwenden zunehmend mehr Zeit, diese Anomalie zu lösen. „Wenn sie fortbesteht, was meist nicht der Fall ist, werden viele von ihnen zu der Ansicht gelangen, dass die Lösung dieser Frage *das* Hauptthema der Disziplin ist. Für sie wird das Arbeitsgebiet nicht länger so aussehen, wie es früher der Fall war" (Kuhn 1970, S. 82-83, kursiv im Original).

Die Antwort des Spezialisten auf die Krise bedeutet *außerordentliche Forschung*. Um das Problem zu lösen, werden verschiedene Formen des Paradigmas mit dem Ergebnis getestet, dass es verwässert wird und am Ende keiner mehr weiß, auf welche fundamentalen Annahmen es gegründet ist. Die Regeln, die die normale wissenschaftliche Forschung leiten, werden lockerer, die Forschung ähnelt der vorparadigmatischen Phase. Neue Bemühungen um neue Theorien halten an. Die Forscher diskutieren intensiv die philosophischen Grundlagen der Disziplin: „Die Verbreitung untereinander konkurrierender Theoriefassungen, die Bereitschaft alles Mögliche auszuprobieren, das Aussprechen ausdrücklicher Unzufriedenheit, der Rückgriff auf Philosophie und die Debatte über Grundlagen, all dies sind Symptome eines Übergangs von einer normalen zu einer außerordentlichen Forschung" (Kuhn 1970, S. 91). Schrittweise brechen Kommunikation und allgemeiner Konsens zusammen.

Die Forschung oszilliert zwischen rigidem Dogmatismus und desintegrierendem Skeptizismus. In der Sicht von Kuhn sind beide, Dogmatismus und Skeptizismus, funktional, aber zu unterschiedlichen Zeiten. Die normale Wissenschaft ist die Periode des Dogmatismus, die es dem Paradigma ermöglicht, sein Potenzial zu zeigen. In dieser Phase werden die Skeptiker schnell ausgesondert. Die außerordentliche Forschung ist die Periode der Skeptiker, die die Zulassung neuer Ideen garantieren. Dogmatiker verlieren dann sehr schnell ihre Zuhörerschaft.

Drei Arten der Lösung einer Krise bestehen: 1. Anomalien mögen in das alte Paradigma eingearbeitet werden. 2. Man mag sie als unmöglich zu lösen betrachten, sie werden ignoriert. 3. Vorschläge für ein neues Paradigma mögen langsam in der betreffenden wissenschaftlichen Disziplin an Akzeptanz gewinnen. Doch selbst dann wird das alte Paradigma solange nicht zurückgewiesen, bis eine vielversprechende Alternative gefunden ist.

Paradigmenwechsel sind nicht kumulativ, sondern bedeuten die Rekonstruktion wissenschaftlicher Disziplinen auf der Grundlage neuer Ideen. Ein solcher Neuaufbau kann die grundlegenden theoretischen Verallgemeinerungen und viele der Methoden verändern. In der Phase zwischen einem alten und einem neuen Paradigma überschneiden sich die Probleme, wenngleich niemals vollständig, die auf der Basis des alten Paradigmas gelöst werden können, mit solchen, die eine neue Richtung der Gedanken verlangen. Doch finden sich auch entscheidende Unterschiede in der Art, wie Probleme wahrgenommen und gelöst werden. Häufig sind es junge und neue Forscher, die die Ideen schaffen, die sich in dem neuen Paradigma äußern. Sie sind weniger durch die alten Ideen eingeschränkt sind. Schrittweise entwickelt sich ein Kampf zwischen den Anhängern des alten Paradigmas und des neuen. Das neue Paradigma wird nur nach grundlegendem Widerstand akzeptiert, auf der Basis alter Erwartungen. Die miteinander kämpfenden Parteien missverstehen sich häufig, obgleich sie dieselben Worte benutzen mögen: „Die Kommunikation über die revolutionäre Scheidelinie ist unvermeidlich parteiischer Natur" (Kuhn 1970, S. 149). Die Debatte beruht häufig auf Propaganda, nicht auf tatsächlichen oder logischen Argumenten.

Ist einmal der Übergang erreicht, haben die Wissenschaftler ihre Sicht des Forschungsfeldes, der Methoden und der Ziele ihrer Disziplin geändert. Was erreicht ist, stellt eine Revolution dar, ähnlich der gestaltverändernden Wahrnehmung. Eine Gestaltveränderung in der Wahrnehmung repräsentiert „einen nützlichen elementaren Prototyp dafür, was sich in einem vollständigen Paradigmenwechsel ereignet" (Kuhn 1970, S. 85).

Paradigmenwechsel bedeuten einen Wechsel der Weltsichten, vergleichbar einer religiösen Konversion: „Ich argumentiere [...], dass es in diesen Angelegenheiten weder um Nachweis oder Irrtum geht. Der Wechsel der Loyalität von einem Paradigma zu einem anderen stellt die Erfahrung einer Konversion dar, die nicht erzwungen werden kann" (Kuhn 1970, S. 151). Alte Worte erlangen neue Bedeutungen und beziehen sich auf neue Phänomene. Die Forscher sehen neue Dinge, entwickeln neue Instrumente und suchen an neuen Orten, sie entdecken etwas Neues, wenn sie mit neuen Instrumenten Phänomene untersuchen, die sie früher schon einmal studiert haben: „Dies ist vergleichbar einer Situation, als ob eine Fachgemeinschaft plötzlich auf einen anderen Planeten versetzt worden wäre, wo vertraute Objekte in einem unterschiedlichen Licht gesehen und durch unvertraute gleichermaßen ergänzt werden" (Kuhn 1970, S. 111). Das neue Paradigma und das alte sind nicht vergleichbar und geben Anlass zu unterschiedlichen Vorgehensweisen in der Praxis. Der Übergang ist nicht voll erklärbar auf der Basis von Beobachtungen, experimentellen Resultaten und logischen Argumenten. Er ist zu einem gewissen Ausmaß irrationaler und nichtkumulativer Natur.

Die wissenschaftliche Disziplin gleitet in eine Periode der neuen normalen Wissenschaft. Neue Rätsel sind zu lösen, neue „Aufräumoperationen" zu bewerkstelligen. Diese Periode wird so lange dauern, bis neue Anomalien die Disziplin erneut in eine Krise führen. Sollte sich der Umbau der Disziplin als nicht erfolgreich erweisen, wird sie untergehen.

5. Allgemeinheit und Prüfbarkeit – Kritik

Die Theorie von Kuhn hat nachhaltige Kritik erzeugt. Nur ein Teil davon kann hier behandelt werden. Ich werde zunächst vier Varianten erwähnen, wie die Theorie nicht getestet werden kann. Dann werde ich zeigen, wie die Theorie prinzipiell getestet werden kann und wie es in der Praxis des Testens zu Schwierigkeiten kommen mag.

Erstens stellt die Theorie weder ein Rezept für das Hervorrufen wissenschaftlicher Revolutionen dar noch für die Konstruktion neuer Paradigmen. Das Ziel von Kuhn war nicht die Entwicklung einer solchen Theorie. Deshalb kann die Theorie nicht durch Forschungspraxis getestet werden, da sie nicht formuliert worden ist, um irgendeinen bestimmten Typus der Praxis zu erzeugen.

Zweitens kann die Theorie nicht zur Vorhersage wissenschaftlicher Entwicklung genutzt werden, d.h. vorherzusagen, wann etablierte Paradigmen zusammenbrechen werden, was der Inhalt neuer Paradigmen sein wird oder wann sie entstehen werden. Neue Paradigmen sind Ideenkonstellationen, die Mutationen vergleichbar sind. Die meisten Mutationen sind zerstörerisch und verschwinden. Manchmal überleben Mutationen, weil sie den Individuen in bestimmten Umgebungen Vorteile eröffnen. Nichts kann darüber gesagt werden, welche Mutationen sich in Zukunft ergeben werden, noch welche überleben werden und für wie lange. Wir besitzen keine Theorien, die die Vorhersage wissenschaftlicher Innovationen oder der Brauchbarkeit eines Paradigmas erlauben. Aus gutem Grunde kann man annehmen, dass wir unfähig zu solchen Theorien sind.

Drittens lässt die Theorie nicht zu, dass sich externe Beobachter, ein Paradigma feststellend, das mit einem unerklärbaren Phänomen konfrontiert ist, dahingehend äußern, ob und wann das Paradigma zusammenbrechen wird. Bedeutung wird den Anomalien von den Forschern selbst beigemessen. Der Status der Anomalien ändert sich entsprechend der Interpretation durch die Forscher. Versuche der Vorhersage von Entwicklungen allein auf der Beziehung von Paradigmen und Anomalien unterliegen dem Subjektivitätsprinzip, d.h. sie müssen auf Kategorien, Interpretationen und Ansichtsweisen der daran beteiligten Forscher gegründet werden. Noch besagt die Theorie irgendetwas darüber, mit wievielen Anomalien ein Paradigma fortdauern mag, ohne in einer Krise zu enden. Einige Paradigmen können viele aushalten, andere wenige. Eine Krise tritt nicht allein auf der Basis festgestellter Anomalien ein. Sie ereignet sich vielmehr, wenn die Forscher eine oder mehrere Anomalien als ausreichend kompliziert und bedrohlich für ihre Überzeugungen sehen.

Viertens besagt die Theorie nichts darüber, wie schnell oder wie häufig sich Revolutionen ereignen werden. Möglich ist, dass zwei große Entdeckungen kurz hintereinander erfolgen können, die in zwei schnellen Revolutionen enden, ohne dass dies der Theorie von Kuhn widerspräche. Die Theorie hält lediglich eine geringe Wahrscheinlichkeit bereit, dass sich dies ereignen wird, doch schließt sie es nicht aus.

Dennoch kann die Theorie als Theorie über vergangene Entwicklungen in der Geschichte der Wissenschaften getestet werden. In reifen Wissenschaften finden wir mit regelmäßigen Intervallen historische Episoden (Revolutionen) mit nahezu vollständigem Ersatz der zentralen theoretischen und methodischen Annahmen. Es wäre ein harter Schlag für die Theorie, wenn wir unfähig wären, solche Episoden hervorzuheben. Die Theorie ist ohne nachweisbare nichtrevolutionäre Intervalle unvereinbar mit fortschreitender wissenschaftlicher Entwicklung und auch mit fortschreitender Revolution. Wir können die Theorie testen, indem wir die Entwicklung der wissenschaftlichen Disziplinen verfolgen, die Kuhn als reif benannt hat, und feststellen, ob wir Revolutionen oder nichtrevolutionäre Perioden in der Abfolge finden, wie sie die Theorie vorhersagt.

In reifen wissenschaftlichen Disziplinen finden wir auch monoparadigmatische Perioden, d.h. Perioden, die von einem einzigen Paradigma geleitet sind. In solchen Perioden besitzt die Forschung einen besonderen Charakter (normale Wissenschaft). Die Theorie ist inkompatibel mit einer Disziplin, die dauerhaft in rivalisierende Schulen gespalten ist, jede mit ihren eigenen grundlegenden Annahmen. Wir können die Theorie testen, indem wir eine wissenschaftliche Disziplin in Perioden normaler Wissenschaft studieren, um festzustellen, ob die Aktivitäten dem Muster, das Kuhn beschrieben hat, entsprechen oder nicht.

Die Theorie mag vielleicht auch als eine Theorie darüber getestet werden, welcher Typus von Forschung der effizienteste ist. In der Sicht von Kuhn ist die effizienteste Forschung normale Wissenschaft, weil dieser Typus der Forschung als eine Art dogmatisch geleiteter Aktivität mit einem begrenzten, aber detaillierten Gesichtsfeld notwendigerweise zu Erwartungskrisen führt und folglich zu einem theoretischen Wechsel. Lässt man hunderte von theoretischen Blumen zur selben Zeit blühen, so ist dies weniger effizient, weil es eine dauerhafte gemeinsame und detaillierte Erforschung der Natur aufhalten würde. Diese Art des Theorietestens verlangt jedoch langfristige Perspektiven und klare Effizienzkriterien, die wir höchstwahrscheinlich nicht besitzen.

Heutzutage sind sich mehr Forscher als jemals zuvor in der normalen Wissenschaft beschäftigt. Die Spezialisierung nimmt zu, ein Faktum, das aus der großen Quantität immer spezialisierterer Fachzeitschriften und Disziplinen abzuleiten ist. Wegen der zunehmenden Zahl an Forschern und gesteigerter Spezialisierung findet sich eine große Zahl von Individuen, die sich sehr konzentriert und intensiv mit einem sehr begrenzten Problem auseinandersetzen kann. Dies mag dazu führen, dass die Perioden zwischen den Revolutionen kürzer werden, weil das theoretische Potenzial eines Paradigmas schneller erschöpft ist, die Paradigmen somit ein kürzeres Leben als vor dem Ausbruch der Krise haben.

In der Wirklichkeit ist die Theorie jedoch schwierig zu testen, da sie, so wie verfasst, auf vagen Konzepten beruht.

Das Paradigma-Konzept ist vage. Masterman fand heraus, dass Kuhn das Konzept in einundzwanzig verschiedenen Varianten in *The Structure of Scientific Revolutions* gebraucht hat (Masterman 1970, S. 61). Kuhn antwortete in der 1970er Ausgabe seines Buches. Hier unterscheidet er zwischen Paradigmen in einem weiteren und engeren Sinn. In seinen Worten sind Paradigmen in einem weiteren Sinne Fachmatrizen, die aus vier Elementen bestehen, die eine Einheit bilden und gemeinsam fungieren:

1. *Symbolische Verallgemeinerungen* – definiert als formale Elemente oder als solche, die leicht formalisiert werden können, z.B. Newtons zweites Gesetz: f = m • a. Solche Ausdrücke sind Orientierungspunkte für logische und mathematische Techniken, wobei sie teilweise als Naturgesetze und teilweise als Definitionen fungieren.

2. *Metaphysische Annahmen* oder Überzeugungen für bestimmte Modelle, z.B. dass sich Gasmoleküle wie kleine elastische Billardkugeln in einer Zufallsbewegung verhalten. Solche Annahmen ermöglichen dem Forscher bevorzugte oder legitime Metaphern und Analogien und helfen ihm das definieren, „was als Erklärung und als Problemlösung [...] akzeptiert wird" (Kuhn 1970, S. 184).

3. *Werte,* z.B. dass Vorhersagen präzise und vorzugsweise quantitativ sein müssen, dass Theorien einfach sein sollen, konsistent, glaubwürdig und in Übereinstimmung mit anderen Theorien. Solche Werte werden von Gruppen geteilt, die mehr als nur die Spezialistengruppen umfassen, doch mögen sie von verschiedenen Gruppen unterschiedlich interpretiert werden.

4. *Exemplarische Forschungsleistungen* sind konkrete Problemlösungen, die den Studenten in Vorlesungen, Laboratorien und Prüfungen oder in den Schlusskapiteln von Textbüchern vorgelegt werden. Sie stellen Beispiele dar, wie man die Arbeit verrichten soll: „Wissenschaftler lösen Probleme, indem sie sie anhand früherer Problemlösungen modellieren [...]" (Kuhn 1970, S. 189). Kuhn reserviert sein Paradigma-Konzept für solche Forschungsleistungen, die Paradigmen im engeren Sinne darstellen.

Es bleibt eine offene Frage, ob die Antworten von Kuhn seine Theorie überprüfbarer machen. In der Praxis ist es nach wie vor schwierig zu entscheiden, wann wir einem oder mehreren Paradigmen gegenüberstehen. Die Theorie gerät auch in andere Schwierigkeiten.

Kuhn behauptet, dass Paradigmen beides sein können: *unvergleichbar und inkompatibel.* Wenn zwei Paradigmen unvergleichbar sind, können sie nicht inkompatibel sein und vice versa. Um sie inkompatibel zu machen, muss zumindest ein Statement in der einen einem Statement in der anderen Theorie widersprechen, d.h. Inkompatibilität wird definiert unter Verweis auf das Gesetz der Widerspruchsfreiheit. In diesem Fall muss sie sich auf ein und dasselbe Phänomen beziehen. Zwei unvergleichliche Paradigmen können sich jedoch nicht auf ein und dasselbe Phänomen beziehen. Der semantische Holismus von Kuhn ist Ausdruck dafür, dass Begriffe, die in den beiden Paradigmen verwandt werden, sich nicht auf dasselbe Phänomen beziehen können und dass die Behauptungen, die in zwei Paradigmen enthalten sind, sich nicht widersprechen können. Doch dann ist es schwierig zu verstehen, warum eine teilweise und reziproke Übereinstimmung zwischen den Anhängern des alten und des neuen Paradigmas gefunden werden kann und wie Historiker wie Kuhn frühere Paradigmen verstehen können (Shapere 1980).

Es ist schwierig, die sozialen Gruppen zu identifizieren, die Paradigmen aufrechterhalten. Kuhn hat die Paradigmen auf verschiedenen sozialen Ebenen lokalisiert und gibt keine präzisen Kriterien für die Abgrenzung dieser Gruppen an. Er definiert manchmal eine Forschungsgemeinschaft als eine Gruppe, die ein größeres Paradigma teilt. Manchmal versucht er, unabhängige Kriterien für die

Identifizierung solcher Gemeinschaften zu entwickeln. Er behauptet gelegentlich, dass die ganze Wissenschaft der Physik ein gemeinsames Paradigma hat, und andererseits, dass eine Gruppe, die ein Paradigma aufrechterhält, innerhalb der Grenzen einer sehr engen Spezialisierung mit nicht mehr als schätzungsweise hundert Mitgliedern weltweit agiert. Dies führt dazu, dass der Begriff der Revolution unpräzise ist: macht es Sinn, von Revolution zu sprechen, die nicht weniger als einige hundert geografisch verteilte Akteure umfasst?

6. Empirische Bewertung – Schlussfolgerung

Die wichtigsten Schlussfolgerungen, die aus den Überprüfungsversuchen der Theorie von Kuhn abzuleiten sind, scheinen die folgenden zu sein:

Es ist sehr unwahrscheinlich, dass es je so dramatische Episoden wie Kuhns Revolutionen gegeben hat. Die Wechsel von Theorien und Begriffen sind wahrscheinlich weniger umfassend, als er behauptet. Was übrig bleibt, sind Abfolgen größerer oder kleinerer begrifflicher Veränderungen, die nur durch graduelle Unterschiede gekennzeichnet sind. Dies mag das besondere Element in der Theorie von Kuhn zerstören (Toulmin 1970, S. 45). Kuhn ist sich darüber auch kaum im klaren, dass alles, was die Revolution überlebt, „Pakete" von Paradigmen sind, die akzeptiert oder in ihrer Gesamtheit zurückgewiesen werden. Doch in dem Forschungsprozess mögen die Teilnehmer auf einigen Ebenen übereinstimmen und auf anderen unterschiedlicher Meinung sein, eine Tatsache, die nicht leicht vereinbar mit dem Kuhnschen Modell des Denkens ist (Alexander 1982, S. 26).

Wenn Kuhn behauptet, dass in einigen wissenschaftlichen Disziplinen der Übergang von der vorparadigmatischen zur paradigmatischen Phase in der Antike oder in der Renaissance erfolgt ist, hat er nicht beachtet, dass in diesen Perioden keine soziale Gruppe existierte, die unseren Forschungsgemeinschaften vergleichbar und in der Lage ist, ein Paradigma zu tragen und sich einer strikten disziplinierten normalen Wissenschaft zu widmen. Eine soziologische Bedingung fehlt, um diese Theorie auf diese Perioden anzuwenden. Auch hat sich Kuhn wahrscheinlich zuschulden kommen lassen, uns mit einem Anachronismus zu konfrontieren: er transferiert illegitimer Weise die Struktur der Wissenschaft unserer Zeit in die Vergangenheit.

Kuhn hat den Konsens in nichtrevolutionären Perioden übertrieben. Die meisten Disziplinen haben sich immer stärker in verschiedene Theorietraditionen aufgespaltet, als aus der Analyse der normalen Wissenschaft durch Kuhn abzuleiten wäre.

Seine Theorie kann wahrscheinlich nicht hinreichend erklären, wie ein neuer Konsens nach einer Revolution zustandekommt. Ohne eine Theorie der Konsensbildung fehlt ein entscheidendes Bindeglied zwischen zentralen Elementen in der Sicht von Kuhn: die Theorie des Abweichens (unvereinbarer Paradigmen) und die Theorie des Konsenses (normale Wissenschaft). Er wird häufig für seine

Unfähigkeit kritisiert, den Übergang von der normalen Wissenschaft zur Krise
zu erklären (vom Konsens zum Dissens), weil er es nicht schaffte zu zeigen,
warum scheinbar unbedeutende Probleme plötzlich zu bedrohenden Anomalien
werden. Doch stellt das zentrale Problem sein Unvermögen dar, den Übergang
von einer Krise zur normalen Wissenschaft zu erklären. Sobald die Übereinstimmung zusammenbricht, ist es nahezu unmöglich zu sehen, wie Kuhn die
Fäden zusammenhalten kann (Laudan 1984, S. 17).

Verschiedene Versuche sind unternommen worden, die Theorie auf die Sozialwissenschaften und die Künste anzuwenden (vgl. z.b. Friedrichs 1970, Ritzer 1975), aber mit wenig Erfolg. Eckberg und Hill legen eine Übersicht über
vierzehn Versuche vor, soziologische Paradigmen zu finden, was in zwölf verschiedenen Ansichten endet, was grundlegende Paradigmen seien. Ihre Schlussfolgerung ist, dass wir in der Soziologie häufig Forschung finden, die nicht auf
Modellen aus anderen Forschungsbereichen gründet, häufig kurzlebige Traditionen oder Forschungen, die auf einem einzigen Theoretiker aufbauen. Aber
wir beobachten selten ein umfassendes Problemlösen. Die bedeutsame Literatur
liefert wenige Beispiele für die Lösung eines wichtigen Problems, so Eckberg &
Hill (Eckberg und Hill 1980, S. 131). Kurzum die normale Wissenschaft fehlt.
Dies macht es schwierig, die Theorie der wissenschaftlichen Entwicklung von
Kuhn zu nutzen, da die Theorie Entwicklung als fortlaufende Übergänge zwischen Perioden der normalen Wissenschaft und Revolution darstellt. Die Sozialwissenschaften und die Künste sind wahrscheinlich multi-paradigmatisch. Es
finden sich immer verschiedene Theorietraditionen, die nebeneinander existieren. Dies ist in der Sicht von Kuhn atypisch für reife wissenschaftliche Disziplinen. Die logische Schlussfolgerung wäre dann, dass die Sozialwissenschaften
unreife Wissenschaften sind oder dass sie zu einer Art der Wissenschaften gehören, die nicht mit der Denkweise von Kuhn erfasst werden können.

In einer neueren Arbeit (Kuhn 1991, S. 24) hält Kuhn fest, dass der Übergang von der vorparadigmatischen zur paradigmatischen Phase bereits in der
Psychologie und in den Wirtschaftswissenschaften stattfinden mag. Doch liefert
er keinen Beleg zur Unterstützung seiner Behauptung. Seiner Meinung nach
kann ein solcher Übergang nicht in Disziplinen erwartet werden, die soziale und
politische Systeme als ihr Studienobjekt haben. Solchen Systemen mangelt es an
Stabilität, die die Phänomene der Natur kennzeichnen. Wenn das Objekt der
Analyse einer konstanten Veränderung unterliegt, ist es eher unwahrscheinlich,
dass Forscher zu einer Übereinstimmung über die Art der typischen normalen
Wissenschaft gelangen werden.

7. Literatur

Alexander, J.C. 1981: *Theoretical Logic in Sociology* Bd. 1, University of California Press, Berkeley.
Barnes, B. 1982: *T.S. Kuhn and Social Science*, Macmillan, London.

Brante, T. 1980: *Vetenskapens struktur och förandring*, (Structure and change in Science) Doxa, Lund.

Eckberg, D. und L. Hill (1980): The Paradigm Concept and Sociology: A Critical Review. In: Gutting.

Friedrichs, R.W. 1970: *A Sociology of Sociology*, The Free Press, New York.

Gutting, G. 1980: *Paradigms & Revolutions*, University of Notre Dame Press, London.

Hacking, I. (Hrsg.) 1981: *Scientific Revolutions*, Oxford University Press, Oxford.

Hansson, N.R. 1969: *Perception and Discovery*, Freeman, Cooper & Co., San Francisco.

Johannessen, K.S. 1985: *Tradisjoner og skoler i moderne vitenskapsfilosofi*, (Traditions and scools in modern theory of science) Sigma, Bergen.

Kuhn, Th. 1957: *The Copernican Revolution: Planetary Astronomy and the Development of Western Thought*, Harvard University Press, Cambridge, Mass.

Kuhn, Th. 1970: *The Structure of Scientific Revolutions*, The University of Chicago Press, Chicago.

Kuhn, Th. 1977: *The Essential Tension*, The University of Chicago Press, Chicago.

Kuhn, Th. 1978: *Black-Body Theory and Quantum Discontinuity*, 1894–1912, Oxford University Press, Oxford.

Kuhn, Th. 1991: "The Natural and Human Sciences", in D.R. Hiley, J.F. Bohman und R. Shustermann (Hrsg.): *The Interpretive Turn*, Cornell University Press, Ithaca und London.

Lakatos, I. und A. Musgrave (Hrsg.) 1970: *Criticism & The Growth of Knowledge*, Cambridge University Press, Cambridge.

Laudan, L. 1984: *Science and Values*, University of California Press, Berkeley.

Masterman, M. 1970: "The Nature of a Paradigm", in Lakatos, I. und A. Musgrave (Hrsg.): *Criticism and the Growth of Knowledge*, Cambridge University Press, Cambridge.

Radnitzky, G. 1968: *Contemporary Schools of Metascience*, Scandinavian University Press, Göteborg.

Ritzer, G. 1975: *Sociology: A Multiple Paradigm Science*, Allan & Bacon, Boston.

Ritzer G. 1981: *Toward an Integrated Sociological Paradigm*, Allan & Bacon, Boston.

Shapere, D. 1981: "Meaning and Scientific Change", in Ian Hacking (Hrsg.): *Scientific Revolutions*, Oxford University Press, Oxford, S. 28 – 59.

Toulmin, S. 1953: *The Philosophy of Science*, Hutchinson, London.

Toulmin, S. 1970: "Does the Distinction between Normal and Revolutionary Science Hold Water?", in Lakatos, I. und A. Musgrave (Hrsg.): *Criticism & the Growth of Knowledge*, Cambride University Press, Cambridge.

Ausgewählte Werke in deutscher Sprache

Kuhn, Th. S. 1996 [1969], *Die Struktur wissenschaftlicher Revolutionen*, um das Postskriptum von 1969 erg. 13. Aufl. Frankfurt am Main, Suhrkamp.

Kuhn, Th. S. 1980, *Die kopernikanische Revolution*. Braunschweig, Vieweg.

Lakatos, I. und A. Musgrave (Hg.) 1974, *Kritik und Erkenntnisfortschritt*, Braunschweig, Vieweg.

Toulmin, S. E. 1969, *Einführung in die Philosophie der Wissenschaft*, Göttingen, Vandenhoeck und Ruprecht.

3. Der Hermeneutische Zirkel: Über Grenzen für die Interpretation und Bedingungen für das Verstehen

David R. Doublet

1. Originalzitat

Der Zirkel darf nicht zu einem vitiosum, und sei es auch zu einem geduldeten, herabgezogen werden. In ihm verbirgt sich eine positive Möglichkeit ursprünglichster Erkenntnis, die freilich in echter Weise nur dann ergriffen ist, wenn die Auslegung verstanden hat, dass ihre erste, ständige und letzte Aufgabe bleibt, sich jeweils Vorhaben, Vorsicht und Vorgriff nicht durch Einfälle und Volksbegriffe vorgeben zu lassen, sondern in deren Ausarbeitung aus den Sachen selbst her das wissenschaftliche Thema zu sichern (Heidegger 1927, S. 312).

Die Hermeneutik [...] ist daher nicht etwa eine Methodenlehre der Geisteswissenschaften, sondern der Versuch einer Verständigung über das, was die Geisteswissenschaften über ihr methodisches Selbstbewusstsein hinaus in Wahrheit sind und was sie mit dem Ganzen unserer Welterfahrung verbindet (Gadamer 1960).

2. Kurze Erläuterung

Das Wort Hermeneutik nimmt seinen Ursprung von dem griechischen *hermeneutikos* und kennzeichnet die Kunst oder die Lehre von der Interpretation. Was die Hermeneutik von anderen Lehren der Interpretation unterscheidet, sind ihre zahlreicheren Regeln und Prinzipien für die Interpretation eines Textes: in der Formulierung von Gadamer und Heidegger, Neu-Hermeneutikern, stellt sich der Text dar als ein *Mittel der Kommunikation* zwischen Sender und Empfänger. Nach Gadamer bedarf der *geschriebene* Text eines besonderen Herangehens, das sich im Wesentlichen von anderen Formen der mündlichen Kommunikation unterscheidet. (In der modernen Zeit hat die Technologie Texttypen hervorgebracht, die am Schnittpunkt zwischen geschriebener und mündlicher Ausdrucksweise liegen: z.B. *e-mail* und *chat*). Während bei mündlicher Form der Kommunikation der Sender und Empfänger zur selben Zeit im selben Raum gegenwärtig sind und somit in der Lage, mögliche Missverständnisse und Fehler der Interpretation zu beseitigen, stellt das *Schreiben* andererseits mit nur einer anwesenden Partei eine einseitige Kommunikation dar.

Vielleicht kann man sagen, dass die Hermeneutik eine Methode der Interpretation für den Empfänger einer einseitigen Kommunikation ist. Somit begrenzt der Empfänger seine Aufmerksamkeit nicht auf die empfangene Kommunikation, sondern liest den Text im Hinblick darauf, *wer* ihn gesandt hat, die *Umstände* seiner Abfassung und nicht im geringsten, *wann* er verfasst worden ist. Alle diese Faktoren schaffen den historischen und sozialen Hintergrund, der wichtig ist, wenn die Bedeutung des Kommunizierten entdeckt werden soll. Hermeneutik stellt somit eine Lehre der Interpretation dar, die die umfassende historische und soziale Perspektive als methodologisch entscheidend ansieht. Diese umfassende Perspektive stellt den *Rahmen* dar, in den der Textdeuter den Text einordnet. Der Rahmen umfasst u.a. Normen, Werteinschätzungen, Sprachregeln (vgl. Max Webers Begriff des „Verstehens" oder Karl Poppers „Situationslogik"). Man kann annehmen, dass ein gegebener Text entweder mit einem generellen Wertesystem übereinstimmt, das zutraf, als der Text verfasst wurde, oder alternativ, dass er mit diesem System bricht. Doch in beiden Fällen wird der Text verstanden auf der Basis des umfassenden Rahmens, der den Autor zum Zeitpunkt der Niederschrift des Textes umgab. Gleichzeitig konfrontiert die Interpretation diese älteren Normen mit den umfassenden Rahmenbedingungen der Werte, Normen und Sprachnuancen, die dem Zeitalter zuzurechnen sind, in dem der *Textdeuter* lebt. Somit umgreift die umfassende hermeneutische Perspektive *die Normen und Werte der Vergangenheit wie diejenigen der Gegenwart.* Doch ist die hermeneutische Methode nicht auf die Studie von Texten allein beschränkt. In vieler Hinsicht stellt die Hermeneutik ein hervorragendes Instrument für die Interpretation jedweder kultureller Erscheinungsformen dar. Auch müssen wissenschaftliche Thesen aus diesem Grunde im Licht der Interpretation verstanden werden, das wir auf sie werfen.

3. Hintergrund

Wir können von Hermeneutik aus verschiedenen Gesichtspunkten reden: theologisch, philosophisch, juristisch, reformatorisch und romantisch. Als Methode der Deutung spielt die Hermeneutik eine besonders starke Rolle auf den Gebieten der Theologie und des Rechtswesens. Diese Disziplinen werden *dogmatisch* genannt, weil die Forscher nicht frei sind, einen eigenen Standpunkt einzunehmen. Sie sind nicht allein durch das Thema selbst gebunden, sondern auch noch durch eine autorisierte Sicht des Themas. Der Theologe ist an das autorisierte Verständnis des Dogmas gebunden und der Richter an das Verständnis der Gesetze durch den Gesetzgeber, die sogenannte authentische Gesetzesinterpretation. Hermeneutik als eine Deutungsmethode ist seit alten Zeiten bekannt, die durch stärkere hierarchische Weltsichten dominiert waren, d.h. vor Descartes (1596-1650) und Kopernikus (1473-1543). Das war die Zeit, als Wissenschaft, Gedankenwelt und Philosophie durch Kirche und Aristokratie bestimmt waren.

Der Begriff des *hermeneutischen Zirkels* kann auf Schleiermacher zurückgeführt werden (1768-1834). Für Schleiermacher stellte sich der hermeneutische Zirkel als notwendige Methode *praktischer* Interpretation dar in der Analyse klassischer Texte wie der platonischen Dialoge und des Neuen Testaments. Nach Schleiermacher fand sich die Hermeneutik als wissenschaftliche Methode besonders im deutschen Historismus des 19. Jahrhunderts. Das Ziel des deutschen Historismus war herauszufinden, was speziell deutsch auf den Gebieten der Sprache, des Gesetzes und der Kultur war.

Das frühe 20. Jahrhundert sah die Entwicklung einer neuen Orientierung, die sich um die Phänomenologie in deutschen wissenschaftlichen Gesellschaften gruppierte. Diese richtete sich auf die hermeneutische Methode und das Verständnis der Kultur. Zentrale Namen sind Heidegger (1889-1976) und Gadamer (1900-2001). Es war Heidegger, der die Hermeneutik und den hermeneutischen Zirkel als allgemeine philosophische Methode herausgebildet hat, die im Prinzip von den begrenzteren Belangen der Lektüre abgelöst werden konnte. Wegen der ideologischen Nähe zwischen Hermeneutik und Bildung der deutschen Nation, nicht zuletzt wegen Heideggers offener Unterstützung des nationalsozialistischen Regimes dauerte es bis in die 60er Jahre, bis Probleme dieser Art erneut ernsthaft diskutiert werden konnten.

Klassische Theorie des Wissens

Heidegger und Gadamer verfolgten eine radikale Abkehr von der klassischen Theorie des Wissens. Ausgangspunkt für diese Theorie ist die Frage, ob es für den Menschen möglich ist, zuverlässiges Wissen über die externe Welt zu gewinnen. Entsprechend der klassischen Theorie muss etabliertes Wissen zunächst einer *kritischen Analyse* unterzogen werden, woraufhin eine Analyse der Grenzen und Möglichkeiten menschlicher Erkenntnis zu treffen ist. Nicht zuletzt müssen unzweideutig intersubjektive Kriterien dafür gefunden werden, was zuverlässiges Wissen darstellt und was nicht. Solche intersubjektiven Kriterien ermöglichen es all denjenen, die sich im Vollbesitz ihrer Geistesgaben befinden, den Gegenstand in gleicher Weise zu verstehen.

Eine Form der schlüssigen Vernunft ist, dass der zu analysierende Aspekt nicht Teil des Argumentes sein kann, denn dann würde man in einem Zirkel argumentieren. Wissenschaftliche Erkenntnis soll entweder durch die Ableitung von Axiomen herbeigeführt werden oder durch die Induktion, die auf bestimmten Prämissen aufbaut. Solche verlässlichen wissenschaftlichen Methoden vermitteln zunehmend kumuliertes Wissen der objektiven Welt. Diese kumulative Wissenssicht wurde besonders in dem wissenschaftlichen Programm von Auguste Comte (1789 – 1857) in seiner *Philosophie des Positivismus* ausgebreitet, aber vor allem im Manifest der logischen Positivisten des Wiener Kreises in den 1920er Jahren.

Kontext, Zirkularität und Vorurteil

Die hermeneutische Methode widerspricht der Möglichkeit, dass der Mensch sich von seinem geschichtlichen, kulturellen und wissenschaftlichen Hintergrund, von seiner Umgebung, befreien kann. Die Behauptung, dass der Mensch in seinen Traditionen gefangen ist, bricht nicht nur radikal mit dem Wissenschaftserkenntnisprogramm der logischen Positivisten, sondern auch mit der gesamten modernen Philosophie des Wissens in der Tradition von Descartes. In der Sicht von Heidegger stellt der Glaube, dass sich die Wissenschaft von der Tradition befreit hat, an sich nur ein Produkt der wissenschaftlichen Tradition dar. Wissenschaftliche Erkenntnis ist bloß ein Modell, das uns hilft, die Wirklichkeit zu verstehen. Der Wert dieses Modells ist nach Heidegger *gleich* dem jeder anderen Sicht des Verständnisses der Wirklichkeit, z.B. dem der religiösen Wahrnehmung in der Realität.

Aus der Sicht der klassischen Theorie des Wissens kennzeichnen den hermeneutischen Zirkel zwei bemerkenswerte Eigenschaften, wobei die erste den *Begriff des Zirkels* und die zweite den *Begriff des Vorurteils* darstellt. Die klassische Theorie des Wissens macht sich das elementarische logische Denken dadurch zunutze, dass zirkuläre Schlüsse nicht zulässig sind, d.h. in einer Definition des Wortes „Arbeiter" können wir nicht das Wort „Arbeit" gebrauchen („Ein Arbeiter ist jemand, der arbeitet."). Doch erlangt diese Zirkularität einen epistemologisch positiven Wert in der Hermeneutik, da es genau diese zirkuläre Struktur („die Pendel-Bewegung") ist, die es möglich macht, die Interaktion der individuellen Einschätzung mit dem sozialen und historischen Kontext zu verbinden. Folgt man der neo-hermeneutischen Schule, so muss die individuelle Wahrnehmung *notwendigerweise* mit sozialen und historischen Umständen in Verbindung stehen.

Im hermeneutischen Denken wird auch dem Begriff des *Vorurteils* (Prädisposition, fundamentale Einstellung) ein positiver und konstruktiver Wert zugemessen. Dies bedeutet eine radikale Abkehr von dem philosophischen Programm von Descartes und Kant, die beide die Notwendigkeit hervorhoben, dass sich der Mensch in der Suche nach Wahrheit von seinen Vorurteilen befreien sollte.

Legitime Entscheidungen des Gerichtshofs

Der Begriff *Vorurteil* oder *préjugé* entstammt dem juristischen Jargon. Das Vorurteil bezeichnet eine „Entscheidung", die vor Beginn der Rechtsverfahren getroffen wird und bevor eine legitime Entscheidung vom Gericht gefällt ist. Insbesondere zwei Aspekte der gerichtlichen Entscheidung garantieren ihre Legitimität und kennzeichnen ihre Logik. Erstens gibt es das *Widerspruchsprinzip,* das bedeutet, dass ein Gegenstand von allen Seiten beleuchtet werden soll. Zweitens findet sich das Prinzip, dass eine Person, die in einem Verbrechensfall angeklagt ist, *als unschuldig angesehen werden soll, bis ein Urteil gefällt worden ist.* In den Begriffen der Juristerei verletzt der Begriff des Vorurteils beide dieser Prinzipien. „Eine Entscheidung", die vor einem Gerichtsverfahren getroffen ist, d.h. eine „Verurteilung" im vorhinein, stellt keine rechtliche Entscheidung dar. Sie ist somit in aller Kürze illegitim nach unserem normalen Gerechtigkeitsverständnis.

Nach Kant ist legitime Kenntnis ein Resultat prozeduraler Verfahren, wobei illegitimes Wissen (cognition) unabhängig von der Vorgehensweise in der Argumentation festgestellt wird (Doublet 1989, S. 26). Wenn Heidegger und Gadamer hervorheben, dass menschliche Wahrnehmung im Allgemeinen *vor* der argumentativen Prozedur besteht, d.h. als „Vorurteil", dann bedeutet dies, dass das, was traditioneller Weise als illegitime Erkenntnis charakterisiert worden ist, in der Tat unvermeidlich ist (und deshalb Teil eines legitimen Verfahrens sein muss). Dies beinhaltet eine Kritik der traditionellen Wissenstheorie und der Theorie, die behauptet, dass menschliche Erkenntnis auf intersubjektiven argumentativen Verfahren beruht. In der Sicht von Heidegger und Gadamer existiert die fundamentale Erkenntnis, das wirkliche Urteil, vor dem Verfahren als solches. Der hermeneutische Zirkel bricht somit fundamental mit der optimistischen Sicht des Wissens, die die klassische Erkenntnistheorie kennzeichnet.

Ferner wird die Sicht, dass die Argumentation ein angemessenes intersubjektives Instrument für wahre Erkenntnis ist, in Zweifel gezogen. Das Individuum ist nicht primär argumentativer Natur, sondern vielmehr geprägt durch Meinungen und Sichtweisen, die eher von der Tradition diktiert sind. Der hermeneutische Zirkel behauptet somit, dass Erkenntnis nicht etwas ist, was vom Menschen durch verschiedene Verfahren erlangt werden kann, sondern etwas, das wir bereits *vor* dem Beginn unserer logischen erkenntnistheoretischen Verfahren besitzen. Ein ähnlich geprägtes Argument wird vom Philosophen Karl Popper in seiner Zurückweisung der induktiven Methode vorgebracht. Popper hebt hervor, dass wir die Theorie bereits besitzen, *bevor* wir nach Beweisen Ausschau halten. Deswegen existiert kein logisch haltbarer Weg für uns, um von empirischen Befunden zu theoretischen Einsichten zu gelangen (Popper und Eccles 1977).

Dessen ungeachtet ist die Idee des hermeneutischen Zirkels nicht notwendigerweise pessimistisch, was die Möglichkeit des Wissens anlangt, sondern vielmehr skeptischer („gelassener") gegenüber dem Bemühen der Naturwissenschaften und anderer Eroberer der Realität, die die Welt in mathematische und wissenschaftliche Formen zwingen wollen.

4. Formalisierung – präzise Definition

Neben den Begriffen *Zirkel* und *Vorurteil* stellt die Beziehung zwischen *Gesamtheit* und *Teil* den wesentlichsten Aspekt im hermeneutischen Gedankengebäude dar. Diese Beziehung beinhaltet wechselseitige Abhängigkeiten und mag als hermeneutisches Pendel oder Pendelbewegung verstanden werden.

In der Abbildung unten haben wir versucht, diese Pendelbewegung zu illustrieren, wobei die Deutung eines geschriebenen Textes als Beispiel dient. Die Teile bestehen aus Worten, die zu Sätzen zusammengefügt sind, die wiederum Kapitel und in ihrer Gesamtheit ein Buch bilden. Die Interpretation bewegt sich „vorwärts" Wort für Wort. Um aber den Sinn des Gelesenen zu erfassen, muss

zur selben Zeit eine „Rückwärts-"Interpretation vorgenommen werden. Das
erste Wort eines Gedichtes hat z.B. für sich allein genommen keine Bedeutung,
so wenig wie die erste Zeile solche besitzt. Der Textdeuter muss sich deshalb
Schritt für Schritt durch den Text arbeiten, die Worte in ihrem Kontext sehen
und diesen Zusammenhang vernünftig im Licht der Gesamtheit erscheinen lassen, der wiederum durch die Sprachregeln, Werte und Maßstäbe gesetzt wird,
die in der Gesellschaft verbindlich sind. Jede Interpretation ereignet sich innerhalb eines Zirkels, d.h. innerhalb eines sozialen und historischen Zusammenhangs.

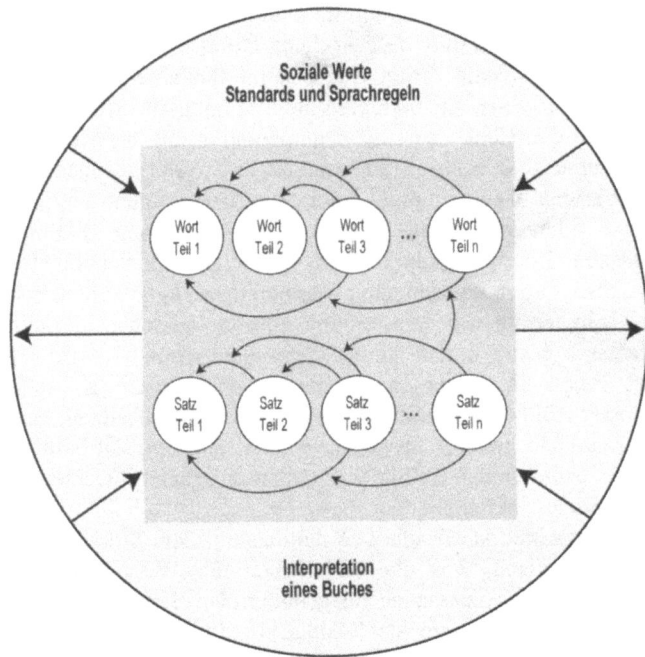

Abb. 1: Interpretation gesehen als Pendelbewegung zwischen Gesamtheit und Teil

Folglich verlangt die Lektüre eines Textes die Suche nach dem Ganzen. Durch
eine Beschreibung dieses Gesamten nehmen wir den Teil in einer komplexeren
Weise wahr. Kurzum geht es um eine Form des Verstehens eines Texts auf
einem Hintergrund, der unsere Kenntnis einzelner Teile anreichert und erweitert. Und umgekehrt: je stärker unsere Kenntnis der Einzelteile innerhalb eines
speziellen Umgebungsrahmens ist, desto größer ist unsere Fähigkeit, Nuancen in
diesen Rahmen einzubringen. Nach Heidegger und Gadamer bildet sich hier
wieder eine zirkuläre Bewegung zwischen Ganzem und Teil, obgleich diese
Bewegung mehr hermeneutisch als logisch ist. Dies bedeutet, dass das Wissen

nicht notwendigerweise erweitert wird, aber dass es sich charakteristischerweise
mit jeder zirkulären Bewegung des Verstehens ändert (siehe Abb.1).

Neues Gesetz

Es ist nicht möglich, Wort für Wort zu interpretieren, ohne eine reflexive Atti-
tüde gegenüber der äußeren wie auch inneren Gesamtheit des Textes zu besitzen. In der Jurisprudenz werden neue Gesetze auf der Basis der Tradition geschaffen, und nicht zuletzt in der Weise, wie die Tradition verstanden wird. In
einigen Umwelten wird die Verabschiedung neuer Gesetze in großem Maße an
juristische Autoritäten delegiert. Doch stellen neue Gesetze auch Ausdrucks-
formen praktischer Erfahrung und vorherrschender Werte dar, die durch einen
fortschreitenden historischen Prozess beeinflusst sind. Dieser Situation wohnen
drei grundlegende hermeneutische Konzepte inne: *Vorbedingung oder Vorurteil*, das Wechselspiel zwischen *Gesamtheit und Teil* und der hermeneutische
Zirkel.

Dynamik

Die Dynamik, die der Beziehung zwischen Gesamtheit und Teil innewohnt,
führt dazu, dass der hermeneutische Zirkel nicht nur *zirkulär* ist, sondern auch
eine *Spirale* einer dynamischen Zeitdimension darstellt. Dies belegt z.B., wie
sich ein Begriff in seiner Bedeutung von einem Jahrhundert zum anderen verändert, doch wie diese Veränderungen wiederum in der Bedeutung kohärent bleiben. Die Teil-Gesamtheitsbeziehung stellt die Basis dar, aufgrund derer sich die
Bedeutungen ändern.

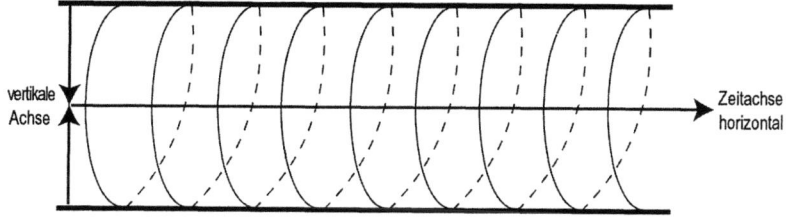

Abb. 2: Der hermeneutische Zirkel, gesehen als dynamischer Prozess

In der Abbildung wird die deutende Bewegung durch eine horizontale Zeitachse
illustriert, die anzeigt, wie jede neue Interpretation Elemente der Vergangenheit
verarbeitet. Demzufolge bedeutet das, was „gegenwärtig" in einem Fall Interpretation ist, zu einem späteren Zeitpunkt „vergangen" sein wird, ohne dass sich
ein Bruch ereignet. Die *vertikale Bewegung* nimmt ihren Verlauf innerhalb des

gegenwärtigen Rahmens und zeigt das Zusammenspiel zwischen Gesamtheit und Teil. Gesehen in den Begriffen dieser beiden interpretativen Achsen, führen die Begriffe der Vorbedingung, der Gesamtheit/des Teils und der hermeneutische Zirkel („die Spirale") zu der Gesamtinterpretation. Die zirkuläre Form in der Abbildung soll als „Zylinder" verstanden werden, der sich im Verlauf des Deutungsprozesses bildet. Er unterliegt keinem Wandel über die Zeit und erweitert oder verengt sich nicht, was bedeutet, dass die Deutung, zu der man am rechten Ende der Zeitachse gelangt, nicht „besser" oder „allgemeiner" als Interpretationen auf der linken sind, sondern nur verschieden.

Die Abbildung kann auf Deutungen des gegenwärtigen Gesetzes in alltäglichen Gerichtsentscheidungen angewandt werden. In einer konkreten Situation ist die Deutung durch die Tradition / das Vorurteil beeinflusst wie auch durch die Teile, die die Gesamtheit bedingen. Dies führt zu der Behauptung, dass die Interpretation einer konkreten Tatsache die Deutungsveränderung berücksichtigt, die sich fortlaufend in allen Gesellschaften ereignet. Deswegen endet der hermeneutische Zirkel nicht als geschlossener Zirkel, sondern hat die Struktur einer dynamischen Spirale, die demonstriert, dass neue Bedeutungen/Fälle existierende Vorurteile beinhalten, aber auch neue Vorurteile in die Zukunft tragen mögen. Ein ähnlicher Gedanke findet sich in Anthony Giddens' Theorie der „Praxis" und der „Reproduktion" sozialer Strukturen (Giddens 1979).

Im juristischen Kontext findet die vertikale deutende Bewegung zwischen dem Geschehnis (dem Phänomen unter Betrachtung) und der Regel des Gesetzes statt (des bestehenden Gesetzes). Diese beiden Faktoren werden mittels der Interpretation der Regeln und der Festlegung der juristischen Tatsache fixiert. In seiner horizontalen Dimension ermöglicht uns die deutende Bewegung, irgendein besonderes Verständnis einer juristischen Entscheidung zu verfolgen oder auch der Worte, aus der sie besteht, als im Wesentlichen temporärer Natur. Die horizontale interpretative Bewegung wird somit bedeutsam, wenn ein Bezug auf eine Regel (Subsumtion) nicht möglich ist, weil das in Frage stehende Gesetz auf einem anderen Gebiet entstanden ist. Dieser Umstand macht es unmöglich, den innewohnenden Sinn aus einem textlichen Zusammenhang zu lesen. Damit wird die Deutung in den Begriffen des historischen Kontexts zwingend.

Die *horizontale Struktur* gewinnt an Gewicht, wenn in einem juristischen Verfahren Worte und Ausdrucksweisen benutzt werden, die eine unterschiedliche Bedeutung als zu der Zeit besitzen, als das Gesetz erlassen wurde. Dies gilt sowohl für den Kontext wie auch den Gesetzgeber. Zur Zeit, als die norwegische Verfassung geschrieben wurde, bedeutete der Begriff „borgere" („Bürger") (Art. 50 der norwegischen Verfassung, erlassen 1821) sowohl seinem Kontext nach und auch seitens der legislativen Autorität eine auf männliche Norweger begrenzte Gruppe. Doch mit der Zeit, in der Frauen das Wahlrecht erhielten, hat der Begriff des „Bürgers" eine andere Bedeutung angenommen, die sich auf beide Geschlechter bezieht. Die Frage erhob sich dann, ob eine Verfassungsänderung notwendig war oder nicht, um den Frauen das Wahlrecht zu geben. Platou (1915, S. 205-206) war der Ansicht, dass solch eine Änderung notwendig war, da die Bedeutung des Begriffs des Bürgers vor dem Hintergrund des Umgebungsverständnisses zu verstehen war, der zum Zeitpunkt der Verabschiedung lediglich Männer umfasste. Diese Ansicht spiegelt mangelnde Einsicht darin wider, dass eine legale Richtlinie ihren Charakter durch solche Dinge wie gerichtliche Praxis und allgemeine soziale Evolution verändern mag. Wir können nicht nur entlang der horizontalen Achse auf der Suche nach der originalen Bedeutung von Worten, wie sie der Gesetzgeber verwandt hat, weiterschreiten, sondern wir müssen auch wesentliche bedeutende Faktoren in der Evolution begreifen, die sich entlang der Zeitachse im Verständnis dieses Wortes gebildet haben. So besitzt das Wort „unzüchtige Literatur" heute eine andere Bedeutung sowohl in sozialer als auch juristischer Hinsicht als zur Zeit des Mykle-Prozesses. Dies gilt unabhängig von der Verfassungsänderung des Strafgesetzbuches im Jahre 1988.[1]

Die *senkrechte Struktur* des Interpretationsmodells beschreibt die Beziehung zwischen der Gesetzesvorschrift (Teil) und dem Kontext (Totalität). In der Sicht von Gadamer bezieht sich eine rechtliche Vorschrift nicht primär auf die tatsächlichen Umstände, die sie regeln soll, da diese tatsächlichen Umstände nicht unter die gesetzliche Vorschrift subsumiert werden, bis die Bedeutung der Regel, um die es geht, durch Interpretation entstanden ist. Die Frage erhebt sich dann: worauf bezieht sich die gesetzliche Vorschrift, wenn nicht auf die tatsächlichen Umstände, die sie regeln soll? Die Antwort lautet, dass sich die gesetzliche Vorschrift auf den Kontext oder die Gesamtheit bezieht, wovon sie ein Teil ist.

Eine Vorschrift aus dem Jahre 1906 verlangte ein Zeugnis, um ein Dampfschiff steuern zu können. Der Oberste Gerichtshof dehnte diese Regel auf Motorschiffe aus, was er eindeutig nicht hätte tun können, wenn sich diese Vorschrift allein auf Dampfschiffe bezogen hätte.[2] Für das Zurückweisen einer solchen Annahme war der Zusammenhang in der *Anwendung der Regel* grundlegend. In der Sprache der Rechtsdogmatik wird dies eine „erweiterte Interpretation" genannt: die Rechtsvorschrift bezieht sich nicht auf Objekte, die ausdrücklich in ihr genannt sind, sondern auf einen gewissen Typ rechtlicher Regelung auf einem Lebensgebiet, das sich in diesem Fall als komplexer erweist, als ein strikt wörtliches Verständnis des Textes annähme.

Dieses Argument kann mit folgendem einfachen Beispiel illustriert werden: die Vorschrift, die sich mit „dem Interesse einer gesetzlichen Klage" befasst, wie in § 28, Abs. 1 des Verwaltungsgesetzes, wird nicht gedeutet und verstanden, bevor der Jurist Wissen über den Zusammenhang für die jeweilige Regel-

---

[1] Norsk Rettstidende (Norwegian Journal of Law), 1958 9.479.
[2] Statut vom 7. April 1906 über die Lizenz zur Schiffssteuerung, § 4. Das Urteil ist publiziert in *Norsk Rettstidende* 1929, S. 330.

anwendung bereitstellen kann. In diesem Fall muss die Regelanwendung auf der Basis des „rechtlichen Interesses" an der Regelung von Streitigkeiten im bürgerlichen Leben interpretiert werden, § 54 (Frihagen 1992, S. 236-42, besonders S. 237; Eckhoff 1992, S. 528-530). § 28 des Verwaltungsgesetzes und der Begriff des „Interesses an einer legalen Klage" tragen zu einem Verständnis der Umstände bei, innerhalb derer die gesetzliche Vorschrift gelagert ist. Aus dem Zusammenhang gerissen, gehen der Vorschrift Bedeutung wie Bezug ab. Deshalb muss der Jurist die Umstände der Anwendung, die Absicht des Gesetzgebers und die entscheidenden Gerichtsverhandlungen kennen. Die Vorschrift bezieht sich auf eine normale *Gesetzesregel,* die nur im weiteren geschichtlichen, absichtsvollen und normativen Zusammenhang verstehbar ist. Sie ist Teil dieses Zusammenhangs.

Der senkrechte Zirkel in der Abbildung oben zeigt die Beziehung zwischen der Gesetzesvorschrift (Teil) und dem bedeutsamen Kontext (Totalität). Von diesen beiden Faktoren ist die reine Vorschrift statischer Natur (solange das Gesetz nicht verändert wird), wohingegen die Gesamtheit einem kontinuierlichen Wandel unterworfen ist. *Die kontextuelle Veränderung* der Regel, die über die Zeit veranlasst ist, beinhaltet die horizontale Struktur des hermeneutischen Zirkels.

Die statische Natur einer Rechtsvorschrift stellt nur eine qualifizierte Wahrheit dar. Die Herrschaft des Gesetzes, wie aus der Vorschrift abgeleitet, mag sich ändern, obgleich der Text der Vorschrift gleichbleibt. Am Beispiel des Begriffs des Bürgers wurde dies erläutert, so wie er sich in der Verfassung darstellt. Das Ziel liegt darin, Aufmerksamkeit auf die Tatsache zu lenken, dass entsprechende Veränderungen Folgen für unsere Deutung der Vorschrift haben können. Nichtsdestoweniger ist zum Zeitpunkt der juristischen Anwendung eine stillschweigende Voraussetzung, dass die Vorschrift so angewandt wird, „als ob" sie statisch wäre. Bei der Gesetzesanwendung stellt diese „als-ob-"Sicht der Rechtsvorschriften einen wesentlichen Aspekt der Methodologie der Rechtsdogmatik dar.

Als praktische interpretative Methode trägt die Hermeneutik nichts Neues zur Jurisprudenz bei. Hermeneutik kann andererseits für die Jurisprudenz *wissenschaftliche Aufmerksamkeit* darauf lenken, was sich bei der Anwendung von Gesetzen abspielt. In der praktischen Jurisprudenz stellt die Methode der Rechtsdogmatik bzw. die Theorie der Rechtsquellen ein notwendiges und adäquates Instrument dar. Doch insoweit die Jurisprudenz den Status einer *Wissenschaft* annimmt, muss sie ihr eigenes methodologisches Selbstverständnis entwickeln. Vorbedingung ist methodologisches kritisches Bewusstsein, z.B. mittels der Prinzipien der hermeneutischen Interpretation. Solches kritisches Bewusstsein stellt eine notwendige Voraussetzung für jede weitere Entwicklung einer Wissenschaft dar.

5. Allgemeinheit und Prüfbarkeit – Kritik

Der hermeneutische Zirkel stellt keine Ordnung in sich dar. Vielmehr muss er als Klärung der Voraussetzungen für die Begriffsbildung verstanden werden, die Menschen erfinden, d.h. für Kultur in einem weiteren Sinne. Während der menschliche Verstand in der Sicht von Heidegger und Gadamer durch vorbestimmte Grenzen bedingt ist, behauptete Kant, dass der Mensch mit dem Mittel des Verstandes immer in einer Lage ist, die Tradition und die sozial bestätigten Autoritäten für sich selbst zu beurteilen (Kant 1784, S. 35). Da dies so ist, glaubte Kant, dass der Verstand den gegebenen Kontext überschreiten kann, innerhalb dessen sich die Menschheit findet. Dies stellt eine deutliche Unterscheidung zwischen dem hermeneutischen Projekt und der transzendentalen Philosophie von Kant dar.

Die hermeneutische Struktur des Verständnisses ist somit nicht für empirische Bestätigung und Falsifizierung zugänglich. In der Tat können die Bedingungen für die Erkenntnis nicht den gleichen Tests unterworfen werden, die wir nutzen, um Hypothesen zu überprüfen, die sich auf gegebene Dinge beziehen. Die Bedingungen für Wissen liegen auf einer Ebene, die sich von der für empirisch gegebene Objekte *unterscheidet*. Der hermeneutische Zirkel stellt sich selbst auf eine Ebene vor der Erkenntnis. Er stellt eine Meta-Ebene dar.

Bedeutet dies wiederum, dass hermeneutische Strukturen jenseits jedweder kritischer Analyse liegen? Nein: Um als wissenschaftlich zu gelten, müssen Methoden der Kritik und der Kontrolle unterliegen. Obgleich der hermeneutische Zirkel eine Gedankenfigur ist, die schwer zu verifizieren oder zu verändern ist, ist sie in keiner Hinsicht immun gegenüber Kritik.

Die logische Kritik

Der hermeneutische Zirkel ist kein logischer Zirkel, sondern eine Metapher. Seit Schleiermacher und der Tradition, die er etabliert hat, ist immer wieder bezweifelt worden, ob diese Metapher logisch akzeptabel ist (Stegmüller 1952). Wenn einmal akzeptiert ist, dass der hermeneutische Zirkel logische Zirkularität nicht berührt, ist es durchaus möglich, die Vorstellung des *Zirkels* als unterscheidendes Merkmal der hermeneutischen *Methode* zu verwenden. Somit steht aus logischer Sicht außer Frage, dass die hermeneutische Methode jenseits der Logik liegt. Aus logischer Sicht wird es immer möglich sein, wissenschaftliche Argumentation mit den Methoden der Logik zu analysieren. *Zirkularität in der Argumentation ist und wird immer zirkulär bleiben, unabhängig davon, ob der Zirkel, um den es geht, hermeneutisch genannt wird oder nicht.* Die Behauptung, dass der hermeneutische Zirkel immun gegenüber den Prinzipien der Logik sei, ist in der Sicht von Stegmüller ein Anzeichen für den nichtwissenschaftlichen Charakter der hermeneutischen Tradition.

Die rechtswissenschaftliche Kritik

Die Realität unterliegt dauerndem Wandel. Gadamer kritisiert jeden Versuch, die Realität als Objektivität einzugrenzen. Die Veränderungen sind nicht allein der Realität zuzuschreiben, sondern auch dem interpretierenden Subjekt, das ihr Eigenschaften zuschreibt, die nicht konstant bleiben. Somit entwickelt sich die Realität zum Teil als Reflexion auf die Aktivität des deutenden Subjekts.

In Begriffen der Wissenschaftsphilosophie ist die Sicht der Realität der wohl meistumstrittene Aspekt in der hermeneutischen Theorie von Gadamer. Folgt man einer wissenschaftlichen Gedankenrichtung, so sind die Veränderungen in der externen Welt verständlich als Resultate gesetzesmäßiger Beziehungen, die in der Natur selbst gefunden werden, wobei die Aufgabe der Wissenschaft darin besteht, diese zugrundeliegenden gesetzmäßigen Beziehungen zu erforschen. Gadamer selbst nimmt den Standpunkt ein, dass sich in der Natur Veränderungen finden, die nicht auf die Natur selbst zurückgeführt werden können, sondern vielmehr auf den Menschen. Prüfen wir ein Beispiel, das belegt, dass der Standpunkt von Gadamer vielleicht doch nicht ganz so extrem ist.

Kein vernünftiger Mensch, der der westlichen Kultur angehört, wird bezweifeln, dass die Erde sich um die Sonne dreht. Mit der kopernischen Weltsicht als Basis ist dies Teil der „objektiven" wissenschaftlichen Erkenntnis. Dessen ungeachtet mögen wir uns an einem Sonnenaufgang erfreuen, an ihrem Durchschreiten des Himmels und ihrem Untergang im Westen, obgleich „wissenschaftlich" die Wahrheit das genaue Gegenteil dieser Eindrücke darstellt. Keiner, der auf seiner Terrasse den Sonnenuntergang erwartet und die rote Sonne hinter dem Horizont verschwinden sieht, würde je sagen: „Es ist schön, wenn die Erde in diesem Winkel zur Sonne steht." Für uns macht es mehr Sinn, die Sonne in einer „unwissenschaftlichen" Weise zu betrachten. Die wird *perspektivischer Relativismus* genannt, was bedeutet, dass wir das, was wir wahrnehmen, aus unserer Perspektive oder unseren Vorurteilen wahrnehmen.

Der perspektivische Relativismus spielt nicht nur eine Rolle bei der Deutung und Definition von Gesetzesregeln, sondern auch bei der Erfassung juristischer Tatsachen. Nach Gadamer wird eine Interpretation auf der Basis interner wissenschaftlicher Vorbedingungen geliefert. Für diejenigen, die mit dem Gesetz arbeiten, bedeutet dies, dass die juristische Handlungsweise nicht nur davon abhängt, wie der individuelle Jurist sich an die etablierte Jurisprudenz angepasst hat. Der Jurist vollzieht seine deutende Arbeit auf dem Hintergrund der etablierten Jurisprudenz. Die Frage ergibt sich somit: ist es möglich, in den Begriffen der Strategie von Gadamer zu entscheiden, ob ein bestimmtes Resultat der Deutung juristisch zu akzeptieren ist? Wären alle Interpretationen akzeptabel? Wäre dies der Fall, unterläge die Jurisprudenz einem Relativismus, der nicht vereinbar mit der Forderung ist, dass es immer eine und nur eine korrekte Lösung auf eine rechtliche Frage gibt.

Dieser Einwand gegenüber Gadamer ist andernorts erhoben worden, nämlich in der Kritik der Jurisprudenz von Emilie Betti. Betti löst das Problem der Etablierung allgemeiner Deutungsregeln durch den Vorschlag eines Regelkanons, der für alle Rechtsanwälte gilt, wenn das Resultat der Deutung als juristisch adäquat akzeptiert werden soll.[3] Aus der Sicht der Rechtstheorie scheint der Einwand von Betti eine Interpretation des Gesetzes nach sich zu ziehen, die stark mit der des Gesetzgebers korrespondiert, eine Sicht, die auch Rechtspositivismus genannt wird. Andererseits scheint die Theorie von Gadamer in vieler Hinsicht ein Verständnis des Rechtes zu teilen, das nicht auf den Gesetzgeber und seine Absichten allein begrenzt ist, sondern eine Reihe von Werteinschätzungen beinhaltet. Doch ist die Sicht von Gadamer, keinen Relativismus in der wissenschaftlichen Theorie zu befürworten, der jedwede mögliche Interpretation wissenschaftlich zuließe. Die Kritik individueller Deutung wohnt nach Gadamer der wissenschaftlichen Praxis inne.

Aus der Sicht des Verfassers dieses Kapitels ist dies Kriterium zu vage. Wenn eine Rechtsfrage eine Entscheidung verlangt, ist es nicht akzeptabel, dass so viele Lösungen vorliegen mögen, wie Juristen anwesend sind. Das Merkmal rechtlichen Denkens ist die Suche nach einer einzelnen Entscheidung. Gelangt man zu zwei Möglichkeiten, so ist im Prinzip keine rechtliche Entscheidung getroffen. Ein Verteidiger, der in einem besonderen Fall prinzipiell glaubt, dass Gefängnisstrafe oder das Urteil selbst in sich falsch sind, kann deshalb, und mit Vorteil, auf der hermeneutischen Methode bestehen.

6. Empirische Einschätzung – Schlussfolgerung

Der hermeneutische Zirkel kann fruchtbar in der Interpretation literarischer und rechtlicher Texte bis hin zu Hypothesen und Vorschlägen sein. Für anfängliche Universitätsprüfungen werden die Studenten in der Interpretation und der präzisen Definition von Hypothesen unterrichtet. Sinn solcher Veranstaltungen ist es, die Fähigkeit zu vermitteln, zwischen dem Gesamten und den Teilen „hin und her zu pendeln". Dabei werden Beispiele aus der Gesellschaft und Kultur genutzt, der man angehört. In dieser Hinsicht bedeuten „gute" Interpretationen relevante Interpretationen.

Ebensowenig, wie sich eine begrenzte Zahl der Interpretationen einer Gesetzesregel findet, existieren eingrenzende Verfahren für die Auswahl der „besten" Deutung. Im praktischen Leben muss die Entscheidung darin bestehen, die „korrekte/beste" Deutung aus der Sicht der Mehrheit des Gerichts zu finden, eines Prüfungsausschusses oder welchen jeweiligen Kollegiums auch immer mit sei-

---

[3] Die Idee eines Kanons für das juristische Denken stimmt in der Tat überein mit der Idee der Rechtsquellen: ein Minimum an *Intersubjektivität* unter den Juristen wird durch die Einrichtung konkreter Regeln erreicht, wie juristisches Material zu interpretieren und anzuwenden ist.

nen Leitlinien für akzeptable „korrekte Deutungen". In der Tat sind nicht alle möglichen Deutungen gleichermaßen wichtig oder gültig, da es die interpretative Praxis der Gruppe ist, die die Grenzen dessen bestimmt, was als gültige Deutung akzeptiert wird. Daraus folgt, dass in der Jurisprudenz zum Beispiel verschiedene Möglichkeiten vorhanden sind, ein gegebenes Faktum aus der Sicht einer existierenden Rechtsregel vorherzusagen. Es stellt ein Paradox dar, dass die großen Schritte in der Evolution der Wissenschaft zustandegekommen sind, als die generellen Wahrheiten über die Gültigkeit der Methoden in grundsätzlicher Weise zusammenbrachen (Feyerabend 1978).

Obgleich die Interpretation nicht in festgelegten Regeln zusammengefasst werden kann, stellt sie einen wichtigen Teil wissenschaftlicher Vorgehensweise dar. Man kann Deutung nicht vermeiden, wenn man die Inhalte der Hypothesen, die in der menschlichen Sprache gebildet sind, verstehen will. Wissenschaftliche Annahmen, die in mathematischen Symbolen ausgedrückt sind, bedürfen ebenfalls der Interpretation, obgleich ihre Variation erheblich begrenzter als im Falle verbaler Äußerungen ist. Der entscheidende Punkt besteht darin, größtmögliche Aufmerksamkeit für die methodischen Teile des hermeneutischen Zirkels als eines deutenden Instruments zu entwickeln und diese deutlich auszudrücken. Tut man dies, ist man in der Lage, mit größerer Klarheit in wissenschaftlichen Zusammenhängen zu denken.

7. Literatur

Doublet, David R. 1989: *Die Vernunft als Rechtsinstanz*, Schöningh, Paderborn/Oslo.

Eckhoff, Torstein 1992: *Forvaltningsrett* (Administrative Law) (4. Aufl.), Tanum, Oslo.

Feyerabend, Paul 1978: *Against Method*, Verso, London.

Gadamer, Hans-Georg 1960: *Wahrheit und Methode. Grundzüge einer Philosophischen Hermeneutik*, Mohr, Tübingen.

Giddens, Anthony 1979: *Central Problems in Social Theory. Action, Structure and Contradiction in Social Analysis*, University of California Press, Berkeley.

Helmholtz, H. 1903: „Über das Verhältnis der Naturwissenschaften zur Gesamtheit der Wissenschaften", in *Vorträge und Aufsätze*, Braunschweig.

Heidegger, Martin 1927: *Sein und Zeit*, Niemeyer, Tübingen.

Heidegger, Martin 1954: „Die Frage der Technik" (1953), in *Vorträge und Aufsätze*, Neske, Pfüllingen.

Heidegger, Martin 1972: „Der Ursprung des Kunstwerkes" in *Holzwege*, Klostermann, Frankfurt am Main.

Heidegger, Martin 1978: *Metaphysische Anfangsgründe der Logik*, Klostermann, Frankfurt am Main.

Kant, Immanuel 1787: *Kritik der reinen Vernunft* (B-Ausg.).

Kant, Immanuel 1784: „What is Enlightenment?" in AA VIII.

Platou, O. 1915: *Forelæsninger over Retskildernes Theori* (Lectures on the Theory of the Sources of Law), Kristiania.

Popper, Karl und John C. Eccles 1977: *The Self and Its Brain. An Argument for Interactionism*, Springer, New York.

Safranski, Rüdiger 1997: *Ein Meister aus Deutschland*, Fischer, Frankfurt am Main.

Stegmüller, W. 1952: *Hauptströmungen der Gegenwartsphilosophie*, Wien.

Ausgewählte Werke in deutscher Sprache

Feyerabend, P. K. 1995, *Wider den Methodenzwang*. 5. Aufl. Frankfurt am Main, Suhrkamp.

Jung, M. 2002, *Hermeneutik zur Einführung*, Hamburg, Junius.

Kant, I. 1999, *Was ist Aufklärung?* Hamburg, Meiner.

Popper, K.R. und J.C. Eccles 1984, *Das Ich und sein Gehirn*. 3. Auflage. München, Piper.

4. Die Finitismus-These: Über soziale Wurzeln und Grenzen der Erkenntnis

Harald Grimen

1. Originalzitat

Diese Vorstellung von Erkenntnis [d.h. dass Erkenntnis herkömmlich ist und dass unsere Entscheidungen und Urteile bestimmen, was wir als herkömmlich bezeichnen, H.G.] wird manchmal *Begrenztheit [finitism* i.O.] genannt. Hauptaussage ist, dass ein angemessenes Verfahren Schritt für Schritt erfolgt, in Prozessen, die aufeinanderfolgende Einzelbruchteile beinhalten. Jeder Schritt im angemessenen Gebrauch eines Konzeptes muss in letzter Analyse separat behandelt werden, mit Bezug auf lokale, zufällige Bestimmungsgrößen. Begrenztheit bezweifelt, dass Konzepten innewohnende Eigenschaften oder Bedeutungen anhaften und ihre zukünftige angemessene Anwendung bestimmen. Folglich wird bezweifelt, dass Wahrheit und Falschheit innewohnende Eigenschaften von Sätzen sind. „Wahr" und „falsch" sind Begriffe, die nur von Bedeutung sind, so wie sie von einer Gemeinschaft in ihrer Entwicklung selbst benutzt werden und so wie sie ein akzeptiertes Muster der Verwendung von Begriffen aufrechterhält. (Barnes 1982, S. 30-31).

2. Kurze Erläuterung

Begrenztheit in diesem Sinne stellt eine Theorie über die Beziehungen zwischen linguistischer Bedeutung, sprachlicher Fähigkeit und dem Gebrauch von Sprache dar. Sie beinhaltet fünf Behauptungen (vgl. Barnes, Bloor und Henry 1966, S. 55-59; meine Darstellung der wesentlichen Behauptungen der Finitismus-These ist angesichts begrenzten Platzes natürlich stärker zusammengefasst als die ihrige):

1. Konzepte besitzen keine innewohnende festgelegte stabile Bedeutung.
2. Das Wissen, das einer Entscheidung zugrundeliegt, ob ein Begriff in einer gegebenen Situation korrekt verwandt wird, kann nur aus Kenntnis darüber bestehen, wie dieser besondere Begriff in einer begrenzten oder endlichen Zahl früher Situationen angewandt worden ist (von daher der Name *Begrenztheit,* i.O. *finite).*
3. Das Wissen, das das einzige und beste zur Verfügung stehende darstellt, *unterspezifiziert* den korrekten Gebrauch. Ein solches Wissen reicht nicht aus, in unzweideutiger Weise den korrekten Gebrauch eines Begriffs in einer Situation zu bestimmen. Ferner können keine anderen Faktoren ähnlicher Art, z. B. Regeln, den korrekten Gebrauch bestimmen.
4. Deshalb hängt die Frage, worin der korrekte Gebrauch eines Konzeptes besteht, grundsätzlich von Einschätzungen und Entscheidungen des An-

wenders selbst in der tatsächlichen Situation ab („unmittelbar"). Solche Entscheidungen unterliegen verschiedenen Einflüssen, die in solchen Gebrauchssituationen Individuen oder Gruppen beeinflussen können: Ideologie, Interessen, Präferenzstruktur, Illusionen, Rationalisierungen, Macht- und Herrschaftsbeziehungen und dergleichen.

5. Dies gilt für jedes Beispiel begrifflicher Anwendung in neuen und unbekannten Situationen, in alten und bekannten und in allen Arten der Umgebung.

Der Finitismus ist deshalb eine Theorie, die behauptet, dass Wissen über den angemessenen Gebrauch von Begriffen nur in Situationen ihrer Verwendung erlangt werden kann. Die Theorie behauptet gleichermaßen, dass es unmöglich ist, Aussagen über den Gebrauch von Begriffen zu verallgemeinern oder ihn vorherzusagen, da die Bedingungen der Verwendung immer lokal und einzigartig sind. Aus dem Finitismus folgt, dass jeder Gebrauch von Begriffen „dem Ende nach offen" ist und dass es keine unkontroversen Klassifikationen geben kann (d.h., die Klassifikation kann revidiert werden) (Barnes, Bloor und Henry 1996, S. 56-57).

3. Hintergrund

Barry Barnes, der diese These in dieser Form formulierte, gehört zur sogenannten *Edinburgh School* der modernen Wissenschaftstheorie. Diese Gruppe besteht aus Wissenssoziologen und Wissenschaftssoziologen, die der *Science Studies Unit* an der Universität Edinburgh angehören. Zwei Namen sind zentral für diese Schule: Barry Barnes (geb. 1943) und David Bloor (geb. 1942). Ihre Hauptwerke sind *Scientific Knowledge and Sociological Theory* (Barnes 1973), *Knowledge and Social Imagery* (Bloor 1976) und *Scientific Knowledge – A Sociological Analysis* (Barnes, Bloor und Henry 1996). Die Gruppe sieht als bedeutendste Vorläufer Thomas Kuhn (1922-1994), Ludwig Wittgenstein (1889-1951), Thorstein Veblen (1857-1929), Robert Merton (1910-2003), Robin Horton (geboren 1931), Mary Douglas (geb. 1931) und Mary Hesse (geb. 1924).

Die Mitglieder dieser Gruppe definieren sich selbst als Wissenssoziologen, die sich speziell mit der wissenschaftlichen Erkenntnis beschäftigen. In verschiedenen ihrer Werke nehmen Diskussionen über die Reichweite und den Status der Wissenssoziologie einen zentralen Platz ein. Sie sind Antirationalisten; sie zielen auf die Schaffung einer theoretischen Basis für das Studium wissenschaftlicher Erkenntnis als Kulturphänomen, auf einer Ebene mit anderen Kulturphänomenen (eine Darlegung des „Mythos des Rationalismus" kann bei Barnes 1984, S. 85-86 gefunden werden). Sie betrachten Wissen als alle kollektiv akzeptierten Glaubensvorstellungen: „Wir bezeichnen jedwedes kollektiv

akzeptierte Glaubenssystem als ‚Wissen'" (Barnes und Bloor 1982, S. 22 Fn. 1).
Die Soziologie des Wissens kann definiert werden als

> der Zweig der Soziologie, der die Beziehungen zwischen Gedanken und Gesellschaft erforscht
> und sich somit mit den sozialen und existentiellen Bedingungen der Wissenschaft beschäftigt.
> Die Soziologie des Wissens unternimmt den Versuch, Ideen auf die sozio-historische Umge-
> bung zu beziehen, in der sie zustandekamen und akzeptiert wurden (Coser 1968, S. 428, vgl.
> auch Mannheim 1936, S. 237).

Die Soziologie des Wissens zielt darauf ab, allgemeine und spezifische *Gründe*
dafür zu finden, warum soziale Akteure in der Tat ihre jeweiligen Ideen, Glaubensvorstellungen und Gedankenkategorien verfolgen. Es hat Versuche gegeben, solche Ursachen zum Beispiel in sozialer Klasse und der Wirtschaft (Marx)
sowie in Form der sozialen Organisation (Durkheim) zu suchen. Ein wichtiges
Problem, das von Anfang an in der Wissenssoziologie diskutiert worden ist,
bezieht sich auf die Frage, ob *alle* Ideen und Glaubensvorstellungen zum Gegenstand soziologischer Forschung gemacht werden können, d.h. ob soziale
oder psychologische Gründe gefunden werden *können* und *müssen,* um alle
Typen von Glaubenssystemen zu erklären, die ein Individuum oder eine Gruppe
teilen (Stehr und Meja 1984, S. 6-8).

Eine allgemeine rationalistische Annahme in der Geschichte und Philosophie
der Wissenschaft lautet, dass dies nicht der Fall ist und dass insbesondere wissenschaftliches Wissen nicht zum Gegenstand soziologischer Studien gemacht
werden kann. Der Grund dafür liegt darin, dass ein Unterschied zwischen dem
Glauben an etwas Wahres besteht, oder an etwas, wofür rationale Argumente
angegeben werden können, und dem Glauben an Falsches oder an etwas, für das
keine rationalen Argumente gefunden werden können, wenn man es als falsch
erkennt.

Diese Annahme hat eine wichtige Rolle in der Forschung über die Wissenschaftsgeschichte gespielt. Eine verbreitete Ansicht lautete, dass, wenn ein Individuum an irgendetwas Wahres glaubt oder an etwas, für das rationale Argumente vorgebracht werden können, kein Bedarf bestehe, besondere Gründe für
diese Glaubensvorstellung zu finden. Wahrheit und gute Gründe in sich sind
hinreichend überzeugend. Deshalb besteht kein Bedarf für eine spezielle Erklärung, warum Menschen von Wahrem überzeugt sind oder von dem, was mit
guten Gründen gestützt werden kann. Wie Barnes formuliert hat, sind „zutreffende Vorstellungen" somit vor „deterministischen Rechtfertigungen" geschützt
(Barnes 1982, S. 4). Kurzum wenn jemand glaubt, dass *p* existiert, und *p* ist
wahr und er weiß, dass *p* wahr ist, dann ist das eine hinreichende Erklärung
dafür, warum jemand *p* glaubt. Entsprechend der rationalistischen Annahme ist
nicht mehr erforderlich zu erklären, warum jemand etwas glaubt, was wahr ist.
Der Glaube an das, was wahr und das zu tun, was rational ist, sind selbster-
klärend.

Diese Sicht enthält eine implizite Annahme über universelle, kulturelle, unabhängige Standards der Wahrheit und Rationalität; sie setzt voraus, dass rational zu sein bedeutet, in Übereinstimmung mit solchen Standards zu denken und zu handeln.

Martin Hollis (1982, S. 75) formuliert dies deutlich: „Wahre und rationale Glaubensvorstellungen bedürfen einer Art der Erklärung, falsche und irrationale Glaubensvorstellungen einer anderen." Wenn jemand glaubt, dass die Erde rund ist, werden wir auf der Basis dieser Annahmen seinen Glauben als hinreichend erklärt ansehen durch die Tatsache, dass die Erde rund ist und die Annahme, dass die betreffende Person dies weiß. Man hat sozusagen die Existenz von „natürlichen Klassen", von rationalen Glaubensvorstellungen (und Handlungsweisen) angenommen. Wenn ein Individuum in der Weise handelt, dass seine Handlung unter eine solche „natürliche Klasse" fällt (in Übereinstimmung mit universellen Standards der Rationalität), so bedarf diese oder eine entsprechende Glaubensvorstellung keiner psychologischen oder soziologischen Erklärung. Glaubensvorstellungen, die die Ansprüche der Rationalität erfüllen, bedürfen keiner solcher Erklärungen. Die Tatsache, dass sie solchen Ansprüchen genügen, gilt als ausreichende Erklärung dafür, warum jemand ihnen anhängt.

Wenn andererseits ein Individuum von seinen Glaubensvorstellungen darin abweicht, was wahr oder rational ist, werden spezielle psychologische oder soziologische Erklärungen benötigt, Erklärungen, die sich auf ideologisches Vorurteil, Macht, Interessen, Rationalisierung und dergleichen beziehen. Dies beinhaltet die Formulierung von Theorien über die Gründe irrationalen Verhaltens oder irrationaler Glaubensvorstellungen. Andererseits besteht kein Bedarf für Theorien, die sich mit den Gründen rationalen Verhaltens oder rationaler Glaubensvorstellungen beschäftigen, weil die Standards der Rationalität universell akzeptiert und überzeugend sind.

Die rationalistische Theorie der Wissenschaft (z.B. die Popper/Lakatos-Tradition, vgl. Lakatos 1971, S. 106 ff.) und die Geschichte der Wissenschaft (z.B. die Merton-Tradition) gehen deshalb von der *Bedingung der Asymmetrie aus*: nicht alle Handlungsweisen oder Glaubensvorstellungen können in derselben Weise behandelt werden. Eine rationale Glaubensvorstellung und rationale Handlungen bedürfen keiner speziellen Erklärung jenseits dessen, dass wir hervorheben, dass sie wahr oder rational sind. Andererseits bedürfen falsche Glaubensvorstellungen und irrationale Handlungsweisen „deterministischer Erfassung". Folglich muss die Tatsache, dass eine Person etwas Falsches glaubt oder irrational handelt, durch soziale oder psychologische Gründe erklärt werden. Diese Asymmetrie-Bedingung begrenzt die legitimen Wissensgebiete der Psychologie und Soziologie auf das Irrationale, Anormale, Pathologische oder grob gesprochen auf das vom „Kanon der Rationalität und Wahrheit" Abweichende.

Um die Sicht zu verteidigen, dass wissenschaftliche Erkenntnis nicht zum Objekt soziologischer Studien werden kann, müssen wir eine entscheidende

Prämisse hinzufügen: wissenschaftliche Aktivität und wissenschaftliche Erkenntnis sind die hervorstechendsten Beispiele rationaler Handlungen und wahrer Glaubensvorstellungen. Sie können der sogenannten *rationalen Rekonstruktion* unterworfen werden, sie können als Argumentationsketten rekonstruiert werden, die ein kumulatives Wachstum in Richtung zunehmender Rationalität und Wahrheit zeigen. Wenn wahre Glaubensvorstellungen und rationale Handlungsweisen sich selbst erklären und wenn wissenschaftliche Glaubensvorstellungen und Handlungsweisen die hervorragenden Beispiele wahrer Glaubensvorstellungen und rationaler Handlungsweisen sind, dann kann konsequente wissenschaftliche Erkenntnis nicht das Objekt soziologischer Erklärungen sein. Was sich aus sich selbst heraus erklärt einer weiteren Erklärung zu unterwerfen, ist sinnlos. Der prominenteste Verteidiger der rationalen Rekonstruktion in der Geschichte der Wissenschaft war Imre Lakatos. Nach Lakatos ist das Kernelement in der Geschichte der Wissenschaft die rationale Rekonstruktion. Soziologische Studien sind jedoch hochbedeutsam, wenn es um Irrtümer, fortdauernde Fehler oder fortbestehende falsche Theorien geht. Doch gehören solche Studien nach Lakatos zu den Fußnoten historischer Forschung, deren grundlegendes Ziel die rationale Rekonstruktion ist.

Der Finitismus ist ein Versuch, aus dieser Asymmetrie-Bedingung auszubrechen und die Grundlagen für eine *allgemeine* Soziologie des Wissens zu legen, die soziologische Studien wissenschaftlicher Erkenntnis einschließt: „Alle Glaubensvorstellungen stehen auf gleicher Ebene im Hinblick auf die Quellen ihrer Glaubwürdigkeit. [...] Unabhängig von Wahrheit und Falschheit ist die Tatsache ihrer Glaubwürdigkeit als gleichermaßen problematisch anzusehen." (Barnes und Bloor 1982, S. 154). „(Glaubensvorstellungen) fallen nicht in zwei verschiedene natürliche Arten, die einen unterschiedlichen Zugang des menschlichen Geists beanspruchen, in verschiedener Beziehung zur Wirklichkeit stehen oder in ihrer Glaubwürdigkeit von verschiedenen Mustern sozialer Organisation abhängen. Daraus folgt die relativistische Schlussfolgerung, dass sie in derselben Weise zu erklären sind" (Barnes und Bloor 1982, S. 28). Im Kern behaupten sie Folgendes: für den Wissenssoziologen sind wahre und falsche Glaubensvorstellungen gleichermaßen problematisch. Die Glaubwürdigkeit beider Arten von Glaubensvorstellungen muss unter Verweis auf spezifische lokale Bestimmungsgründe erklärt werden.

Die Edinburgh-Schule fügt sich in die Tradition der Wissenssoziologie ein, die von Durkheim, Marx und Mannheim etabliert worden ist. Doch unterscheidet sie sich von Marx und Durkheim z.B. darin, dass sie die Priorität unter verschiedenen Typen kausaler Erklärung nicht auf Klassen und Formen der Organisation zurückführt. Sie unterscheidet sich von Mannheim durch ihre radikalere Sicht auf das Gebiet der Wissenssoziologie. Während Mannheim die Physik und Mathematik aus solchen Studien ausschaltet, schließt die Edinburgh-Schule sie ein (Mannheim 1936, S. 38, Bloor 1973, S. 173-91; Bloor 1984 erörtert die

Beziehung zu Durkheim; Coser 1968, S. 428-35, analysiert klassische Theorien).

4. Formalisierung – präzise Definition

Der Finitismus beschäftigt sich mit den Faktoren, die den tatsächlichen Gebrauch von Begriffen beeinflussen. Seine hauptsächliche Folge ist eine radikale Soziologisierung allen Wissens. Eine solche Soziologisierung ist eine Voraussetzung für die Entwicklung einer generellen Soziologie des Wissens unter Einschluss einer Soziologie der Wissenschaft. Um eine generelle Soziologie des Wissens zu entwickeln, muss man begründen, dass alles Wissen soziale Wurzeln hat. Der Finitismus greift die Idee einer rationalen Rekonstruktion dort an, wo sie am verletzlichsten ist, in ihren (impliziten) Vorannahmen über den Gebrauch von Begriffen.

Nehmen wir an, dass ein wesentlicher Teil des Wissens, das ein Individuum besitzt, Ausdruck in seinen Theorien und Meinungen über die Welt findet (vereinfachend lasse ich hier Wissen praktisch-handwerklicher Natur außer acht). Um Theorien und Meinungen zu bilden, sind natürlich Begriffe verschiedener Arten vonnöten. Niemand würde das bezweifeln.

Eine klassische Sicht der Begriffe (diese Sicht wird behandelt von Elster, Føllesdal und Walløe 1986, S. 178 ff.) wie „Schwan", „Ente", „Mann", „Frau", „Atom", „Bezugsgruppe", „Entfremdung", „Mehrwert", „Kollektivbewusstsein", „Anomie" etc. lautet, dass Begriffe dieser Art eine *Intension* (Bedeutung) und eine *Extension* (Reichweite) haben. Die Intension besteht aus einem Satz definitorischer Merkmale. Wenn ein Phänomen A (das zufällig gewählt wird) diese Merkmale eines Begriffs hat, wird A in der Extension des Begriffs eingeschlossen. Wenn ein anderes (zufällig gewähltes) Phänomen diese Kriterien nicht erfüllt, dann verfehlt es die Extension des Begriffes. Die Extension (Ausdehnung, Reichweite) ist ein Satz aller Phänomene (gegenwärtig, vergangen, zukünftig), der in die Grenzen der Intension fällt, die die jeweiligen begrifflichen Merkmale setzt.

Diese Sicht hat wichtige Folgen, die mehr oder weniger fest daran geknüpft sind. Die erste Folge ist, dass die Bedeutung (Intension), so wie in der Definition ausgedrückt, die Reichweite (Extension des Begriffs) bestimmt. Sie legt somit fest, welche Phänomene innerhalb oder außerhalb des Begriffs fallen. Dies heißt in der Praxis, dass sich Zweifel in Situationen ergeben, ob ein Phänomen unter einen Begriff subsumiert werden kann, wenn man die Definitionsmerkmale anwendet. Diese werden standardisierte Bezugsgrößen, mittels derer man solche Zweifelsfragen klären kann. Die zweite Folge dieser Sichtweise ist, dass das Wissen um die Intension des Begriffes hinreichend ist, um ihn korrekt zu gebrauchen, da die Intension eines Begriffes tatsächlich ihren korrekten Gebrauch durch Auswahl der Menge des extensiven Satzes bestimmt. Alles, was gebraucht wird, um ein Konzept korrekt zu verwenden, ist Kenntnis seiner Intension. Die Intension wählt die Menge der Phänomene aus, für die der Begriff korrekt gebraucht wird. Drittens beinhaltet diese Sichtweise, wenn die Intension eines Begriffs definitiv festgestellt ist, eine ex-ante-Regulierung per definitionem – *bevor* das Konzept überhaupt benutzt oder angewandt wird – für alle Phänomene, die es umfasst oder die jenseits davon liegen. Dies gilt für alle Phänomene. Wenn der Begriff „Pferd" als „vierbeiniges Huftier" definiert worden ist, so ist aus den definitorischen Merkmalen des Begriffs deutlich, dass federlose Zweibeiner nicht zur Extension des Begriffes gehören. Dies wird jeder verstehen, der die definitorischen Merkmale begreift.

Um die Unterschiede zwischen dem Finitismus und traditionellen Bedeutungstheorien zu verstehen, müssen wir einen Blick auf kritische Einwendungen gegen traditionelle Theorien werfen. Ein Topos der Kritik hebt hervor, dass es trotz deutlicher Kernfälle immer zahlreiche Grenzfälle geben wird, die Entscheidungen notwendig machen und häufig eine „Bearbeitung" erfordern um herauszufinden, ob sie zur Extension eines Begriffs gehören oder nicht. Gerichtsverhandlungen sind häufig Verhandlungen um herauszufinden, ob Taten zu dieser oder jener Kategorie der Übertretung des Gesetzes gehören oder ob sie überhaupt zur Kategorie des Verbrechens gehören („Subsumtion"). Es ist in der Praxis nicht immer klar, welche Handlungsweisen für die Teilmenge in der Extension eines „vorsätzlichen Mordes" ausreichen. Dies gilt auch für Begriffe in den Sozialwissenschaften. Durkheim hat „Anomie" als „einen Status der Normlosigkeit" definiert. Doch wo verläuft die Grenzlinie zwischen anomischen und nicht-anomischen Gesellschaften? Sind die USA anomisch? War die Weimarer Republik anomisch? Die Sozialwissenschaftler müssen zu einer Übereinstimmung in der Klassifikation verschiedener Phänomene gelangen. Diese Klassifikation ergibt sich nicht unzweideutig aus der Bedeutung des Begriffs der „Anomie", noch aus den Merkmalen, die den Dingen selbst innewohnen. Wie Waismann (1984) sagt, besitzen Begriffe „eine offene Textur". Außerhalb der Kernfälle ist in der Praxis nicht klar, wo die Grenze für die Teilmenge in der Reichweite eines Begriffs zu ziehen ist.

Die Kritik, die der Finitismus aufgeworfen hat, ist solcher Art. Doch ist sie auch wesentlich radikalerer Natur. Eine Folge des Finitismus ist, dass Kriterien für gültige Grenzfälle für *alle* Fälle begrifflicher Verwendung gelten müssen. Der Begriffsgebrauch in den Kernfällen ist nicht weniger abhängig von Ermessen, von Entscheidungen und Bearbeitungen als derjenige in Grenzfällen. Dies führt den Finitismus zu dem Vorschlag, den Begriffsgebrauch in einer Weise darzulegen, die sich radikal von der klassischen Sicht unterscheidet. Der Finitismus soll strikt universell sein, d.h. sich auf alle Fälle begrifflicher Verwendung beziehen. Folglich sind Entscheidungen, die den korrekten und inkorrekten Gebrauch definieren, durch „lokale zufällige Bestimmungsgründe" beeinflusst, durch alle Arten sozialer und anderer Faktoren, die die jeweiligen Individuen oder Gruppen in der Entscheidung für die eine oder andere Wahl beeinflussen können.

Der Finitismus führt zu zahlreichen Folgerungen. Erstens ist es unmöglich, auf die Intension eines Begriffes oder auf Regeln für den korrekten Gebrauch zurückzugreifen, wenn eine Entscheidung über den korrekten Gebrauch eines Begriffs getroffen werden soll. Dies mag in zweierlei Sicht interpretiert werden: entweder existieren keine solchen Dinge wie Bedeutungen oder Intensionen, die mit den Begriffen verbunden sind, oder es gibt keine Regeln für den korrekten Gebrauch. Jedes Beispiel der Verwendung eines Begriffes ist dann „neu", weil jede Situation, in der er gebraucht wird, einzigartig ist. Oder er kann bedeuten, dass bestehende Phänomene wie Bedeutung oder Intensionen nicht hilfreich genug sind, um Entscheidungen über den korrekten Gebrauch eines Begriffes zu treffen. Die Edinburgh-Schule befürwortet die erstere und radikale Version, wenn z.B. Barnes sagt, dass der Finitismus infragestellt, dass irgendwelche Eigenschaften oder Bedeutungen sich Konzepten anheften (Barnes, 1978, S. 30-31).

Die zweite Folge des Finitismus lautet, dass die frühere Verwendung eines Begriffs oder das „gespeicherte" Wissen eines Individuums oder einer Gesellschaft nicht unzweideutig oder völlig exakt den angemessenen Gebrauch des Begriffs in neuen Fällen bestimmen. Die Entscheidung über korrekten oder inkorrekten Gebrauch eines Begriffes basiert letztlich immer auf besonderen Entscheidungen in der Situation des Gebrauchs. In den Worten von Barnes: „Prozesse beinhalten Folgeschritte von Einzelentscheidungen." Solche Prozesse lassen Generalisierungen nicht leichthin zu.

Drittens ist es in dieser Sichtweise unmöglich zu entscheiden, welche Phänomene innerhalb oder jenseits der Extension eines Begriffes fallen, bevor dasselbe Konzept überhaupt gebraucht worden ist. Es liegt in der Situation des Gebrauchs („on the spot"), dass eine Entscheidung darüber getroffen werden muss, ob ein Phänomen in die Extension eines Begriffs eingeschlossen wird oder nicht. Der Finitismus kann nicht auf die Vorbedingung bauen, dass die Phänomene in der Welt in „natürliche Klassen" katalogisiert werden können. Stattdessen setzt der Finitismus voraus, dass jedwedes zufällig gewählte Phänomen zur selben Zeit gleich und ungleich anderen Phänomenen entlang einer unbegrenzten Zahl von Dimensionen ist. Jede einzelne Gruppierung von Phänomenen in Klassen ist somit ein verabredetes und einzigartiges Produkt, das auf der gegebenen gesellschaftlichen Bewertung von wichtigen und unwichtigen Ähnlichkeiten oder Unterschieden basiert. Somit gibt es kein Klassifikationssystem, das auf „natürlich" gegebenen Klassen von Phänomen beruht. Klassen sind konventioneller Natur, sie basieren auf „einmaligen" Beurteilungen und Entscheidungen, die zwischen Individuen getroffen werden (Barnes 1984, S. 195 und 197). Der Unterschied zwischen dem Finitismus und traditionellen Theorien der Bedeutung kann schematisch wie folgt dargestellt werden:

Herkömmliche Theorien der Bedeutung:

Gebrauch als Funktion der Bedeutung

„unabhängige Variable"   „abhängige Variable"

erklärt/bestimmt

begriffliche Intensi-
on/Bedeutung + Kennt-   ⟹   Begriffsgebrauch in
nis des Handelnden   konkreten Situationen
davon

Die finitistische Theorie der Bedeutung:

**Bedeutung als Funktion des Gebrauchs und Gebrauch als
Funktion sozialer und psychologischer Faktoren**

„unabhängige Variable"   „abhängige Variable"

früherer Gebrauch +   Entscheidung   Begriffsgebrauch in kon-
soziale und psycholo-   sozialer Akteu-   kreten Situationen
gische Gründe wie Ideo- ⟹   re, Bewertun- ⟹
logien, Macht, Präferen-   gen und Ein-
zen, Interessen usw.   schätzungen

Einflüsse   erklärt/bestimmt

Wir können den Begriff der „Anomie" als Beispiel verwenden. Eine Folge der
traditionellen Sicht ist, dass die Bedeutung (Intension) des Begriffs bestimmt,
welche Gesellschaften als anomisch und welche Gesellschaften nicht so klassifiziert werden. Der Klassifizierende wird an die Bedeutung des Begriffs gebunden; er macht einen Fehler, wenn er diese Bedeutung nicht respektiert. Doch
finden sich in der Lehre des Finitismus keine stabilen Bedeutungen, die eine
Klassifikation festlegen. Stattdessen sind allgemeine soziale und psychologische
Eigenschaften der Person, ihre Einschätzungen und Entscheidungen wie auch
zufällige Merkmale der aktuellen Situation die alleinentscheidenden Faktoren.
Der Begriff der „Anomie" enthält deshalb zu verschiedenen Zeiten und in ver-

schiedenen Zusammenhängen verschiedene Bedeutungen. Keiner kann eines Fehlers angeklagt werden, da es keine transsituationalen Bedeutungen dafür gibt, wie Fehler von Nichtfehlern abzugrenzen sind. Entscheidungen darüber, was ein Fehler ist und was nicht, sind lokaler und einzigartiger Natur. Sie unterliegen dem kausalen Einfluss lokaler Bestimmungsgrößen.

Der Finitismus tendiert in Richtung eines situationalen Relativismus, in dem der Gebrauch von Begriffen in neuen Situationen auf der Basis des Gebrauchs in vorhergehenden Situationen nicht erklärt oder vorhergesagt werden kann. Dieser Situationsrelativismus steht in einer Beziehung zu dem Relativismus, den wir z.B. in der Version des symbolischen Interaktionismus von Herbert Blumer finden, wo

> die Menschen nicht unmittelbar vorgefertigte Rollen und Institutionen finden. Zu allen Zeiten erschaffen sie ihre Rollen und stellen sie von einer Situation zur nächsten wieder her. Sogenannte soziale Institutionen – Staat, Familie, Wirtschaft – existieren nur, wenn die Personen wirklich in verschiedenen Situationen interagieren (Collins 1985, S. 200).

Der Finitismus ist dem Typus nach auch dem soziologischen Individualismus verwandt, der in gewissen Weberianischen Traditionen zu finden ist und sich zum Ziel setzt, soziale Strukturen als Resultat individueller Handlungen zu erklären. Doch sind symbolischer Interaktionismus oder soziologischer Individualismus schwerlich aus dem Finitismus ableitbar oder umgekehrt. Vielmehr handelt es sich um verschiedene soziologische Perspektiven, die eine gewisse *familiäre Ähnlichkeit* zeigen. Die Familie, um die es geht, besteht aus Sichtweisen, die das Besondere und Individuelle hervorheben – seien es Personen, individuelle Handlungen oder individueller Sprachgebrauch in Situationen.

Für uns bleibt, die Beziehung des Finitismus zu dem leitenden Projekt der Edinburgh-Schule aufzuzeigen, nämlich eine Basis für eine generelle Wissenssoziologie zu schaffen. Wenn wir der Ansicht sind, dass Wissen in Theorien und Meinungen ausgedrückt ist und dass diese Begriffe enthalten müssen, dann macht der Finitismus eine generelle Wissenssoziologie möglich. Er schafft Konventionen für die Trennungslinie zwischen korrekter und unkorrekter Verwendung der Begriffe. Diese Trennungslinie wird von Bewertungen und Urteilen abhängig gemacht, die soziale Gruppen „vor Ort" treffen, und den Faktoren, die solche Urteile beeinflussen. Außerhalb dieser Zusammenhänge ist kein Begriffsgebrauch verständig. Er ist besonders oder vernünftig nur in Beziehung auf die Praktiken in speziellen Gruppen. Jeder Fall des Gebrauches muss im Prinzip „separat begründet werden, unter Bezug auf spezielle lokale Bestimmungsgrößen", wie Barnes es ausgedrückt hat. Also bezieht sich der Finitismus auf einzigartige „vor-Ort"-Faktoren wie auch auf allgemeinere, aber „arbiträre" Überlieferungen, die innerhalb sozialer Gruppen bestehen.

5. Allgemeinheit und Prüfbarkeit – Kritik

Es ist schwierig, den Finitismus zu kritisieren. Unklar bleibt, wie seine grundlegenden Ansprüche zu interpretieren sind. Die Theorie beabsichtigt, strikt universell zu sein, sich auf alle Fälle des Begriffsgebrauchs zu beziehen und somit alles Wissen abzudecken, das die Verwendung von Begriffen beinhaltet. Dazu ergeben sich zwei mögliche Interpretationen: entweder handelt es sich um eine empirische Hypothese über die Struktur der sozialen Mikro-Begründung allen Wissens. Oder es geht um einen erkenntnistheoretischen philosophischen Gesichtspunkt, der den Status wissenschaftlicher Erkenntnis berührt.

Aus dem Finitismus kann man testbare Konsequenzen ableiten, wenn er als eine empirische Hypothese über die Mikrogrundlagen des Wissens verstanden wird. Diese Konsequenzen werden sich primär auf zwei Gebiete erstrecken: *Begriffslernen* und *Klassifikation*.

Für das Lernen seien zwei mögliche Konsequenzen erwähnt:

1. Der Finitismus und traditionellere Theorien der Bedeutung beinhalten verschiedene *ideal-typische Lernmodelle*. Das idealtypische Lernmodell, dass aus den traditionellen Theorien hervorgeht, hebt die logische Priorität des Lernens von Definitionsmerkmalen hervor. Der Begriff „Mann" z.B. wird erworben durch Lernen, zunächst der Definitionsmerkmale, dann durch Versuche, diese auf individuelle Phänomene anzuwenden. Man wird darin unterrichtet, Männer von anderen Phänomenen auf der Basis bereits erworbener begrifflicher Merkmale zu unterscheiden. Der Gebrauch von Begriffen ähnelt dem Gebrauch eines Algorithmus. Um festzustellen, ob ein Begriff angemessen gebraucht wird, werden Anleihen an bisherige begriffliche Merkmale gemacht.

Dementgegen hebt das idealtypische Lernmodell des Finitismus die gelenkte Instruktion und die sozialen Sanktionen des Verhaltens hervor. Der Finitismus schließt die Möglichkeit aus, dass ein Kind anfangs lernt, wie ein Begriff durch Erfassen der definitorischen Merkmale (Intensionen) oder durch etwas Ähnliches wie diese definitorischen Merkmale zu verwenden ist. Stattdessen muss das Lernen mit dem Gruppieren spezifischer Phänomene nach sozial relevanten und bekräftigten Ähnlichkeiten und Unterschieden durch das Kind beginnen. Ein Kind wird mit den Ähnlichkeits- und Unterschiedsbeziehungen zwischen Phänomenen bekanntgemacht, die die Gesellschaft als bedeutsam ansieht, und zwar durch Erläutern der Entscheidung der Gesellschaft in konkreten Situationen und der Weise, in der der Gebrauch geregelt ist. Wenn nachgewiesen werden kann, dass das begriffliche Lernen mit dem Lernen von begrifflichen Merkmalen beginnt, dann wird dies ein Argument zur Zurückweisung des Finitismus sein.

2. Eine weitere Folge berührt die Frage, welche Lernmethoden die effizientesten sind. Eine Konsequenz des Finitismus ist, dass Lernmethoden, die auf Instruktion und sozialen Regelungsmechanismen ruhen, effizienter als Metho-

den sind, die auf „Selbstlernen" basieren. Dem Kind ist bei letzterer erhebliche Freiheit gegeben, für sich selbst zu „entdecken", wie Begriffe gebraucht werden. Zur Frage der Klassifikation seien drei Folgen erwähnt:

1. Der Finitismus folgert, dass unklassifizierte Phänomene (Phänomene, denen Individuen und Gruppen noch nicht begegnet sind, von denen diese Individuen/Gruppen noch nicht wissen, ob sie innerhalb der Reichweite ihrer Konzepte fallen) nicht durch Verweis auf eine konzeptionelle Bedeutung klassifiziert werden können.

2. Aus traditioneller Sicht wird man die gleiche Klassifikation erwarten, ungeachtet der sozialen und psychologischen Merkmale der Individuen, vorausgesetzt, sie verwenden identische/gleichartige verbale Definitionen eines Begriffes. Der Finitismus baut auf der entgegengesetzten Annahme auf: obgleich die Mitglieder zweier Gruppen identische Definitionen z.B. von „Anomie" haben, mögen sie darin uneins sein, welche Gesellschaften als anomisch gelten. Die Klassifikation hängt in der Praxis von ihren Entscheidungen ab. Diese sind von sozialen und psychologischen Faktoren, die immer variieren werden, abhängig. Die Klassifikation wird nicht durch definitorische Merkmale bestimmt.

3. Schärfere Meinungsunterschiede über Klassifikationen werden öfter in sozial heterogenen als in homogenen Gruppen erwartet, auch mit Blick auf die grundlegenden Konzepte und Begriffe, die die Individuen als vollidentische Definitionen teilen.

Falls sich der Finitismus als haltbar erweist, wird auch die Semantik, das Studium der Bedeutung von Wörtern und Ausdrücken, eine vollständige soziologische Disziplin werden. In diesem Fall muss dem Finitismus zunächst konkreter Ausdruck verliehen werden durch Hypothesenbilden darüber, welche sozialen Bestimmungsgründe welche Formen des Wissens und der Bedeutung verursachen. Wie oben formuliert, geht die Finitismus-These nicht weiter als zu behaupten, *dass* es eine kausale Beziehung zwischen sozialen Beziehungen und Wissen/Bedeutung gibt. Ein wichtiger Test wäre herauszufinden, ob *verschiedene* soziale Gruppen das *gleiche* Wissen/die gleiche Bedeutung teilen. Falls das zutrifft, wäre die vorgeschlagene kausale Verknüpfung zwischen sozialen Bedingungen und Bedeutungen geschwächt.

Die Fragestellung ist jedoch, ob der Finitismus vernünftigerweise als eine empirische Hypothese interpretiert werden kann. Wie von Barnes (1982), Bloor (1983) und Barnes, Bloor und Henry (1996) erklärt, scheint es vernünftig zu sein, ihn als einen *logischen* Standpunkt über den Status des menschlichen Wissens anzusehen. Der Finitismus stellt einen Versuch dar, philosophische Gründe für den Glauben darzulegen, dass alles Wissen in der Tat offen für soziologische empirische Studien ist. Wenn diese Deutung geteilt wird, wird ein empirischer

Test unbedeutsam. Die Frage erhebt sich dann, ob diese Position als logisch konsistent gelten kann.

Aus meiner Sicht sollten drei logische Argumente gegen den Finitismus hinzugefügt werden: *erstens* kann der Finitismus mit einem einfachen Argument der Selbstreferenz kritisiert werden. Der Anspruch des Finitismus lautet, eine generelle Theorie über den Gebrauch von Begriffen zu liefern. Doch lehnt er gleichzeitig die Möglichkeit ab, allgemeine Theorien über den Gebrauch von Begriffen zu rechtfertigen.

Zweitens impliziert der Finitismus einen Situationsrelativismus, der es schwermacht zu verstehen, wie sich fortdauernde Praktiken und stabile Institutionen über eine endlose Vielfalt verschiedener Situationen entwickeln, in denen Begriffe verwandt werden. Folglich scheint der Finitismus unfähig zu erklären, wie der Gebrauch von Begriffen schrittweise *stabilisiert* werden kann. Dieses Argument kann anhand folgender Aspekte verallgemeinert werden. Verglichen mit konkreten Situationen des Gebrauchs („Mikrophänomene") ist ein stabiler Gebrauch ein „Makrophänomen", das sich über die Zeit und eine Vielfalt der Situationen erstreckt. Doch ist der Finitismus, logisch gesehen, zu schwach, um selbst solch kleine „Makrophänomene" zu erfassen. Er mag bei demselben Problem enden wie der symbolische Interaktionismus von Blumer, der in der Praxis das Mikro-Makro-Problem löst, indem Makrophänomene jedweder Bedeutung ignoriert werden.

Drittens erzeugt der Finitismus logische Probleme für die *Begriffsidentität*. Wenn ein Begriff weder eine stabile Intension noch eine stabile Extension besitzt, aber einem konstanten Wandel in den Situationen des Gebrauchs unterliegt, wie kann dann behauptet werden, dass dasselbe Konzept in verschiedenen Situationen benutzt werden kann? Wie können wir dann behaupten, dass sich dieser Begriff auf dieselben Phänomene in verschiedenen Situationen bezieht? Dessen ungeachtet meine ich, dass der Finitismus uns in fruchtbarer Weise darauf aufmerksam gemacht hat, dass der Gebrauch und die Bildung von Begriffen in enger Beziehung mit zufälligen Situationsfaktoren statt nur mit formalen Definitionskriterien stehen. Auch mag sich der Finitismus als fruchtbar für die Entwicklung von Theorien erweisen, die verschiedene Bereiche des Wissens umgreifen. Doch bleibt die Frage offen, ob eine allgemeine Soziologie des Wissens wirklich möglich ist.

6. Empirische Einschätzung – Schlussfolgerung

Soweit ich weiß, ist nie versucht worden, den Finitismus in eine testbare Theorie zu überführen. Doch ist es eine zulässige Annahme, dass Studien, die in der Piaget-Tradition unternommen worden sind und sich auf den Erwerb zentraler Begriffskategorien wie „Raum", „Zeit", und „Kausalität" durch Kinder beziehen, von erheblicher Bedeutung für die Einschätzung der Verdienste der Theorie sind.

Zumindest eine Konsequenz des Finitismus widerspricht Piagets Sicht des Lernens. Piaget behauptete, dass Selbstlernen effizienter als Instruktion und soziale Sanktionen ist (Braided 1978). Diese Ansicht scheint jedoch nicht gerechtfertigt angesichts der Versuche, die Folgen von Piagets Theorie für Lernen und Entwicklung der Intelligenz zu testen. Eine umfassende Einschätzung bisheriger Experimente stützt die Schlussfolgerung, dass Instruktion und soziale Sanktionen effizienter als eigenständiges Lernen sind (Braided 1978).

Studien des Ethnomethodologen Harald Garfinkel und seiner Studenten über die Entwicklungen von Beziehungen in der sozialen Welt sind auch bedeutsam für einen Test des Finitismus (Collins 1985, S. 212 ff.). Untersuchungen über die Geschichte der Wissenschaft in der Bildung von Begriffen und Klassifikationssystemen im Verlauf von Forschungsprozessen können ebenfalls sehr wichtige Daten beisteuern.

7. Literatur

Barnes, B. 1982: *T.S. Kuhn and Social Science*, Routledge and Kegan Paul, London.

Barnes, B. 1973: *Sociological Theory and Scientific Knowledge*, Routledge and Kegan Paul, London.

Barnes, B. 1977: *Interests and the Growth of Knowledge*, Routledge and Kegan Paul, London.

Barnes, B. 1984: "On the Conventional Component in Knowledge and Cognition", in Stehr und Meja (Hrsg.): *Society and Knowledge*, S. 158-206.

Barnes, B. 1985: "Thomas Kuhn", in Skinner (Hrsg.): *The Return of the Grand Theories in the Human Sciences*, Cambridge University Press, Cambridge S. 83-100.

Barnes, B. 1985: *About Science*, Blackwell, Oxford.

Barnes, B. und S. Shapin (Hrsg.) 1979: *Natural Order*, Sage Publications, London and Beverly Hills.

Barnes, B. und D. Edge (Hrsg.) 1982: *Science in Context*, Open University Press, Cambridge.

Barnes, B. und D. Bloor 1982: "Relativism, Rationalism and the Sociology of Knowledge", in M. Hollis und S. Lukes (Hrsg.): *Rationality and Relativism*, Blackwell, S. 21-47.

Barnes, B., D. Bloor und J. Henry 1996: *Scientific Knowledge – A Sociological Analysis*, Chicago University Press, Chicago.

Bloor, D. 1976: *Knowledge and Social Imagery*, Routledge und Kegan Paul, London.

Bloor, D. 1983: *Wittgenstein. A Social Theory of Knowledge*, The Macmillan Press, London.

Bloor, D. 1973: "Wittgenstein and Mannheim on the Sociology of Knowledge", in *Studies in History and Philosophy of Science* 4, S. 173-191.

Bloor, D. 1984: "Durkheim and Mauss Revisited", in Stehr und Meja (Hrsg.): *Society and Knowledge*, S. 51-75.

Braides, C. 1987: *Piagets's Theory of Intelligence*, University of Chicago Press, Chicago.

Collins R. 1985: *Three Sociological Traditions*, Oxford University Press, New York.

Coser, L. 1968: "Sociology of Knowledge" in *The International Encyclopaedia of Social Sciences*, Bd. 8, S. 428-435.

Føllesdal, D., J. Elster, L. Walløe 1986: *Argumentasjonsteori, språk og vitenskapsfilosofi*, (Theory of arguments, language and philosophy of science) Universitätsforlaget, Oslo.

Hesse, M. 1974: *The Structure of Scientific Inference*, The Macmillan Press, London.

Hollis, M. 1982: "The Social Destruction of Reality", in M. Hollis und S. Lukes (Hrsg.) *Rationality and Relativism*, Blackwell, Oxford, S. 67-86.

Lakatos, I. 1971: "History of Science and its Rational Reconstructions", in R. Buck und R. Cohen (Hrsg.): *Boston Studies in Philosophy of Science*, Bd. 8, Reidl Dordrecht.

Mannheim, K. 1936: *Ideology and Utopia*, Routledge und Kegan Paul, London.

Skinner, Q. 1985: *The Return to Grand Theories in the Human Sciences*, Cambridge University Press, Cambridge.

Stehr, N. und V. Meja 1984: *Society and Knowledge*, Transaction Books, New York.

Waismann, F. 1984: "Verifiability", in G.H.R. Parkinson (Hrsg.): *The Theory of Meaning*, Oxford University Press, Oxford.

Ausgewählte Werke in deutscher Sprache

Mannheim, K. 1995, *Ideologie und Utopie*. 8. Aufl. Frankfurt/Main, Klostermann.

Maasen, S. 1999, Wissenssoziologie. Transcript, Bielefeld.

5. Die Hysteresis-These: Pfadabhängigkeit in ökonomischen und sozialen Systemen

Gaute Torsvik

1. Originalzitat

Ich habe es zweckdienlich und sogar notwendig gefunden, einen neuen Begriff zu verwenden, der lediglich die besondere Wirkung beschreibt, ohne eine Theorie über ihre Ursache zu liefern. *Hysteresis* ereignet sich, wenn bei zwei Qualitäten M und N eine zyklische Variation in N eine zyklische Variation in M ergibt [und] die Veränderungen in M hinter denen in N zurückbleiben. Der Wert von M zu irgendeinem Zeitpunkt ist nicht nur abhängig von dem aktuellen Wert von N, sondern auch von all den vorhergehenden Veränderungen in N. (Ewing 1885, zitiert nach Cross 1993, S. 54-55).

2. Kurze Erläuterung

Das Wort „Hysteresis" ist griechischen Ursprungs. Es bedeutet: „was hier nachkommt". In der Wirtschaftstheorie gebrauchen wir Hysteresis um auszudrücken, dass etwas „verbleibt". Hysteresis in einem ökonomischen System bedeutet, dass der Effekt eines Impulses im System verbleibt, obgleich der Impuls verschwindet. Wie das System auf neue Impulse reagiert, hängt von früheren Impulsen ab: die Evolution des Systems hängt von der Vorgeschichte des Phänomens ab, die Evolution ist pfadabhängig.

3. Hintergrund

Es war der Physiker James Alfred Ewing (1855 – 1935), der den Begriff der Hysteresis in einem Artikel über Elektromagnetismus 1885 einführte. Wenn ein Draht um einen Eisenkern gewickelt wird und ein elektrischer Strom durch den Draht fließt, wird das Eisen magnetisch. Ewing stellte fest, dass selbst, wenn der Strom unterbrochen wird, ein Teil des Magnetismus im Eisen verbleibt. Das Eisen ist durch magnetische Zyklen (Elektrizität) stimuliert und wird in einen bestimmten Zustand versetzt (wird magnetisch). Dieser Zustand besteht fort, obgleich der Faktor, der für den Zustand verantwortlich ist (Elektrizität), abgeschaltet wird. Ewing nannte dieses Phänomen Hysteresis.

Für eine lange Zeit war Ewing an der Universität Tokio beschäftigt. Später wurde er Professor für Mechanik in Cambridge. Er hat ausführlich über die magnetischen Eigenschaften verschiedener Metalle publiziert. Zusätzlich zur Entdeckung oder Formulierung der Hysteresis-These ist er bekannt für seine Konstruktion von Instrumenten zur Erfassung von Veränderungen in Eigenschaften des Metalls (Elastizität, Magnetismus), die durch verschiedene Faktoren hervorgerufen werden.

4. Formalisierung – präzise Definition

Studiert man physische und soziale Systeme, so sind wir häufig an der Interaktion verschiedener Variablen interessiert. Kennen wir den Wert eines Satzes von Variablen X, so wollen wir den Wert eines Variablen-Satzes Y charakterisieren oder vorhersagen. In sozialen oder in wirtschaftlichen Systemen repräsentiert Y typischer Weise individuelle Verhaltensweisen oder irgendeine Aggregatmessung von individuellen Handlungen und X die gegebenen Rahmenbedingungen, wie z.B. Preise, technologische Bedingungen usw., d.h. alle relevanten Variablen, die diese Aktion beeinflussen. Wenn wir Elektromagnetismus studieren, sind die Impulse *(X)* elektrische Energie, Magnetismus ist die Reaktion *(Y)*.

Eine angemessene Analyse von Y verlangt, soviel wie möglich der relevanten Impulse X einzuschließen und eine präzise Definition der Beziehung zwischen X und Y zu liefern. Wir können diese Beziehung als eine Funktion F erfassen und schreiben[1]: $Y = F(X)$. Ist es notwendig, auf die Ereignisse vorhergehender Perioden zurückzugreifen, um *Y(t)* zu charakterisieren oder *Y(t+1)* vorherzusagen, dann ist das System durch Hysteresis gekennzeichnet. Hysteresis führt zur Folgerung, dass die heutigen Umstände nicht hinreichen, um die Evolution des Systems vorherzusagen. Wir müssen zusätzlich die Geschichte des Systems kennen.

Wenn eine Sequenz *X(1), X(2), X(3)* von Variablen, wobei *X(1) = X(3)* $\neq$ *X(2)*, eine Reaktion *Y(1), Y(2), Y(3)* erzeugt, wobei *Y(1)* $\neq$ *Y(3)*, dann bedeutet dies, dass Hysteresis bei diesem Phänomen eine Rolle spielt. Die Impulse, die identisch zu den Zeiten 1 und 3 sind, geben Anlass zu unterschiedlichen Reaktionen, weil das System eine differenzierte Geschichte zu den beiden Zeitpunkten hat. *X(2)* ist zwischen beiden Zeitpunkten gelegen. Das System besitzt ein „Gedächtnis", die Werte früherer Zeiten beeinflussen die Art, wie sich das System entwickelt, ähnlich wie bei der Magnetisierung des Eisens in dem Versuch von Ewing.

---

[1]   Diese Beziehung zwischen X und Y wird nicht notwendigerweise eine „Eins-zu-Eins"-Beziehung sein. Möglicherweise ist die präziseste Aussage, die wir treffen können, diejenige, dass Y unter Kenntnis des bekannten X-Wertes innerhalb eines Intervalls liegt, definiert durch ein niedrigeres und ein höheres Limit. In diesem Fall steht F für eine Korrespondenz. In den meisten Situationen wird sich „Lärm" im System finden. Dann ist es unvernünftig, eine eindeutige Beziehung zwischen X und Y zu erwarten.

5. Generalisierbarkeit und Prüfbarkeit – Kritik

a) Hysteresis ist ontologisch unmöglich

Ist es *notwendig,* auf die Vergangenheit zurückzugreifen, um etwas über die Zukunft eines Systems auszusagen? Man beachte, wie ich diese Frage formuliert habe: ich frage nicht, ob es nützlich oder unnütz ist, Geschichte zu studieren. Selbstverständlich ist dies notwendig, wenn wir die Vergangenheit verstehen wollen. Die Frage ist, ob wir uns auf das Frühere beziehen müssen um zu charakterisieren, was jetzt stattfindet, oder um vorherzusagen, was morgen eintreten wird. Aus hinreichend abstrakter Sicht lautet die Antwort: nein.

Eine Person, die behauptet, sich auf das Vergangene beziehen zu *müssen,* um zu verstehen, was sich jetzt ereignet, impliziert damit, dass die Geschichte durch Einflüsse wirkt, die nicht gegenwärtig vorhanden sind. Wenn die Geschichte Spuren in Variablen hinterlassen hat, die heute gegenwärtig sind, so können diese Variablen die Geschichte repräsentieren. Nur wenn die Geschichte keine Spuren in den gegenwärtigen Variablen hinterlassen hat, *müssen* wir auf die Vergangenheit zurückgreifen, um zu erklären und vorherzusagen, was sich gegenwärtig ereignet.[2] Aber solch spurloser Einfluss ist unmöglich. Er ist magischer Natur. Ein historisches Ereignis *h* kann nicht die Evolution und irgendetwas heute beeinflussen, ohne dass *h* Spuren in den gegenwärtigen Variablen hinterlassen hat. Deswegen ist Hysteresis ontologisch unmöglich. Leibniz sah dies und traf die folgende Behauptung:

> Insoweit die Impulse der Vergangenheit nicht länger in der Gegenwart existieren, können sie nicht irgendetwas bewirken, ohne etwas hinter sich gelassen zu haben, oder einen Effekt, der andauert und in der Gegenwart operiert. Soweit ich sehen kann, widerspricht jemand, der das Gegenteil behauptet, allen Erklärungen spezieller Phänomene, da, wenn dasjenige, das in Zeit und Raum vergangen ist, hier und jetzt ohne Verbindungen operieren kann, wir gleichermaßen gerechtfertigt wären, alles Mögliche in den Begriffen von allem möglichen anderen abzuleiten (Leibniz 1875-1890, Zitat bei Elster 1976, S. 372).

Gehen wir zurück zu Ewing. Man stelle sich zwei Eisenstücke vor, die gleich starken Impulsen unterliegen. Wenn wir das Ausmaß des Magnetismus messen, findet sich ein Unterschied zwischen beiden Stücken. Wie können wir diesen Unterschied verständlich machen? Es gibt zwei Alternativen. Wir können das Faktum so erklären: beide Eisenstücke haben unterschiedlich auf denselben Impuls reagiert, weil die Eisenstücke zu einem früheren Zeitpunkt unterschiedlichen elektrischen Impulsen unterlagen. Diese Alternative ist eine *Hysteresis-*Erklärung. Sie stellt eine Erklärung dar, die die Tatsache heraushebt, dass die beiden Stücke in der Vergangenheit in unterschiedlichem Ausmaß elektrischen Strömungen unterworfen waren. Da jedoch *Hysteresis* ontologisch unmöglich

---

[2] Variablen, die historische Impulse aufnehmen, werden *Zustandsvariablen* genannt.

ist, muss sich eine andere Erklärung finden. Wenn es die unterschiedliche Dauer der Exponiertheit Strömen gegenüber ist, die erklärt, warum die Eisenstücke unterschiedlich auf neue Impulse reagieren, dann müssen diese Impulse Spuren im Eisen hinterlassen haben. Die zweite Erklärung nimmt die Beschaffenheit des Eisens als Beginn der Erklärung. Wir messen das Ausmaß des Magnetismus, das von dem Eisen absorbiert ist, und führen diese Variablen in unsere Erklärung ein. Wir sagen dann: beide Eisenstücke haben unterschiedlich auf denselben Impuls reagiert, weil die magnetischen Bedingungen der beiden Stücke nicht gleich waren, als unser Experiment begonnen hat.

Wir wollen nun vorhersagen, wie sich ein System in naher Zukunft entwickkelt. Wir sind am Zeitpunkt t und wollen den Wert von $Y(t+1)$ vorhersagen. Um eine informierte Vorhersage treffen zu können, messen wir den Wert aller wichtigen Impulse $X(t)$. Wir spezifizieren nach unserem besten Wissen, wie diese Variablen miteinander in Beziehung stehen. Unsere Vorhersage wird dann durch folgende Gleichung gegeben: $Y(t+1) = F(X(t))$. Nehmen wir an, unsere Vorhersage erweist sich als schlecht und dass wir sie verbessern können, indem wir Einflüsse aus der Vergangenheit berücksichtigen. Ist dies der Fall, muss die Vorgeschichte Spuren in diesen Variablen hinterlassen haben, die nicht in den Impulsvektor (X) eingeschlossen sind. Dies bedeutet, dass wir wichtige Variablen außerhalb unserer Originalformulierung gelassen haben. Y ist nicht eine Funktion des Impulses X allein, sondern ist auch durch einen Satz von Variablen Z beeinflusst. Diese Zustandsvariablen sind durch eine Vorgeschichte gekennzeichnet (durch vorhergehende Werte von X und Y). Wollen wir nun das System, das durch seine Geschichte beeinflusst ist, repräsentieren, so können wir dies auf zweierlei Weise: (1) wir können eine Hysteresis-Erklärung liefern, die der Vergangenheit direkt Bedeutung zuschreibt (Variablen, die in der Vergangenheit datiert sind, werden in das Modell eingeschlossen), oder (2) wir können die räumliche Dimension des Modells ausdehnen. Werden mehrere Zustandsvariablen eingeschlossen, sind wir in der Lage, über „Geschichte zu verfügen".

b) Aber Hysteresis kann erkenntnistheoretisch nützlich sein

Welche Formulierung sollen wir wählen? Das wissenschaftliche Ideal besteht in der Sparsamkeit. Nur notwendige Faktoren sollen eingeschlossen sein. Was überflüssig ist, soll ausgelassen werden. Da Geschichte ein System in keiner anderen Weise als durch Zustandsvariablen beeinflussen kann, ist es zumindest im Prinzip immer möglich, historische Ereignisse in der Erklärung auszulassen. Wenn es unser Ziel ist, die Evolution eines Systems zu charakterisieren und vorherzusagen, wird die Formulierung von Zustandsvariablen ausreichen. Häufig aber wollen wir mehr erreichen. Wir wollen verstehen, erklären und dem, was wir beobachten, eine Bedeutung zuschreiben. Haben wir diese erkenntnistheoretische und hermeneutische Ambition, mag es nützlicher sein, auf historische Ereignisse statt auf Zustandsvariablen zu verweisen.

Erstens kann es schwierig oder praktisch unmöglich sein, Spuren zu messen, die historische Ereignisse in den heutzutage existierenden Bedingungen hinterlassen haben. Es mag schwierig sein, Werte für verschiedene Zustände von Variablen zu erfassen. Und selbst mit „guten Mikroskopen" mag es mühsam sein, die Beziehungen zwischen Impulsen, Bedingung und Reaktion zu verstehen. *Y(t)* repräsentiere die Messung des Aggressionsniveaus im Verhalten einer Person zum Zeitpunkt *t*. Das Verhalten ist eine Funktion verschiedener Impulse (Frustration, Schmerz usw.) und wird repräsentiert durch *X(t)*, abhängig von chemischen und genetischen Bedingungsvariablen *Z(t)*. Wir wissen z.B., dass ein geringes Niveau an Serotonin, einer chemischen Substanz im Hypothalamus, einem Teil des Gehirns, zu aggressiverem Verhalten führt. Der Serotoninspiegel hängt von der Vorgeschichte der betreffenden Person ab. Individuen werden mit verschiedenen Serotonin-Niveaus geboren. Ferner mögen Diäten und andere Umstände der Vergangenheit, z.B. der Gebrauch von Medikamenten, Einfluss auf die Menge des Serotonins haben, die im Hypothalamus freigesetzt wird. Ich erwähne dies, um zu zeigen, dass es im Prinzip zwar möglich ist, ein Modell zu konstruieren, das aggressives Verhalten in Begriffen von Impulsen, chemischen und vielleicht genetischen Zustandsvariablen erfasst, doch macht es nicht viel Sinn, dies zu tun.[3]

Ob es dem Sozialwissenschaftler möglich ist, ein soziales System auf einen Satz von Zustandsvariablen und Impulsen zu reduzieren, wirft eine fundamentale philosophische Frage auf. Als menschliche Wesen interpretieren wir unsere Umgebung wie uns selbst. Wir suchen nach Bedeutung in dem, was wir sehen und tun. Man kann argumentieren, dass es unmöglich ist, ein gutes Abbild eines sozialen Systems zu geben, ohne sich auf Variablen und Mechanismen zu beziehen, denen Individuen selbst Bedeutung zuschreiben, wenn sie interpretieren, was um sie herum vorgeht. Taylor (1989) nennt dies das Prinzip der besten Erklärung (*best account principle*).

Der hauptsächliche Grund, sich eher auf historische Ereignisse als auf konditionierende Variablen zu beziehen, liegt meiner Meinung darin, dass eine Erfassung dieser Art die Notwendigkeit einer Planung verdeutlicht. Hysteresis macht verständlich, wie unsere heutigen Optionen das beeinflussen, was wir können und in Zukunft tun werden. Um eine bedeutsame Aussage über zukünftige Effekte des Systems zu treffen, in dem wir einen heutigen Impuls stimulieren oder aufhalten können, müssen wir die zugrundeliegenden Mechanismen verstehen, die zwischen den verschiedenen Variablen operieren. Eine Erklärung, die auf Zustandsvariablen aufbaut, mag die Verbindung zwischen dem verber-

---

[3] Der methodologische „Behaviorismus" (in seiner orthodoxesten Form) erlaubt nicht den Gebrauch von psychologischen Theorien innerer psychologischer oder biologischer (oder irgendwie gearteter geistiger) Bedingungen als erklärende Variablen. Wenn die Vorgeschichte „chemische Spuren" hinterlassen hat, so ist das heutige Verhalten im Lichte der Ereignisse zu erklären, die diese Spuren hinterlassen haben.

gen, was wir jetzt tun und was wir in Zukunft tun können. Um mein Argument zu verdeutlichen, habe ich die elektromagnetische Schleife graphisch dargestellt, auf die sich Ewing in seinem Artikel bezieht:

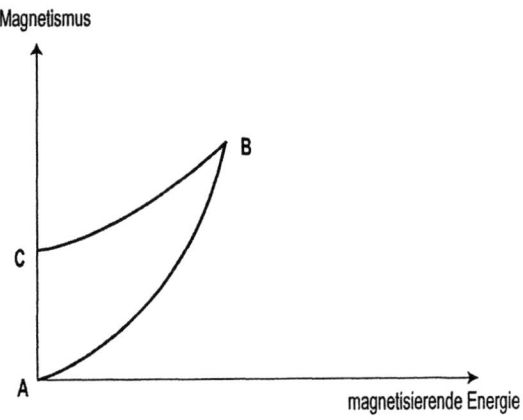

Abb. 1: Wir beginnen am Punkt A. Wenn positive und magnetisierende Energie in das Eisen eingeführt wird, wird das Eisen magnetisch, wie in Punkt B bezeichnet. Der Magnetismus verschwindet nicht durch Rückzug der magnetisierenden Energie. Das Eisen behält seinen Magnetismus entsprechend dem Punkt C. Dies zeigt, dass der Magnetismus eine Funktion der magnetisierenden Energie ist, die gegenwärtig das Eisen beeinflusst, wie auch der vorhergehenden Periode.

6. Empirische Einschätzung – Schlussfolgerung

Die grundlegende Idee, dass das Ergebnis einer ökonomischen Interaktion „pfadabhängig" ist, existiert seit langem in der Ökonomie. Doch ist das Hysteresis-Konzept relativ neu. Der erste, der Hysteresis in die ökonomische Analyse eingebracht hat, war Georgescu-Roegen in den 1960er Jahren. Kürzlich haben Analysten hervorgehoben, dass das Phänomen auf vielen ökonomischen Märkten von Bedeutung ist.

a)   Hysteresis auf Kapitalmärkten: der absorbierende Effekt nichtrücknehmbarer Investitionen

Um in der Lage zu sein, Güter und Dienste herzustellen, müssen wir in Maschinen oder andere Produktionsausrüstungen investieren. Diese Investitionen werden jedoch zu einem größeren oder geringeren Ausmaß unumkehrbarer Natur

sein. Es ist zum Beispiel schwierig, Maschinen (zu einem guten Preis) zu verkaufen, wenn die Produktion geschlossen wird. Unumkehrbare Investitionen
sorgen dafür, dass die heutige Produktion nicht nur eine Funktion der heutigen
Preise, sondern auch von Preisen und Entscheidungen in der Vergangenheit ist.
Wenn die Produktionsausrüstung bereits erstellt ist, ist es vernünftig, zu erwarten, dass ein kleiner Anstieg in den Preisen eines Artikels in zunehmender Produktion resultieren wird. Doch, wenn Investitionen nicht getätigt sind, ist es sehr
wohl möglich, dass Investitionen nicht profitabel sein werden, selbst nach einem
Preisanstieg. Somit ist die Reaktion (in Form der Produktion) auf einen Impuls
(Preisanstieg) abhängig vom Preis des betreffenden Artikels in der Vergangenheit (wenn die Produktion bereits läuft).

Man kann dies präziser ausdrücken. Nehmen wir an, dass alle anderen Preise
einschließlich derer der Produktionsausrüstung konstant sind, wohingegen $p(t)$
der Preis der produzierten Güter ist. Der Preis hat zwei wichtige Ausprägungen.
Ein unteres Limit ist zum Preisniveau $\underline{p}$ fixiert, das so niedrig ist, dass es nicht
die variablen Kosten einspielt. Ein oberes Limit ist am Preis $\overline{p}$ fixiert, einem
Preisniveau, das hoch genug ist, um beides, variable und fixe Kosten, abzudek-
ken. Die $\underline{p} < p(t) < \overline{p}$ Produktion in der Periode t wird vom vorhergehenden
Preisniveau abhängen, ob eine Produktionsausrüstung vorhanden war oder
nicht. Wenn alle $p(1)$, $p(2)$ $Y p(t-1)$ niedriger als p sind, wird $p(t)$ zur Produktion
führen. Wenn $p(1)$, $p(2)$ $Y p(t-1)$ höher als p sind, wird keine Produktion aus $p(t)$
resultieren. Dieses Ergebnis ist unpräzise, doch sollte zumindest das Argument
deutlich geworden sein.

Alfred Marshall erkannte als erster, dass nichtrücknehmbare Investitionen
Hysteresis-Effekte hervorrufen können, wobei er den Begriff nicht benutzte.
Seitdem ist die Theorie weiterentwickelt worden. Zum gegenwärtigen Zeitpunkt
wissen wir einiges über das Verhalten rationaler Investoren, wenn ihre Projekte
nichtrücknehmbar und Profite (Preisentwicklungen) unsicher sind (vgl. z.B.
Dixit 1992).

b)   Hysteresis auf dem Arbeitsmarkt: der absorbierende Effekt von Arbeitslo-
      sigkeit

Die Zahl der Arbeiter, die ein Unternehmen zu einem bestimmten Zeitpunkt
einstellen will, hängt von zahlreichen Faktoren ab. Die Nachfrage nach den
Gütern, die das Unternehmen produziert, ist natürlich ein entscheidender Faktor
wie auch das Lohnniveau. Doch zusätzlich kann die Zahl der bereits eingestell-
ten Personen für die Zahl der neueinzustellenden entscheidend sein. Man stelle
sich ein Unternehmen mit zwanzig dauerhaft Angestellten zu Beginn der Periode t vor. Berücksichtigt man die Nachfrage und das erwartete Lohnniveau
während der Periode, so entscheidet sich der Vorstand der Firma, mit derselben
Zahl des Personals weiter zu arbeiten. Die Firma beschäftigt zwanzig Personen

in der Periode *t*. Nehmen wir eine alternative Situation an: das Lohnniveau und die Nachfrage verbleiben wie oben mit dem einzigen Unterschied, dass bis zur Periode *t* das Unternehmen eine kleinere Zahl an Beschäftigten hatte, z.B. achtzehn oder neunzehn Arbeiter. Nimmt es dann neue Arbeiter auf, so dass die Zahl auf zwanzig in der Periode *t* steigt? Dies ist keineswegs sicher. Aus verschiedenen Gründen wird die Zahl der Personen, die beschäftigt waren, bevor eine Periode begonnen hat, die Zahl der Personen beeinflussen, die in der gleichen Periode eingestellt wird. Daraus folgt, dass wir die Beschäftigten in einer Periode nicht allein unter Verweis auf Rahmenbedingungen (Lohnniveau, Nachfrage), wie sie sich gegenwärtig finden, erklären können. Vielmehr können kurze zyklische Fluktuationen im Markt zu permanenter Arbeitslosigkeit führen. Diejenigen, die entlassen werden, wenn die Nachfrage gering ist, werden nicht wieder eingestellt, obgleich die Nachfrage zum normalen Niveau zurückkehrt. Dies zeigt, dass der Arbeitsmarkt durch Hysteresis beeinflusst ist.

Dafür finden sich verschiedene Erklärungen. Eine Hypothese (bekannt als *Insider-Outsider*-Theorie) behauptet, dass die Gewerkschaften sich ausschließlich für die Beschäftigten engagieren. Deswegen werden nach einem Wirtschaftseinbruch die Entlassenen nicht weiter von Interesse für die Gewerkschaften sein. Kehrt die Nachfrage zum normalen Niveau zurück, werden die Gewerkschaften die Gehaltsforderungen nach oben treiben, was es Firmen unmöglich macht, weitere Arbeitnehmer einzustellen.

Ein weiteres Argument ist, dass sich das Humankapital einer Person verschlechtert, wenn es nicht genutzt wird. Diejenigen, die ihre Stellen wegen zyklischer Veränderungen der Ökonomie verlieren, erfahren oft Einbrüche ihrer eigenen Produktivität und verbleiben außerhalb des Arbeitsmarktes. Trifft dies zu, sollte der Staat die Wirtschaftspolitik nutzen, um ökonomische Zyklen zu glätten und den Verlust durch Hysteresis zu vermeiden. Ein dritter Grund für Hysteresis liegt in qualitativen Unterschieden der Arbeitskräfte. Die Produktivitätsniveaus der Menschen sind verschieden. Zugleich hat jedes Unternehmen private Informationen über die Produktivität eines Arbeiters. Diejenigen, die in schlechten Zeiten entlassen werden, gelten als von „geringer Qualität" und werden Schwierigkeiten haben, sich in den Arbeitsmarkt zu reintegrieren.

c)   Hysteresis im Konsumentenverhalten: der absorbierende Effekt früherer Konsumtion

Hier lautet die Idee, dass der gegenwärtige Konsum durch Konsum in der Vergangenheit beeinflusst ist. Drogenabhängige, die Entzugssymptome aufweisen, liefern vielleicht das offenkundigste Beispiel, wie der gegenwärtige Konsum zukünftigen Konsum beeinflussen kann. Ein hoher Konsum solcher Güter wird zukünftige Präferenzen verändern. Auch stellen physische Abstinenzsyndrome nicht die einzige Ursache endogener Präferenzen dar. Andere psychologische und soziale Faktoren können ähnliche Abstinenzeffekte hervorrufen. Es findet sich eine breite ökonomische Literatur zu diesem Thema (siehe z.B. Elster 1976).

d) Hysteresis und Koordinationsprobleme: der absorbierende Effekt der Masse

Der Begriff *glia* stellt eine Ableitung eines griechischen Wortes dar, das Leim bedeutet, *glue*. Forscher nahmen ursprünglich an, dass *glia* eine Art von Verbindungsstoff ist, der Neuronen zusammenhält. Obgleich diese Idee überholt ist, wird sie noch verwandt (Kalat 1995, S. 267).

Dieser Verweis illustriert ein interessantes Phänomen: er beleuchtet eine Situation, in der eine ehemals funktionale Alternative auch weiterhin gewählt wird, obgleich jetzt gute Gründe dafür bestehen, eine andere Lösung zu wählen. Der "status quo" hat deshalb ein solches Gewicht gewonnen, weil sich so viele an ihn angepasst haben. Ein bekanntes Beispiel ist die Anordnung der Buchstaben auf der Schreibmaschinentastatur. Die Anordnung auf der Schreibmaschine wurde mit dem Ziel eingeführt, das Risiko zu verringern, dass sich die Schwenkarme der alten mechanischen Schreibmaschine verhaken würden. Meine Schreibmaschine ist elektrisch, wie nahezu alle Schreibmaschinen heute. Deshalb besteht kein Risiko eines mechanischen Verhakens. Dennoch werden die Buchstaben angeordnet wie bisher, obgleich bessere Alternativen existieren, nachdem die mechanischen Begrenzungen nunmehr außer acht gelassen werden können. Das alte System wird wahrscheinlich deshalb beibehalten, weil eine Änderung kostspielig wäre. Viele sind daran gewöhnt. Die Produzenten finden es schwierig, die Einführung einer neuen Alternative zu koordinieren. (Das Phänomen ist bekannt als „Ökonomie der QWERTY-Tastatur" und bezieht sich auf die angelsächsische Anordnung der ersten fünf Buchstaben links auf der obersten Buchstabenreihe der Schreibmaschinentastatur. Siehe z.B. David 1985).

Viele Wirtschaftsysteme sind nachhaltig durch ihre Geschichte gekennzeichnet, weil zu einem Zeitpunkt eine kritische Masse von Individuen ihre Aktivitäten in bestimmter Weise koordiniert hat. Solche Systeme haben vier zentrale Merkmale: (a) ursprünglich gab es verschiedene mögliche stabile Situationen (Gleichgewichte). (b) Die Frage, welche Lösung realisiert wurde (welches Gleichgewicht gewählt wurde), wird häufig durch zufällige und zeitabhängige Faktoren bestimmt. (c) Das originale Gleichgewicht besteht fort, obgleich sich die Umwelt verändert, die eine andere Alternative besser erscheinen lässt (wäre das System nicht durch seine Geschichte gekennzeichnet, wäre eine solche Alternative gewählt worden). (d) Wirtschaftssysteme können Opfer von Routinen werden. Das System wird nach einiger Zeit in nicht mehr ausreichender Weise an die externe Umwelt angepasst sein.

e)   Hysteresis in anderen Disziplinen der Sozialwissenschaften

Die obigen Beispiele zeigen, dass die moderne Wirtschaftstheorie nicht ahistorisch vorgeht.[4] Aber die Theorie lässt eine potenzielle Quelle der Hysteresis klar außer acht, die in anderen Teilen der Sozialwissenschaft hervorgehoben wird. Die ökonomische Theorie beachtet nicht, dass die Geschichte die Faktoren verändern mag, die zwischen Variablen des Systems vermitteln. Im Prinzip mögen frühere X- und Y-Werte die Form einer Funktion verändern, in der die Variablen kombiniert werden; somit ist F von der Geschichte abhängig.

Elementare Kräfte sind zeithomogen, sie wirken unabhängig von Zeit und Ort. Der Einfluss der Schwerkraft auf einen Stein bleibt derselbe, unabhängig davon, was dem Stein in der Vergangenheit zugestoßen ist oder wo er sich befand. Die Gesetze von Newton über die Bewegung und die thermodynamischen Kräfte sind gleichermaßen universell. Die Wirtschaftstheorie „kopiert" die Physik, indem sie sich auf die Annahme gründet, dass eine geordnete Beziehung zwischen Impulsen und Reaktionen in wirtschaftlichen (oder sozialen) Systemen besteht. Die geordnete Struktur ist das Resultat von Personen, die sich zu allen Zeiten und in allen Situationen instrumentell zur Erreichung ihrer Interessen verhalten.

Auch können sich die Faktoren, die zwischen den „Variablen" vermitteln, im Verlauf der Zeit verändern. Jemand fragt: „Warum hat er so aggressiv auf einen so geringen Impuls reagiert?" Eine mögliche Antwort lautet: „Weil er kürzlich eine traumatische Erfahrung hatte. Deshalb ist er nicht in der Lage, die Situation rational zu handhaben." Diese Antwort hebt die Tatsache hervor, dass die Kräfte, die $X(3)$ und $Y(3)$ verbinden, von $X(2)$ abhängig sind. Freud mochte diese Art der Erklärung. Er war der Ansicht, dass der Algorithmus (die Regeln), den wir nutzen, wenn wir handeln, von unserer Kindheitsgeschichte abhängig ist.

Ein weiteres Beispiel: Anne hat Karla zum Abendessen eingeladen. Karla beobachtet, wie Anne einen Lammschlegel zweiteilt, bevor er in den Ofen gelegt wird. Sie fragt, warum sie ihn zweiteilt. Nach einem Moment des Nachdenkens sagt Anne: „Weil meine Mutter es so gemacht hat." Ihre Mutter wohnt auf der nächsten Etage. Karla geht hinauf und fragt sie. Nach einigem Nachdenken antwortet die Mutter von Anne: „Weil meine Mutter es in dieser Weise gemacht hat." Auf der nächsten Etage antwortet die Großmutter: „Weil ich einen alten Ofen habe, der zu klein für einen ganzen Lammschlegel ist." Was zeigt uns dieses Beispiel? Zu einem früheren Zeitpunkt war die Verbindung zwischen X (Küchenherd) und Y (der Vorbereitung des Lammschlegels für den Herd) ein Resultat instrumenteller Problemlösung (wie kann ich einen Lamm-

---

4   Zusätzlich zu den Hysteresis-Phänomen oben (es finden sich viele weitere) existieren wichtige institutionelle Theorien, die herausarbeiten, wie lange fortbestehende Strukturen ihre Wirkung auf ökonomische Systeme hinterlassen haben (North 1990).

schlegel unter begrenzten Herdbedingungen rösten?). Zu einem späteren Zeitpunkt wird die X-Y-Beziehung durch Imitation bestimmt (wie rösten „die anderen" Lammschlegel?).

Wir haben uns mit drei verschiedenen alternativen „Kräften" beschäftigt, die zwischen den Impulsen und den Reaktionen wirksam werden können. Wir haben uns mit drei verschiedenen Fs befasst:

F_1: Y wird aus instrumentellen Gründen gewählt, um die Interessen (Präferenzen) der Person zu maximieren, die die Wahl trifft. Die Beziehung zwischen X und Y resultiert aus einem Prozess, in dem die existierenden Möglichkeiten eingeschätzt werden. Die vorteilhafteste wird dann gewählt.

F_2: Y wird auf der Basis von Routine gewählt. Eine Handlung, die mit den bestehenden Regeln konformgeht, wird als normal und angemessen in der Situation eingeschätzt, in der die Person die Wahl trifft.

F_3: Y wird im Zustand der Erregung gewählt, angesichts einer Reiz-Reaktionsverbindung, die das Bewusstsein umgeht.

Diese Beispiele zeigen, dass es sinnvoll sein mag, auf die Vorgeschichte zu verweisen. Die Umstände in der Vergangenheit können die Kräfte ändern, die die abhängigen und unabhängigen Variablen verbinden. Traumatische Ereignisse können affektive Handlungen auslösen, der Algorithmus verändert sich von F_1 zu F_3. Eine Institutionalisierung der Interaktion mit klar definierten Rollen und Positionen kann in einer Routinehandlung enden. Der Algorithmus verändert sich von F_1 zu F_2. Nach meinem Verständnis findet sich eine institutionelle Perspektive auf dem Gebiet der Organisationstheorie. Diese behauptet, dass von Routine und Regeln bestimmtes Verhalten das zentrale Unterscheidungsmerkmal organisierter Interaktion darstellt.

7. Literatur

Cross, R. 1993: "On the foundation of hysteresis in economic systems", *Economics and Philosophy*, S. 53 – 74.

David, P. 1985: "Clio and the economics of QWERTY", *American Economic Review*, PAP, 75, S. 333 – 337.

Dixit, A. 1992: "Investment and hysteresis", *Journal of Economic Perspektives*, S. 107 – 137.

Elster, J. 1976: "A note on Hysteresis in Social Sciences", *Synthese*, S. 371 – 391.

Ewing, J.A. 1985: "Experimental researches in magnetism", *Philosophical Transactions of the Royal Society in London*, S. 399 – 402.

Georgescu-Roegen, 1967: *Analytical Economics*, Harvard University Press, Cambridge, Massachusetts.

Kalat, J. 1995: *Biological Psychology*, Brooks & Cole (5. Aufl.), Wadsworth.

Leibniz, G.W.L. 1875 – 1890: *Die philosophischen Schriften* (Hrsg. Gerhardt), Weidmann, Berlin.

Marshall, A. 1918: *Principles of Economics*, Macmillan, London.

North, D. 1990: *Institutions, Institutional Change and Economic Performance*, Cambridge, Cambridge University Press.

Taylor, C. 1989: *The Source of the Self*, Cambridge, Mass., Harvard University Press.

Ausgewählte Werke in deutscher Sprache:

North, D.C. 1992, *Institutionen, institutioneller Wandel und Wirtschaftsleistung*, Tübingen, Mohr.

6. Die sich selbsterfüllende Prophezeiung

Jan Erik Karlsen

1. Originalzitat

Wenn Menschen Situationen als real definieren, so sind diese real in ihren Konsequenzen (Merton 1948, S. 193; Thomas und Swaine 1928, S. 572).

2. Kurze Erläuterung

In der Tat hat dieses Gesetz zwei Namen: *die sich selbsterfüllende Prophezeiung* und das *Thomas-Theorem*. Ersterer bezieht sich auf die Beschreibung von Robert King Merton, wie soziale Strukturen Gedanken- und Handlungsmuster auslösen, die sich nachfolgend selbst verstärken. Der zweite verweist auf den großen alten Mann der amerikanischen Soziologie, William Isaac Thomas (1863 – 1947), der im Jahre 1923 schrieb:

,Fakten' besitzen keine einheitliche Existenz, unabhängig von den Personen, die sie beobachten und deuten. Vielmehr sind die ,realen' Tatsachen die Art und Weise, in der verschiedene Leute in Situationen gelangen und diese definieren.

Merton führte diese Idee als das Thomas-Theorem in die Soziologie ein, wohingegen er selbst die sich selbsterfüllende Prophezeiung formulierte. Dies ist in der Tat eine kreative Ausdehnung der Arbeit von Thomas über die „Situationsdefinition", die wiederum die Basis für die Theorie des Bezugsgruppenverhaltens von Merton liefert (Coser 1977, S. 546). Wie auch immer – ich ziehe es vor, Merton als den soziologischen Schöpfer des Konzeptes der sich selbsterfüllenden Prophezeihung zu betrachten und des weiterführenden Verständnisses der Logik, die sie beschreibt.

3. Hintergrund

Robert King Merton (1910-2003) war einer der prominentesten amerikanischen Soziologen. Er studierte an der Harvard Universität unter den herausragenden Theoretikern Talcott Parsons' (1902-1979) und Pitrim Sorokin (1889-1969). Merton wird als Parsons' bedeutendster Nachfolger eingestuft. Nach seiner Promotion im Jahre 1936 verfolgte er seine akademische Karriere an der Tulane University und später an der Columbia University. Als Anhänger des Funktionalismus von Durkheim hob Merton besonders die Bedeutung empirischer Forschung in der Soziologie hervor.

Die Stärke von Merton liegt in der Forschung über soziale Institutionen während ihrer Entwicklungsphase, in der Analyse von bürokratischen Strukturen und Persönlichkeitszügen. Er popularisierte die Soziologie abweichenden Verhaltens durch die Entwicklung logischer Kategorien wie Konformismus, Innovation und Ritualismus und nichtlogischer Kategorien wie des Verlangens nach Rebellion. Er wies die Ansicht zurück, dass menschliches Verhalten unvorhersagbar sei und dass eine neue soziale Ordnung soziale Roboter kreiere. Somit führte er ein konservatives Element in die soziologische Forschung zu dem Zeitpunkt ein, als Analysen umfassender und populärer wurden, die sich auf das Individuum und individuelle Gestaltbarkeit konzentrierten.

Merton selbst hat in keiner Weise den Anspruch erhoben, die sich selbsterfüllende Prophezeiung „erfunden" oder entdeckt zu haben. Im Gegenteil behauptet er, dass dieses Theorem zu verschiedenen Zeiten vorgelegt worden ist, auch bereits vor W.I. Thomas. So verweist er auf die Verteidigung der katholischen Orthodoxie im 18. Jahrhundert durch Bischof Bossuet, die Allegorien von Mandeville im 18. Jahrhundert, die auf die Widersprüche der menschlichen Gesellschaft hinwiesen, auf die Revision der hegelianischen Theorie historischen Wandels durch Marx im 19. Jahrhundert, auf Freud und seine Theorien des herbeiwünschenden Denkens und W.I. Sumner als eine Art Mittelschichten-Marx für moderne Zeiten. In der Sicht von Merton beschäftigten sich alle mit dem Kern des Thomas-Theorems. Ferner hat Georg H. Mead (1936, S. 29), der sich zur gleichen Zeit wie Thomas in den Soziologenkreisen der Universität Chicago bewegte und im gleichen Jahr geboren ist, eine restriktivere Version des gleichen Theorems formuliert: „Wenn eine Sache nicht als wahr erkannt wird, funktioniert sie nicht als wahr in einer Gesellschaft" (s. Merton 1967, S. 19). Der eigene Beitrag von Merton besteht in einer Präsentation dieses Theorems in klarerer soziologischer Sprache, der Prägung eines griffigen Namens und der Popularisierung seiner Analyse.

Merton kann ein umfassendes Werk vorweisen. Die wichtigen Werke sind *Social Theory and Social Structure* (1949) und *On the Shoulders of Giants* (1965) wie auch *Mass Persuasion* (1946), *Continuities in Social Research* (1950), *The Student Physician* (1957), *Sociology Today: Problems and Prospects* (1959) und *Contemporary Social Problems* (1961) in Zusammenarbeit mit Robert Nisbet.

4. Formalisierung – präzise Definition

Man kann die logische Struktur der sich selbsterfüllenden Prophezeiungen in ähnlicher Weise darlegen, wie sie sich in funktionalen Erklärungsmodellen findet (Stinchcombe 1968). Das generelle Muster, das in diesem Modell dargestellt wird, ist folgendes: einige soziale Strukturen erzeugen Handlungen und Denkmuster, die sich selbst und ihre sozialen Strukturen verstärken. Wenn diese Muster der Realität entgegengesetzt sind, können sie auch Anlass zu Spannungen zwischen Mitgliedern einer Gesellschaft geben. Ein schädlicher Zyklus dieser Art kann durch Maßnahmen zur Veränderung der Struktur der Gesellschaft selbst unterbrochen werden (Østerberg 1978, S. 152).

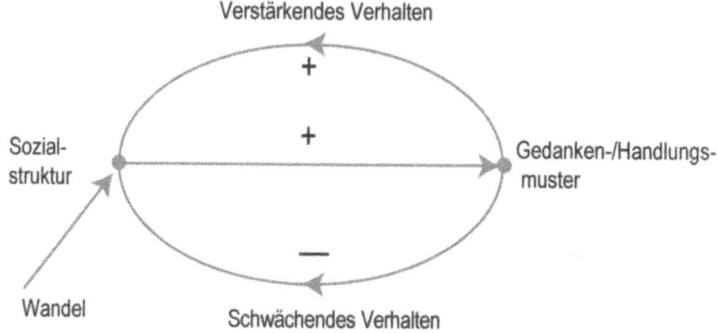

Abb. 1: Der soziologische Zirkel: die sich selbsterfüllende Prophezeiung

Der Begriff „selbsterfüllende Prophezeiung" von Merton besitzt eine ebensolche logische funktionale Form. Hier wird Wandel direkt mit Sozialstruktur in Beziehung gesetzt und nicht, wie es üblich ist, mit der Gleichgewichtsvariable, d.h. Gedanken- und Handlungsmustern. Eine Vorhersage führt zu Verhalten, das seinerseits in der Erfüllung der Vorhersage resultiert, die nicht stattfände, wäre die Vorhersage nicht getroffen worden. Die sich selbsterfüllende Prophezeiung ist somit ein aktiver notwendiger Grund für die Erfüllung der Prophezeiung. Zur gleichen Zeit ist sie „falsch", da sie auf einer fehlerhaften (d.h. subjektiven) Einschätzung der Originalsituation beruht.

Das Modell erläutert, dass die Art des Denkens sowohl bestärkendes wie auch schwächendes Verhalten einschließen sollte. Die eigenen empirischen Illustrationen von Merton schließen u.a. das Verhalten von Bankkunden auf dem Höhepunkt der Krise von 1932 ein. Bankkunden hatten Gerüchte vernommen (*das Gedankenmuster*), dass ihre Bank insolvent ist (*angenommene Makrosituation*), und eilten deswegen zur Bank, um ihre Einlagen zurückzunehmen (*Verhalten*). Sehr schnell hatte die Bank kein Bargeld mehr zur Verfügung (*reale Makrosituation*). Mittels dieses sich selbst*verstärkenden* Verhaltens wird die Bank insolvent, obgleich sie dies anfangs nicht war. Dieselbe Reaktion ereignete sich in verschiedenen asiatischen Ländern nach dem finanziellen Zusammenbruch im Herbst 1997, als die Kunden ihre Bank stürmten, um ihre Ersparnisse zu sichern. Ein weiteres Beispiel liefert Norwegen im Zusammenhang mit den Debatten über den Beitritt zur Europäischen Union in den Jahren 1972 und 1994. Bei beiden Gelegenheiten wurden grundlegende Argumente seitens des Unternehmerverbandes (NAF/NHO) vorgebracht, um die Notwendigkeit einer EU-Mitgliedschaft aufzuzeigen, damit dem norwegischen Handel und der Industrie Überleben garantiert sei. Wenn die norwegische Industrie eine Politik der Krisenmaximierung im Anschluss an das negative Referendumsresultat betrieben hätte, hätte dies zu einer sich selbsterfüllenden Prophezeiung werden können. Stattdessen hat sich die Wahrnehmung der Situation verändert und folglich das Verhalten gleichermaßen, so dass das Resultat alles andere als eine sich selbst*zerstörende* Prophezeiung war: die Wirtschaft blüht, und der Handel mit der EU wächst wie nie zuvor, selbst ohne eine norwegische Mitgliedschaft.

Somit können wir zwei Entwicklungstrends festhalten wie in der nachfolgenden Vierfeldertafel:

Die Situation wird erfahren

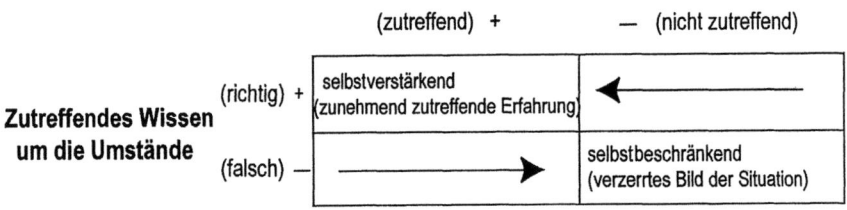

Das sich selbstverstärkende Verhalten setzt die Annahme einer zunehmend „zutreffenden" Wahrnehmung der Umstände voraus. Das sich selbstschwächende Verhalten andererseits schafft ein zunehmend verzerrtes Bild der tatsächlichen Situation, d.h. es vergrößert den Abstand zwischen der ursprünglichen Behauptung und den Erwartungen. Wir können dies wie folgt illustrieren:

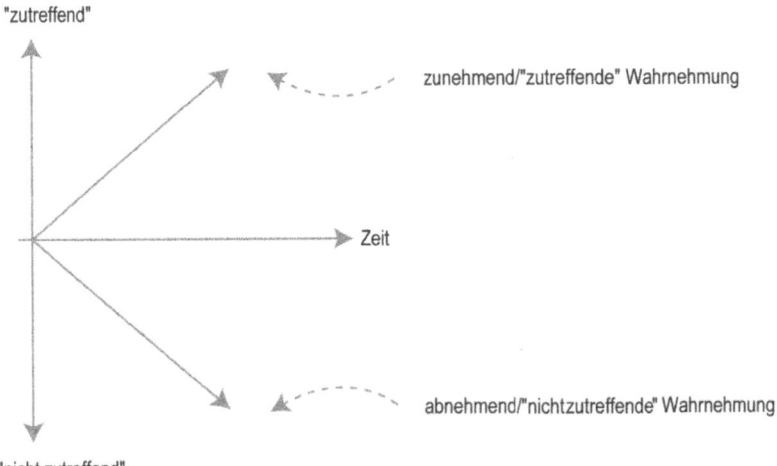

Zutreffende Information und die zutreffende Wahrnehmung von Umständen werden zu einer sich selbstverstärkenden Wahrnehmung führen. Je korrekter die verfügbare Information ist, desto eher wird die Information bestätigt und umgekehrt: je fehlerhafter die Information ist, desto fehlerhafter erfolgt die Wahrnehmung der Situation, was im Laufe der Zeit in einer verzerrten Wahrnehmung der Realität endet.

Die *Definition der Situation* ist somit ein Schlüsselfaktor bei der Einhaltung des sich selbsterfüllenden Prozesses, der aus der Prophezeiung resultiert. Der entscheidende Gesichtspunkt ist, dass die meisten Menschen ihre eigene soziale Realität konstruieren und auf der Grundlage dessen handeln, wie sie die Situation einschätzen, als vielmehr ihr Verhalten auf unverfälschte objektive Anzeichen zu gründen. Wenn ein Student überzeugt ist, dass die wichtigste Sache in der Welt darin besteht, eine Prüfung zu bestehen, wird diese Überzeugung die Situation definieren und seine Beschreibung der Realität begründen. Er wird deshalb sehr viel investieren, um diese Ziele zu erreichen. Eine sich selbsterfüllende Prophezeiung ereignet sich auch, wenn dieser Student die Situation falsch beurteilt. Er kann besorgt sein, angesichts des Gedankens an die Prüfung zu versagen, was ihn so nervös machen kann, dass er mit seinem Aufgabenprogramm nicht klarkommt. So erreicht er sein Ziel nicht, die Prophezeiung ist erfüllt. Gleichermaßen mögen Menschen bestimmte Personengruppen oder Rassen als minderwertig definieren oder gewisse kulturelle Einstellungen und Verhaltensweisen als anormal, völlig unabhängig von der objektiven Situation.

In den Worten von Merton (1957, S. 421-436) „erzeugt ein vertrauensseliger Fehler seine eigene Scheinbestätigung". Dies stellt in der Tat eine Beschreibung der Logik vieler Alltagsepisoden dar, in denen unsere Realität subjektiver Natur und sozial strukturiert ist. Die Menschen schaffen ihre eigene Realität durch gemeinsame Interaktion und Kommunikation. Die Folgen werden reale, wenn die Situation als real eingeschätzt wird (Landis 1974, S. 19).

Jon Elster (1978, S. 111) diskutiert einige Phänomene, die er als „Gegenfinalität" bezeichnet und die dem Typus der Prophezeiung nicht unverwandt sind, die wir sich selbstnegierend genannt haben. Diese schließen die nichtbeabsichtigten Konsequenzen ein, die sich ergeben, wenn sich eine Person in einer Gruppe im Verhältnis zu einer anderen Gruppe in einer bloß angenommenen Beziehung verhält. Wird diese Annahme verallgemeinert, so wird das Gegenteil der Absicht erreicht. Merton verwendet die Beschreibung des *bandwagon*-Effekts und des *underdog*-Effekts von Herbert Simon. Beide Effekte verweisen darauf, dass es in gewissen Umständen für eine Person möglich ist, das Resultat einer Wahl vorherzusagen, wenn man die Wirkung der Vorhersage berücksichtigt. Dabei ist das Ergebnis, dass das Resultat der Wahlbefragung durch das tatsächliche Wahlresultat bestätigt wird. Doch in seiner Formalisierung des

Modells von Simon (1978, S. 165-166) betrachtet Elster diese Bedingungen als eher unwahrscheinlich.

Aus den vorhergenden Abbildungen wird offensichtlich, dass die sich selbsterfüllende Prophezeiung strenggenommen nicht als „Gesetz" angesehen werden sollte, sondern vielmehr als eine Struktur. In der Tat bestimmt die Definition der Situation, ob das eingeleitete Verhalten bekräftigt oder geschwächt wird, und folglich, ob die Prophezeiung aufrechterhalten *oder untergraben* wird. Somit ist das Modell nicht bestimmt, sondern abhängig von externen Faktoren, die soziale Einstellungen wie persönliche Entschlossenheit, Fatalismus, Überfluss oder Mangel an Informationen u.a. einschliessen.

5. Allgemeinheit und Prüfbarkeit – Kritik

Es könnte der Anschein erweckt sein, als ob die sich selbsterfüllende Prophezeiung in einem gänzlichen Subjektivismus der Situationsbeschreibung begraben wird. Die Handlungen des Individuums werden durch seine Interpretation geleitet. Doch sind soziale Situationen auch mit objektiven Fakten verbunden. In seiner deutlichen Sprache verbindet Stinchcombe (1975, S. 15-16) die Situation der subjektiven Situation mit der objektiven Basis, die von Marx hervorgehoben worden ist:

> Die Menschen definieren die Situation, aber sie definieren sie nicht so präzise, wie sie wollen.

Merton schlägt eine kritische Revision des Thomas-Theorems entlang der folgenden Gesichtspunkte vor:

> Und wenn Menschen, die Realsituationen *nicht* als real definieren, so sind sie dennoch nicht weniger real in ihren Konsequenzen (Merton 1976, S. 22).

Es sind die Dinge, über die man nichts weiß oder die man nicht zur Kenntnis nimmt, die einem wirklich schaden, da man nicht in der Lage war, sich gegen sie zu schützen. Bevor HIV/AIDS sozial definiert wurden, wußte niemand sich gegen die Infektion zu schützen. Die Bevölkerungsexplosion in Afrika hat offensichtlich objektive Konsequenzen für die Ernährung und Beschäftigung, obgleich deren Gründe im afrikanischen Alltagsleben nicht verstanden zu werden scheinen.

Wenig Aufmerksamkeit ist der Rolle des „Propheten" geschenkt worden, d.h. des Gerüchteproduzenten. Wie die historischen religiösen Propheten, die den Willen Gottes der Menschheit gegenüber erläuterten, muss die moderne Version eine Art autorisierter Sprecher sein, ein Visionär, ein Schöpfer der Meinungen, ein Vorherseher oder Schicksalsprophet, der eine Botschaft überträgt, die als bedeutsam angesehen wird. Die Botschaft des Propheten muss ernsthaft angenommen werden. Allgemeiner können wir deshalb die Frage stellen, wie stark die Vorhersage oder das Gerücht sein müssen, um irgendeine Art kollektiven Verhaltens auszulösen, das in einer neuen sozialen Struktur resultiert. Offensichtlich kann die Prophezeiung nicht eine Aussage über die Zukunft sein, die bloß ein Szenario oder etwas Ähnliches präsentiert. Die Botschaft muss etwas Unerwartetes enthalten und zur gleichen Zeit eine Überzeugung schaffen, dass es möglich ist, die drohende Krise durch gegenwärtige Handlungen zu beeinflussen. Der Vorteil unmittelbarer Handlung muss offensichtlich sein. Für das Individuum muss der Nachteil offenbar sein, als letzter zu handeln. Diese individuellen Gedanken- und Verhaltensmuster haben Konsequenzen auf der kollektiven Ebene, von denen alle von allen Betroffenen in der Tat vermieden werden können, wäre ihre Definition der Situation zutreffend gewesen. Vielleicht ist zu bezweifeln, ob solche Ergebnisse umkehrbar sind (Karlsen 1990, S. 270).

Was Merton interessierte, war die sich selbsterfüllende Prophezeiung, „wie Furcht in die Wirklichkeit übersetzt und nur in Abwesenheit bewusster institutioneller Kontrolle wirksam wird" (Østerberg 1978, S. 171). Der soziologische Handlungszirkel wird durch den Bankzusammenbruch beispielhaft dargestellt. Er kann mittels einer neuen Definition durchbrochen werden. Wohlüberlegte institutionelle Veränderungen, z.B. Rückversicherungseinrichtungen, die die Banken gegen einen Zusammenbruch schützen, können die Basis für das Verhalten ändern und somit die bedrohliche Abzugspanik mildern. In dem obigen funktionalen Modell wird dies mittels einer Variable illustriert, die die reale soziale Struktur beeinflusst, hier die Zahlungsfähigkeit der Bank.

In der Organisationstheorie haben Pondy und Mitroff (1979, S. 28) ein interessantes Pendant zur sich selbsterfüllenden Prophezeiung formuliert: „Was wir das Führungspersonal heute lehren, wird die Phänomene auslösen, die wir in Zukunft studieren können." Soziologische Erklärungsmodelle richten ihr Augenmerk auf das, was künstlich und geschaffen ist (im Unterschied zum Natürlichen und Unentwickelten), d.h. auf die sozialen Strukturen und Prozesse, die aus menschlichem Verhalten resultieren. Bei der Erklärung des Künstlichen wird angenommen, dass das Phänomen Ursache ist und die Theorie die Wirkung. Aus dieser Perspektive nehmen die Sozialwissenschaften die Existenz einer objektiven Realität unabhängig von den Theorien an. Die Wahrheit existiert und wartet darauf, entdeckt zu werden. Doch gegenüber symbolischen Perspektiven liegt das Gegenteil nahe: die Realität ist das Resultat unserer Theorie und Wahrheit ein Produkt unseres Denkens. Wie von Stinchcombe (1975) hervorgehoben, erlauben weder der Mensch noch Sozialsysteme eine grenzenlose Veränderung. Doch kann das Führungspersonal natürlich darin trainiert werden, an Theorien der Führerschaft und der Organisation zu glauben, so dass es die sozialen Umstände entsprechend formen kann. In diesem Fall wird die grundlegende Unterscheidung zwischen gültigen Vorhersagen und sich selbsterfüllenden Prophezeiungen ebenfalls verschwinden. Unsere Umgebung wird durch die Theorien und Methoden beeinflusst, die für ihr Verständnis zur Verfügung stehen, so dass in der Tat jede Perspektive sich selbsterfüllend werden kann (Bolman und Deal 1991, S 277).

Karl Popper (1902-95) hat ein ähnliches Theorem eingeführt, das er den „Ödipus-Effekt" nennt (1945, S. 22, 1957, S. 13 und 15-16). Dieses beschreibt den Einfluss einer Theorie, Erwartung oder Vorhersage auf das Ereignis, das es beschreibt oder vorhersagt: „Daran erinnert sei, dass die kausalen Verbindungen, die zu dem Vatermord durch Ödipus geführt haben, durch die Vorhersage dieses Ereignisses durch das Orakel begannen" (Popper 1963, S 38). Allgemeiner wird dies als „Selbstreferenz"-Problem dargestellt: Menschen, die Fragebögen beantworten, versuchen die Erwartungen der Forscher zu erraten, die sie entweder zu erfüllen oder zu enttäuschen suchen. Dies hat nicht die Unmöglichkeit soziologischer Vorhersagen zur Folge, sondern die Annahme, dass solche Befunde nicht unabhängig dazu dienen können, alle Theorien zu bestätigen oder zu widerlegen, da die Resultate der Vorhersage nicht unabhängig von der Theorie sind. Es fehlt die Möglichkeit für ein unabhängigen Test und eine Kontrolle der Gültigkeit der Theorie, wie in der wissenschaftlichen Methode verlangt (Skagestad 1980). Diesen Umstand bezeichnet Popper als Ödipus-Effekt.

6. Empirische Einschätzung – Schlussfolgerung

Die sich selbsterfüllende Prophezeiung ist schwerlich geeignet für den Test mittels umfangreicher Befragungen. Sie ist vielmehr ein Gegenstand für soziologische Fallstudien. Ein Beispiel mag eine soziologische Situation darstellen, in der Personen an die Astrologie glauben und ihr Verhalten entsprechend modifizieren um sicherzugehen, dass die Vorhersagen wahr werden. Beispiele aus der Soziologie des abweichenden Verhaltens sind vielleicht von größerem Interesse. Einige Forscher gehen davon aus, dass eine Person nicht abweichend wird, bevor sie in dieser Form von Menschen mit sozialer Autorität etikettiert wird. Die *Labeling*-Theorie (*label*=Etikett) scheint das Konzept der sich selbsterfüllenden Prophezeiung integriert zu haben. Diese Konzeption beschreibt, was sich abspielt, wenn eine weitverbreitete Meinung über bestimmte Personen – selbst wenn diese Meinungen falsch sind – soziale Realität schafft, die Verhaltensoptionen begrenzt, so dass das tatsächliche Verhalten diesen Meinungen entspricht. Eine sich selbsterfüllende Prophezeiung wird geschaffen, wenn Personen allgemein als abweichend behandelt werden, obgleich bekannt ist, dass ihr Verhalten nur in einer Hinsicht abweichend ist. Dieses Phänomen ist mehrfach gut beschrieben worden von Becker (1963, S. 34), Erikson (1966, S. 17) und Payne (1973, S. 39-40). Nach Merton gilt dies auch für eine große Zahl soziologischer Phänomene, die hier als „das gespiegelte Selbstbild bezeichnet werden, das von einem Abweichler in nachfolgendem abweichenden Verhalten angenommen wird" (1967, S. 20). Nenne jemanden einen Dieb, und er wird stehlen, wie das Sprichwort lautet.

Gleichermaßen kann das Verhalten von Schülern die Erwartungen ihrer Lehrer widerspiegeln, was wiederum Versager in der Schule erzeugt. Nimmt man an, dass ein Schüler eine negative Einstellung zum Lernen hat oder dass es an intellektueller Kapazität und Motivation fehlt, dann passt der Lehrer seine Einstellung an und erwartet nur begrenzte Leistungen und Ehrgeiz. In vielen experimentellen Studien besteht die Tendenz, Theorien als „bestätigt" anzusehen, obgleich verschiedene andere Theorien gegenteilige Vorhersagen treffen. Dies ist als „Vorurteil des Versuchsleiters" (*experimenter bias*) bekannt, eine bewusste oder unbewusste Einstellung, die unbeabsichtigt das Ergebnis der Forschung in der Weise beeinflusst, dass die Vorhersage des Forschers bekräftigt wird.

In den 1990er Jahren hat das Wirtschaftsleben viele praktische Beispiele dafür geliefert, wie kollektive Verhaltensmechanismen funktionieren, z.B. auf den zunehmend überhitzten Finanzmärkten. Nun ist es mit Sicherheit kein unbekanntes Phänomen, dass Schwankungen auf den Finanzmärkten durch Gerüchte, durch vage Erwartungen oder bloße Spekulation ausgelöst werden können. Doch erscheint es für manche „Experten" oder Gruppen zunehmend üblich, Gerüchte mit dem Ziel zu verbreiten, den Wert einer bestimmten Aktie oder eines bestimmten Staatspapieres zu steigern oder zu verringern. Wenn solches Gerüchteverbreiten funktioniert, wird der Markt unsicher, sobald er bemerkt, dass die Veränderungsgeschwindigkeit und das Handelsvolumen nicht mit dem einhergehen, was sonst zu erwarten wäre. Dies versetzt die manipulierende Person oder Gruppe in die Lage, zu bestimmten Zeiten zu für sie günstigen Bedingungen zu kaufen oder zu verkaufen.

Ähnliche Verhaltensmuster werden aus dem Marketing der modernen „Management"-Literatur berichtet, dessen Ziel ist, sich selbstbekräftigende Verkäufe zu erzeugen. Ein Herausgeber oder ein Beratungsunternehmen lanciert eine neue Idee, eine sogenannte „Management-Mode" mit dem Wunsch, sie an so viele wie möglich zu verkaufen. Führer verschiedener anderer Aktivitäten werden sehr schnell solcher Ideen gewärtig. Doch kann der Verkauf eines Buches stark gefördert werden, wenn es als Bestseller dargestellt wird. Der Eindruck, dass dies der Fall ist, kann erzeugt werden, wenn der Herausgeber selbst die meisten Bücher aus den Buchläden kauft. Da der Buchhandel dann nicht liefern kann, müssen neue Bücher bestellt werden. Dieser offensichtliche Zuwachs im Verkauf wird für Marketingzwecke ausgenutzt. Viele Manager fürchten die Missbilligung ihrer professionellen Umgebung, kaufen das Buch und vergrößern somit den realen Absatz. Hollander (1979, S. 13-17) hat diese Logik der sozialpsychologischen Mechanismen, die der sich selbsterfüllenden Prophezeiung innewohnen, genauer beschrieben.

An sich ist dies ein triviales Beispiel von Prozessen, die wesentlich weitreichendere Effekte haben können. Internationale Beziehungen können durch die Zuschreibung von Motiven an andere Nationen beeinflusst werden, von Moti-

ven, die sie nicht wirklich haben und die somit zu bewaffneten Konflikten führen (Richardson 1960). Tuchman (1962) scheint geneigt, das Vorspiel zum
Ersten Weltkrieg als eine sich selbsterfüllende Prophezeiung zu erklären. Die
Teilnehmer häuften Waffen an angesichts der wechselseitigen Annahme feindli-
cher Absichten, wobei jeder seine eigenen Vorbereitungen als rein defensiv
betrachtete. Das intensive Wettrüsten bestätigte beide Seiten in dem Gefühl,
dass sie einen Vorteil hatten. Früher oder später konnte man mit Sicherheit das
vorhergesagte Ereignis erwarten, nämlich den Ausbruch des Krieges.

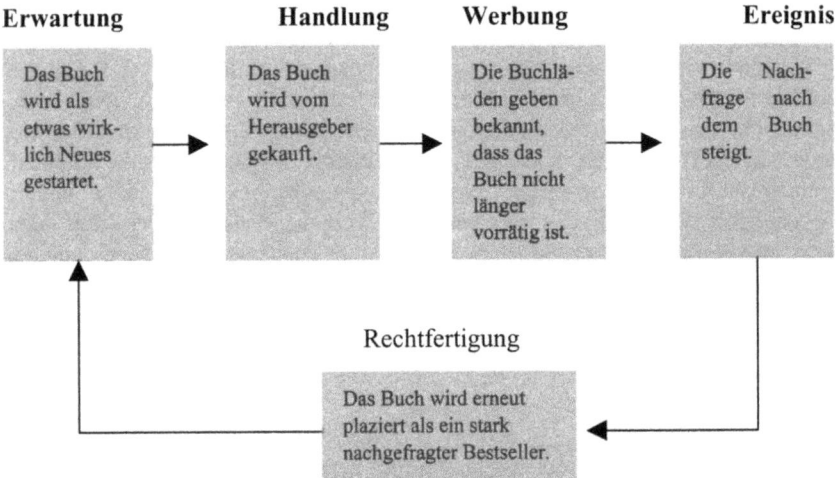

Im Rückblick kann man auch die kommunistische Prophezeiung, dass sowohl
die Wirtschaft als auch die Kultur regiert werden können, aus dieser Perspektive
betrachteten. Lenin beutete die Marxsche Theorie des dialektischen Fortschritts
in der Geschichte aus, um die Herrschaft der kommunistischen Partei als „sich
selbsterfüllend" und als notwendig für die Gültigkeit der Prophezeiung durchzusetzen. Der Staat würde „absterben", obgleich es für Lenin und später Stalin
übrig blieb zu bestimmen, wann und wie dies geschehen sollte.
    Eine sich selbsterfüllende Prophezeiung beinhaltet nicht notwendigerweise
unerwünschte Folgen. In den meisten der obigen Beispiele ist der Wechsel im
Verhalten durch Furcht motiviert: die Angst vor dem Verlust von Bankeinlagen,
vor dem Versagen bei einer Prüfung, vor Abweichlern, die zu nahekommen, vor
dem Nichtverkaufen des eigenen Buches. Doch können Hoffnung und Vertrau-
en auch ihre eigene Prophezeiung anregen, die zum gewünschten Ergebnis führen. In Wahlkampagnen machen fast alle Politiker vom Argument Gebrauch,
dass ihre Unterstützung zunimmt, obwohl dies für alle zur gleichen Zeit objektiv

unmöglich ist. Ziel solcher Aussagen ist, Vertrauen unter den Wählern zu schaffen und sie somit zu ermutigen, für die Gewinnerseite zu stimmen. Umfrageergebnisse für die verschiedenen Parteien werden selektiv gedeutet, um nur die ermutigendsten Resultate hervorzuheben. Die Wirkung kann darin bestehen, dass ein Kandidat, der als nur marginaler Mitbewerber aufgetreten ist, als sicherere Wahl denn jemand gesehen wird, der mit Sicherheit unterliegen wird und damit nur gute Wählerstimmen vergeudet würde.

Erwartungen für einen Wahlsieg zu schaffen, kann auch zum Rückschlag führen. Merton (1948) hat die sogenannte *Selbstmordprophezeiung* als eine Illustration dieser Art von Sozialphänomen formuliert. Es war ein solcher Effekt, der den ehemaligen norwegischen Premierminister Torbjørn Jagland in der Wahl des Jahres 1997 besiegte. Mit dem offensichtlichen Ziel, die Unterstützung für sich und seine Partei zu vergrößern, erklärte Jagland, dass seine Partei nicht in der Lage wäre, weiter zu regieren, wenn nicht mindestens 36,9 % der Stimmen erreicht würden. Er bekam 36,5 % und musste konsequenterweise den Rücktritt akzeptieren, den er im vorhinein geäußert hatte. In der Analyse dieses sozialpsychologischen Bumerang-Effektes behauptet Hollander (1979, S. 17), dass weniger erfahrene Politiker solche Chancen rein aus Gedankenlosigkeit suchen. Somit kann die sich selbsterfüllende Prophezeiung denjenigen stärken, der einen Wechsel im kollektiven Verhalten einleiten möchte, aber ihn auch gleichermaßen vernichten.

7. Literatur

Becker, Howard S. 1963: *Outsiders: studies in the sociology of deviance*, Free Press of Glencoe, New York.

Bolman, L.G. und T.E. Deal 1991: *Nytt perspektiv på organisasjon og ledelse. Strukturer, sosiale relasjoner, politikk og symboler* (New Perspective on Organization and Management. Structures, Social Relations, Politics and Symbols), Ad Notam, Oslo.

Bråthen, S. 1982: „Kognitiv kartlegging og gyldiggjøring" (Cognitive Survey and Validation) in H. Holter und R. Kalleberg (Hrsg.): *Kvalitative metoder i samfunnsforskningen (Qualitative Methods in Social Science)*, Universitetsforlaget, Oslo.

Coser, L.A. 1977: *Masters of Sociological Thought*, Harcourt Brace Jovanovich, New York.

Elster, J. 1978: *Logic and Society*, John Wiley & Sons, New York.

Erikson, Kai T. 1966: *Wayward puritans: a study in the sociology of deviance*, Macmillan, New York.

Hollander 1979: *Social Psychology. Principles and Methods*, Capelen, Oslo.

Karlsen, J.E. 1990: *Pegasus og sigarkassen. Myter og symbolsk ledelse* (Pegasus and the Cigar-box. Myths and Symbolic Management), Universitetsforlaget, Oslo.

Martinussen, W. 1991: *Sosiologisk analyse* (Sociological Analysis), Universitetsforlaget, Oslo.

Mead, G.H. 1936: *Movements of Thought in the Nineteenth Century*, University of Chicago Press, Chicago.

Merton, R.K. 1948: "The Self-Fulfilling Prophecy", in *The Antioch Review*, Summer 1948, S. 193-210. Neu aufgelegt als Kapitel 13 in Merton: *Social Theory and Social Structure*, Free Press, Glencoe, 1957.

Merton, R.K. 1967: *On Theoretical Sociology*, Collier-Macmillan Ltd., London.

Merton, R.K. 1976: "The Sociology of Social Problems", in R.K. Merton & R. Nisbet 1976: *Contemporary Social Problems*, Harcourt, Brace, Jovanovich, Inc., New York.

Payne, John Barton 1973: *Encyclopedia of Biblical prophecy: the complete guide to scriptural predictions and their fulfillment*, Harper & Row, New York.

Pondy, L.R. und I. Mitroff 1979: "Beyond Open Systems Models of Organization" in B.M. Staw (Hrsg.): *Research in Organizational Behavior*, JAI Press, Greenwich Connecticut.

Popper, K.R.: 1945: *The Open Society and Its Enemies*, Routledge & Kegan Paul, London.

Popper, K.R. 1957: *The Poverty of Historicism*, Ark, London.

Popper, K.R. 1963: *Conjectures and Refutations. The Growth of Scientific Knowledge*, Harper Torchbooks, London.

Richardson, L.F. 1960: *Statistics of Deadly Quarrels*, Boxwood Press, Pittsburgh.

Simon, H. 1954: "Bandwagon and underdog effects in election predictions", *Public Opinion Quarterly* 18, S. 245-253.

Skagestad, P. 1980: *Fornuft og feilbarlighet. Karl Poppers kritiske rasjonalisme* (Reason and Fallibility. Karl Poppers's Critical Rationalism), Universitetsforlaget, Oslo.

Thomas, W.I. und D. Swaine 1928: *The Child in America*, Knopf, New York.

Stinchcombe, A.L. 1968: *Constructing Social Theories*, Harcourt, Brace & World Inc., New York.

Stinchcombe, A.L. 1975: "Merton's Theory of Social Structure", in L.A. Coser (Hrsg.): *The Idea of Social Structure: Papers in Honor of Robert K. Merton*, Harcourt Brace Jovanovich, New York.

Thomas, W.I. 1923: *The Unadjusted Girl*, Little & Brown, Boston.

Tuchman, B. 1962: *The Gins of August*, Macmillan, New York.

Østerberg, D. 1978: *Handling og samfunn* (Action and Society), Pax, Oslo.

Ausgewählte Werke in deutscher Sprache:

Elster, J., 1988, *Logik und Gesellschaft. Widersprüche und mögliche Welten*, Frankfurt a. M., Suhrkamp.

Popper, K. 1987, *Das Elend des Historizismus*, 6. durchgesehene Auflage Tübingen, Mohr.

Popper, K. 2000, *Vermutungen und Widerlegungen. Das Wachstum der wissenschaftlichen Erkenntnis*, Tübingen, Mohr.

Popper, K. 1992, *Die offene Gesellschaft und ihre Feinde*, 7. Auflage, Tübingen, Mohr.

Stroebe, W. (Hrsg.) 2002, *Sozialpsychologie. Eine Einführung*, 4. überarbeitete und erweiterte Auflage, Berlin, Heidelberg, New York, Barcelona, Hongkong, London, Mailand, Paris, Tokio, Springer.

Tuchman, B. 2001, *August 1914*, Frankfurt a. M., Fischer-Taschenbuchverlag.

7. Der Placebo-Effekt: Über eingebildete, reale und messbare Effekte

Ole Jacob Broch

1. Originalzitat

Ein Placebo ist:

1. eine Form medizinischer Therapie oder ein Eingriff, der eine medizinische Therapie anregen soll, die zum Zeitpunkt der Nutzung nicht als spezifische Therapie für die Erkrankung angesehen wird, für die sie angeboten wird, und deren Nutzen in psychologischem Effekt oder darin besteht, das Vorurteil des Beobachters in einer experimentellen Situation auszuschalten.

2. (in Erweiterung von 1) – eine Form der medizinischen Therapie, die jetzt als unwirksam angesehen wird, obgleich sie zum Zeitpunkt ihrer Anwendung für wirksam gehalten wurde. Die zweite Klausel wird hinzugefügt, um Sätzen wie dem folgenden einen Sinn zu verleihen: „Die meisten der Medikationen, die die Ärzte verwenden, waren einhundert Jahre zuvor tatsächlich Placebos." (Brody 1977: S. 43).

2. Kurze Erläuterung

Placebo ist die erste Person Singular Futur des lateinischen Verbs *placere*, dasselbe Wort wie im Französischen *plaire* oder im Englischen *please*, d.h. „ich werde gefallen".

In moderner Sprache nennen wir eine Placebobehandlung eine „Scheinbehandlung". Gaddum (1953) unterscheidet diese (Scheintabletten) vom Placebo, doch besteht wenig Grund für einen Unterschied. „Scheinbehandlung" ist der originale Sinn des Wortes. Die erweiterte Definition unter Punkt 2 verdankt sich dem späteren und präziseren Gebrauch des Begriffes um zu zeigen, dass Behandlungen aus früherer Zeit keinen Effekt hatten, d.h. sie waren eine bloße Scheinbehandlung. „Scheinbehandlung" ist keine korrekte Beschreibung, wenn ein Arzt selbst an die Behandlung glaubt. Wie wir später sehen werden, kann der Placebo-Effekt stärker sein, wenn der Therapeut auch an die Behandlung glaubt und den Patienten überreden kann, den Effekt mittels Suggestion wahrzunehmen. Nachfolgend werden wir uns mit dem Effekt beschäftigen und nicht mit der Absicht, die die Behandlung begründet.

Placebotabletten werden in therapeutischen Experimenten benutzt, weil Tabletten einen eigenen Effekt haben mögen, der die Interpretation des Experimentes stören kann. Dieser Placebo-Effekt kann getrennt studiert werden. Wir können mit der Formulierung dieser Regel beginnen:

Durch die Beeinflussung des Patienten in eine Richtung, durch Mittel der Sympathie oder Arroganz oder durch andere Hilfsmittel kann man auch die Beschwerden des Patienten günstig oder ungünstig beeinflussen.

3. Hintergrund

Wir wissen nicht, wer die Placebovorstellung entwickelt hat. Folgt man verschiedenen Ausgaben des *Oxford Shorter Dictionary,* so ist sie in diesem Sinne seit 1811 gebraucht worden. Das Wort selbst ist gutbekannt aus der katholischen Requiemsmesse, so dass es durchaus möglich ist, dass es seinen Weg in die medizinische Terminologie mehr oder weniger selbst gefunden hat, ebenso wie viele neue Begriffe in der modernen Sprache. Mit Sicherheit ist das Problem einer unwirksamen Behandlung schon seit alten Zeiten bekannt. Einer der Aphorismen von Hippokrates hält fest, dass „der Doktor häufig zufriedenstellen kann, manchmal lindern kann und selten heilen". Meiner Meinung nach ist dies hinreichend um anzudeuten, dass der Autor sich bewusst war, dass das meiste der verwendeten Medizin bestenfalls unwirksam war, weil es damals zumindest genauso normal wie heute war, das „man ihnen etwas geben musste". Auch mit dem Satz an anderer Stelle, dass „eine Behandlung „zumindest den Patienten nicht verletzen" sollte, war sich Hippokrates wahrscheinlich im Klaren, dass der Effekt bestenfalls zweifelhafter Natur war.

Seit der Zeit des Hippokrates bis zum Beginn des 20. Jahrhunderts haben viele Ärzte sicherlich seinen Rat vergessen, den Patienten zumindest nicht zu verletzen. Der Glaube an den Fortschritt der Wissenschaft war zu stark. Dennoch sei hervorgehoben, dass die Placebovorstellung ein Kind der rationalen Form des Denkens im 19. Jahrhundert ist. Genau genommen stellt die zweite Definition von Brody, wie oben zitiert, einen inkorrekten Gebrauch des Wortes dar. Die Behandlungen zu früheren Zeiten waren nicht unwirksam, obgleich man zweifeln mag, ob die Effekte zum Wohl des Patienten waren. Hier mag ausreichen, die Quecksilberbehandlung der Syphilis und den weitverbreiteten Gebrauch von Antimon im 17. Jahrhundert in Frankreich zu erwähnen. Die Dosen waren groß genug, um offensichtliche Vergiftungssymptome bei den Patienten hervorzurufen. Von ebendiesen Symptomen wurde angenommen, dass sie einen Heilungseffekt hätten. Viele Pflanzen enthalten z.B. Substanzen, die aus verschiedenen Gründen Ekel und Erbrechen erzeugen. Diese waren populär, weil das Entleeren des Körpers (Blutlassen, der Gebrauch von Klistieren usw.) als Reinigungsmechanismus von den giftigen Substanzen angesehen wurde. Somit hatte die Medizin theoretisch eine Wirkung. In der wissenschaftlichen Theorie des 16. und 17. Jahrhunderts war es nicht ungewöhnlich, den Effekt einer Behandlung auf die Krankheit als solche systematisch zu erforschen.

Heute betrachten wir es nicht als vorteilhaft, dass ein ernsthaft erkrankter Patient zusätzlich zu den Beschwerden auch noch durch Egel oder Blutleere leiden sollte. Viele Ärzte und Laien wehrten sich gegen die etablierten Behandlungsmethoden, da sie direkt gefährlich für den Patienten waren. Molière ist als beißender Kritiker der Kirchenmänner, Juristen und Doktoren bekannt. Dies wird sehr deutlich in nachfolgendem Dialog zwischen Scagnarelle und Don Juan aus seinem Werk Don Juan:

Dort lag ein Mann in körperlichen Zuckungen für fünf Tage. Sie wussten nicht, was zu tun war, weil keine der verabreichten Medizin eine Wirkung hatte. Schließlich beschlossen sie, ein Gegengift zu versuchen.

Hat er sich erholt?

Nein, er starb.

Eine fantastische Wirkung, in der Tat.

Oh ja, nicht wahr? Zu glauben, dass er fünf Tage in Krämpfen liegt, ohne zu sterben, und dann konnte es mit einem Augenaufschlag erledigt werden!

Man hat vermutet, dass homöopathische Therapeuten bereits Beginn des 18. Jahrhunderts ausgesprochen populär waren, weil ihre unwirksamen Mittel nicht irgendwelche unangenehmen Nebeneffekte hervorriefen. Deshalb bestand zu dieser Zeit kein Anlass, auf mögliche Placebo-Effekte hinzuweisen. Das Studium der Placebo-Effekte gehört zur neuen wissenschaftlichen Ära, die in der Mitte des 19. Jahrhunderts begann, als systematische empirische Studien der Wirkung von Therapien unternommen wurden.

Einige wenige Mittel hatten eine dokumentierte Wirkung, die auch heute anerkannt ist, allerdings nur in speziellen Fällen. Doch wurden diese Mittel häufig in der Behandlung anderer Beschwerden mit ähnlichen Symptomen verabreicht. In keinem dieser Fälle können wir von einem Placebo-Effekt sprechen. Chinin war ein populäres Mittel gegen Fieber, seitdem die erste westliche Patientin, Gräfin Chinchón von Peru, damit ungefähr 1660 behandelt worden ist. Zweifelsohne hat das Mittel einen Effekt, doch gilt dies nur, wenn das Fieber auf Malaria zurückzuführen ist. Dieser Umstand wurde gegen Ende des vorletzten Jahrhunderts entdeckt. Ähnlich wurde Digitalis von Withering im Jahre 1785 gegen Wassersucht eingeführt, doch war sich Withering nicht vollkommen darüber im Klaren, warum die Medizin nur bei einigen Patienten wirksam war. Die Erklärung kam fünfzehn Jahre später: das Mittel ist wirksam, wenn die Ödeme durch Herzinsuffizienz begründet sind, aber nicht, wenn sie aus einer Nierenerkrankung rühren.

4. Formalisierung – präzise Definition

Bei wissenschaftlichen Experimenten besteht das Ideal darin, nur jeweils einen Faktor zu variieren (die „unabhängige" Variable), während alle anderen Faktoren konstantgehalten werden („Kontrolle dieser Faktoren"). Dann kann behauptet werden, dass die Veränderungen, die beobachtet werden, ausschließlich den Veränderungen in der unabhängigen Variable zu verdanken sind. Alle anderen Einflüsse sind mittels „Kontrollen" ausgeschaltet. In der Praxis ist es unmöglich, die Person oder Gruppe, die für experimentelle Zwecke in ein wissenschaftliches Experiment eingebunden wird, von den vielen möglichen Faktoren zu isolieren, die sie beeinflussen können. Stattdessen wird eine Kontrollgruppe benutzt, die nicht den gleichen Stimuli oder Einflüssen unterliegt, die auf die experimentelle Gruppe gerichtet sind. Ziel ist, dass in der Kontrollgruppe „keine Wirkung" festgestellt werden soll, wohingegen eine Art Einfluss/Veränderung in der Experimentalgruppe erkennbar sein sollte. Der Vergleich zwischen Kontrollgruppe und Experimentalgruppe liefert dann die „Wirkung" des Experimentes: den Effekt der „unabhängigen" Variable auf die „abhängige".

Der Placebo-Effekt ist ein Beispiel für das „Kontroll"-Problem in solchen idealisierten Experimenten. In vielen Fällen werden sich zwei Experimentalgruppen finden, von denen beide Stimuli erfahren, die Kontrollgruppe aber nicht den gleichen Stimulus wie die Experimentalgruppe. Die Kontrollgruppe bekommt das „Scheinmittel", wohingegen die experimentelle Gruppe die wirkliche Pille erhält. Als Resultat des Experimentes gilt dann die Differenz zwischen den Wirkungen der Pille in beiden Gruppen. Der Unterschied zwischen dem „idealisierten" wissenschaftlichen Experiment und der Situation, in der eine Scheinpille verabreicht wird, besteht darin, dass die Personen in letzterem Fall durch das „Erhalten einer Pille" (die Behandlung) aktiv an der experimentellen Situation „beteiligt" sind. Dies löst gewisse Prozesse aus, die nicht leicht „kontrolliert" werden können.

Eine Folge der beiden Definitionen von Brody ist, dass eine unwirksame Medizin absichtlich verabreicht wird (die Unwirksamkeit ist dem Doktor bekannt, aber nicht dem Patienten). Im zweiten Fall glaubt der Doktor auch an den Effekt. Obgleich dies nicht unter die Definition fällt, ist es natürlich von keiner Bedeutung für den eigentlichen Placebo-Effekt. Heute können wir uns kaum eine medizinische Therapie denken, ohne dass eine Patientengruppe „Scheinpillen" bekommt. Solche Tests werden „Doppelblind"-Untersuchungen genannt, weil weder der Arzt noch der Patient wissen, was verabreicht wird. Manchmal wird eine „Überkreuzung" genutzt, d.h. das Mittel wird während einer Periode zur Erforschung verabreicht und das Placebo während der nächsten. Im Fall ernsthafter Erkrankung, wenn eine wirksame Therapie bereits bekannt ist, wird das neue Mittel häufig zusätzlich zum alten angewandt.

Forschungen über eine Pille, die als prophylaktisch für Angina pectoris angesehen wurde, wurden durchgeführt, wobei die Aufnahme von Nitroglycerin, die Standardbehandlung für akute kardiospastische Attacken, in alternierenden Perioden von Placebo und wirksamer Substanz gemessen wurde. In der Ausführung solcher Experimente ist es heutzutage erforderlich, den Patienten immer vorab zu informieren, wie die Forschung vor sich geht.

Ungewiss bleibt, ob eine doppelblinde Untersuchung die beste Methode zur Erforschung neuer Mittel darstellt. Eine Untersuchung dieses Typs muss notwendigerweise so organisiert sein, dass jede der involvierten Personen eine Standard-Dosis erhält. Für viele Medikamente kann diese wirksame Dosis von einem Individuum zum anderen erheblich variieren, was auch für die Dosis gilt, die Nebeneffekte produziert. Dies macht es unmöglich, die Dosis zu verändern, wenn keine Wirkung beobachtet wird, oder Nebeneffekte zu behandeln. Vielfach mag sich die genuine Pille wegen spezieller Verabreichungs- oder Nebeneffekte in ihrer Wirkung verringern. Es reicht aus, an Nitroglycerin in der Behandlung von Angina pectoris zu erinnern. Diejenigen, die Nitroglycerin ausprobiert haben, wissen, dass wegen der Ausdehnung der Blutgefäße ein Druck im Kopf spürbar ist. Man kann diesen Effekt nicht leugnen. Obgleich diese Probleme seit längerer Zeit bekannt sind und Kontrollgruppen, die Placebos erhalten, regelmäßig genutzt worden sind, ist wesentlich weniger über den Placebo-Effekt als solchen geforscht worden. Man hat behauptet (Skoglund 1991, Wolf 1959), dass das Interesse an dem Phänomen im Jahre 1946 deutlich an Aufmerksamkeit gewann, als die Cornell University ein Symposium über das Thema (Wolff et al. 1946) abhielt. Wir verfügen über die Forschung von Jelinek aus dem Jahre 1946 über die Wirkung von Placebos auf Kopfschmerzen im Vergleich zu verschiedenen schmerzlindernden Mitteln. Er entdeckte zum Beispiel, dass ca. 40 % der Personen, die in das Experiment einbezogen waren, niemals einen Placebo-Effekt bemerkten. Diese Ziffer taucht häufig in der entsprechenden Literatur auf. Wir nennen solche experimentellen Versuchspersonen „Nichtreagierende" (non-responders), doch ist es nicht möglich, eine Größenordnung anzugeben. Es liegt in der Natur des Placebophänomens, dass es schwerlich reproduzierbar ist. Die Zahl der Nichtreagierenden variiert beträchtlich, abhängig von der Art, wie das Experiment organisiert ist, aus dem einfachen Grunde, dass die Umstände des Experimentes sehr wohl den entscheidenden Faktor darstellen mögen.

In psychiatrischen Institutionen sind zahlreiche Anstrengungen gemacht worden herauszufinden, wer auf Placebos reagiert. Wilcox et al. (1992) berichten, dass Männer etwas stärker als Frauen reagieren, verheiratete Patienten am stärksten, wohingegen die Schulbildung der Patienten und die Dauer der Krankheit unwichtig waren (dies bezog sich auf depressive Patienten). Aus gutem Grund soll man vorsichtig sein, zu viele Informationen in diese Befunde hineinzulesen. Die Resultate weisen, abhängig von den Umständen, starke Variation auf. Es finden sich jedoch einige wiederkehrende Aspekte, die es ermöglichen, ein detailliertes Gesetz des Placebo-Effekts zu formulieren. Dies arbeiten wir in einer Liste der Probleme heraus, die auftreten, wenn der Placebo-Effekt gegenüber anderen Aspekte der Behandlung abgegrenzt werden soll. Wir formulieren die hauptsächlichen Vorbedingungen für das Auftreten eines Placebo-Effektes und diskutieren, wie der Placebo-Effekt in der Praxis berücksichtigt werden kann:

a)   Seiner Natur nach ist der Placebo-Effekt schwer zu reproduzieren.

Die Umstände während eines Experimentes sind von großer Bedeutung für das Resultat. Diese genau nachzustellen erweist sich als sehr schwierig. Die Bedingungen, die in verschiedenen Kliniken herrschen, sind von großer Wichtigkeit. Wenn der Arzt es während des Tests eines neuen Mittels der Krankenschwester überlässt, den Patienten zu informieren, dass er aus Testzwecken ein Mittel erhält und nichts darüber bekannt ist, ob es einen Effekt haben wird, so ist der Effekt erheblich schwächer, als wenn der Doktor persönlich und in enthusiastischer Weise den Patienten informiert, dass bald eine neue und sehr gute Medizin verabreicht wird. Die Ärzte übermitteln leicht das Untersuchungsziel, selbst wenn sie ihr Bestes geben, dies zu verhindern.

b)   Das experimentelle Versuchsobjekt muss ein Motiv haben, wenn eine Placebovorbereitung einen Effekt haben soll.

Im Jahre 1938 fanden Bahnsen, Jacobsen und Thesleff, dass scheinbare Amphetaminpräparate keinen stimulierenden Effekt auf normale informell ausgewählte Versuchspersonen hatten, wohingegen im Jahre 1959 Joyce erhebliche Effekte unter Studenten ermittelte. Als Erklärung wird angenommen, dass die Studenten mehr daran interessiert waren, den Professor mit guten Resultaten zu versorgen. In einer Studie von direkt vom Arzt eingesetzten Mitteln gegen Phobien wurde registriert, dass eine Placebo-Vorbereitung die Angstsymptome in 50 % der Fälle einer medizinischen Station, aber nur in 33 % einer psychiatrischen verringerte. Die Patienten in der psychiatrischen Abteilung erfuhren andere therapeutische Vorbehandlungen, wie z.B. Psychotherapie. Wenn die Dosis von einer auf vier Pillen pro Tag angehoben wurde, lagen die Zahlen bei 87 % bzw. 50 %. Dies unterstützt die beiden vorhergehenden Gesetzmäßigkeiten und erlaubt es uns, eine weitere zu formulieren:

c)   Der Placebo-Effekt ist von der Dosierung abhängig, eine Toleranz entwickelt sich über die Zeit.

Vier Pillen pro Tag sind immer besser als nur eine. Nach einiger Zeit verringert sich der Effekt. Es ist möglich, ihn durch eine Veränderung der Pille zu reaktivieren, z.B. indem man von roten zu gelben Pillen übergeht oder ihre Form verändert.

d)   Der Placebo-Effekt wirkt zusätzlich zu anderen Effekten.
     So kann er den Effekt schmerzbetäubender Mittel vergrößern.

e)   Die Wirkung variiert abhängig von der Art der Symptome.

Allgemein sind Placebovorbereitungen besonders effektiv gegen Schmerzen, aber auch gegen Symptome, die in Beziehung zum autonomen Nervensystem stehen: Angst, Blutdruck und die Sekretion von Magensäften. Psychologische Symptome wie Schlaflosigkeit (heiße Milch am Abend) werden auch beeinflusst. Auf der anderen Seite bleiben Psychosen und hysterische Symptome unbeeinflusst. Typischerweise unterliegen die Symptome am ehesten einem

Einfluss, wenn mehr als ein psychologischer Mechanismus berührt ist. In den Studien über experimentell herbeigeführten Schmerz konnten Placebos die Schmerzschwelle um 3 % anheben (Beecher 1960), wohingegen in klinischen Situationen eine Wirkung auf Schmerz nur bei ungefähr 50 % der Patienten beobachtet werden konnte. Dies unterstützt das bereits Gesagte: eine Bedingung für die Wirkung ist, dass der Patient ein Interesse an ihr hat.

f)   Placebos können entgegengerichtete Nebeneffekte haben, manchmal erheblicher Natur.

Viele Nebeneffekte sind eher uncharakteristisch: Schwindel, trockener Mund, Ekel, Metallgeschmack, Müdigkeit, Rastlosigkeit und Herzklopfen. In vielen Fällen mögen solche ungünstigen Wirkungen Placebo-Effekte sein. Auch mag es helfen, auf ein Präparat mit anderem Namen und anderen Aussehens auszuweichen, wenngleich gleichen Inhalts. Forschungen über die Wirkung von Reserpinen auf Blutdruck haben gezeigt, dass diejenigen, die das Placebo erhielten, eine verstopfte Nase gleichermaßen oft wie diejenigen entwickelten, die die Medizin erhielten. Das ist ein auffallender wohlbekannter Nebeneffekt dieser Verabreichung. In einer Untersuchung über Hydralazin, eine Substanz, die den Blutdruck verringert, wurde ein typischer Hydralazin-Kopfschmerz von einem Patienten berichtet, der das Placebo erhielt (Wolf 1959).

g)   In vielen Fällen können die Placebo-Effekte objektiv festgestellt werden.

Sie sind nicht „eingebildet". Verschiedene Nebeneffekte sind berichtet worden wie medikamentöser Hautausschlag. Im Zusammenhang mit einer Untersuchung über ein Brechmittel war es möglich, ein Nachlassen der Magenkontraktionen direkt dann zu messen, wenn das Brechmittel verabreicht wurde. Nach einiger Zeit übergab sich der Patient. Eine Versuchsperson erhielt eine Placebovorbereitung mittels einer Röhre, nachdem die Kontraktionen nachgelassen hatten. Ihr wurde gesagt, dass es sich um ein Mittel gegen Brechreiz handelt. Kurz danach begann die Magenaktivität erneut, und der Patient fühlte sich besser (Wolf 1943).

Unter diesen sieben Eigenschaften möchte ich zwei hervorheben, die immer berücksichtigt werden sollten, nämlich a) und c): Der Placebo-Effekt kann nicht leicht reproduziert werden und ist begrenzter zeitlicher Natur. Dann gibt es den Aspekt unter Punkt b), der die Motivation berührt, die notwendig ist, um eine Wirkung zu erzielen. Es ist wohlbekannt, dass jedwede Art einer Behandlung einen schwachen Effekt hat, bis eine Entscheidung in einem Versicherungsfall verlangt ist!

5. Allgemeinheit und Prüfbarkeit – Kritik

Viele Versuche sind unternommen worden, den Placebo-Effekt zu verstehen. Er steht in einer Beziehung zu den Mechanismen, die den Wirkungen der Akupunktur und den konditionierten Reflexen von Pawlow unterliegen (Kaada 1986). Diese Wirkungen sind in Verbindung gesetzt worden mit dem sogenannten Endorphin-System. Endorphine sind Substanzen (Polypeptide), die sich im zentralen Nervensystem befinden und die Aufnahmefähigkeit der Nervenzellen (Neuronen) an ihren synaptischen Aufnahmestellen beeinflussen. Das bedeutet, dass Endorphine die Aktivitäten der Neuronen regulieren können. Enzephalin wird aus dem Endorphin-Molekül freigesetzt und übermittelt als ein sogenannter Transmitter (Signalsubstanz) Impulse von einer Nervenzelle zu einer anderen. Die Endorphine haben ihren Namen von ihrem morphiumähnlichen Effekt. Endorphine können als das „körpereigene Morphium" gesehen werden. Allgemein nimmt man an, dass die meisten Effekte morphiumähnlicher Substanzen aus ihren Wirkungen auf die Endorphine und Enzephalin-Rezeptoren erklärbar sind.

Viele der Placebo-Wirkungen auf Schmerzen können mittels des Naloxons neutralisiert werden, eines Mittels, dem Effekt des Morphiums entgegenzuwirken (Skoglund 1991). Auch hat es unter verschiedenen Bedingungen direkte Messungen der Endorphine in der Rückenmarksflüssigkeit gegeben. Zu einem Zeitpunkt wurde der Tatsache große Aufmerksamkeit geschenkt, dass größere Quantitäten während Dauerläufen registriert werden. Langläufer fühlten sich aufgeheitert und entwickelten Gefühle der Euphorie. Sie konnten auch Symptome des Entzugs entwickeln, wenn sie für mehrere Tage keinen Langlauf unternommen hatten. Solche Befunde haben natürlich Unterhaltungswert, wenn sie in populärwissenschaftlichen Darstellungen berichtet werden. Doch sollten wir berücksichtigen, dass solche Analysen nicht leicht auszuführen sind. Es handelt sich um kleine Quantitäten, und die Methoden beinhalten verschiedene Fehlerrisiken. Es findet sich keine zufriedenstellende Erklärung dafür, was tatsächlich stattfindet. Aus meiner Sicht sind die Mechanismen so komplex, dass weder Akupunktur noch die Aufheiterung, die mit dem Langlauf verbunden worden sind, noch der Placebo-Effekt durch das Wirken der Endorphine allein erklärt werden können.

Verschiedene Faktoren im zentralen Nervensystem können ebenfalls von Bedeutung sein. Es bleibt zu erklären, wie psychologische Mechanismen in neurophysiologische Reaktionen „übersetzt" werden. Aber wenn es zutrifft, dass Naloxone die Placebo-Effekte neutralisieren können, dann erscheint die Annahme gerechtfertigt, dass die Endorphin-Mechanismen von entscheidender Wichtigkeit sind, da keine andere Wirkung des Naloxons bekannt ist, außer dass es der Wirkung der Endorphine und des Morphiums entgegensteht.

Verschiedene Typen afferenter Leitungsbahnen führen in das Rückenmark. Die harte Rückenmarkshaut überträgt die Impulse einer Berührung, einer Vibration oder eines tiefen Drucks, die weiche Schmerz- und Temperaturreize. Diese bilden Verbindungen an verschiedenen Punkten innerhalb des Rückenmarks und übertragen die Impulse über verschiedene Kanäle zu höheren Zentren im zentralen Nervensystem und im Gehirn. Enzephaline Neuronen können die Übermittlung der Impulse zu den Schmerzzellen behindern. Eine Stimulierung des kräftigeren Gewebes (Massage) kann auch die Aktivität der Bahnen verringern, die Schmerz registrieren, wahrscheinlich über einen Einfluss auf die enzephalinen Neuronen.

Deshalb ist es möglich, die Reize für das Rückenmark zu beeinflussen, und zwar durch a) Stimulierung anderer Neuronen und b) Stimulierung der Abwärtskanäle von den höheren Zentren, wobei diese wiederum neben anderen Faktoren durch psychologische bestimmt sind. Dies zeigt, dass es sich um eine anatomische Grundlage für die Erklärung der Wirkung gewisser psychologischer Umstände auf chemische (und damit auf physikalische) Reaktionen im Körper handelt. Der Placebo-Effekt kann somit empirisch unter Verweis auf anatomische Prozesse und Systeme im Körper beschrieben werden. Diese können beeinflusst werden durch „mentale" Veränderungen oder durch Veränderungen in der Aufnahme von Mitteln oder durch andere Arten der Behandlung.

Regression zum Mittelwert

Dies ist ein statistisches Phänomen, das mit dem Placebo-Effekt verwechselt werden kann. Die Auswahl der Patienten wegen einer Krankheit oder bestimmter Symptome erfolgt bei einigen zum Zeitpunkt hochgradig instabiler Entwicklung, nämlich während ihrer schlimmsten Periode. Bei einer späteren Kontrolle fühlen sie sich bereits besser. Dies ist kein Placebo-Effekt, sondern einfach ein Zurückschwingen einer der Parameter. Dies gilt besonders für Symptome, die nicht offenliegen und direkt wahrnehmbar sind.

Nehmen wir an, wir wollen die Wirkung einer besonderen Diät auf das Cholesterin-Niveau untersuchen (ein gutes Beispiel aus der Erfahrung sind Haferflocken). Wir haben bereits ein Limit für die Einbeziehung in die Studie festgelegt, d.h. ein Cholesterin-Niveau, damit ein Individuum überhaupt in die Untersuchung aufgenommen werden kann. Wenn der Cholesterinspiegel schwankt, werden wir eine Anzahl von Patienten gerade oberhalb der Grenze haben, die aber normalerweise nicht darüber liegen. Andererseits werden wir einige mit einem Cholesterinspiegel gerade unterhalb des Limits nicht berücksichtigt haben, die diesen später überschreiten mögen. Sie sind dann bereits in der ersten Untersuchung zurückgewiesen worden. Somit werden wir in der ersten Kontrollmessung bereits verschiedene Patienten haben, die eine Verbesserung ihrer Lage aufweisen, die auf den Rückgang ihrer Werte auf einen niedrigeren Wert zurückzuführen ist. Wenn wir die Untersuchung begonnen haben, mag dies der Verbesserung zugeschrieben werden.

Ein anderes offensichtliches Beispiel ist hoher Blutdruck (Hypertonie). Man hat argumentiert, dass die Wirkung einer Behandlung auf leicht erhöhten Blutdruck ausschließlich auf eine solche Regression zum Mittelwert zurückzuführen ist. Verschiedene Studien (vgl. z.B. MRC 1977), die die Wirkungen einer Behandlung mit der eines Placebos vergleichen und auch mit einer Gruppe, die überhaupt keine Behandlung erfährt, konnten keinen Unterschied zwischen Placebobehandlung und Nichtbehandlung nachweisen. Doch sollten wir die Tatsache nicht außer Acht lassen, dass die Beteiligung an einer weitgestreuten Gesundheitsstudie, in der alles grundlegend kontrolliert ist, von sich aus von enormer Bedeutung für das physische Wohlbefinden sein kann und vielleicht bereits in einem erheblichen Placebo-Effekt resultieren kann. Die Ergebnisse alternativer Behandlungen wie in der Homöopathie stellen häufig eine Regression zum Mittelwert dar, der gleich oder sogar größer als der Effekt eines Placebos ist. Dies gilt besonders für Fälle chronischer, aber nicht lebensgefährlicher Erkrankungen, deren Verlauf Schwankungen und Schmerzen aufweist. Hier sind homöopathische und ähnliche Behandlungen besonders erfolgreich.

6. Empirische Einschätzung — Schlussfolgerung

Worin liegt die Bedeutung von Placebos für die Wirkungseffekte in der modernen Medizin? Wir gehen gern von der Annahme aus, dass die heutige Medizin eine rationale Naturwissenschaft ist. Zu früheren Zeiten war dies anders; wir brauchen nur an den Aderlass, an Blutegel und an die galvanische Therapie von Mesmer zu Beginn des 19. Jahrhunderts zu denken. Tatsächlich gehen viele unserer gegenwärtigen Behandlungsmethoden auch auf eine Zeit zurück, als die Nachfrage nach nachgewiesenen Wirkungen nicht besonders hoch war. Bis Mitte der 1970er Jahre war es allgemein üblich, Schmerz in den Gelenken in oder um die Gelenke herum durch eine Röntgenstrahlen-Therapie zu behandeln. Allgemein herrschte die Vorstellung, dass dies in einigen Fällen helfen mag, und die Patienten waren oft genug zufrieden. Die Behandlung war nicht ohne Risiko, da eine dauerhafte Gelenkverletzung aus einer Überbehandlung folgen konnte. Allmählich hat sich eine gewisse Skepsis über diese Behandlung entwickelt. Schrittweise begann der Radiologe, seine Patienten in der Form wie bisher für die Behandlung vorzubereiten, doch hat er die Bestrahlung nur in der Hälfte der Fälle angewandt. Er konnte keinen Unterschied zwischen beiden Gruppen finden. Dies fand noch vor den Forderungen ethischer Kommissionen statt mit der Erfordernis, dass diejenigen, die an klinischen Experimenten teilnahmen, auch informiert werden sollten. Gleichwohl sind die Folgen vermutlich nicht gravierend, wenn eine im Allgemeinen gesunde Person Röntgenstrahlen ausgesetzt wird.

Heute nutzen wir diese Behandlung nicht, sondern wir setzen Physiotherapeuten verstärkt ein. Sie nutzen eine wesentlich größere Breite von Verfahren. Doch mögen viele der physischen Behandlungen angemessen als Placebobehandlung bezeichnet werden. Anstelle von Röntgenstrahlen nutzen wir Kurz-wellenlicht und Laserstrahlen, Bindegewebsmassage (früher einmal sehr popu-lär, aber heute nicht mehr viel gebraucht) und psycho-motorische Massage, die alle unzweifelhaft in vielen Fällen wirksam sind, obgleich die Gründe für ihre Nutzung nicht immer gleich klar auf der Hand liegen. In vielen Fällen handelt es sich vielmehr um eine Art Placebobehandlung oder Rückschreiten zum Mittel-wert. Formal nichtlegitimierte Therapeuten verwenden häufig eine noch größere Behandlungspalette wie z.b. Fußmassage, Aromatherapie, Nasenspülungen und Weihrauch-Meditation.

Aber was gilt für Psychotherapie bei psychologischen Erkrankungen? Wohl-bekannt ist, dass das Verständnis der und Interesse für die Schwierigkeiten nützlich sind, in denen der Patient steckt. Doch ist das Thema des Gesprächs wirklich von irgendeiner Bedeutung? Mit anderen Worten: braucht man eine besondere Ausbildung, um Personen zu helfen, die sich in Schwierigkeiten befinden? Der Therapeut hat in den meisten Fällen ein Schema für die Anwen-dung der Behandlung, doch haben wenige überprüft, ob eine Umkehrung des Schemas eine Wirkung hat. In solchen Fällen kann eine erhebliche Placebo-Komponente bestehen. Niemand hat systematisch die Frage untersucht, ob ein Trend in der Psychotherapie besser als ein anderer ist. Mit Blick auf die Thera-pie von Alkoholikern wissen wir, dass Laien in vielen Fällen Resultate ver-gleichbar denen von Psychologen oder Psychiatern erbringen können.

Auch ist die Vorstellung weitverbreitet, dass eine Erkältung mittels einer großen Dosis Vitamin C kuriert werden kann. Nach dem Verschwinden des bitterschmeckenden Acetyl-Chinins bestand Bedarf nach Ersatz. Jeder weiß, dass eine Erkältung eine eher diffuse Krankheit mit verschiedenen Symptomen bei unterschiedlichen Individuen ist. Die Symptome unterliegen auch sehr stark dem Einfluss von Placebos. Brændens Nasentropfen erhoben den Anspruch, wirksam gegen Erkältung zu sein. Zu Anfang gab es starke Verkäufe. Viele Personen bemerkten einen heilsamen Effekt bei Beginn der Erkältung. Doch schrittweise merkten die Menschen, dass diese Wirkung so minimal war, dass sie nicht einsahen, warum sie sich mit diesen Tropfen abgeben sollten. Dasselbe traf auf abgekochte Aschenpflanzen zu, die angeblich gut für alles Mögliche sein sollten. Viele, die sie probiert haben, haben wahrscheinlich Magenschmer-zen bekommen. Beide Rezepte verschwanden nach ein oder zwei Jahren. Viele sogenannte alternative Behandlungen sind eindeutig Moden und können als Beleg für die Gesetzmäßigkeit verstanden werden, dass sich die Placebo-Wirkung mit der Zeit verringert.

Der „Glückspille" ging es erheblich besser. Mittel, denen man eine Wirkung gegen die Depression bescheinigt hat, haben sich als effektiv in der Behandlung zahlreicher anderer mehr oder weniger wohldefinierter psychologischer Be-schwerden erwiesen. Mit gutem Grund muss man skeptisch gegenüber Wun-dermitteln sein, die einen Effekt auf verschiedene Bedingungen haben sollen.

Beruhigungsmittel sind seit langem verbreitet, doch haben sie nie große Popularität erlangt, obwohl sie sich nicht besonders von neueren Produkten unterscheiden. Doch hatten sie verschiedene unerfreuliche Nebeneffekte. Ihr Einsatz gegen Kleinstbeschwerden war deshalb nicht erstrebenswert. Als neuere Mittel mit geringeren Nebeneffekten zur Verfügung standen, konnte man den Placeboeffekt in vollen Zügen genießen. Typisch für Placeboeffekte ist, dass sie für eine Reihe von Monaten anhalten.

Eine andere wohlbekannte Placebobehandlung stellen Operationen dar, die amerikanische Chirurgen gegen Angina pectoris in den späten 1950er Jahren entwickelt haben. Diese bestanden darin, eine Arterie aus dem Inneren der Thorax-Höhle zum Herzen umzulenken und das Ende in die äußeren Schichten einzunähen, um die Blutzufuhr zum Herzen zu vergrößern. Die Forschung belegte, dass diese Behandlung in der Tat eine gute Wirkung auf die Häufigkeit und Stärke der kardiospasmischen Bewegungen hatte. In diesem Fall konnte man schwerlich eine wahre Placebobehandlung verteidigen, die es mit sich gebracht hätte, die Patienten zu betäuben, einen größeren Eingriff in die Brust vorzunehmen und dann nichts zu unternehmen. Doch ist Angina pectoris eine der Erkrankungen, die besonders stark Umwelteinflüssen und psychologischen Faktoren unterliegt.

In vielen Fällen mögen beeindruckende kostspielige Umgebungen von größerer Wichtigkeit sein als die Instrumente selbst. Die Muskelentwicklung in Verbindung mit dem Bodybuilding gründet auf einem sehr ähnlichen Prinzip, nämlich der Streckung gewisser Muskelgruppen durch Widerstand. Dies kann mit kleinen Gewichten auf dem Badezimmerboden zu Hause geschehen, doch ist jeder überzeugt, dass das Ergebnis besser ist, wenn es mit komplizierten kostspieligen Geräten in einem Trainingsstudio erreicht wird.

Akupunktur ist ein anderes Gebiet, auf dem Placebo-Effekte eine Teilrolle spielen mögen. Doch ist die Bedeutung der Nadeln und des Verfahrens nicht klar. Die Vermittlung des Eindrucks umfassender Kenntnis ist von großer Bedeutung für ein Resultat. Es ist nicht leicht, die Placebowirkung der Akupunktur mittels einer Nichtanwendung der Nadeln zu erforschen, doch gibt es Schulen, die gerade dieses mit guten Resultaten bewerkstelligen.

Lewith und Vincent (1995) haben sich drei Gebiete näher angesehen, auf denen Forschungen über die Wirkung der Akupunktur unternommen worden sind. Diese sind Suchtverhalten (hauptsächlich Tabak), Schmerzzustände (Migräne) und Brechreiz. Viele der Versuche, die Wirkung der Akupunktur von dem Placebo-Effekt zu trennen, sind fehlerhafter Natur. Die Patientengruppen sind häufig zu klein, ein Umstand, der dazu führt, dass die wahren Unterschiede mangels statistischer Signifikanz „verloren" werden.

Die Schlussfolgerung ihrer Forschung lautet, dass Akupunktur eine wirksame Behandlung bei gewissen Schmerzerkrankungen wie Rückenschmerzen kann, dass dies bei chronischen Schmerzerkrankungen aber erheblich weniger oft der Fall ist. Die Wirkung auf Migräne mit Blick auf einen dauerhaften präventiven Effekt war ungewiss. Naloxon, das die Wirkung von morphiumähnlichen Mitteln verringert, hat in den meisten Fällen die Wirkung der Akupunktur neutralisiert, unabhängig davon, wo die Nadeln angesetzt wurden. Andererseits war die Lage der Nadeln von Bedeutung bei der Behandlung von Brechreiz, eine Tatsache, die nahelegt, dass in diesem Fall der Mechanismus nicht durch die enzephalinen Neuronen bestimmt wird, wie das bei Schmerz der Fall ist, sondern durch das Nervensystem, das den Magen und den oberen Teil der Eingeweide (autonomes Nervensystem) regiert. Die Wirkung von Akupunktur auf eingefleischte Raucher, die Hilfe suchten, um von ihrer Gewohnheit loszukommen, war ebenfalls ungewiss. Ein Großteil der Forschung erwies keine Wirkung außer derjenigen, dass die Placebo-Erforschung nicht hinreichend grundlegend ausgeführt wurde.

Schlussbemerkung

Die Kenntnis über Placebowirkungen vermittelt uns bessere Einsicht in die Wirkung der Akupunktur und verschiedener anderer alternativer Behandlungsmethoden. Es ist jedoch von gleicher Wichtigkeit, Einsicht in zusätzliche Behandlungskomponenten zu gewinnen, an die wir glauben und für die wir in gewissen Fällen potenziell nachweisbare Effekte vorweisen. Grund zu der Annahme besteht, dass die meisten Ärzte bereit sind zuzugeben, dass verschiedene sogenannte alternative Behandlungen positive Effekte haben mögen, obgleich Uneinigkeit darüber besteht, wie diese Effekte zustandekommen.

7. Literatur

Archer, T. P. and C. V. Leier 1992: "Placebo treatment in congestive heart failure", *Cardiology* 81, S. 125-133.

Bahnsen, P., E. Jacobsen and H. Thesleff 1938: "The subjective effect of beta-phenylisopropylaminosulphate on normal adults", *Acta Med. Scand.* 97, S. 89-131.

Beecher, H. K. 1955: "The powerful placebo", JAMA 159, S. 1602-1606.

Beecher, H. K. 1960: "Increased stress and effectiveness of placebos and 'active' drugs", *Science* 132, S. 91-92.

Brody, H. 1977: *Placebos and the Philosophy of Medicine*, Chicago University Press, Chicago.

Gaddum, J. 1953: "Walter Ernest Dixon memorial lecture: Clinical pharmacology", *Proc. Roy. Soc. Med.* 47, S. 195-204.

Grünbam, Adolf 1984: "Explication and implications of the placebo concept", in Gunnar Anderson (ed.): Rationality in Science and Politics, S. 131-158 (vol. 79 in the series *Boston Studies in the Philosophy of Science*).

Jacobsen, E. 1971: "Placebovirkningen ved udprøvning af lægemidler", (Placebo-effect in the tests of medicaments) in Hallberg, Johnsson and Sövell (eds.): *Klinisk värdering av läkemedel. Nordiskt symposium*, Göteborg, S. 87-92.

Jellinek 1946: "Clinical tests on comparative effectiveness of analgesic drugs", *Biometrics* Bull 2, S. 87-91.

Joyce, C. R. B. 1959: "Consistent differences in individual reactions to drugs and dummies", *Br. J. Pharmacol.* 14, S. 521-521.

Kaada, B. 1986: "Placebo-gåten mot sin løsning?" (Is the placebo-puzzleapproaching it's solution?) *Tidsskrift for Den norske Lægeforening* 106, S. 635-641.

Lewith, G. and C. Vincent 1995: "Evaluation of the clinical effects of acupuncture", *Pain Forum* 4, S. 29-39.

Medical Research Council Working Party 1977: "Randomized trial of treatment for mild hypertension. Design of a pilot trial", *BMJ* 1, S. 1437-1440.

Shapiro, A. K. 1960: "A contribution to a history of the placebo effect", *Behavioral Science* 5, S. 109-135.

Shapiro, A. K. 1968: "Semantics of the placebo", *Psychiatric Quarterly*, S. 1-43.

Skoglund, E. 1991: "Placeboeffecter og kontrollerte kliniske forsøk". (Placebo effects and controlled clinical experiments) *Tidsskrift for Den norske lægeforening* 111, S. 2728-2731.

Wilcox, C. S., J. B. Cohn, R. D. Linden, J. F. Heiser, P. B. Lucas, D. L. Morgan og R. N. DeFrancisco 1992: "Predictors of placebo response: a retrospective analysis", *Psychopharmacol. Bull.* 28, S. 157-162.

Wolf, S. 1943: "The relation of gastric function to nausea in man", *J. Clin. Invest.* 22, S. 877-882.

Wolf, S. 1959: "The pharmacology of placebos". *Pharmacol. Rev.* 11, S. 689-704.

Wolff, H. G., E. F. Dubois og H. Gold 1946: "Cornell Conferences on Therapy: Use of placebos in therapy", *NY State J. Med* 46, S. 1718-1727.

Ausgewählte Werke in deutscher Sprache:

Brody, H., 2002, *Der Placebo-Effekt. Die Selbstheilungskräfte unseres Körpers*, München, Deutscher Taschenbuchverlag.

8. Der Hawthorne-Effekt oder die Human-Relations-Theorie: Über die experimentelle Situation und ihren Einfluss

Tom Colbjørnsen

1. Originalzitat

[...] wie immer die Fragestellung lautete (im Zusammenhang mit der Produktivität der Arbeiter), sie wurde teilweise und manchmal zur Gänze durch die Einstellung des einzelnen Arbeiters bestimmt (Mayo 1949, nach Pugh 1971, S. 223).

2. Kurze Erläuterung

Dies ist in stark zusammengefasster Form das Kernelement der Theorie der menschlichen Beziehungen (*human relations theory*) in der Organisationssoziologie. Ausgangspunkt für die Theorie waren die Resultate, zu denen man in den sogenannten *Hawthorne-Experimenten* gelangte. Diese Feldexperimente wurden im Hawthorne Department des großen amerikanischen *Western Electrics* Konzerns im Jahre 1927 bis 1932 durchgeführt (Roethlisberger und Dickson 1939).

Ziel der Experimente war herauszufinden, *welcher Faktoren es bedarf, um die Produktivität des angestellten Personals zu maximieren*. Grundlegend war die Annahme, dass eine deutliche Beziehung zwischen den physischen und den materiellen Arbeitsbedingungen und der Produktivität besteht. Zu Beginn der Experimente war dies eine universell akzeptierte Hypothese. Die Forscher wollten zum Beispiel studieren, welche Lichtbedingungen notwendig waren, um maximale Produktivität der Arbeiter zu erreichen. Die Hypothese war: je besser das Licht, desto höher die Arbeitsproduktivität.

Die Bedingungen für das Experiment wurden gemäß den besten Standards der damaligen Zeit hergestellt. Die Forscher richteten Experimentalräume und Räume für die Kontrollgruppen ein. Veränderungen wurden jeweils schrittweise eingeführt, während zum gleichen Zeitpunkt alle anderen Bedingungen kontrolliert wurden. Als die Forscher begannen, die Lichtverhältnisse zu variieren, gelangten sie zu folgenden Ergebnissen:

... die Resultate waren verblüffend: [...] mit der Verbesserung des Lichtes im Experimentalraum stieg die Produktion an; aber sie stieg auch in dem Kontrollraum. Das Gegenteil davon: das Licht verringerte sich von 10 auf 3 Fuß – Kerzen in dem Experimentalraum, die Produktion ging wiederum nach oben. Gleichermaßen im Kontrollraum, mit konstantgehaltener Beleuchtung stieg die Produktion ebenfalls (Mayo, S. 215).

Somit konnte die deutliche Beziehung, die zwischen physischen Arbeitsbedingungen und Produktivität erwartet wurde, nicht bestätigt werden. Der Kontrolleffekt stellte sich nicht heraus. Um dies scheinbar paradoxe Resultat zu erklären, wurde die Einstellung der Arbeiter zum Unternehmen und zu den Experimenten als ein erklärender Faktor berücksichtigt. Seitdem wurde die Wirkung des Forschungsprojektes auf die Einstellung der Experimentalpersonen als *Hawthorne-Effekt* bezeichnet.

Die festgestellten Resultate wichen vom herkömmlichen Wissen der Zeit in einem Ausmaß ab, das neue Ideen auf dem Gebiet der Sozialwissenschaft begünstigte. Durch die Hawthorne-Experimente erfolgten drastische Veränderungen in der Einschätzung von Individuen in einer Arbeitssituation. Wir finden sogar Belege für das Wort „Revolution" zur Beschreibung der Ansichten auf diesem Gebiet (Björvik 1973, S. 270). Wie bereits erwähnt, war die *Einstellung zum Unternehmen* bei den Beschäftigten grundlegende Vorbedingung der Produktivität. Die Forscher fanden heraus, dass diese Einstellung davon geprägt war, wie stark der einzelne Arbeiter sich selbst gewürdigt und berücksichtigt *fühlte*, seine eigenen Bedürfnisse befriedigt wurden usw. Dies führte zu Veränderungen in der Sichtweise von *Kommunikation* und *Konflikten* in Organisationen, wobei die Aufmerksamkeit auf Prozesse der *Gruppenbildung* und *informelle Organisationen* unter den Arbeitern gelenkt wurde. Das sich über die Hawthorne-Experimente herauskristallisierende Paradigma wurde Human-Relations-Theorie genannt.

Anregend für diese Theorie, die während der Hawthorne-Experimente entwickelt wurde, war die gerade beschriebene Beobachtung. Sie zeigte, dass keine klaren Beziehungen zwischen Lichtbedingungen und Arbeitsproduktivität bestanden. Es war sogar möglich, eine umgekehrte Beziehung zu beobachten: die Produktivität vergrößerte sich selbst dann, wenn die Lichtstärke verringert wurde. Die Forscher erklärten dieses zunächst paradoxe Resultat als Ergebnis der Bereitschaft der Arbeiter, an einem Experiment mitzuwirken. Dies gab ihnen ein positiveres Gefühl, das sie wiederum bereitmachte, ihre Effizienz zu erhöhen. Mit diesen Experimenten hatte das Unternehmens-Management ein ungewöhnlich großes Interesse an den Arbeitern gezeigt. Der Hintergrund der Experimente wurde in einer Versammlung erläutert, in der auch die Beschäftigten ihre eigenen Vorstellungen vorbringen konnten. Dies gab den Arbeitern das Gefühl, dass das Management sich um sie kümmerte und ihnen zuhörte, dass das Unternehmen ein Interesse an ihren Bedürfnissen und Meinungen hatte. Dies führte dazu, dass die *Einstellung der Arbeiter zum Unternehmen* positiver wurde. Die Forscher sahen darin die Erklärung für den Produktivitätszuwachs, der in dem Testraum ermittelt wurde.

Wenn wir annehmen, dass eine Beziehung zwischen Einstellung und Produktivität besteht, lautet eine Frage natürlich: welche Faktoren haben den stärksten Einfluss auf die Einstellung der Arbeitsgruppe bei dem jeweiligen Gegenstand? Wie sollten die Arbeitsbedingungen eingerichtet werden, um diese Einstellung auf das höchstmögliche Niveau zu bringen, um somit die Produktivität zu maximieren? Die vorherrschende Ansicht lautet, dass die Einstellung ein Ergebnis der sozialen Beziehungen am Arbeitsplatz ist. Für den Rest der Hawthorne-Experimente konzentrierte sich die Forschung folglich auf *Kommunikation, informelle Organisationen* und *Gruppenbildung*.

Eine Reihe von Interviews unter den Arbeitern belegt eindeutig die Bedeutung der Kommunikation. Ohne Furcht vor Sanktionen waren die Arbeiter in der Lage, ihre Sicht über die Bedingungen an ihrem Arbeitsplatz mitzuteilen. Sie konnten ihrer Frustration Ausdruck verleihen und gewannen das Gefühl, dass man sich um sie sorgte, dass sie wichtig seien. Dies führte dazu, dass ihre Einstellung zum Arbeitgeber positiver wurde, was wiederum in dem erwarteten Produktivitätszuwachs resultierte. In der Human-Relations-Theorie ist Kommunikation ein wichtiger Faktor, der Konflikte innerhalb von Gruppen berührt. Die grundlegende Hypothese lautet, dass die verschiedenen Gruppen innerhalb eines Unternehmens gemeinsame Interessen haben. Wenn sich gelegentlich Konflikte ergeben, so sind sie den emotionalen Reaktionen unter den Beschäftigten geschuldet, die als Resultat von Unsicherheit, Gerüchten, Frustration usw. erklärt werden können. Solche Konflikte können mittels guter Kommunikation vermieden werden. Das Management soll Informationen über „die realen Umstände" liefern. Die Beschäftigten sollen die Möglichkeit haben, ihre eigenen Ansichten darzulegen. Folge für das Management ist der ausgiebige Einsatz von Anschlagtafeln, Rundbriefen des Unternehmens, Tiefeninterviews usw. (Björvik 1973, S. 274).

Insbesondere während der letzten Phase des Experiments wurde die Bedeutung von Arbeitsgruppen und informellen Organisationen hervorgehoben. Man beobachtete, dass die Arbeiter den Umfang der Produktion über Gruppenstandards kontrollierten, z.B. durch Festlegung eines Maximalwertes für die tägliche Produktion. Diese Gruppenstandards wurden bestimmt durch informelle Statusbeziehungen innerhalb der Gruppe und Herausbildung informeller Führer. Auf diesem Hintergrund entwickelte sich die Ansicht, dass die Arbeit mit Blick auf die Produktivität als eine Art Gruppenaktivität anzusehen war: „Die Existenz und der Einfluss der Gruppe, derjenigen, die in täglicher Beziehung miteinander stehen, wurde das wichtige Faktum" (Mayo, S. 225).

Der Hawthorne-Effekt lieferte neue Einsichten auf der *methodischen Ebene*. In der Fachliteratur wird der Terminus Hawthorne-Effekt seitdem angewandt, um die Wirkung der Experimentalsituation selbst auf die abhängige Variable zu bezeichnen, unabhängig vom Wert, der durch die unabhängige Variable erklärt wird. Traditionellerweise wurde irgendeine Veränderung, die bei der abhängigen Variable während eines Experimentes beobachtet wurde, als Resultat der Veränderung in den Werten einer oder mehrerer unabhängiger Variablen interpretiert. Die Hawthorne-Experimente machten deutlich, dass die Experimentalsituation an sich eine Wirkung hat. Wenn Individuen Objekt systematischer Beobachtung und/oder Einflussnahme werden, wird ein Wandel in ihrer sozialen Umwelt und in ihren Einstellungen erzeugt. Diese Veränderung kann mehr oder weniger drastisch sein:

> Fast jede Veränderung, jede besondere Aufmerksamkeit oder spezielle Maßnahme – oder sogar die Abwesenheit einer Maßnahme, aber auch das Wissen, dass eine Studie durchgeführt wird – reichen aus, um Veränderungen im Verhalten der Forschungsobjekte auszulösen (Kerlinger 1975, S. 345).

3. Hintergrund

Die Human-Relations-Theorie erreichte grosses Ansehen als *Theorie der Arbeitsorganisation* wie auch als *Anleitung für praktisches Arbeitsmanagement*. Um zu verstehen, wie dies möglich wurde, müssen wir die allgemeine wirtschaftliche Situation der 1920 und 30er Jahre betrachten.

Zu dieser Zeit begann sich das wissenschaftliche Management in der Praxis auszubreiten, eine Schule der Organisationstheorie, die mit dem Namen des Amerikaners F. Taylor verbunden ist. Sie ging davon aus, dass jeder einzelne Arbeiter für seine Aufgabe höchstmöglich spezialisiert sein sollte, dass ein direktes und fortschreitendes Kontrollsystem und ein Kommunikationssystem existieren sollten, die alle Kontakte zwischen den Beschäftigten und ihren Vorgesetzten kanalisierten. Zugleich wurde das Entlohnungssystem ausschließlich an das Produktionsvolumen jedes einzelnen Arbeiters geknüpft, was in der Praxis auf ein Zeit-Akkord-System hinausläuft. Die Theorie von Taylor gründet auf dem Modell eines „ökonomischen Menschen", wobei eine der grundlegenden Annahmen ist, dass es das primäre Bedürfnis des Menschen ist, den ökonomischen Profit der Arbeit zu maximieren (Taylor 1911).

In vielen Fällen erwiesen sich diese Prinzipien für die Strukturierung von Jobs und Organisationen als wirksam, um die Profite des Unternehmens zu vergrößern. Aber aus demselben Gesichtspunkt heraus zeigten diese Prinzipien auch einige offensichtliche Schwächen. Für viele Arbeiter stellten detaillierte Zeitstudien und gnadenlose Stückwerksysteme eine verschärfte Ausbeutung dar, auf die sie mit Protestaktionen reagierten. Ferner vergrößerte sich die Zahl der krankgemeldeten Arbeiter, was eine negative Auswirkung auf die Produktivität hatte. Außerdem geriet die Machtstruktur des Unternehmens unter Druck. Die Rechte der Besitzer und des Managements wurden durch eine Gewerkschaftsbewegung herausgefordert, die rasch anschwoll. Eine Antwort auf diese Entwicklung bestand darin, Arbeitsbedingungen in der Form einzurichten, dass die Identifikation der Arbeiter mit denen Zielen des Unternehmens ermutigt werden sollte, so wie es den Besitzern/dem Management vorschwebte. Auch gab es ein Kontrollproblem in dem Unternehmen: informelle soziale Strukturen bestanden unter dem Personal, die sich jenseits der und oft über die formalen Organisationsstrukturen des Unternehmens hinaus erstreckten. Deshalb wäre ein großes

Problem für die etablierte Machtstruktur durch eine Theorie gelöst, die Kenntnisse über das Sozialsystem des Unternehmens liefert, eine Theorie also, die bessere *Einsicht in die Produktionsbedingungen* und *leichtere Konflikthandhabung* ermöglicht.

Die Organisationssoziologie seiner Zeit konnte solch eine Aufgabe nicht leicht erfüllen. Die wissenschaftliche Management-Theorie war nicht in der Lage zu erklären, wie Konflikte in einem Unternehmen entstehen konnten, das den Prinzipien des Arbeitsplatzdesigns folgte, die dieselbe Theorie empfahl. Da entsprechend der Theorie die Menschen durch wirtschaftliche Bedürfnisse geprägt seien und da die wirtschaftliche Entlohnung in Übereinstimmung „mit wissenschaftlichen" Zeitstudien erfolgte, erhielten die Arbeiter genau das, was sie zu beanspruchen hatten und worauf sich ihr Bedarf richtete. Ein Grund für einen Konflikt entstand deshalb nicht. Ein anderer zentraler Ansatz auf diesem Gebiet ist die Bürokratietheorie von Weber (Weber 1971). Doch da sich die Theorie von Weber ausschließlich mit formaler Organisationsstruktur beschäftigt, war sie nicht in der Lage, die informellen sozialen Beziehungen zu erfassen, die unter dem Personal beobachtet werden konnten. Dasselbe trifft auch auf die sogenannte Verwaltungsdoktrin zu, die mit dem Namen Henry Fayol verbunden ist (Gustavsen 1972). Wie Björn Gustavsen mit Blick auf diese Theorien gesagt hat: „Sie stellen die Organisation als eine gutgeölte Maschinerie dar, die gemäss fehlerfreien technischen Prinzipien aufgebaut ist" (Gustavsen 1972, S. 30).

Dieser Plan stimmte offensichtlich nicht mit der Wirklichkeit überein. Die marxistische Theorie mit dem Arbeit-Kapital-Antagonismus als grundlegendem Element war vermutlich keine Alternative für das Unternehmensmanagement als Leitfaden bei der Aufgabe, Jobs und die Organisation zu strukturieren. Auch war der Marxismus zu der Zeit eine eher isolierte Theorie in westlichen wissenschaftlichen Zirkeln. Die Theorie der menschlichen Beziehungen andererseits erhielt die etablierten Machtstrukturen und die Ziele der Unternehmen als Richtlinien für das praktische Unternehmensmanagement aufrecht, während gleichzeitig die Organisationstheorie mit Blick auf die Arbeitskräfte auf Vordermann gebracht zu werden schien. Die Human-Relations-Theorie übernahm somit eine wichtige Funktion. Auf diesem Hintergrund ist es leicht zu verstehen, warum sie ein solches Ansehen gewann.

4. Formalisierung – präzise Definition

Ziel der Theorie der menschlichen Beziehungen ist, unser Verständnis für die Bedingungen zu vergrößern, die ein Unternehmen erfüllen muss, um mit dem investierten Kapital eine maximale Rendite zu erzielen, d.h. *den höchstmöglichen Profit*. Nach Mayo (S. 215) ist dieses Ziel von drei Faktoren abhängig: 1) der Fähigkeit des Unternehmens, moderne Technologie zu nutzen, 2) der systematischen Organisation der Arbeitsplätze und 3) einer guten Organisation des

Sozialsystems innerhalb des Unternehmens, d.h. der Beziehung der Arbeiter zueinander und zum Management. Die Einwände von Mayo gegenüber der früheren Organisationstheorie und der Praxis des Managements sind, dass lediglich die ersten beiden Faktoren angemessen berücksichtigt worden seien. Wenn die Organisation des Sozialsystems nicht beachtet wird, wird das Unternehmen seine Ziele nicht erreichen (Mayo, S. 216). Somit wirft die Human-Relations-Theorie die Frage auf: Welche *sozialen Bedingungen* sind notwendig, damit die Arbeitskräfte ihr Möglichstes zur Erreichung der Ziele des Unternehmens einsetzen. Unter welchen Bedingungen werden sie bereit sein, ihre maximale Leistung zur Erfüllung dieser Ziele zur Verfügung zu stellen?

Ziemlich weitverbreitet ist die Idee, dass das Ziel der Theorie der menschlichen Beziehungen ist, ein Maximum an Wohlbefinden und Wohlfahrt für die Beschäftigten sicherzustellen. Wird dies in Verbindung mit den Postulaten der Theorie gesehen, so wie sie von Autoren wie Mayo ausgedrückt worden sind, wird dies wiederum Anlass zu einem Missverständnis geben. Wohlbefinden und Wohlfahrt sind primär von Interesse, weil diese Faktoren die Arbeitsproduktivität beeinflussen, doch nicht als Erklärungsobjekte an sich.

In eher vereinfachten Versionen wird die Human-Relations-Theorie oft dahingehend verkürzt, als ob materielle und physische Arbeitsbedingungen in einer Produktivitätsperspektive unbedeutend seien. Dies ist nicht zutreffend. Der hauptsächliche theoretische Gesichtspunkt ist hier, dass eine *direkte* Beziehung zwischen solchen Arbeitsbedingungen und Produktivität zurückgewiesen wird, so dass alle Umstände und alle Ereignisse am Arbeitsplatz Gegenstand eines Systems von Bewertungen werden. Aus einer solchen Sicht können materielle Güter, physische Arbeitsplatzbedingungen, Löhne, Arbeitszeiten usw. nicht als isolierte Faktoren eingeschätzt werden. Sie müssen im Gegenteil dahingehend gedeutet werden, dass es sich um soziale Werte handelt (Roethlisberger und Dickson, S. 56). Somit beeinflussen physische und materielle Umstände die Produktivität über eine intermediäre Variable: die Einstellung der Arbeiter zum Unternehmen.

Wird die Theorie als Teil einer allgemeinen Theorie über Produktivitätsbedingungen in einem Unternehmen angesehen, können wir die verschiedenen Beziehungen wie in der nachfolgenden Abbildung (nächste Seite) darstellen.

Wir können dies auch in Form von Funktionen darstellen (die Symbole sind in der Abbildung definiert. Allgemein kann die Produktivität eines Unternehmens repräsentiert werden als:

$$P = f(K,A)$$
$$\text{wobei } K = g(o,t) \text{ und } A = h(S,M)$$

Die Human-Relations-Theorie spezifiziert die Bedingungen, die die Produktivität aktiv über die Einstellung der Arbeitskräfte zum Unternehmen beeinflussen. In formalisierter Form kann die Theorie damit folgendermaßen beschrieben werden:

A = h (S,M)
wobei S = j (c,d,e) und M = i (a,b)

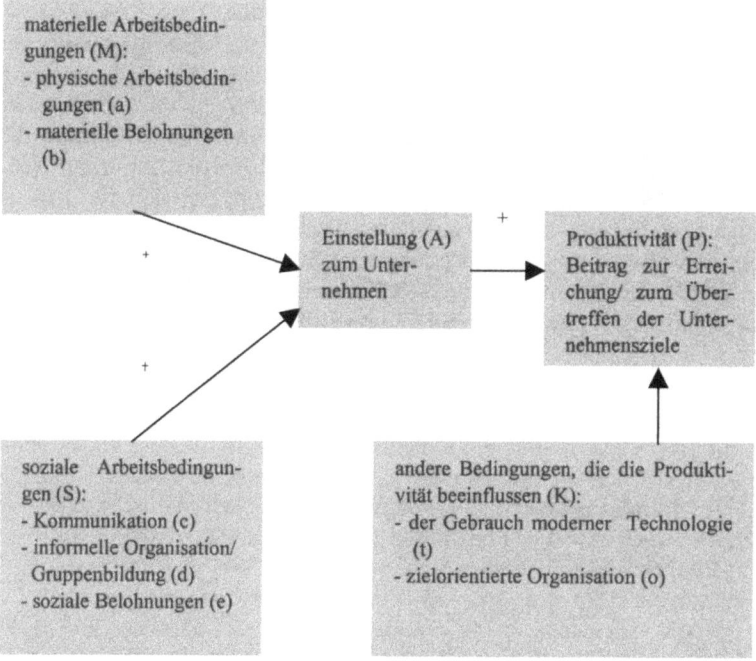

An dieser Stelle erhebt sich natürlich die Frage: *In welchem Ausmaß* muss die Einstellung (A) zum Unternehmen geändert werden, um die Produktivität (P) zu vergrößern, wobei andere Produktivitätsbedingungen (K) konstantgehalten werden? Auch erscheint es wichtig, nach dem Ausmaß zu fragen, in dem Veränderungen in den Werten der verschiedenen Beziehungen in den materiellen und sozialen Bedingungen, die die Produktivität (M und S) beeinflussen, erfolgen können, bevor sie zu wichtigen Einstellungsänderungen (A) führen. Dies führt uns zu Problemen der Messung und Operationalisierung, die bislang in der Diskussion der Theorie nicht geklärt sind. Somit hat die Theorie den Charakter einer qualitativen Hypothese. Es wird postuliert, dass die verschiedenen Elemente der Theorie voneinander abhängig sind, ohne dass etwas darüber geäußert wird, wie die *Größe* der verschiedenen Elemente und Veränderungen in denselben direkt eine prozentuale Veränderung in der Produktivität (P) beeinflussen.

5. Allgemeinheit und Prüfbarkeit – Kritik

Selbstverständlich wird eine Theorie, die so radikal die etablierten Ansichten herausgefordert hat, selbst Gegenstand von Debatte und Kritik. Ein Teil der Kritik hat sich auf die Frage konzentriert, *ob die Hawthorne-Experimente und die Schlussfolgerungen, die daraus gezogen werden, wissenschaftlichen Ansprüchen genügen* (Carey 1967, Björvik 1968). So ist argumentiert worden, dass die Experimente nicht mit den methodischen Standards übereinstimmen, die für ein Experiment verlangt werden, wenn wissenschaftlich haltbare Schlussfolgerungen daraus abgeleitet werden sollen (Carey 1967, S. 403). Die in den Experimenten beteiligten Gruppen wurden nicht nach dem Kriterium der Repräsentativität gebildet. Auch war die Experimentalgruppe zu klein für statistische Verallgemeinerungen. Zusätzlich wurden zwei Arbeiter in der Gruppe nach einiger Zeit ersetzt, da ihre Einstellung zum Experiment für unangemessen gehalten wurde. Sie war nicht hinreichend kooperativ. Unter Hinweis darauf, dass kein Vergleich zwischen der Produktivität und der Experimentalgruppe und dem Rest des Unternehmens getroffen wurde, zieht Carey die folgende Schlussfolgerung: „Die schwachen Punkte der Hawthorne-Experimente lassen sie als offensichtlich ungeeignet für jedwede Verallgemeinerung erscheinen" (S. 416). Das Fazit von Carey lautet, dass die Experimente als Unterstützung für die traditionelle Sicht gesehen werden können, die Lohnanreize hervorhebt, straffe Führung und Disziplin als wichtige Bedingung für Produktivität, ebenso wie andererseits die Ergebnisse die Human-Relations-Theorie unterstützen.

Ein Einwand gegen letzteren Kritikpunkt von Carey besteht darin, dass die Human-Relations-Theorie in keiner Weise solche Umstände ausschließt. Vielmehr geht sie nicht weiter als zu behaupten, dass ihr Einfluss durch die Einstellung der Arbeiter vermittelt wird und nicht direkt erfolgt, wie dies früher angenommen wurde. Obgleich die Kritik von Carey Zweifel an den Resultaten der Hawthorne-Experimente rechtfertigt, hat die spätere Forschung die Wichtigkeit der Einstellung der Arbeiter und sozialer Beziehungen für die Produktivität bestätigt (Schein 1968, S. 80 ff.).

Die Theorie der menschlichen Beziehungen ist als *zu allgemein* kritisiert worden. Diese Kritik ist besonders gegen das *menschliche Modell* gerichtet worden, das der Theorie zugrundeliegt und das wir das „Sozialwesen"-Modell (*social man model*) nennen können. Ein hauptsächliches Element besteht in der Annahme, dass die grundlegenden Bedürfnisse des Menschen sozialer Natur sind, d.h. das Bedürfnis nach Ermutigung, nach Respekt und Rücksichtnahme usw. Doch scheint die spätere Forschung zu der Schlussfolgerung zu gelangen, dass die Struktur der menschlichen Bedürfnisse *situationsabhängig* und *komplex* ist (Schein 1968, S. 96). Dies bedeutet, dass die Menschen neben ihren sozialen Bedürfnissen auch materielle Bedürfnisse sowie das Bedürfnis nach Selbstrealisierung, Lernen, Teilnahme an Herrschaft usw. haben. Diese Bedürfnisse sind nicht statischer Natur, sondern entstehen in der Wechselwirkung zwischen Mensch und Umwelt. Andere gehen sogar weiter mit der Behauptung, dass es nicht ausreicht, die Teilnahme der Arbeiter an der Produktion allein auf der Basis subjektiv gefühlter Bedürfnisse zu erfassen. Die Aufmerksamkeit muss auch auf die Tatsache gerichtet werden, dass verschiedene Gruppen verschiedene *Interessen* haben. Diese Interessen sind objektiv in dem Sinne, dass sie sich nicht auf eine Person als solche beziehen, sondern auf die *Position, die in der sozialen Organisation der Produktion eingenommen* wird. Dies ist besonders wichtig mit Blick auf die Einschätzung von Konflikten in der Human-Relations-Theorie. Wir werden auf diesen Punkt zurückkommen.

Die Theorie ist auch als *zu speziell* kritisiert worden, da nicht alle Umstände, die die Produktivität der Arbeitskräfte beeinflussen, berücksichtigt worden sind. Erstens soll sich die Theorie zu einseitig auf die internen Bedingungen eines Unternehmens konzentriert haben, ohne zu berücksichtigen, dass die Umstände außerhalb des Unternehmens auch die Einstellung der Arbeiter zum Unternehmen beeinflussen werden. Hier wird zum Beispiel verwiesen auf Familienbeziehungen, Wohnverhältnisse und die sozialen Beziehungen innerhalb einer Gemeinde (Gustavsen 1972, S. 45). Andere haben auch darauf hingewiesen, dass die Theorie in ihrer ursprünglichen Form nicht die Rolle der Gewerkschaften im Unternehmen berücksichtigt. Diese Kritiker sehen es als unvermeidlich an, dass die Gewerkschaften die Einstellung der Beschäftigten beeinflussen werden. Deshalb ist es wichtig, die Gewerkschaften zu berücksichtigen. Sie müssen informiert werden und ihre Sicht darstellen können. Die Gewerkschaften sind daran mitbeteiligt, eine positive Einstellung zum Unternehmen innerhalb der Arbeitnehmerschaft aufzubauen (nach Mouzelis 1967, S. 104-105). Das übereinstimmende Argument in diesen beiden Theorien liegt darin, dass sie nicht das grundlegende Merkmal der Theorie der menschlichen Beziehungen in Frage stellen. Die Kritik lautet vielmehr, dass die ursprüngliche Theorie von einer vereinfachten Sicht der Umstände ausgeht, die eine positive Einstellung schaffen.

Darüber hinaus geht die sogenannte *strukuralistische* Kritik (Etzioni 1964, S. 41 ff.). Hier ist das entscheidende Argument, dass das Sozialsystem nicht isoliert vom Rest des Unternehmens gesehen werden darf. Das Sozialsystem besteht nicht ausschließlich aus dem Bedürfnis der Beschäftigten nach Sicherheit und Anerkennung. Große Bedeutung muss u.a. der *Technologie* zugeschrieben werden. Die Technologie schafft die *Arbeitsteilung* und die Etablierung eines *Aufgabenmusters*, also Faktoren, die eine besondere Interaktion zwischen den beschäftigten Individuen schaffen. Aus dieser Situation heraus entwickelt sich das soziale System. Deshalb müssen vom Standpunkt der Produktivität aus sowohl Technologie als auch das Sozialsystem berücksichtigt werden. Wenn die Aufmerksamkeit ausschließlich auf die Einstellung der Arbeitnehmer und die Faktoren, die ihr zugrundeliegen, gerichtet wird, werden keine optimalen Resultate für das Unternehmen erreicht werden. Dieser Typus der Kritik liefert die Basis für die *soziotechnische* Organisationstheorie (Herbst 1969), die in Norwegen starke Unterstützung fand (s.u.).

Die grundlegendste Kritik der Human-Relations-Theorie kommt aus *marxistischen* Zirkeln. Die Marxisten kritisieren, dass die Theorie das Problem der Machtbeziehungen der Organisation nicht anspricht, dass sie nicht die Frage aufwirft, *wer über die Resultate der Produktion verfügt.* Wenn sich die Human-Relations-Theorie überhaupt mit Machtfragen beschäftigt, so richtet sie ihr Augenmerk ausschließlich auf Gruppen- und Persönlichkeitsfaktoren in einem so starken Maße, dass sie blind gegenüber vielen anderen Machtbeziehungen innerhalb des Unternehmens wird (Mouzelis 1967). Wenn die Organisation insgesamt betrachtet und eine Analyse auf der Basis der Positionen durchgeführt wird, die verschiedene Gruppen in der sozialen Organisation der Produktion innehaben, werden Gruppen mit verschiedenen Interessen innerhalb der Organisation sichtbar. Konflikte können dann nicht als durch unvollständige Kommunikation oder persönliche Spannungen begründet angesehen werden, sondern als das Resultat verschiedener objektiver Bedingungen innerhalb des Unternehmens. Dieses Argument wird klarer, wenn wir das Unternehmen in Beziehung zu seiner Umwelt sehen, in Beziehung mit dem ökonomischen System, innerhalb dessen es funktioniert. Die marxistische Kritik zielt auf Unternehmen, die innerhalb des kapitalistischen Produktionssystems operieren. Die interne Machtstruktur des Unternehmens kann nicht als unabhängig von dem entscheidenden Merkmal des ökonomischen Systems angesehen werden, innerhalb dessen es existiert.

Das kapitalistische Produktionssystem bedingt und reproduziert eine Spannung zwischen Arbeit und Kapital. Diese Spannung (Antagonismus) kann innerhalb dieses Systems nicht beseitigt werden. Der Grund liegt darin, dass ein unüberwindbarer Antagonismus zwischen den Interessen der Arbeiter besteht, die die Werte, die durch ihre eigene Arbeit geschaffen worden sind, zu ihrer Verfügung haben wollen, und der Nachfrage des Marktes nach der Anhäufung von Kapital und Profit. Dies beleuchtet das, was Mouzelis *das Paradox der Theorie der menschlichen Beziehungen* genannt hat: den Versuch, die Organisation ohne Revolution zu revolutionieren, d.h. ohne die soziale Basis zu verändern, die der Organisation unterliegt.

Aus einer solchen Perspektive kann die Human-Relations-Theorie eine Richtlinie für *eine Technik der Herrschaft* abgeben. Durch Manipulation der sozialen Organisation des Unternehmens kann das Management dem Personal *das Gefühl geben,* dass es ernstgenommen wird, man zuhört und es geschätzt wird usw. Eine Art, dies zu erreichen, besteht darin, es den Arbeitskräften zu erlauben, an Entscheidungen teilzuhaben, die sich auf begrenzte Gebiete der Unternehmensaktivität beziehen, wie zum Beispiel Wahl der Werkzeuge, Reihenfolge der Aufgaben und dergleichen. Durch Einrichtung solcher Rahmenbedingungen kontrolliert das Management zu einem gewissen Grade diese Entscheidungen. Somit ist es möglich, eine starke Identifikation innerhalb der Arbeitnehmerschaft mit dem Unternehmen zu erzeugen, wobei der Eindruck gemeinsamer Interessen auf subjektiver Ebene erzeugt wird. Auf diese Weise können Interessenskonflikte verborgen bleiben. Zusätzlich mag dies eine Methode zur Erhöhung der Produktivität sein, die dazu geführt hat (Christiansson et al. 1971, Bårtveit 1973), die Human-Relations-Theorie als Strategie zur Rationalisierung der Prämissen des Managements anzusehen.

6. Empirische Einschätzung – Schlussfolgerung

Werfen wir schließlich einen Blick auf die Theorie der menschlichen Beziehungen aus heutiger Sicht. Berücksichtigt man die Kritik, so überrascht es kaum, dass diese Theorie gegenwärtig kaum noch in Originalform existiert. Dennoch spielt sie eine wichtige Rolle in moderneren Erklärungsansätzen sowohl in der Organisationstheorie als auch im praktischen Unternehmensmanagement.

Wie bereits erwähnt, ist in Norwegen die Denkschule von besonderem Interesse, die ihren Ursprung in der strukturalistischen Kritik der Theorie nahm. In Norwegen wird dieser Trend *soziotechnische Theorie* genannt. Dieser lieferte den theoretischen Rahmen für das Kooperationsprojekt LO/NAF (Norwegischer Gewerkschaftsbund und Norwegische Unternehmensorganisation) (Gulowsen 1975). Ziel dieses Projektes war es, die Bedingungen einzuschätzen, die den Beschäftigten ein größeres Mitspracherecht in der Reorganisation der Arbeit und in der Organisation der Bedingungen für den einzelnen Arbeiter „vor Ort" geben sollten. Eine der leitenden Ideen war die einer autonomen Gruppe. Arbeiter, die voneinander im Produktionsprozess abhängen, sollten auf einer Gruppenbasis größeren Einfluss auf Entscheidungen ihrer täglichen Arbeitsvorgänge haben. Man nahm an, dies führe zu einem Wachstumsprozess, der den Beschäftigten schrittweise mehr Mitbestimmung auf höheren Ebenen liefere.

Obgleich die Grundlage für dieses Projekt aus einem wesentlich komplexeren Organisationsverständnis als demjenigen der Human-Relations-Theorie bestand, sind gemeinsame Merkmale doch deutlich erkennbar. *Erstens* bestand die Erwartung, dass ein größerer Einfluss des einzelnen Arbeiters auf die Arbeitsplatzsituation die Produktivität durch größere Zufriedenheit und geringere „Entfremdung" erhöhen sollte. Soziale Beziehungen wurden somit als Bedingungen verstanden, die die Produktion beeinflussten, wenngleich es sich nur um eine unter verschiedenen Bedingungen handelt. *Zweitens* wurde es für möglich gehalten, den Arbeitnehmern Mitbestimmung im Unternehmen zu gewähren, unabhängig von Interessenskonflikten mit der grundlegenden Machtstruktur des Unternehmens. Das Ziel war nicht, die Orientierung des Unternehmens zu ändern. Die soziotechnische Strategie kann deshalb als Methode zur Vergrößerung der Produktivität innerhalb der existierenden Machtstruktur angesehen werden, genauso wie es der Fall in der traditionalen Theorie der menschlichen Beziehungen ist. Auf diesem Hintergrund ist argumentiert worden (Bårtveit 1973), dass die Strategie als eine Form der Rationalisierung angesehen werden muss. *Drittens* wird auch hier die Arbeitsgruppe als fundamentales organisatorisches Element im Hinblick auf beides angesehen, Produktivität und Mitbestimmung.

Ein anderes Gebiet, auf dem die Theorie der menschlichen Beziehungen eine starke Position einnimmt, ist der Bereich der sogenannten *Programme der Organisationsentwicklung*. Hintergrund ist die zunehmende Forderung an Unternehmen, sich fortwährend den Umweltveränderungen zu stellen. Interne Flexibilität wird zu einem Schlüsselwort. Tausende von Managern werden in Kurse geschickt um zu lernen, wie sie den Widerstand „handhaben" können, der häufig von den Arbeitskräften ausgeht. Weil die Theorie der menschlichen Beziehungen die Wichtigkeit von *Kommunikation, Information und Gruppenprozess* so stark hervorhebt, macht sie sich deutlich bemerkbar. Die Führer müssen lernen, wie ihre Beschäftigten zu informieren sind, und deren Ansichten hören. Konflikte werden häufig als Antworten auf *Eigenschaften in der Persönlichkeit des leitenden Personals* gesehen, z.B. erzeugt ein autoritärer Stil des Managements Widerstand. Das Personal ist häufig in sogenannten Projektgruppen eingeschlossen, in denen sie gemeinsam mit den Vertretern des Managements an Entscheidungen in der Implementation gewisser Veränderungen mitwirken dürfen. Es besteht eine Tendenz, Konflikte als Ergebnis unzureichender Kommunikation innerhalb der Gruppe anzusehen. Die Führer werden deshalb häufig auf Sensitivitätskurse geschickt, um bessere Methoden für die Handhabung von Gruppenprozessen zu erlernen.

Auf verschiedenen Gebieten finden sich deshalb offensichtlich Parallelen zur Theorie der *human relations*, auch mit Blick auf die kritischen Einwände, die gegen einige der behandelten Messungen vorgebracht werden können. So mögen grundlegende Machtbeziehungen verzerrt werden, wenn Konflikte ausschließlich mit Begriffen der Gruppendynamik und Persönlichkeit analysiert werden. Dies zeigt sich auch daran, dass Arbeitnehmerschaft und das Management in kooperativen Gruppen mit unterschiedlichem strategischen Hintergrund teilnehmen, d.h. mit unterschiedlich wichtigen Vorkenntnissen. Das Personal kann somit überredet werden, Lösungen zu akzeptieren, die ihren grundlegenden Interessen langfristig schädlich sein können.

7. Literatur

Bjørvik, Kjell Inge 1968: "En myte i arbeidspsykologisk forskning" (A Myth of Labor Psychology Research), *Bedriftsøkonomen* nr. 5, 1968.
Bjørvik, Kjell Inge 1973: *Arbeids- og lederpsykologi* (*Labor and Leadership Psychology*), Oslo.

Bårtveit, Harald 1973: *Sosio-teknisk forskning som rasjonalisering* (*Socio-Technical Research as Rationalization*), Bergen.

Carey, Alex 1967: "The Hawthorne Studies: A Radical Criticism", *American Sociological Review* vol. 32 no. 3, June 1967.

Christiansson, Lennart et al. 1971: *Kunsten å dressere mennesker* (*The Art of Training People*), Oslo.

Etzioni, Amitai 1964: *Modern Organizations*, Prentice-Hall, Englewood Cliffs, NJ.

Gulowsen, Jon 1975: *Arbeidsvilkår* (*Working Conditions*), Oslo.

Gustavsen, Bjørn 1972: *Bedriftsorganisasjon – alternative modeller* (*Business Organization – Alternative Models*), Oslo.

Herbst, P.G. 1969: "Utviklingen av sosio-teknisk analyse" ("The Development of Socio-Technical Analysis"), *Tidsskrift for samfunnsforskning* nr. 3-4, 1969.

Kerlinger, Fred N. 1975: *Foundations of Behavioral Research*, 2nd ed., Holt, Rinehart, and Winston, New York.

Mayo, E. 1949: *The Social Problems of an Industrial Civilization*, Routledge (page references are to Pugh, D.S. (ed.): *Organization Theory*, Penguin Books, Baltimore 1971).

Mouzelis, Nicos P. 1967: *Organization and Bureaucracy*, Aldine, London.

Roethlisberger, F.J. and W.J. Dickson 1939: *Management and the Worker*, Cambridge, Mass. (Seitenzahlen gemäß dem Exzerpt von O. Grusky and G.A. Miller: *The Sociology of Organizations*, BasicStudies, New York, 1970).

Scheim, Edgar H. 1970: *Organisations-psykologi* (*Organizational Psychology*), Stockholm.

Taylor, F.W. 1911: *The Principles of Scientific Management*, Harper & Row, New York.

Weber, Max 1971: *Makt og byråkrati* (*Power and Bureaucracy*), Oslo.

Ausgewählte Werke in deutscher Sprache:

Etzioni, A. 1978, *Soziologie der Organisationen*, 5. Auflage, München, Juventa.

Jäger, W. 1999, *Reorganisation der Arbeit*, Westdeutscher Verlag, Wiesbaden.

Kerlinger, F.N. 1975, *Grundlagen der Sozialwissenschaften*, Weinheim, Basel, Beltz

Mayo, E., 1949, *Probleme industrieller Arbeitsbedingungen*, Frankfurt a. M., Verlag Frankfurter Hefte.

Teil II:

Theorien aus verschiedenen Disziplinen der Sozialwissenschaften

9. Adam Smith und die „Unsichtbare Hand": Der Marktmechanismus

Jan Erik Askildsen

1. Originalzitat

Wenn jedes Individuum [...] in der Führung seiner Geschäfte so agiert, dass der größte Wert produziert wird, verfolgt es nur seinen eigenen Vorteil und ist darin wie in vielen anderen Fällen durch *eine unsichtbare Hand* geleitet, um ein Ziel zu befördern, das nicht Teil seiner Absicht war [...]. In der Verfolgung seiner eigenen Interessen bringt das Individuum häufig die Gesellschaft wirksamer voran, als es sie in Wahrheit voranbringen möchte. (Adam Smith, *Der Wohlstand der Nationen*, Buch IV, II, 1776/1981, S. 400).

2. Kurze Erläuterung

Dieses Zitat wird interpretiert als Lob der guten oder sogar optimalen Eigenschaften der perfekten Wettbewerbswirtschaft. In Verfolgung seiner eigenen Interessen durch produktive Aktivität wird jedes Individuum auch unter gewissen Umständen zum Wohl der Gesellschaft insgesamt wirken. Die Produktion der Gesellschaft wird dadurch maximiert, dass jedes Individuum das tut, was individuell optimal ist. Dies wird dadurch erreicht, dass jeder Konsument immer Güter zu kaufen sucht, die er zum günstigsten Preis erwerben kann. Gleichermaßen werden diejenigen, die Güter herstellen, ihre Zeit und ihre Fähigkeit in der Weise verwenden, dass sie den höchstmöglichen Profit erzielen.

Wir können eines von Smiths eigenen Beispielen erwähnen, um das Argument zu erläutern: es ist für einen Schneider nicht profitabel, seine Zeit auf die Herstellung eigener Schuhe zu verwenden. Folglich wird er sie beim Schuhmacher kaufen. Gleichermaßen ist es für den Schuhmacher nicht profitabel, seine Zeit auf die Herstellung von Kleidern zu verwenden, die er deshalb vom Schneider kaufen wird. Der Landwirt ist am besten beraten, beides, seine Kleider und Schuhe auf dem Markt zu kaufen und seine Zeit für die Herstellung von Lebensmitteln zu verwenden, die Tätigkeit, für die er am besten ausgerüstet ist. In ihrem eigenen Interesse werden die Menschen von anderen diejenigen Güter kaufen, die sie mehr kosten würden, hätten sie diese selbst produziert. Der größte Profit wird erreicht, wenn jeder sich darin spezialisiert, was er am besten kann. Wenn somit jeder individuell davon profitiert, die eigene Kapazität für die Arbeit und das Kapital so zu nutzen, dass diese den höchsten Ertrag erbringen, so muss dies auch den höchsten Profit für die Gesellschaft insgesamt ergeben.

Smith erwähnt ferner, dass diese Folgen aus dem Streben nach Selbstinteresse auch für den Austausch von Gütern und Diensten zwischen Nationen gelten. Die Theorie der *unsichtbaren Hand* stellt deshalb eine Theorie dar, die auch die Vorteile des internationalen Handels auf einem globalen Niveau erklärt.

3. Hintergrund

Adam Smith (1723-1790) wird häufig und zurecht als Gründer der modernen Volkswirtschaftslehre angesehen. Als wahres Kind der Aufklärung war er bemüht, die zugrundeliegenden Mechanismen zu verstehen und zu erklären, die die wirtschaftlichen Beziehungen innerhalb einer Nation und zwischen den Nationen vorantrieben. Getrieben von dem Wunsch, bestehende Beziehungen zu untersuchen, ungeachtet dessen, ob er sie persönlich für empfehlenswert hielt, suchte er nach einer logischen Erklärung für das Verhalten von Unternehmen und Individuen. Smith zog freilich die Ergebnisse des Marktwettbewerbs und vollständiger Wahlfreiheit der Mitglieder der Gesellschaft gesetzlichen Regulierungen und öffentlicher Einmischung eindeutig vor.

Der Schotte Adam Smith graduierte an der Oxford Universität und war Professor für Moralphilosophie an der Universität Glasgow (siehe auch Stolz 1990 und Blaug 1980). Am Ende des 18. Jahrhunderts waren Glasgow und Schottland eine intellektuell blühende Region. Außerdem war Adam Smith offen genug, ausgedehnte Reisen auf den Kontinent zu unternehmen, um Anregungen insbesondere seitens französischer Intellektueller aufzunehmen. Die akademische Karriere von Smith hat nicht sehr lange angehalten. Er begann die Arbeit an seinem hauptsächlichem Vorhaben (mit dem vollen Titel *An Inquiry into the Nature and Causes of the Wealth of Nations*, deutsch: *Untersuchung der Natur und Ursachen von Nationalreichtümern*, kurz *Der Wohlstand der Nationen*), gab aber seine Professur im Jahre 1764 auf. Das Buch wurde im Jahre 1776 publiziert. Im Anschluss daran wurde er schottischer Zollbeauftragter, ein Umstand, der angesichts des Inhaltes von *Der Wohlstand der Nationen* paradox erscheinen mag. Aus der Sicht von Smith wird der nationale Wohlstand am stärksten gefördert durch die Beseitigung oder Verringerung von Zollbarrieren und anderer Arten formaler und technischer Handelshindernisse.

Zwei Gründe finden sich, warum *Der Wohlstand der Nationen* eine zentrale Rolle in der jüngsten Geschichte gespielt hat. Erstens markiert das Werk den Beginn der klassischen Schule in der Wirtschaftstheorie. Im folgenden Jahrhundert wurde die klassische Schule weiterentwickelt durch David Ricardo und John Stuart Mill, die sie zum Vorläufer der Wirtschaftswissenschaften machten, so wie wir sie heute kennen. Doch ist der Beitrag von Smith wesentlich mehr als nur der eines Vorläufers. Zahlreiche der Mechanismen des Wirtschaftssystems, die Smith erörterte, sind heute zentrale Elemente der Wirtschaftswissenschaft. Von größter Bedeutung sind natürlich die Theorie des Preismechanismus und *Die unsichtbare Hand*. Der zweite wesentliche Beitrag von *Der Wohlstand der*

Nationen liegt im methodologischen Ansatz des Autors. Smith war vermutlich der erste, der das Wirtschaftssystem als Prozess zur Herstellung eines Gleichgewichts analysierte, in dem Interaktionen zwischen einer grossen Zahl von Teilnehmern erfolgen. Unter der Annahme verschiedener Verhaltensbedingungen zeigte er formal, wie ein Markt funktionieren wird, wenn er sich selbst überlassen bleibt. Smith selbst hat keinen Gebrauch von mathematischen Instrumenten gemacht, die später so extensiv von Ökonomen eingesetzt worden sind. Dennoch ist die rein verbale Argumentation von strikt logischer Natur vergleichbar der der Naturwissenschaften. Auch sei erwähnt, dass Smith in seiner Zeit nicht der einzige war, der das wirtschaftliche System formalisierte. Die französischen Physiokraten z.B., mit denen Smith Kontakte hatte, entwikkelten ähnliche logische Systeme, um nationale Volkswirtschaften zu beschreiben. Im Unterschied zum Beitrag von Smith haben diese Versuche jedoch nicht das Urteil der Geschichte überlebt.

Adam Smith war zweifelsohne ein Unterstützer des wirtschaftlichen Liberalismus. Doch machte seine Opposition gegen jedwede offizielle Eingriffe ihn keineswegs zu einem fanatischen Befürworter freier Märkte. Sein Standpunkt muss im Lichte seiner Zeit gesehen werden. Das damals dominante ökonomische System war das, wie er es nannte, „Merkantilsystem". Es beruhte auf der Annahme, dass die Gesellschaft durch die Anhäufung von Reichtum prosperiere. Präziser bedeutet dies die Anhäufung kostbarer Metalle, die Nationen durch Handel mit anderen Nationen erwerben. Ein gegenwärtiger Überschuss aus dem Handel führt zu Ansprüchen gegenüber anderen Nationen, die in kostbare Metalle umgewandelt werden konnten. In gewisser Weise kann dies aus dem Verteidigungsbedarf von Nationen verständlich werden. Ihre Ressourcen ermöglichten es ihnen, innerhalb kurzer Zeit Waffen und Truppen auf einem internationalen Markt zu kaufen. Doch führte das auch zu sichtbarem Wohlstand, wie er sich in den Palästen der Autokraten seiner Zeit ausdrückt. Folge des Bedarfs, Ansprüche gegenüber anderen Nationen aufzuhäufen, war der Wunsch jeder einzelnen Nation, ihre Produktion mit allen Mittel zu behaupten. Es gab verschiedene Möglichkeiten dies zu erreichen, wobei hohe Zolltarife und Einfuhrsteuern besonders beliebt waren. Rohmaterial sollte für die Verarbeitung im eigenen Land verbleiben. In einigen Ländern wurde es Handwerkern nicht erlaubt zu emigrieren, da sie Humankapital darstellten. Von Bedeutung zumindest in der Sicht von Adam Smith war die ausgiebige Errichtung von Monopolen und Privilegien, mit denen etablierte Produzenten ausgestattet wurden. Die Gewährung exklusiver Rechte zur Produktion und zum Verkauf spezieller Güter stellte ein effizientes Mittel des Schutzes nationaler Produzenten gegenüber billigeren oder besseren Importen dar. *Der Wohlstand der Nationen* repräsentierte einen Angriff auf dieses System. Smith argumentierte, dass der nationale Reichtum sich vergrößern würde, wenn jeder Arbeitnehmer sich darin spezialisieren könnte, worin er am besten ist und wenn jede Nation die Güter herstellte, die am günstigsten in dem Land produziert werden können.[1] Die Ideen von Adam Smith repräsentierten einen deutlichen Bruch mit dem herrschenden System. Doch war er nicht allein mit seiner Kritik. Ähnliche Einwände gegenüber dem Merkantilismus wurden von den Physiokraten vorgebracht, obgleich sie den Fehler begingen, sich nur auf die Landwirtschaft als zentralen wirtschaftlichen Sektor zu konzentrieren. Smith sah jedwede wirtschaftliche Aktivität als gleichermaßen produktiv an. Deshalb konnte jeder wichtige Beiträge liefern, sogar Philosophen, deren Beruf es laut Smith war, „nicht irgendetwas zu produzieren, sondern alles zu beobachten und häufig die Einflüsse sehr verschiedener unähnlicher Objekte miteinander zu kombinieren."[2] Der Beitrag von Smith gewann an Bedeutung schon zu seiner Zeit. Sein Buch wurde ein Bestseller. Andererseits wird es angesichts seines Umfangs selten vollständig gelesen. Wichtig ist, dass seine Ideen an Popularität gewannen und mit der Zeit entscheidend für die Gestaltung der praktischen Politik wurden. Das Buch und die politische Ökonomie, für die es stand, wurden enthusiastisch von der wachsenden Schicht neuer Industrieller aufgenommen. Diese Gruppe sah klar die Vorteile eines Bruches mit den etablierten Monopolen, die das Wachstum und die Entwicklung dieser neuen Schicht verhinderten. Als ökonomisches System entwickelte sich der Liberalismus auf der Basis der Ideen von Smith. Wahrscheinlich fand er seinen klarsten Ausdruck im sogenannten Manchester-Liberalismus des 19. Jahrhunderts. Diese Gedanken formen die Grundlage des allgemeinen Prinzips, dass die Wirtschaft am besten unter *laissez faire* fährt. Die Rolle des Staates sollte auf Eingriffe nur dort beschränkt sein, wo Märkte nicht angemessen funktionieren oder um private Interessen zu schützen und die Volkswirtschaft zu sichern, wenn lebenswichtige nationale Interessen auf dem Spiel standen.

4. Formalisierung – präzise Definition

Der Wohlstand der Nationen enthält keine systematische Beschreibung der grundlegenden Bedingungen, die eingehalten werden müssen, um eine optimale Verteilung der Ressourcen zu erreichen, d.h. der Situation, in der die Werte der sozialen Produktion maximiert werden. Einige dieser Bedingungen, auf die in modernen Textbüchern immer hingewiesen wird, werden dennoch in dem Werk erwähnt.

---

[1] Smith lag falsch in der Annahme, dass absolute Unterschiede in den Produktionskosten zwischen den verschiedenen Ländern notwendig wären, damit beide vom Handel profitierten. David Ricardo zeigte später, dass das entscheidende Merkmal die relativen Unterschiede waren, d.h. die komparativen Vorteile jedes Landes. S. Norman 1986.

[2] Zitat: *Aschehougs Verdenshistorie (Aschehoug World History)* vol. 10, S. 136.

Die Bedingungen, die unverzichtbar sind, wenn freier Wettbewerb den Wert der gesellschaftlichen Produktion maximieren soll, lauten wie folgt (s. z.B. Munthe 1986):

1. Es müssen *viele Marktteilnehmer* existieren, sowohl auf seiten des Angebots wie der Nachfrage. Kein Marktteilnehmer darf in der Lage sein, die Preise individuell zu beeinflussen. Sie müssen die Marktpreise als gegeben akzeptieren.

2. Die Produzenten und Konsumenten müssen *frei sein*, auf Angebot und Nachfrage *zu reagieren*. Dies beinhaltet das Recht, selbst frei ein Unternehmen zu gründen oder aufzulösen und dass keine Vorteile bei den etablierten Marktteilnehmern zu Lasten der Neuankömmlinge angehäuft werden.

3. Die Güter und Dienste, die auf dem Markt zur Verfügung stehen, müssen *homogen* sein in dem Sinne, dass, wenn ein Endprodukt von verschiedenen Produzenten angeboten wird, alle diese Produkte identisch sind. Weder auf seiten des Angebots noch der Nachfrage sollten Bedingungen existieren, die einem Handelnden einen Vorteil zu Lasten des anderen gäben.

4. Es sollte über alle Güter und angebotenen Dienste vollständige Information herrschen. Diese Forderung ist in der Tat einengender als notwendig. Es würde ausreichen, wenn die Informationen symmetrisch sind, weil dann sichergestellt ist, dass keiner irgendeinen Vorteil oder Nachteil im Hinblick auf Informationen besitzt.

Smith hat alle diese Bedingungen nicht klar herausgearbeitet. Bei der Erörterung von Preisen erwähnte er die Wichtigkeit vieler Verkäufer und perfekter Informationen sowie die Notwendigkeit einer vollständigen Ressourcenmobilität. Genauer betrachtet sind es lediglich die Bedingungen der Produkthomogenität, die in seiner Liste der Bedingungen fehlen, um die Wettbewerbswirtschaft zu optimieren. Auch verdient es Erwähnung, dass Smith eine klare Unterscheidung zwischen langfristigem und kurzfristigem wirtschaftlichen Gleichgewicht trifft. Obgleich dies nicht die Fähigkeit des Marktes, ein Preisgleichgewicht zu erzeugen, beeinflusst, sollten wir aus der Sicht der Wohlfahrt ein weiteres Erfordernis einschließen: die Handlungen des Konsums und der Produktion dürfen keine *externen Effekte* haben. Nach meiner Kenntnis diskutiert Smith weder diesen Aspekt noch erwähnt er ihn. Dies mag als ernsthafte Unterlassung für seine Behauptung angesehen werden, dass die oben skizzierte Lösung die bestmögliche sei, die Produktion der Gesellschaft zu maximieren. Um optimal zu sein, dürfen Produktion und Konsum von Gütern keine indirekten Effekte auf Personen oder Unternehmen jenseits derjenigen haben, die sich bei der betreffenden Markttransaktion abspielen. Hat die Betätigung eines Marktakteurs solche zusätzlichen Effekte, die nicht „vom Markt weitergegeben werden", so werden sie nicht in Preisen ausgedrückt sein. Diese spiegeln damit nicht den korrekten Wert der Güter für die Gesellschaft wider. Umgekehrt sind alle Faktoren, die für die Preise der Güter bewertet werden müssen, im Marktpreis gespiegelt, wenn keine externen Effekte bestehen. Das klassische Beispiel für eine Externalität ist Umweltverschmutzung. Ein die Umwelt verschmutzendes Unternehmen berücksichtigt nicht die Kosten, die anderen entstehen, wenn es potenziell schädliche Stoffe in die Luft oder das Wasser abgibt. Im Falle solcher externen Effekte werden Wettbewerbsmärkte und individualistisches Verhalten nicht zur bestmöglichen Nutzung der Ressourcen einer Gesellschaft führen. Andererseits bedenkt Smith den Rahmen und die institutionellen Bedingungen, unter denen eine Wirtschaft funktionieren wird. Er skizziert eine Art harmonisches Modell der Gesellschaft, in dem keine unerwünschten Effekte daraus resultieren, dass jeder nur seine eigenen Interessen verfolgt. Dies mag dem Staat sehr wohl eine Rolle als derjenigen Körperschaft überlassen, die sicherstellt, dass unerwünschte Wirkungen des Wettbewerbs durch angemessene Interventionen unterbunden werden. Die Handelnden sollten in der Verfolgung ihrer Ziele nicht weiter behindert werden. In modernen Varianten des vollständigen Wettbewerbsmodells bedeutet dies die Korrektur imperfekter oder fehlender Märkte, die zu unvollständiger Preisbildung führen.

Der methodische Ansatz von Smith

Die Erörterung des Marktgleichgewichtes und der Preisbildung stellt eine der wichtigsten Errungenschaften von Smith dar. Immer wieder demonstriert er, wie die Preise durch die Handlungen der Konsumenten und Produzenten bestimmt werden. Die zentrale Interpretation der Preis- und Lohntheorie von Smith und der *unsichtbaren Hand* ist der berühmte Schnittpunkt am Markt. Der etablierte Marktpreis wird ein solcher sein, der Angebot und Nachfrage ausgleicht. Käufer und Verkäufer stimmen darin überein, wieviel Einheiten gehandelt werden. Zu diesem etablierten Preis kann auf einem vollständig gleichgewichtigen Wettbewerbsmarkt keine unbefriedigte Nachfrage übrigbleiben. Gleichzeitig ist jeder auf eigene Rechnung Handelnde, ob Käufer oder Verkäufer, zu klein, um den Preis zu beeinflussen. Dennoch liegen die Preise so, dass der gesamte erwartete Handel zustandekommt. Man sollte Chaos erwarten, wenn jeder Händler für sich allein gelassen wird. Stattdessen wird ein Gleichgewicht entwickelt, in dem keiner die Situation verändern möchte. Dies ist das Ergebnis der *unsichtbaren Hand*.

Überprüfen wir die sich dabei abspielenden Mechanismen mittels nachfolgender Abbildung. In der Abbildung wird der Preis P entlang der vertikalen Achse gemessen und die Menge Q entlang der horizontalen Achse. In Übereinstimmung mit dem allgemeinen Muster können wir annehmen, dass die Nachfrage der Konsumenten mit sinkendem Preis steigt. Deshalb geht die Nachfragekurve D_0 nach unten. Die steigenden Kurven S_0, S_1 und S_2 sind drei verschiedene Angebotskurven. Wenn mehr produziert wird, vergrössert sich das

Angebot, was allgemein zu steigenden Grenzkosten führt. Dies erklärt, warum die Kurve sich nach oben bewegt.

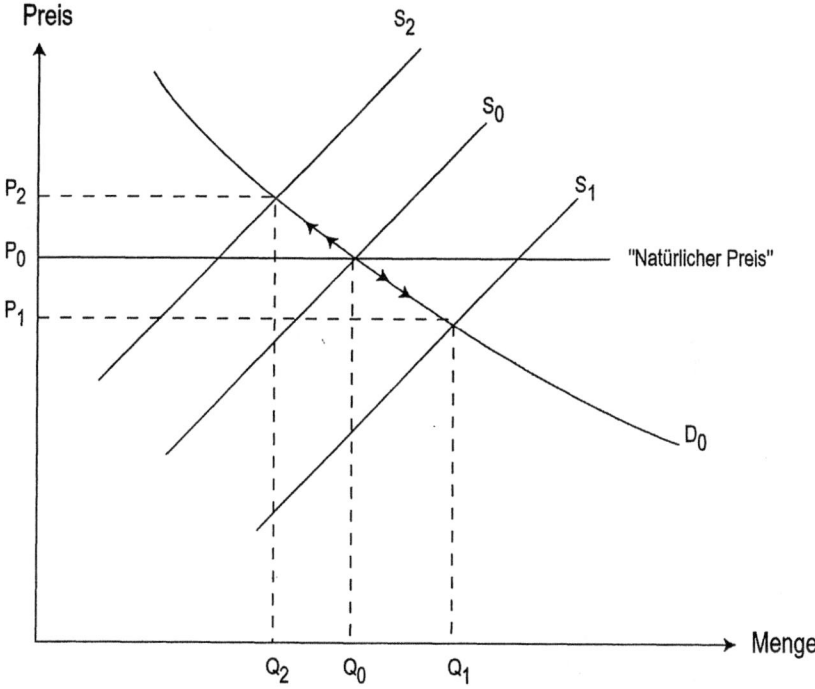

Nehmen wir an, dass ein Gleichgewichtszustand existiert, wo die von den Konsumenten nachgefragte Menge genau dem entspricht, was produziert und geliefert wird. Die Güter werden in einem „nichtnatürlichen Preis" gehandelt[3], wie durch den Punkt P_0 angedeutet, der an der Stelle liegt, auf der die Nachfragekurve D_0 die Angebotskurve S_0 schneidet. Die gehandelte Menge wird durch Q_0 gegeben. Nehmen wir nun an, dass sich aus irgendeinem Grunde das Angebot vergrössert. In der Abbildung wird dies durch die Verlagerung der Angebotskurve nach rechts angedeutet, von S_0 zu S_1. Zum gegenwärtigen Preis P_0 stehen nun mehr Güter zur Verfügung, als die Konsumenten kaufen wollen. Der Preis muss auf P_1 fallen, wo die Nachfrage dem Angebot entspricht und die gehan-

---

[3]   Smith sah den „natürlichen Preis" als langfristiges Gleichgewicht an. Nach Smith deckt der „natürliche Preis" die Arbeitskosten und den Gewinn ab. In einem perfekten Wettbewerbssystem wird der Preis gleich den Kosten für die Herstellung der Güter sein, doch wird sich kein Profit jenseits der Kosten für die Nutzung der Produktionsfaktoren finden. Eine Rente wird entstehen, wenn es sich um einen knappen Faktor handelt, z.B. Land. Smith argumentierte auf der Basis der Arbeitswerttheorie, die keinen Raum für Preise auf Kapital ließ, was sich natürlich von der neoklassischen Wirtschaftstheorie unterscheidet.

delte Menge Q_1 ist. Nehmen wir nun das Gegenteil an, d.h. das Angebot verringert sich, wie durch die Veränderung der Angebotskurve nach S_2 ausgedrückt. Zum Marktpreis P_0 findet sich ungedeckte Nachfrage. Einige Konsumenten werden bereit sein, mehr für die zur Verfügung stehenden Güter zu zahlen und diese für sich im Wettbewerb mit anderen Konsumenten zu erwerben. Dies führt zu einem Preisanstieg, der sich fortsetzen wird, bis keine ungedeckte Nachfrage mehr existiert. Das neue Gleichgewicht wird zum Preis P_2 mit der gehandelten Menge Q_2 etabliert. Dasselbe wird sich auf allen Märkten abspielen, für Konsum- wie auch für Investitionsgüter. Wir werden immer beobachten, dass diejenigen, die zu überhöhten Kosten produzieren, nicht in der Lage sind, ihre Produkte abzusetzen. In dieser Weise erreicht die Produktion einer Nation ihr höchstes Niveau. Unter der Annahme eines perfekten Wettbewerbs finden wir, dass die Nachfrage für alle Güter der Produktion entspricht. Die Konsumenten zahlen genau die marginalen Kosten, wenn sie diese Güter kaufen; die Firmen können ihre Produktion nicht dergestalt ändern, dass der Gesamtoutput mit den verfügbaren Ressourcen vergrößert wird.

Die These von Adam Smith und die Darstellung in der Abbildung, wie dieser Marktmechanismus funktioniert, beruhen auf der Annahme, dass ein stabiles Marktgleichgewicht tatsächlich existiert. Doch sind die Voraussetzungen für das Eintreten von Stabilität nicht immer erfüllt. Dieses Problem wird in ökonomischen Standardtextbüchern diskutiert.[4] Man kann sich Situationen vorstellen, in denen die Wirtschaft statt zu konvergieren divergieren wird, so dass Angebot und Nachfrage nicht in der Lage sind sich auszugleichen. Ferner können wir uns Situationen unendlichen Zirkulierens um einen Gleichgewichtspunkt vorstellen. Oft finden sich zwei Gründe, warum solche Fälle von nur begrenztem Interesse sind. Erstens beobachten wir, dass die meisten Volkswirtschaften in der Tat ziemlich stabil sind. Nach unerwarteten Schocks scheint das System zu einer Art Normalität zurückzukehren. Zweitens sollten explodierende oder dauerhaft im Ungleichgewicht befindliche Systeme aus methodologischen Gründen ausscheiden. In solchen Situationen sind wir weitgehend nicht in der Lage, interessante und bedeutsame Voraussagen über die Funktionsweise des ökonomischen Systems zu treffen. Besonders in Analysen des wirtschaftlichen Wachstums sind die Erfordernisse für Stabilität und Konvergenz von grosser Bedeutung (hier z.B. Mork, 1993, Kapitel 18 und 19). Um Wachstumsprozesse eines Landes zu studieren und Erklärungen dafür zu finden, warum verschiedene Nationen verschiedene Wachstumspfade verfolgen, müssen wir annehmen, dass alle Nationen einen Wachstumsprozess aufweisen, der in gewisser Weise zu einem Status eines stabilen Gleichgewichts konvergiert. Anderenfalls wird die Volkswirtschaft entweder „verschwinden" oder unendlich groß werden.

---

[4] Das klassische Textbuch ist Paul Samuelson: Economics. In der 1998er (15.) Auflage werden Stabilitätsbedingungen in Kapitel 20 diskutiert. Im Jahre 1970 erhielt Samuelson den Nobelpreis für Wirtschaftswissenschaften.

Adam Smith schrieb der Nachfrage nur eine kurzfristig bedeutende Rolle zu. In langfristiger Sicht würden alle Güter entsprechend dem Wert bewertet, der für die Produktion benötigt wurde, d.h. ihrem „natürlichen Wert". Vorrangig ist damit der Wert der Arbeit gemeint, der langfristig auf einem Subsistenzniveau bezahlt würde. Heute wird diese Unterscheidung zwischen kurz- und langfristiger Perspektive als nicht mehr bedeutend angesehen. Die Nachfrageseite spielt eine Rolle, unabhängig von der Zeitskala der Analyse.

Man muss einen weiteren Mangel der Analyse von Smith bedenken. Er betrachtete im Allgemeinen die Herstellung von Gütern aus der Angebotssicht. Smith verfügt über keine angemessene Nutzentheorie. Der Begriff des Nutzens wurde ein Jahrhundert später von den Grenznutzentheoretikern eingeführt. Folglich ist Smith nicht in der Lage, die Bedeutung der Nachfrage in der Erzeugung eines Wertes zu erklären.

5. Allgemeinheit und Prüfbarkeit – Kritik

Der Wohlstand der Nationen und insbesondere die Theorie der *unsichtbaren Hand* haben bedeutsame praktische Konsequenzen. Die Theorie etablierte die Volkswirtschaftslehre als wissenschaftliche akademische Disziplin und lieferte die Basis für die Entwicklung einer Methode und eines Denkens, dessen prinzipieller Inhalt auch heutzutage unverändert ist. Dem Glauben an freie Märkte und an das kapitalistische System hat die Theorie Legitimität verliehen.

Seit der Zeit von Adam Smith hat die Wirtschaftsforschung seinen Beitrag als Ausgangspunkt angesehen. Ein Großteil der Forschung innerhalb der Ökonomie der vergangenen zweihundert Jahre war auf die Entwicklung der Hypothesen gerichtet, die Adam Smith zugeschrieben wurden, und auf verschiedene Arten, sie zu testen. Debreu (1959) hat die moderne Version der Theorie der *unsichtbaren Hand* und des Marktmechanismus mit ihren allgemeinen Konsequenzen für die allgemeine Wohlfahrt formuliert. Sie kann in Verbindung gebracht werden mit den „beiden Theoremen der Wohlfahrtsökonomik".[5] Diese Theoreme behaupten, dass eine Wettbewerbswirtschaft eine optimale Allokation der Ressourcen sicherstellt und dass jedwedes Gleichgewicht durch entsprechende anfängliche Umverteilung der verfügbaren Ressourcen erreicht werden kann. Ohne Zweifel funktioniert der Preismechanismus. Unter obengenannten Bedingungen, wenn der Markt in Ruhe gelassen wird, wird sich ein Gleichgewicht herausbilden, das nicht im Sinne von Pareto verbessert werden kann.[6] Doch mögen wir die Ergebnisse aus Gründen der Fairness nicht billigen. Das Markt-

---

[5]   Gerard Debreu hat für seine Arbeit im Jahre 1983 den Nobelpreis für Wirtschaftswissenschaften erhalten.

[6]   Das Pareto-Kriterium besagt, dass es unmöglich ist, durch eine Veränderung in der Verteilung der Ressourcen eine Person besser zu stellen, ohne die Interessen einer anderen Person zu verletzen. Anders ausgedrückt heißt dies, dass keine Ressourcen verschwendet werden.

gleichgewicht ist nicht notwendigerweise fair. Die Verteilung der Ressourcen mag zu schief und ungleich sein, um vor und nach dem Austausch akzeptiert zu werden. Richtig ist, dass dies Adam Smith nicht besonders beunruhigt hätte. Eine „Rechtfertigung" dafür mag sein, dass er keine Nutzen-Theorie hatte und deswegen kaum in der Lage war, das Verteilungsproblem zu betrachten. Auch muss festgehalten werden, dass sein Augenmerk hauptsächlich Monopolen galt, von denen er annahm, dass sie eindeutig nicht für die Wohlfahrt der Menschen im Allgemeinen arbeiteten. Ferner stellen aus heutiger Sicht viele der Kräfte, die zu unfairer Verteilung von Ressourcen führen, Unvollständigkeiten der Märkte dar, die Smith nicht vorhersehen konnte und deshalb nicht angesprochen hat. Die Erforschung imperfekter Märkte ist ein zentraler Forschungsgegenstand der jüngeren Forschung, wie wir unten sehen werden. Wenn die Bedingungen für einen perfekten Wettbewerbsmarkt nicht zutreffen, arbeiten freie Märkte nicht im Interesse der Gesellschaft.

Ohne den Preismechanismus direkt zurückzuweisen, bleiben manche Ökonomen skeptisch, ihn in der Analyse von Realökonomien als wichtigen Mechanismus einzusetzen. Einer der prominentesten Kritiker des intensiven Vertrauens in den Marktmechanismus war der marxistische Ökonom Michael Kalecki. Seine Kritik basiert auf der Ansicht, dass der Preismechanismus und die neoklassische Gleichgewichtstheorie nicht von besonderem Interesse seien. Nach Kalecki sind tatsächliche Volkswirtschaften ziemlich weit von den idealisierten Bedingungen der perfekten Wettbewerbswirtschaft entfernt. Deswegen setzt er nur begrenzt auf traditionelle Analyseinstrumente. Stattdessen konzentriert er seine Anstrengung auf das Studium der Monopolbildung und darauf, wie Monopole Profite und Schwankungen der Wirtschaft beeinflussen.[7]

Adam Smith diskutiert auch mögliche Konsequenzen unvollständiger Märkte, doch hauptsächlich mit Blick auf die Monopolbildung. Heute spielt das Studium imperfekter Märkte eine wesentlich prominentere Rolle und lenkt das Augenmerk auf verschiedene wichtige und interessante Probleme. Zusätzlich zu den Fragestellungen, die sich auf unvollständige Wettbewerbsmärkte für Güter richten, finden sich die Themen der Arbeitslosigkeit, Verschmutzung der Umwelt und anderer Arten externer Effekte sowie Informationsprobleme. Letztere können Anlass dafür sein, dass Versicherungsmärkte fehlen, dass Kredite rationiert werden und Allokationsungleichgewichte auf den Kapitalmärkten entstehen. Dennoch sind analytischer Rahmen und Rolle, die dem Preismechanismus zugeschrieben werden, im Wesentlichen dieselben wie in dem Modell von Adam Smith. Märkte funktionieren präzise entlang der Linien, die in *Der Wohlstand der Nationen* bezeichnet worden sind. Wenn jedoch unvollkommene Märkte existieren, arbeitet die *unsichtbare Hand* nicht immer in gesellschaftlich wünschenswerter Weise. Unter solchen Umständen mag der Ruf nach einer Regulierung des Marktes erschallen. Jedoch wäre Adam Smith vielleicht nicht

---

[7]   Sawyer (1985) liefert eine interessante und grundlegende Diskussion der Arbeit von Kalecki.

einverstanden gewesen, seine Theorie zu nutzen, um staatliche Interventionen auf freien Märkten zu rechtfertigen. Dessen ungeachtet bleibt daran zu erinnern, dass ungünstige Wirkungen in einigen Fällen nicht bedeuten, dass ökonomische Analysen, die auf dem Preismechanismus gründen, unbedeutend oder uninteressant wären, im Gegenteil. Der Preismechanismus hat seine Vorzüge und Schwächen: Wettbewerb auf dem Markt heißt, dass diejenigen gewinnen werden, die am effizientesten arbeiten und somit in der Lage sind, ihre Güter zum niedrigsten Preis zu verkaufen. Dies ist auch für die Gesellschaft von Vorteil, da die Ressourcen so in der profitabelsten Weise genutzt werden. Doch mag dies auch Anreize für die effizientesten Produzenten bedeuten, ihre Ressourcen zum Schutz ihrer Produktion zu nutzen, um so potenziell höhere individuelle Gewinne zu erzielen. Selbst dort, wo der Marktmechanismus funktioniert, können sich Monopole etablieren, die von Adam Smith so verabscheut wurden. Solche Tendenzen haben Smith besorgt, da die Monopole einen suboptimalen Gebrauch der Ressourcen mit sich bringen. Heute machen wir uns aber auch Gedanken über die Verteilungseffekte freier Märkte. Der Nobelpreisträger Amartya Sen hat diese Fragen intensiv analysiert (s. z.B. Sen 1973). Verteilungseffekte sind eine Folge freier Märkte, die sich besonders dann ergeben mögen, wenn sich Monopole bilden dürfen, so dass einige Personen extrem reich werden, andere hingegen wenig verdienen. Auf nichtregulierten Märkten mag sich eine unerwünschte Einkommensverteilung ergeben.[8] Ein anderes Problem ist, dass sich angemessen funktionierende Märkte in einigen Fällen nur schwer herstellen lassen, wie im vorhergehenden Abschnitt erwähnt. Die Preise, die in solchen Situationen ermittelt werden, sind dann „falsch" und geben die falschen Signale. Der Gebrauch der Ressourcen ist entweder höher oder niedriger als das Optimum. Somit kann ein nichtregulierter Preismechanismus, *die unsichtbare Hand*, zu nichtakzeptablen Ergebnissen führen und damit nicht immer zum höchsten Wohlstand einer Nation.

Man kann leicht andere Beispiele anführen um zu illustrieren, dass ein freier Markt *nicht* das höchstmögliche nationale Einkommen sicherstellt. Es reicht aus, die Aufmerksamkeit auf die Fischindustrie zu lenken: freier und nichtregulierter Zugang zu den Fischressourcen des Ozeans würde dahin führen, dass die besten und effizientesten Schiffe in kurzer Zeit große Fänge und Profite einfahren. Doch ist eine wahrscheinliche Folge, dass dann die Ozeane überfischt werden, so dass sie unter das Reproduktionsniveau fallen (s. das Kapitel 12 „Die Tragödie der Allmende", *Tragedy of the Commons*). Langfristig kann die Ressource verschwinden. Fisch sollte für nachfolgende Generationen gesichert werden, ebenso Gewinne aus der Fischindustrie über eine lange Zeit. Somit

---

[8] Dieses Argument baut auf der sozialen Wohlfahrtsfunktion für die gesamte Nation auf, die vor allem Verteilungsfragen berücksichtigt. Samuelson (1947) liefert einen wichtigen modernen Beitrag, eine neuere Arbeit stammt von Stiglitz (1988).

besteht die Aufgabe darin zu kalkulieren, wieviel Fisch pro Jahr gefangen werden kann. Die jährliche Quote muss durch eine Regelung zugeteilt werden. Ein unregulierter Wettbewerb wird nicht zu angemessenen Fängen führen. Umweltverschmutzung ist ein ähnliches Problem. Aus grundsätzlichen Überlegungen ist die Luft eine freie und allgemeine Ressource. Jeder ist berechtigt, die Luft frei zu gebrauchen. Die Gasemissionen von Firmen in die Luft können zum Treibhauseffekt (*greenhouse effect*) beitragen, Überdüngung der Böden, Übersäuerung der Flussläufe und Infektionen des Atmungssystems sind andere Beispiele. Die Kosten, diese Probleme zu beseitigen, mögen erheblich höher liegen als die Summe der Kosten, die eingespart werden, würden die Emissionen in die Luft zum Zeitpunkt ihrer Entstehung verhindert.

In der Tat können der Preismechanismus und die der Theorie der *unsichtbaren Hand* zugrundeliegende Überlegung auch zur Lösung dieser Probleme verwandt werden. Das Problem entsteht aus dem *Mangel an Besitzrechten*. Die Ressourcen werden übergenutzt, weil keiner sie besitzt. Eine Lösung besteht darin, jemandem Eigentumsrechte zu übertragen oder diese Eigentumsrechte beim Staat zu verankern. Als Besitzer hat der Staat das Recht, eine Gebühr für die Benutzung der Ressourcen zu erheben oder zeitweise Eigentumsrechte zu verleihen. Der angemessene Gebrauch der Anreize oder die Verteilung der Eigentumsrechte wird den auf dem Markt Handelnden einen Anreiz bieten, eine Übernutzung zu vermeiden. Somit kann der Preismechanismus zur Regulierung innerhalb der Fischerei wie auch zur Lösung negativer externer Effekte der Verschmutzung der Umwelt genutzt werden. Ein System von Gebühren, dass umweltverschmutzenden Gütern wie z.B. Ölprodukten auferlegt wird, kann darauf begründet werden, den Schaden zu zahlen, der der Natur zugefügt wird. Da solche Gebühren zu höheren Preisen führen würden, ist das Resultat eine Verringerung der Nachfrage nach den Gütern, die von umweltverschmutzenden Industrien hergestellt werden. Die verringerte Nachfrage gäbe einen Anlass für interessierte Produzenten, das Ausmaß der Verschmutzung zu verringern. Ähnlich wirksam könnte die Fischerei durch die Zuteilung von Quoten kontrolliert werden. Es ist möglich, dass diese Quoten im Lauf der Zeit auf einem freien Markt gehandelt werden und somit in die Hände derjenigen gelangen, die in der Lage sind, diese Quoten zu den geringsten Kosten zu fangen. Doch bleibt der Gesamtfang immer noch innerhalb der gegebenen Grenzen. Allerdings mögen sich Einwände ergeben, überhaupt so weit zu gehen. Einkommensverteilung und regionale Gesichtspunkte mögen eine Gesellschaft davor zurückhalten, den Preismechanismus zur Gänze zu nutzen. Sie führen damit zur Beschränkung des Rechtes, Quoten zu verkaufen und zu kaufen. Dennoch ist der wichtigste Aspekt dieser: wenn der Preismechanismus, wie von Smith analysiert, unbedacht oder unberücksichtigt bleibt, wird das Ergebnis für die Gesellschaft insgesamt schlecht sein. Deshalb ist es wichtig zu wissen, dass der Preismechanismus tatsächlich funktioniert. Die heute vorherrschende Denkrichtung argumentiert

wie folgt: wo immer die Märkte glatt und ohne unerwünschte Effekte funktionieren, sollten sie soviel Freiheit wie möglich erhalten und so wenig Regulierung wie nötig erfahren. Unerwartete Folgen des Preismechanismus müssen
korrigiert werden, wenn und wann sie sich einstellen. Die normale Art, dies zu
tun, heißt dieselbe Medizin zu nutzen, nämlich den Preismechanismus wie z.b.
bei Umweltverschmutzungen anzuwenden.

6. Empirische Einschätzung – Schlussfolgerung

Die Hypothesen von Adam Smith in *Der Wohlstand der Nationen* sind schwierig zu falsifizieren. Alternativen, mit denen sie zu vergleichen sein mögen, sind
nicht leicht verfügbar. Doch beobachten wir, dass die Monopolbildung zu höheren Preisen führt und dass die Liberalisierung der Märkte in niedrigeren Preisen
resultiert, zumindest kurzfristig. Ein mögliches Verfahren wäre, sich Alternativen zu den „freien Märkten" anzuschauen, d.h. Systeme zu studieren, die behaupten, vom Markt abzurücken, z.b. die früheren kommunistischen Kommando-
do-Ökonomien in Osteuropa. Diese Volkswirtschaften sind jedoch keine
perfekten Beispiele. In gewissem Ausmaß machten sogar sie Gebrauch vom
Marktmechanismus oder waren vielmehr gezwungen, dies zu tun. Was dennoch
beobachtet werden kann, waren Anstrengungen, um „den Markt zu schlagen".
Wurden solche Anstrengungen unternommen, war das Ergebnis häufig enttäu-
schend. Dies stellt nicht in Abrede, dass zentrale Planung über einige Perioden
gut funktionierte und die Regierenden Erfolg hatten, eine hohe Produktion zu
erzielen, Nahrungsmittel und notwendige Güter für eine breite Bevölkerung zur
Verfügung zu stellen. Doch war die Produktivität vermutlich gering. Der landwirtschaftliche Sektor mag als Beispiel dienen. Im Vergleich zu den großen
Kollektivfarmen, wo die Produkte gemeinsamer Natur waren, erreichte die Produktivität für die Landstücke ein höheres Niveau, wo die individuellen Kultiva-
toren den Profit für sich selbst behalten durften. Genau dieses Phänomen über-
zeugte die chinesischen Autoritäten zu einem frühen Zeitpunkt, individuelle
Tüchtigkeit auch auf kollektiven Farmen zu belohnen, was dann später zur
gänzlichen Abschaffung der kollektiven Landwirtschaft führte.

Adam Smith hat die Aufmerksamkeit auf fundamentale Mechanismen gelenkt, die nichtregulierte Marktökonomien bestimmen. Anfänglich ist es natürlich leicht zu behaupten, dass auf einem Markt mit identischen Produkten alle
Produzenten einen gleichen Preis verlangen werden. Doch bedeutet dies nicht,
dass es sich dann um perfekten Wettbewerb handelt. Gleiche Preise auf einem
Markt mögen auch das Ergebnis stillschweigender Absprache einer kleinen Zahl
von Produzenten sein, um einen Monopolpreis zu setzen. Große Anstrengung
innerhalb der sogenannten industriellen Organisationstheorie wie auch innerhalb
der Regulierungstheorie ist unternommen worden, um diese Art der wettbe-
werbsbeschränkenden Übereinstimmung zu definieren und die Bedingungen
festzulegen, die für das angemessene Funktionieren der Konkurrenz notwendig

sind. Auch hat man diskutiert, wieweit perfekter Wettbewerb notwendig für wirtschaftliches Wachstum ist. Die zentrale Frage lautet, welche Marktbedingungen am ehesten weitere Forschungen und Innovationen begünstigen werden, unter kleinen Unternehmen in einem Wettbewerbssystem oder unter großen Unternehmen, die in der Lage sind, ihre Erfindungen gegenüber exzessivem Wettbewerb zu schützen. Anreize für Unternehmen, neue und effiziente Formen der Produktion oder neue Produkte einzuführen, hängen zumindest von einem Minimalschutz gegenüber Wettbewerbern ab, die diese Innovationen nutzen wollen. Heute wird dieser Schutz durch das Patentsystem gewährleistet. Somit müssen Wettbewerbsvorteile gegen verschärfte Wachstumsüberlegungen aufgerechnet werden.

Die Diskussion über die beste Art, den Markt zu organisieren, hält an. Der Preismechanismus und die Theorie der *unsichtbaren Hand* bilden die akademische Basis für diese Diskussion. Wenn Ökonomen analysieren, wie die Ressourcen einer Gesellschaft zum größten Nutzen und zum Wohl der Einwohner einer Nation verwandt werden sollen, nutzen sie die Werkzeuge, die Adam Smith als erster entwickelt hat.

7. Literatur

Aschehoughs Verdenshistorie, (History of the World, Aschehough publisher) vols10.

Blaug, Mark 1980: *Economic Theory in Retrospect*, Cambridge University press (3 ed.), Cambridge.

Debreu, Gerard 1959: *Theory of Value*, Wiley, New York.

Mork, Knut Anton 1993: Makroøkonomi, Bedriftsøkonomenes Forlag, Oslo.

Munthe, Preben 1986: Markedsøkonomi (Market economy), Universitetsforlaget (4.ed.), Oslo.

Normann, Victor D. 1986: *En liten, åpen økonomi*, Universitetsforlaget (2.ed.), Oslo.

Samuelson, Paul A. 1947: *Foundations of Economic Analysis*, Harvard University Press, Cambridge.

Samuelson, Paul A. 1955/1967: *Economics: An Introductory Survey*, McGraw – Hill, New York.

Sawyer, Malcolm C. 1985: *The Economics of Michal Kalecki*, Radical Economics, Macmillan, London.

Sen, Amartya 1973: *On Economic Inequality*, Oxford University Press, Oxford.

Smith, Adam 1776/1981: *Wealth of Nations*, J.M. Dent & Sons Ltd. Everyman's Library, London.

Stiglitz, Joseph E. 1988: *Economics of the Public Sector*, W.W. Norton & Company, New York.

Stolz, Gerhard 1990: *John Stuart Mill* (manuscript), Norges Handelshøyskole.

Ausgewählte Werke in deutscher Sprache:

Blaug, M. 1971, *Systematische Theoriegeschichte der Ökonomie*, München, Nymphenburger Verlagshandlung.

Debreu G., 1976, *Werttheorie: Eine axiomatische Analyse des ökonomomischen Gleichgewichtes*, Berlin, Heidelberg, New York, Springer.

Samuelson P.A:, et al., 1998, *Volkswirtschaftslehre*. 15. Aufl. Frankfurt am Main, Überreuter.

Sen, A. 1975, *Ökonomische Ungleichheit*, Frankfurt a. M., New York, Campus-Verlag.

Smith, A. 1776/1999: *Untersuchungen über Wesen und Ursachen des Reichtums der Völker*, 3 Bände, Düsseldorf, Verlag Wirtschaft und Finanzen.

10. Der isolierte Staat von Thünens: Das Gesetz der Landnutzung in der landwirtschaftlichen Produktion

Peter Sjøholt

1. Originalzitat

Man denke sich eine sehr große Stadt in der Mitte einer fruchtbaren Ebene gelegen. [...] Die Ebene selbst bestehe aus einem durchaus gleichen Boden, der überall fähig der Kultur ist. [...] Die Ebene enthalte weiter keine Städte als die eine große Stadt, und diese muss also alle Produkte des Kunstfleißes für das Land liefern, so wie die Stadt einzig von der sie umgebenden Landfläche mit Lebensmitteln versorgt werden kann. [...]

Es ist im allgemeinen klar, dass in der Nähe der Stadt solche Produkte angebaut werden müssen, die im Verhältnis zu ihrem Wert ein großes Gewicht haben oder einen großen Raum einnehmen und deren Transportkosten nach der Stadt so bedeutend sind, dass sie aus entfernten Gegenden nicht mehr geliefert werden können, sowie auch solche Produkte, die dem Verderben leicht unterworfen sind und frisch verbraucht werden müssen. Mit der größeren Entfernung von der Stadt wird aber das Land immer mehr und mehr auf die Erzeugung derjenigen Produkte verwiesen, die im Verhältnis zu ihrem Wert mindere Transportkosten erfordern.

Aus diesem Grunde allein werden sich um die Stadt ziemlich scharf geschiedene konzentrische Kreise bilden, in welchen diese oder jene Gewächse das Haupterzeugnis ausmachen. Mit dem Anbau eines anderen Gewächses, als Hauptzweck betrachtet, ändert sich aber die ganze Form der Wirtschaft, und wir werden in den verschiedenen Kreisen ganz verschiedene Wirtschaftssysteme erblicken (von Thünen 1842, S. 11-12).

2. Kurze Erläuterung

Hier sehen wir ein Gesetz, das in Form eines Modells formuliert ist. Von Thünen ist der erste virtuelle Modellbauer in den Sozialwissenschaften. Er liefert eine kurze und klare Analyse der angenommenen Bedingungen und formuliert auf dieser Basis Thesen natürlicher Ordnung. Seine Voraussetzungen sind rational Handelnde (der ökonomische Mensch) und homogene Produktionsbedingungen. Die wichtigste Variable des Gesetzes ist die Lage des Bodens im Verhältnis zum Markt. Dieser Markt, *die Lage,* ist gegeben. Was von Thünen zeigen möchte, sind die Unterschiede in der Entfernung zum Markt, welche die Art der Landnutzung beeinflussen.

Dieser Ansatz unterscheidet sich grundsätzlich von demjenigen, den ein anderer deutscher Gelehrter hundert Jahre später in der sogenannten Theorie des zentralen Ortes formuliert hat. Diese Theorie beschreibt, wie auf der Basis der Bevölkerungsverteilung und der Kostenüberwindung die Distanz zum Markt die

Niederlassung beeinflusst (Christaller 1933). Der Ansatz von Thünens, der auf der Nutzung einer *unbeweglichen* Ressource, in diesem Fall Land, aufbaut, unterscheidet sich auch von solchen, die sich in klassischen Modellen für die Niederlassung von Industrien finden (Weber 1909). Diese Modelle richten sich auf die Wahl einer Niederlassung, weil die fundamentalen Produktionsfaktoren *mobil* sind (Chisholm 1962).

3. Hintergrund

Hintergrund für dieses Gesetz liefert eine scharfsinnige Kombination aus deduktiver Theorie und genauer empirischer Beobachtung. Von Thünen war vertraut mit den wichtigsten ökonomischen Überlegungen seiner Zeit wie auch der jüngsten Vergangenheit, wobei Adam Smith (1723-1790) zweifelsohne sein wichtigstes Vorbild war. Die Bodenrente ist eine der zentralen Ideen von Thünens. Diese wird im Verlauf seiner Diskussion dieses Modells weiter ausgeführt. Ein anderer wichtiger Lehrer war Albrecht Thaer (1752-1828), der führende Agrarforscher der Zeit. Von Thünen lernte von ihm ein Großteil über die wichtigsten Aspekte der englischen Landwirtschaft und war sich ebenso wie jener über die Bedeutung mathematischer Präzision im klaren (Thaer 1798).

Thünen wurde 1783 in Ostfriesland geboren und machte sein Examen auf einer Landwirtschaftsakademie in Hamburg. Für eine kurze Zeit studierte er an der Universität Göttingen. Er verbrachte den Rest seines Lebens in Norddeutschland. Von 1810 bis zu seinem Tode im Jahr 1850 hat er ein Gut südöstlich der alten Hansestadt Rostock geleitet. Sein Hintergrund und seine Erfahrung waren mit Sicherheit von großer Bedeutung für sein wissenschaftliches Werk. Er hat den Einfluss einer großen Stadt wie Hamburg, auch die Struktur der Landwirtschaft und den Nutzen des Landes beobachtet. Seine eigene Erfahrung mit dem Markt, die sich in genauesten Kalkulationsbüchern niederschlug, hat zur Ausarbeitung der beobachteten Beziehungen beigetragen.

Schon vor 1820 hatte Thünen die Arbeiten an einem abstrakten Modell der Volkswirtschaften beendet, das auf empirischen Daten aufbaute. Die erste Ausgabe dieses Buchs erschien im Jahre 1821 mit dem Titel *Der isolierte Staat in Beziehung auf Landwirtschaft und Nationalökonomie* und wurde von ihm selbst verschiedentlich revidiert.

Der Status von Thünens als eines Theoretikers ist makellos. Seine Arbeit hätte mit gutem Grund den Titel „Der idealisierte Staat" tragen können, weil seine Methode die der Idealisierung war: er isolierte einen Faktor und schritt dann fort zu analysieren, wie ein Phänomen sich veränderte, wenn diesem Faktor verschiedene Werte zugeschrieben wurden, während andere konstant blieben. Von Thünen sah zu einem frühen Zeitpunkt ein, dass nur vereinfachte Gedankenmodelle bei der Klärung komplexer Beziehungen helfen können. Er ist somit seiner Zeit in der Formulierung eines wichtigen theoretischen Prinzips in den Sozialwissenschaften um zwei Generationen voraus. Spätere Forscher sind ihm auch noch auf anderen Gebieten verpflichtet. Marshall (1842-1924) hob seine Rolle in der Entwicklung des Begriffs der Grenzproduktivität hervor (Marshall 1890). Schumpeter (1954, S. 466) zögert nicht, seine empirische Dokumentation und seinen Modelltest als gute Ökonometrie zu bezeichnen, bereits hundert Jahre bevor dieser Begriff allgemein akzeptiert wurde.

4. Formalisierung – präzise Definition

Wie wir bereits erwähnt haben, ist der zentrale Begriff bei von Thünen die Bodenrente. Um die Produktion in einer marktorientierten Landwirtschaft zu ermöglichen, muss die Bodenrente des jeweiligen Produktes positiv sein. Von Thünen zeigt, dass die Bodenrente mit dem Ertrag pro Landeinheit variiert. Dieser Ertrag ist abhängig vom Marktpreis, den Produktionskosten und Transportkosten pro produzierter Einheit. Von diesen wiederum sind die Transportkosten eine Funktion in Entfernung vom Markt. Von Thünen bestreitet die Einschätzung von Adam Smith, der in der Bodenrente lediglich eine Landbesitzer-Pächter-Beziehung sah. Somit verweist Thünen auf die Natur des Landes, die Bodenrente als Folge von Erträgen (berechnet für die jeweilige Lage), variable operationale Kosten und fixe Kapital- und Finanzkosten, unter Einschluss von Kapitalabwertung für das reale Kapital.

Die allgemeine Berechnung der Bodenrente kann somit wie folgt definiert werden:

$$LR = Ym - Yc - Ytd = Y(m\text{-}c\text{-}td)$$

wobei

LR	= Bodenrente
Y	= Ertrag pro Landeinheit
m	= Marktpreis pro produzierter Einheit
c	= Produktionskosten pro produzierter Einheit
t	= Transportkosten pro produzierter Einheit pro Distanzeinheit
d	= Distanz zum Markt

Doch war die ursprüngliche Berechnung von Thünens nicht ganz so einfach und allgemein, da er verschiedene besondere Umstände zu berücksichtigen hatte, die der Produktion und dem Marketingsystem seiner Zeit innewohnten. Doch prinzipiell sind die Systeme dieselben. Von Thünen konnte die Gleichung wie folgt formulieren:

$$LR = Ym - td - (c1 + c2)$$

Um zu kalkulieren, d.h. um den Getreidepreis einer gegebenen Lage zu erhalten, bestand der erste Schritt darin, die Frachtkosten vom Marktpreis abzuziehen. Dann folgt die Subtraktion der auf dem Landgut ruhenden Kosten, fixer wie auch variabler, wobei diese in Subsistenzprodukten ausgedrückt wurden.

Schließlich finden sich die Ausgaben in der Stadt für Einsatzmittel in der Landwirtschaft, die ebenfalls in Geld ausgedrückt werden. Dies sind in der Realität
variable Kosten, doch durch von Thünen als Konstante mit ¼ der totalen Kosten
und als nichtvariierend mit der Distanz angesetzt. Später werden die Kosten für
die Subsistenzprodukte in Geld umgerechnet. Diese Kosten nehmen wegen des
geringeren Produktpreises (höhere Transportkosten) mit der Distanz zum Markt
ab. Die Gesamtkosten werden sich in geringerer Rate verringern als der Pro-
duktpreis als Folge der fixen angenommenen Kosten in der Stadt. Der Grenz-
wert wird dort erreicht, wo der Erlös minus Kosten = 0 ist. Dies ist der marginale Wert für eine profitable Produktion oder *die marginale Lage.*

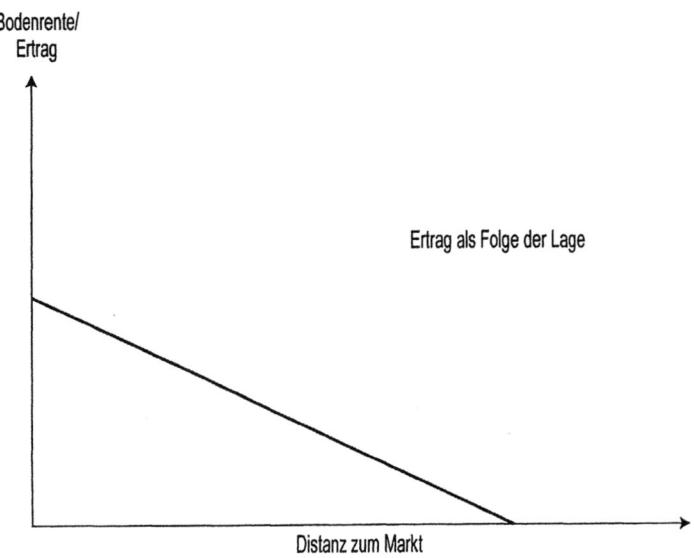

Abb. 1: Ertrag als Folge der Lage

An allen anderen Punkten einer größeren Distanz zum Markt wird die Produktion nur mit einem Verlust durchgeführt (Abb. 1).
Näher am Markt findet sich ein *lagespezifischer Profit* („Situationsrente" oder
„Lagerente"). Von Thünen hat somit ein ökonomisches Gesetz formuliert, das
besagt, dass der Profit und folglich die Bodenrente für ein ähnliches Produktionssystem mit zunehmender Distanz vom Markt geringer werden wird. Gleichzeitig hat er ein allgemeines Lokalisierungsprinzip formuliert, das auf der *relativen Lage* basiert: der entscheidende Faktor ist immer die Lage in *Entfernung
zum Markt.*
    Von Thünen hat auch Veränderungen analysiert, die sich aus extensiver oder
intensiver Landnutzung ergeben. In der Landwirtschaft seiner Zeit wurden pri-

mär traditionelle Systeme der sogenannten Dreifelderwirtschaft und ein intensiviertes System der Koppelwirtschaft betrieben. Er zeigt, dass mit zunehmenden Nettopreisen (näher am Markt) die zunehmende Intensivierung in einem zusätzlichen Profit endet, der den Gewinn aufgrund der Lage übersteigt. Dieses Prinzip kann als Gewinn aus der *Intensivierung* bezeichnet werden und beinhaltet zunehmende Profitabilität mit abnehmender Distanz zum Markt. Umgekehrt bedeutet intensive Landwirtschaft mit zunehmender Distanz zum Markt wegen stark fallender Profitrate einen zusehends stärkeren Verfall der Profitabilität im Vergleich zu extensiver Landwirtschaft (Abb. 2).

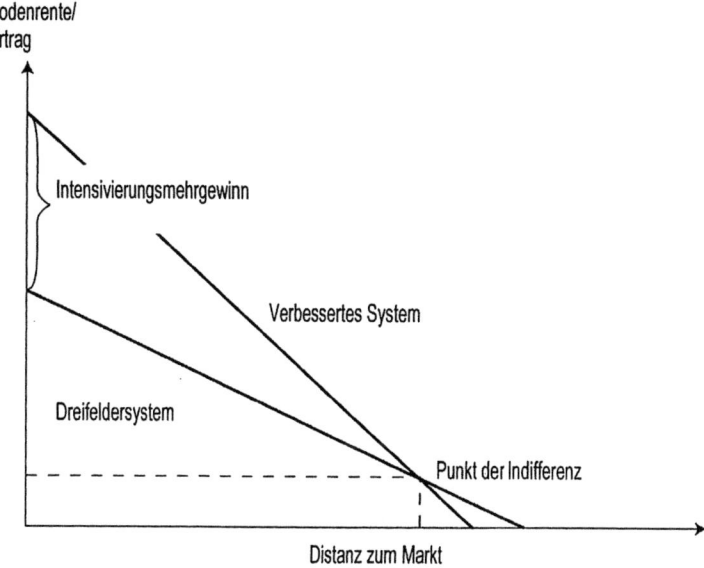

Abb. 2: Gewinn, Intensivierung und Distanz zum Markt

Wie im ersten oben angeführten Fall (Profit aus der Lage), in dem von Thünen das generelle Prinzip der *Marginallage bzw. der Lage* entdeckt hatte, wendet er hier das Prinzip der Grenzproduktivität an. Dies führte zu einer weiten Verbreitung in der Ökonomie, lange vor der Formulierung durch die neoklassischen Ökonomen.

Von Thünen beschäftigt sich auch mit der Wahl verschiedener Nutzpflanzen. Die Wahl wird nicht durch den Grad der Intensivierung oder Extensivierung bestimmt, obgleich Fälle der Übereinstimmung beobachtet werden können. Was im Gegenteil stattfindet, ist ein kompliziertes Zusammenwirken zwischen Profit- und Kostenfaktoren, die für jede einzelne Nutzpflanze zu kalkulieren sind. Am Ende ist die entscheidende Variable die Bodenrente. Die rationalste Wahl der Bodennutzung wird eine solche sein, die die höchste Landrente ergibt. Von zwei oder mehr alternativen Früchten wird diejenige am nächsten zum Markt produziert, die das höchste Anwachsen der Kostenzuwächse als Resultat der vergrößerten Distanz zum Markt aufweist und der höchsten Kostenreduzierung, wenn die Distanz gegen Null geht. Dies ist von Thünens Gesetz der alternativen Landverwendung und bedeutet, dass der Landwirt mit gleichem Profit aus zwei Früchten diejenige mit den geringsten Kosten pro Einheit der Produktion und am nächsten zum Markt wählt. In einem von Thünen-System steigen die Kosten allgemein mit der Entfernung.

Wegen der Transportkosten folgt daraus, dass bei gleichen *Kosten* pro hergestellter Einheit für zwei oder mehrere Landfrüchte die marktnächsten mit dem *höchsten Profit* angebaut werden.

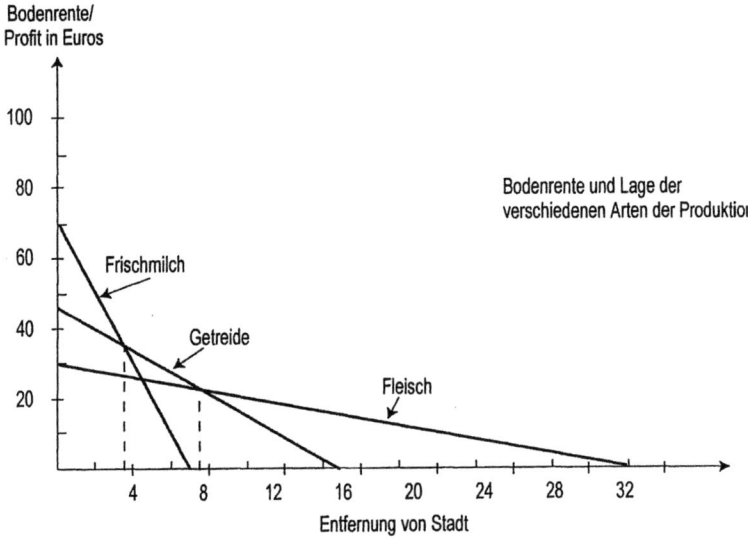

Abb. 3: Bodenrente und die Lage unterschiedlicher Produktionsarten

Von Thünen hat somit drei grundlegende Prinzipien oder Gesetze für die Produktion in Beziehung zum Markt entwickelt:

1. wie die Bodenrente sich mit Blick auf die Marktdistanz verändert;
2. wie die Bodenrente sich als Resultat der Intensivierung und Distanz verändert;
3. wie die Bodenrente sich als Resultat alternativer Bebauung und der Entfernung verändert.

Das Gesetz, das zu Beginn dieses Kapitels angeführt wurde, bezieht sich auf den dritten Aspekt, der in Abbildung 3 erläutert wird, in der das Thema der Untersuchung der höchste Ertrag pro Landeinheit ist, wobei alle anderen Faktoren konstantgehalten werden.

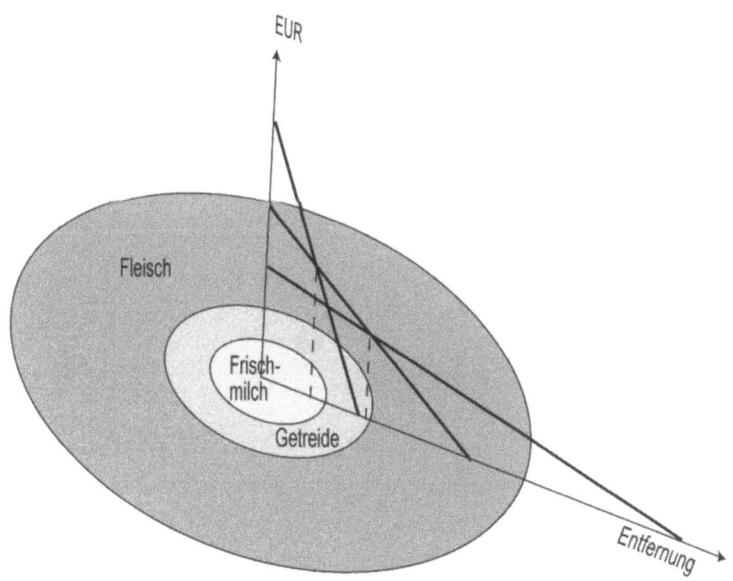

Abb. 4: Produktionszonen und Bodenrente

Milch wird für den direkten Verbrauch in naher Umgebung produziert, Fleisch
und Getreide stehen im Wettbewerb um das fernere Land. Der größte Gewinn
pro genutzter Landeinheit wird durch Milch geliefert. Je größer die Distanz vom
Zentrum, desto geringer der Profit pro Landeinheit. Entsprechend dem Modell
wird keines der Produkte seine maximale Ausdehnung erreichen. Ein Produkt
mit höherer Bodenrente wird eines mit geringerem Ertrag ersetzen. Wenn alle
Bedingungen der Produktion mit Ausnahme der Transportkosten konstantgehalten werden, wird die Breite der verschiedenen Zonen durch Überschneidung
mit den Kurven der Bodenrente bestimmt. Von diesen Schnittpunkten aus, die
wir Indifferenzpunkte des Ertrags (der Bodenrente) nennen können, wird ein
anderes Produkt Priorität in der Produktion erlangen.
In den innersten Zonen finden wir die ertragreichen intensiv angebauten und
transportsensiblen Produkte wie Gemüse und Milch zum Verbrauch. Zwischen
diesen Kreisen und einer Getreidezone finden wir die Energiezone der damaligen Zeit, Brennholz.

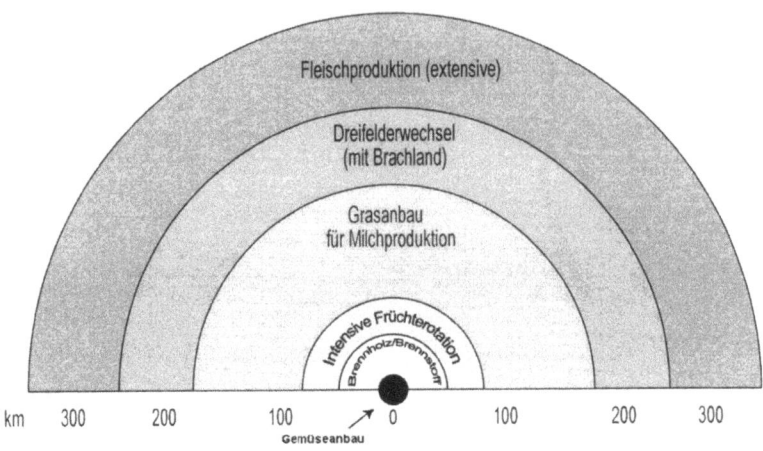

Abb. 5: Produktionszonen im isolierten Staat von Thünens

Wegen seines Gewichtes und Volumens (hohe Transportkosten) musste das Brennholz nahe am Markt produziert werden. Ferner entspricht dies frühen Theorien über den Standort von Industrien, die die Bedeutung von Energie- und Rohmaterialien für nahgelegene industrielle Objekte der Schwerindustrie hervorheben (Weber 1909).

Die Energiezone geht über in den Gürtel der Früchterotation, wo Getreide und andere Früchte angebaut werden. Die äußerste Zone wird durch Weideland und Fleischproduktion bestimmt. Sie war zu Zeiten von Thünens die am extensivsten von allen bewirtschaftete Produktionsstätte. Doch wird man nicht notwendigerweise auf eine allgemein extensive Produktion in dieser Zone stoßen. Auch hier findet sich Raum für verschiedene Nutzpflanzungen, was in der Tat auch industriellen Rohmaterialien entspricht. Einige der angebauten Produkte werden kleinere oder größere Profite erzeugen, werden aber auch höhere Produktionskosten als andere mit sich bringen, z.B. Getreide. Dieser Umstand wird die Produktion solcher Produkte bis zu dieser marginalen Zone vorantreiben in Übereinstimmung mit der relativen Verringerung der Kosten, die aus der Distanz resultieren, wobei andere Bedingungen konstantgehalten werden.

5. Allgemeinheit und Prüfbarkeit – Kritik

Ein Großteil der Kritik an dem Modell von Thünens hat sich auf die begrenzten Voraussetzungen gerichtet und folglich auf die Probleme, die sich bei einer Konfrontation mit der realen Welt ergeben. Unzählige Dissertationen sind über das Thema geschrieben worden (Hall 1966), wobei einige eher konventionell argumentieren. Zentral in der Debatte ist die Frage, ob das Modell von Thünens

(Abb. 4) für empirische Studien fortgeschrittener Landwirtschaft Gültigkeit besitzt. Nach Saey (1997) ist diese „empirische" Herangehensweise an die Theorie ein Hindernis zum wirklichen Verständnis ihrer Erklärungskraft.

In der zweiten Ausgabe seines Werkes fügte von Thünen seinem Modell eine feinere Struktur hinzu und gab einige der rigiden Annahmen auf, z.B. die eines einzigen Marktes. Soweit es die Nutzung des Bodens betrifft, ist das Ergebnis im Grunde dasselbe. Doch stellt sich das Bild komplexer dar und nähert sich somit eher an reale Bedingungen an (Abb. 6). Eine ernsthafte Kritik richtet sich gegen die Logik der Berechnung. So ist von Thünen vorgeworfen worden, sich zu eng auf die Bedingungen seiner Zeit bei der Spezifizierung verschiedener wichtiger Elemente in seinem Modell zu konzentrieren.

Diesen Blickwinkel hat der genaueste der Thünen-Forscher, Petersen (1944), in seiner Kritik der Kostenkurve der originalen von Thünen-Modelle eingenommen. Wie bereits bemerkt wurde, verringern sich die Kosten mit der Distanz vom Markt, da sie zumeist als Beziehungen von Subsistenzprodukten ausgedrückt werden können. Obgleich dies zu von Thünens Zeit in Übereinstimmung mit der Theorie wie auch empirischen Befunden war, hat die spätere wirtschaftliche Entwicklung die Gültigkeit dieser „innewohnenden Ordnung" verringert. Das zunehmende Element externer Investitionen und andere Einsatzfaktoren in der modernen Landwirtschaft haben zu einem Kostenanstieg mit zunehmender Distanz vom Markt geführt, womit die Kostenkurven steiler wurden.

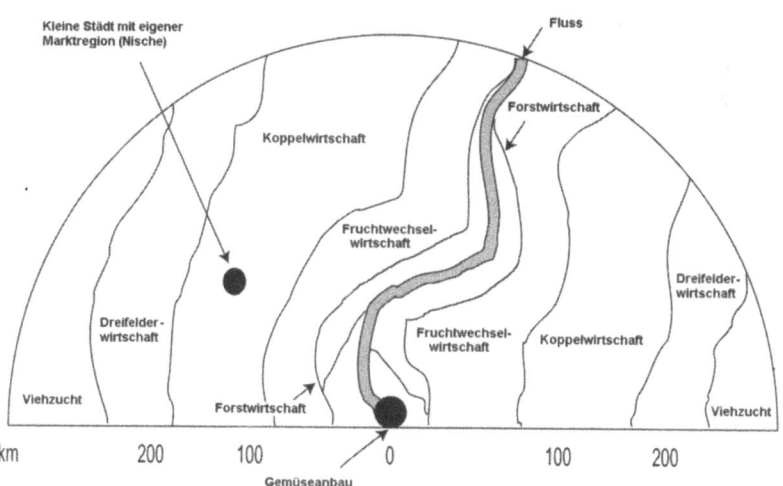

Abb. 6: Eine modifizierte Darstellung des Landgebrauchs im isolierten Staat von von Thünen.

Das Modell von Thünens ist auch für die Variierung nur eines Faktors – Transportkosten – unabhängig von den anderen kritisiert worden. Carell (1950) hat gezeigt, dass die Transportkosten die Variablen beeinflussen, wie z.b. in Geld ausgedrückte Löhne, die von Thünen konstantgehalten hat. In Wirklichkeit findet sich ein Realeinkommenszuwachs im Verhältnis zur Distanz. Carell wies nach, dass das Modell Konsistenz zurückgewinnt, wenn man zulässt, dass billige Arbeitskräfte verstärkt in Nähe des Marktes eingesetzt werden, was den Nettogewinn mit Blick auf die „Lagerente" in eine Art Profit durch Intensivierung verändert. Doch kann man mit gutem Grund daran zweifeln, wie weit eine Manipulation dieser Art in der gegenwärtigen Situation logisch haltbar ist.

Petersen (1944) behauptet auch, dass das Gesetz von Thünens über den Anbau alternativer Produkte heute keine Allgemeingültigkeit besitzt. Die Behauptung, dass Hochprofitkulturen am nächsten zum Markt angebaut werden, gilt nur, wenn die Kosten in dem betreffenden Gebiet niedriger sind.

Noch ist es von sich aus einsichtig, welche Produkte am nächsten zum Markt angebaut werden. Ein und dasselbe landwirtschaftliche Produkt mag beides mit sich bringen, einen höheren Wert der Ausbringung und höhere Produktionskosten als in anderen Fällen. Alle Einkommens- und Kostenvariablen müssen im Zusammenhang eingeschätzt werden, bevor man definitiv sagen kann, welches Produkt in größter Nähe zum Markt angebaut werden sollte. Ungeachtet dieser Einwände erweisen sich die Gesetze von Thünens als gültig, wenn wir sie auf die angeführten Vorbedingungen beziehen. Man kann sogar von ihnen behaupten, dass sie mit größerer Reichweite angewandt werden können als von Thünen und seinen Zeitgenossen klar war. Dies gilt besonders für seinen Nachweis der Grenzproduktivität. Samuelson (1983) vertritt die Ansicht, dass allein dies für dauerhaften Ruhm in den Annalen der Wirtschaftstheorie hinreichend ist.

Im vergangenen Jahrhundert haben Forscher die grundlegenden Prinzipien des Modells von Thünens durch die Anwendung auf die städtische Geografie verallgemeinert. In erster Linie ist das Modell auf die Beschreibung der Verstädterung im allgemeinen angewandt worden. Ausgehend von dem Modell von Thünens mit Blick auf eine einzige Stadt inmitten eines landwirtschaftlichen Gebietes, haben Wang und Guldmann (1997) die Wechselbeziehungen zwischen der Stadt und ihrer landwirtschaftlichen Umgebung analysiert. Sie wiesen nach, wie die Mechanismen der Verstädterung und der Stadtentwicklung von der Struktur des Hinterlandes abhängig sind, von Veränderungen in der Produktion und den Transporttechnologien sowie von der Nachfrage nach landwirtschaftlichen und industriellen Produkten.

Noch deutlicher sind die Hypothesen von Thünens bei dem Erklärungsversuch belegt, den Landgebrauch in städtischen Gebieten zu deuten. Wie bereits bemerkt, begrenzte sich die Definition der Bodenrente von Thünens auf die Erträge landwirtschaftlicher Aktivität. Doch kann das Rentenkonzept auf die

Landwirtschaft verallgemeinert werden und schließlich auf den Preis für Boden. Es besteht eine enge Beziehung zwischen der Bodenrente, wie durch von Thünen ausgedrückt, und „Renten"-Werten als dem Ergebnis des Wettbewerbs um den Boden für landwirtschaftliche und andere Ziele (Ricardo 1932). Von Thünen war der Meinung, dass der Landwirt, wenn man ihn als „wirtschaftendes Subjekt" sieht, die Bodenrente als Leitfaden zum Kauf oder bei der Pacht eines Landes nimmt und sie somit in eine Bieter-Rente überführt. Für fruchtbaren Boden kann er es sich leisten, einen hohen Preis für die Landeinheit in der Nähe des Markes zu zahlen, wohingegen in großer Distanz vom Markt die Nachfrage für Land derselben Qualität geringer sein wird, was zu einem geringeren Preis führen wird. In solchen Zonen wird der Landwirt in der Lage sein, ertragreiche Pflanzen durch weniger ertragreiche zu ersetzen, die ein größeres Gebiet verlangen und doch für sich selbst ein ausreichendes Einkommen erzielen. Hier bemerken wir deutlich die Ähnlichkeit zum städtischen Wettbewerb um Boden. In vielerlei Hinsicht sind Theorien über die Bodennutzung in städtischen Gebieten eine logische Ausdehnung der Standorttheorie landwirtschaftlicher Produktion (Isard 1956).

Bereits in der zweiten Dekade des 20. Jahrhunderts wurde eine Theorie der Bodenrente für den Landgebrauch für Geschäftszwecke und für Wohngebiete formuliert (Hurd 1924 und Haig 1926). Hier gilt ebenfalls das Prinzip relativer Lage. Die Landverwendung wird abhängig von der Distanz zum Zentrum und den Transportkosten variieren. Der schärfste Wettbewerb um den Boden wird sich unmittelbar im Zentrum finden. Bei diesem Wettbewerb werden die Gewinner jene sein, deren Aktivitäten den höchsten Profit pro Landeinheit abwerfen. Unterstellt man, es handele sich um einen freien Markt, könnten sie diejenigen überbieten, die Boden für extensivere Zwecke benötigen. Somit würden nur diejenigen in der Lage sein, sich zu etablieren, die die höchste Bodenrente für die zentralste Lage bieten können. In den Worten von Hurd:

> Da der Wert abhängig von der Bodenrente ist, die Bodenrente von der Lage und die Lage von dem Nutzen und der Nähe, können wir die intermediären Verknüpfungen ausschalten und sagen, dass der Wert von der Nähe abhängig ist (Hurd 1924, S. 13).

Haig ging es hauptsächlich um die Differenzierung der Handlungsweisen:

> Das Zentrum ist der Punkt, an dem die Transportkosten auf ein Minimum reduziert werden können. Da nicht genügend Raum im Zentrum für alle Aktivitäten vorhanden ist, die von der Ansiedlung dort profitieren würden, sind die zentralsten Lagen von denjenigen Aktivitäten beansprucht, die den höchsten Nutzen aus diesen Vorteilen ziehen. Die anderen werden in weniger zugänglicher Lage angesiedelt (Haig 1926, S. 421).

Die innerste Zone ist diejenige der Handels- und Dienstleistungsaktivitäten, gefolgt von einem Industriebereich und einem Wohnbereich. Schließlich finden wir außerhalb des bebauten Bodens ein Gebiet intensiver Landwirtschaft (Abb. 7). Somit ersetzt eine Art des Nutzens eine andere, genauso wie dies von Thü-

nen für die landwirtschaftliche Produktion behauptet hat (siehe Abb. 3). Zur Zeit
der klassischen Theoretiker über die Nutzung städtischen Bodens wurde dieses
Muster als so unstrittig angesehen, dass es als allgemeines „Gesetz" der Stadtentwicklung formuliert wurde. Die spätere Entwicklung hat es für nötig befunden, dieses „Gesetz" zu modifizieren. Diese Neuorientierung ist in erster Linie
vor allem technischer Innovation geschuldet, die im Verlaufe der Entwicklung
Probleme für die alten Stadtzentren mit sich brachte. Wie wir wissen, hat das
Auto den Zugang zum Zentrum eher erschwert, was dazu geführt hat, dass Gebiete intensiver industrieller Nutzung in größerer Distanz vom Zentrum angesiedelt wurden. Beiläufig gesehen, ist dies ein Muster, das nicht unverwandt
dem veränderten Modell von Thünens ist, das mehr als einen Markt zulässt.

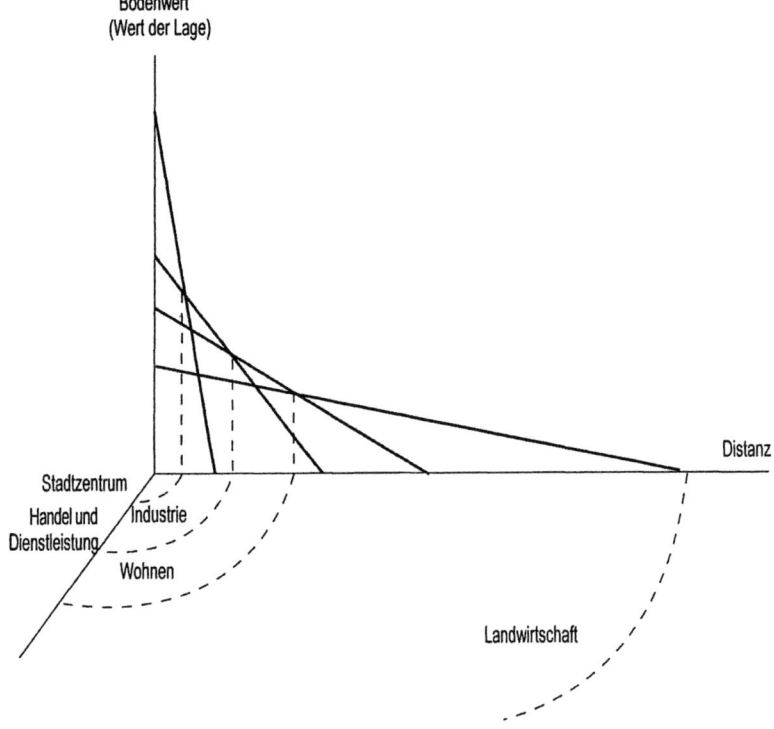

*Abb. 7: Die Beziehung zwischen Bodenwerten und der Bodennutzung in einem
städtischen Gebiet*

6. Empirische Einschätzung – Schlussfolgerung

Bereinigt von seinen zeitabhängigen Elementen, scheinen einige der „Gesetze" von Thünens überlebt zu haben. Sie beziehen sich auf Prozesse und Beziehungen, die derartig fundamental sind, dass einige der grundlegenden Charakteristika des räumlichen Modells unabhängig von Zeit und Raum gültig bleiben.

So bleibt Gartenanbau in der Nähe der Märkte ein hervorstechendes Kennzeichen landwirtschaftlicher Nutzung überall in der Welt. Es reicht aus, auf New Jersey in den USA, Lierdalen und Frosta in Norwegen hinzuweisen, wobei die letzteren die Märkte von Oslo und Trondheim versorgen. Die Produktion für den Milchverbrauch ist immer noch näher am Markt angesiedelt als die Butter- und Käseproduktion (vgl. den Norden des Staates New York sowie den „Milch-Stall" Vermont und die Käsefabriken von Wisconsin in den USA).

Wir finden immer noch viele der Kornspeicher der Welt in erheblicher Distanz von den größeren Märkten, sowohl aus interkontinentaler als auch nationaler Sicht. Dies gilt auch für die Fleischproduktion auf den Viehweiden. Ein gutes Beispiel ist die zunehmende Schafhaltung in den ländlichen Bergdistrikten des östlichen Norwegens, besonders in den abgelegenen Gebieten von Østerdalen und Gudbrandsdalen.

Die Existenz von Gebieten unterschiedlicher Intensivierung in der europäischen Landwirtschaft wird häufig als deutlicher Beleg für die Gültigkeit des Modells angesehen (Bradford und Kent 1977). Die entscheidenden Merkmale der Kreise von Thünens können auf der Grundlage von Abb. 8 verifiziert werden, in diesem Fall auf kontinentaler Ebene.

Obgleich viele der hauptsächlichen Charakteristika des klassischen Modells mit den empirischen Ergebnissen übereinstimmen, können wir auch auf mehrere Abweichungen und sogar unterschiedliche Muster hinweisen. Gemüse und Früchte werden in speziellen Nischengebieten weitab von den Märkten angebaut. Das klassische Beispiel liefert der spezialisierte kalifornische Salatanbau, der lange vorher begonnen wurde, bevor sich die Region selbst zu einem größeren Markt entwickelte. Selbst wenn das klassische Modell eine gewisse Gültigkeit auch in den neubebauten Gebieten der Dritten Welt besitzt, mit ihrer deutlichen Extensivierung der Produktion und langen Brachezeiten in marktfernen Gebieten sowie intensiver Kleinproduktion in der Nähe der Märkte, so ist das Bild doch alles andere als eindeutig (Walker und Homma 1996). In der Nähe der großen Städte des brasilianischen Amazonas finden wir große Güter, die für Weideland genutzt werden und erheblich größere Flächen beanspruchen als die intensiv bewirtschafteten kleinen Bauernhöfe. Dieses Phänomen hat seinen Ursprung in erheblich komplexeren Bedingungen als denjenigen, die im originalen Modell ausgedrückt sind. Es scheint seine Wurzeln auch in den sozio-politischen Umständen zu haben. Stadtzentrierte Viehzüchter, die von den Vorteilen der Großproduktion profitieren, interagieren mit Behörden, die das Eigentum schützen.

Wir können beobachten, dass Milch für den Verbrauch über große Distanzen transportiert wird und dass die klaren Grenzen, die zwischen den Produktionsstätten verschiedener Milchprodukte vorhanden waren, verwischt werden. Für das heutige Norwegen können wir sogar behaupten, dass wir ein umgekehrtes Ansiedlungsmuster haben. Die alte Zone intensiver Landbebauung nahe den größeren Märkten (Romerike, Hedemarken) wird für die Getreideproduktion verwendet. Milch für den Verbrauch in der Oslo-Region wird aus fernen Tal- und Bergregionen sowie von Jæren (Südwest-Küstenregion) geliefert. Auch auf dem europäischen Festland werden erhebliche Mengen an Getreide in der Nähe der Märkte produziert, selbst innerhalb des innersten Zirkels, wie in Abb. 8. gezeigt.

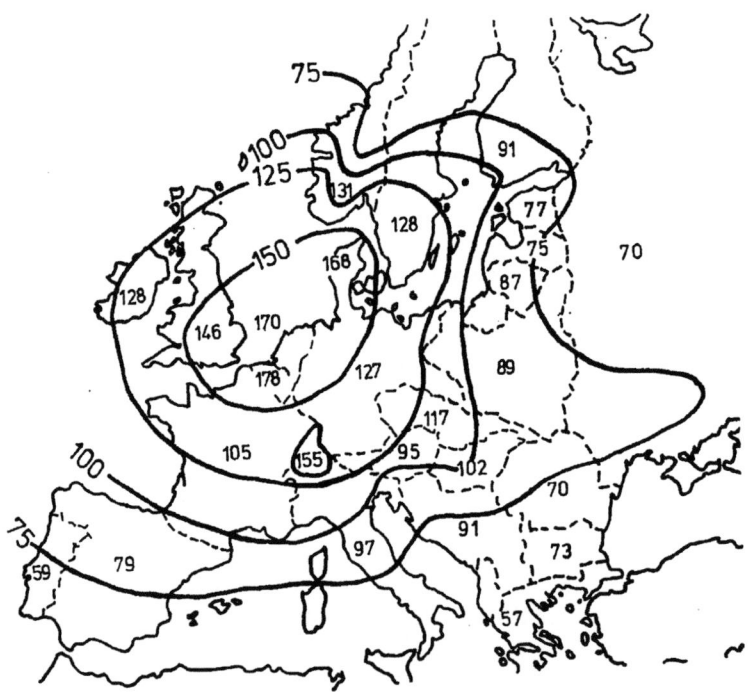

Abb. 8: Zonen verschiedener Intensivierung in der europäischen Landwirtschaft. 100 = Europäischer Durchschnittsertrag pro Hektar für 8 verschiedene Anbauprodukte.

Selbstverständlich führen all diese Abweichungen von dem klassischen Modell nicht dazu, dass das Modell von Thünens „falsch" war. Sie sind vielmehr Beleg dafür, dass sich die verschiedenen Variablen in seinem Modell verändert haben. Wir beobachten eine komplexe Dynamik in der wirklichen Welt, die aus der Wechselwirkung zwischen den Variablen herrührt. Peter Hall (1966) verweist auf drei solche Variablen: Agrartechnologie, Transporttechnologie und Bevölkerungszuwachs. Wir mögen letzteres eine dynamische Marktvariable nennen und gleichzeitig organisatorische und politische Variablen hinzufügen.

Um unser Argument zu belegen, kehren wir zu Abbildung 3 zurück. Man stelle sich eine Verdopplung des Produktionswertes pro landwirtschaftlich genutzter Einheit vor, wohingegen die Transportkosten unverändert bleiben. Dies mag schnell zu einer erheblichen Vergrößerung der Zonen führen, in denen der Anbau des entsprechenden Produktes profitabel ist. Eine andere Variable, die sich wahrscheinlich verändern wird, sind die Transportkosten. Dies wird ebenfalls zu einer Ausdehnung in der möglichen Reichweite der Landnutzung führen (Abb. 9). Produktionswerte pro Landeinheit und die Frachtkosten haben sich beide seit den Zeiten von Thünens geändert und somit die Arbeitsteilung innerhalb des landwirtschaftlichen Sektors in globaler Perspektive vergrößert. Dies bedeutet, dass andere Faktoren als Transportkosten entscheidend für die Ansiedlung bzw. den Anbau werden. Ohne diese Veränderung wäre die Ausweitung der landwirtschaftlichen Gebiete auf dem nordamerikanischen und dem australischen Kontinent sowie auf der südlichen Halbkugel Südamerikas nicht möglich gewesen. Der wahre Motor waren das explosive Bevölkerungswachstum sowie der Zuwachs an Kaufkraft.

In gewisser Weise hat dies zur verstärkten Nutzung organisatorischer und politischer Maßnahmen in der landwirtschaftlichen Produktion geführt, teilweise durch den Preismechanismus, teilweise durch Zölle und Subventionen. Die Agrarregelung der EU hat somit zu offensichtlichen Verzerrungen in der Produktion geführt. Ohne diese Regelungen wären Teile der Produktion entweder beendet oder auf die produktivsten Einheiten verringert worden. Dies wiederum hätte ein erhebliches Wachstum im Welthandel veranlassen können, besonders bei Produkten wie Zucker und Getreide, aber auch bei tierischen Produkten und Früchten. Die Paradoxien unserer eigenen inländischen Lage können auch als Ergebnis politischer Entscheidungen gedeutet werden, die Preis- und Transportregulierungen über ein komplexes Netzwerk von Vereinbarungen und organisierten Handlungsweisen errichtet haben und nicht, wie von von Thünen angenommen, auf der Basis individueller anonymer Teilnehmer im Markt.

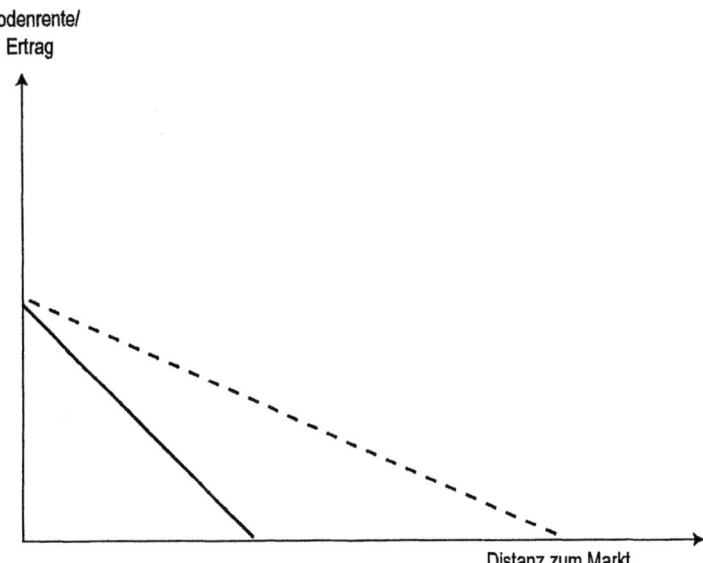

Abb. 9 Veränderungen in den Transportkosten und den Produktionsgebieten. Die unterbrochene Linie zeigt die mögliche Landnutzung, abhängig von verringerten Transportkosten an.

Das gilt für die Getreideproduktion in dem Bereich, der früher der „natürliche" Milchladen der Natur war, wie auch für die Verlagerung dieser Produktion in abgelegenere Regionen mit zunehmenden Produktions- und Frachtkosten. Wir haben mit einem recht gradlinigen Gesetz der Bodenlage begonnen. Dann haben wir die erheblich komplizierteren Beziehungen, die diesem Gesetz unterliegen, vollständiger erfasst. Obgleich viele dieser Bedingungen heutzutage als von Zeit und Raum abhängig erscheinen mögen, nicht zuletzt von den jüngsten technologischen Veränderungen, bleibt das hauptsächliche Argument gültig: die wechselseitige Konstellation der Variablen. Folglich bleibt das Werk von Thünens von erheblicher Bedeutung und auch ein Standardthema für die weitere Forschung.

7. Literatur

Bradford, N.G. and W.A. Kent 1977: *Human Geography,* Oxford University Press, Oxford.

Carell, E. 1950: "Die Lagerente", Zeitschrift für die gesamte Staatswissenschaft, S. 106, S. 473-91.

Chisholm, M. 1962: *Rural Settlement and Land Use: An essay in location,* Hutchinson University Library, London.

Christaller, W. 1933: *Die zentralen Orte in Süd-Deutschland,* Fischer, Jena.

Haig, R.M. 1926: "Toward an Understanding of the Metropolis", *Quarterly Journal of Economics* 40, 421-33.

Hall, P. (Hg.) 1966: *Von Thünen's Isolated State*, Pergamon Press, London.

Hurd, R.M. 1924: *Principles of City Land Values*, The Record and Guide, New York.

Isard, W. 1956: *Location and Space Economy*, M.I.T. Press, Cambridge, Mass.

Marshall, A. 1890: *Principles of Economics*, Macmillan, London.

Petersen, A. 1944: *Von Thünens Isolierter Staat: Die Landwirtschaft als Glied der Volkswirtschaft*, Berlin.

Ricardo, D. 1932: *Principle of political economy and taxation*, ECK Gonner (Hg.), London.

Saey, P. 1997: "The Theory of von Thünen and the Geographical Structure of Core Areas in the World System", paper presented at the 10th European Colloquium on Theoretical and Quantitative Geography, Rostock.

Samuelson, P.A. 1983: "Von Thünen at Two Hundred", *Economic Literature* 21, S. 1468-88.

Schumpeter, J.A. 1953: *History of Economic Analysis*, Allen and Unwin, London.

Smith, A. 1776: *An Inquiry into the Nature and Causes of the Wealth of Nations*, Maynard and Zinke, London.

Thaer, A. 1798: *Einleitung zur Kenntnis der englischen Landwirtschaft*, Hannover.

Thünen, J.H. von 1826 (1842): *Der isolierte Staat in Beziehung auf Landwirtschaft und Nationalökonomie*, Rostock.

Walker, R. and A. Homma 1996: "Land use and land cover dynamics in the Brazilian Amazon: An overview", *Ecological Economics* vol. 18. No 1, S. 67-80.

Wang, F. and J.-M. Guldmann 1997: "A spatial equilibrium model for region size, urbanization ratio and rural structure", *Environment and Planning* vol. 29, S. 929-941.

Weber, A. 1909: *Über den Standort der Industrien*, Mohr, Tübingen.

Ausgewählte Werke in deutscher Sprache

Ricardo, D. 1980: *Grundsätze der politischen Ökonomie und der Besteuerung*, Frankfurt am Main, Europäische Verlagsanstalt.

Schumpeter, J. 1993: *Theorie der wirtschaftlichen Entwicklung*, Berlin, Duncker und Humblot.

Smith, A. 1776/1999: *Untersuchungen über Wesen und Ursachen des Reichtums der Völker*, 3 Bände, Düsseldorf, Verlag Wirtschaft und Finanzen.

11. Das inverse Gesetz der medizinischen Versorgung von Hart: Über die Verteilung von Gesundheitsressourcen

Thor Øivind Jensen

1. Originalzitat

Die Verfügbarkeit guter medizinischer Versorgung scheint umgekehrt mit dem Bedarf dafür in der Bevölkerung zu variieren (Julian Tudor Hart, *The Lancet*, 27. Februar 1972).

2. Kurze Erläuterung

Die Behauptung in diesem Gesetz lautet, dass der Zugang zu medizinischer Versorgung leichter wird und sich deren Qualität umgekehrt proportional zu dem verbessert, was gemessen an der Bedürftigkeit notwendig ist. Durch Umkehrung dieser Formulierung erhalten wir die Hypothese: je größer der Bedarf der Bevölkerung, desto geringer wird die Qualität derselben Dienstleistungen sein, und desto weniger entwickelt werden sie sein. Die bündige Formulierung des Gesetzes macht seine Anwendung leichter und ermöglicht die statistische Überprüfung auf verschiedenen Ebenen. Eine einfache und allgemeine Untersuchung beinhaltet die Suche nach einer negativen Beziehung zwischen Gesundheitsproblemen und der Entwicklung des Gesundheitsdienstes. Schaut man sich an, wie das Gesetz in der Originalformulierung dargestellt ist, so sehen wir, dass der Autor die Gültigkeit einer solchen Beziehung für die private vom Markt regierte Entwicklung der Gesundheitsdienste für selbstverständlich hält. Die Herausforderung besteht darin, dass Hart diese Logik auch auf die öffentlichen Gesundheitsdienste mit ihren „wohlfahrtsstaatlichen und sozialen Gleichheitszielen" anwendet.

Der Inhalt des Gesetzes ist ausgesprochen dramatischer Natur und besagt, dass das (öffentliche) Gesundheitssystem vollständig unabhängig von einer seiner deutlichsten Forderungen funktioniert: der Verteilung der Dienste entsprechend der Bedürftigkeit der Bevölkerung. Es ist ein ernsthaftes Gesetz und nicht ein Unterfall paradoxer oder amüsanter Gesetzmäßigkeiten der Art, dass „in allen Dingen der Wurm ist". Zur gleichen Zeit ist die Formulierung des Gesetzes eher allgemein und rhetorischer Art. Dies legt es nahe, keine quantitative Zielsetzung zu vermuten (eine präzise Hypothese) als vielmehr auf eine Tendenz aufmerksam zu machen. Eine Äußerung also, die Diskussion und Analyse wecken soll, die zu Kenntnis und Reform führt. In dem Ausmaß, in dem das Gesetz gültig ist, verweist es auf ein grundlegendes Dilemma im Wohlfahrtsstaat und in der Entwicklung der Gesundheitsfürsorge in unserem Gesellschaftstypus. In diesem Zusammenhang werfen wir einen schärferen Blick auf den Charakter dieser gesetzesähnlichen Beziehung, untersuchen das Ausmaß, in dem das Gesetz die Wirklichkeit widerspiegelt, und analysieren die Folgen einer solchen Beziehung.

3. Hintergrund

Julian Tudor Hart war niedergelassener praktischer Arzt in Wales und hat sich sehr mit den sozialen Unterschieden in Gesundheitsfragen beschäftigt. Es ist wichtig zu wissen, dass der Bezirk, in dem er praktiziert hat (die Bergarbeiter-Distrikte von Wales, Glamorgan), stark von dem Gesetz beeinflusst wird, das er formuliert hat. Doch beides, der Artikel von 1972 und andere Aufsätze, haben Hart in den Forschungen und im Gesundheitsdienst bekanntgemacht. Sein Name wird besonders mit der bitteren Erkenntnis großer sozialer Unterschiede in den Gesundheitsstandards und parallel einhergehenden Unterschieden in der modernen Gesundheitspflege verbunden, selbst nach Einführung des öffentlichen Gesundheitssystems, das das Ziel gleicher Behandlung und der Ausschaltung gesundheitlicher Unterschiede hatte. Er hat ungefähr fünfzig Artikel publiziert, die alle unter Standardquellen gelistet werden, wovon die meisten eher kurzer Natur sind. In diesen Arbeiten verfolgte er die Diskussion über die soziale Schieflage in der Verteilung und beschäftigt sich mit solchen Themen wie der Rolle des Arztes als Allgemeinmediziner, vorbeugender Medizin und der Behandlung hohen Blutdrucks.

Hart gehört zu einer ausgeprägten starken Tradition in der Forschung über den englischen Gesundheitsdienst. In den 1970er Jahren waren viele stark an diesem Thema interessiert und haben Berichte herausgegeben, die im Unterschied zu den allgemeinen Erwartungen eine Zunahme in der sozialen Differenzierung in Gesundheitsfragen ergaben. Auch wurde deutlich, dass sich diese zunehmenden Unterschiede während der ersten Jahrzehnte des Englischen Nationalen Gesundheitsdienstes (NHS) entwickelt hatten. Die englische Forschung zog einen Vorteil aus der ziemlich strikten Abgrenzung der sozialen Schichten, die auf Berufsgruppen aufbauten. Auf der Basis wohlbekannter Unterschiede in den Sterberaten und in den Gesundheitsbeschwerden verschiedener sozialer Schichten, wie sie sich seit dem Beginn des vorhergehenden Jahrhunderts entwickelt hatten, fand man, dass relativ gesehen die Unterschiede seit der Einrichtung des öffentlichen Gesundheitsdienstes nicht gemildert waren. Deutliche soziale Unterschiede wurden sichtbar für den Zugang und die Nutzung der Gesundheitsdienste.

Die kritische Forschung wurde in der Öffentlichkeit durch den *Black Report* bekannt, ein Bericht, den die britische Regierung veranlasst hatte. Der Bericht ist nach dem Leiter der Forschungsgruppe benannt. Er zeigte, dass die Unterschiede in der Gesundheit und in den Sterberaten zwischen den verschiedenen sozialen Schichten immer noch erheblich waren und in der Zeit von 1930 bis

1960 zugenommen hatten, obgleich sich die allgemeine gesundheitliche Lage erheblich verbessert hatte (eine kurze und präzise Zusammenfassung der wichtigsten Daten findet sich bei Blaxter 1976). Dies war eine dramatische Nachricht für eine Gesellschaft, die die Entwicklung eines ausgedehnten öffentlichen Gesundheitsdienstes auf das Prinzip der Gleichheit gegründet hat. Die Regierung versuchte, den Bericht aus der öffentlichen Diskussion zu halten (er wurde nur in 260 Exemplaren gedruckt und nur intern einer ausgesuchten Gruppe zugestellt). Dies machte ihn zu einem Gegenstand größeren öffentlichen Interesses, als er in Form eines Penguin Paperbacks publiziert wurde (Townsend und Davidson 1982) und verschiedene Auflagen erreichte. Die Debatte zwischen der Öffentlichkeit und den Forschungsgruppen war entsprechend intensiv. In gewisser Weise fügte die spätere kritische Forschung diesen Schlussfolgerungen Nuancen an, doch blieben die wesentlichen Befunde gleich und gültig, was auch für heute zutrifft.

Weder sind die Gesundheitsunterschiede zwischen den sozialen Gruppen mit hohem und niedrigem Status in der Weise verringert worden, wie viele das für die Zeit nach den 1960er Jahren gehofft hatten. Die jüngste Dokumentation belegt, dass sich, wenn überhaupt, die relativen Unterschiede in den Jahren bis 1990 vergrößert haben. Dies gilt sowohl in England (Townsend, Davidson und Whithead 1990) als auch in den USA (Pappas u.a. 1993). Wir können nunmehr annehmen, dass die Häufigkeit der intensivsten Leiden aus sozialen Gründen disproportionaler Natur ist. Für viele Krankheitsgruppen ist die Todesrate drei- bis achtmal höher unter den Niedrigstatus-Gruppen als unter den Hochstatus-Gruppen. So sind solche Schichtunterschiede z.B. signifikanter für die Lebenserwartung als für das Rauchen (Angell 1993). Die Annahme ist berechtigt, dass ca. zwei Drittel der Unterschiede in den Sterberaten in reichen wie in armen Ländern mit den Einkommensunterschieden zusammenhängen (Hurowitz 1993).

Beide, das Gesetz und sein Erfinder, können somit mit einem Problem in der westlichen Gesundheitsfürsorge und in der traditionellen Gesundheitsforschung in Verbindung gebracht werden, das als „soziale Fehlverteilung" bezeichnet wird. Der Übelstand ist während der letzten zwanzig Jahre nicht verringert worden, die seit der Verabschiedung des Gesetzes vergangen sind.

4. Formalisierung – präzise Definition

Dies ist kein einfaches Kausalitätsgesetz. So wäre es unvernünftig zu glauben, dass die Abwesenheit von Gesundheitsproblemen aus sich heraus ein gutes Gesundheitsfürsorgesystem schaffen würde. Letztlich ist es eine Gesetzmäßigkeit, die eine empirische Kovariation bezeichnet.

Die Ursachen können zahlreicher und komplexer Natur sein. Nach Ansicht von Hart können die wichtigsten Gründe aus marktähnlichen Faktoren in dem Gesundheitssystem abgeleitet werden.

Geht man zur Originalseite 8 des Artikels von 1972 zurück und berücksichtigt unseren Kenntnisstand aus der Gesundheitsforschung, so können wir annehmen, dass die grundlegenden Bedingungen, die Anlass zu dieser Gesetzmäßigkeit geben, mit verschiedenen zentralen Variablen in Beziehung stehen. Vermutlich ist die Annahme nur von zweitrangiger Bedeutung, dass eine direkte Beziehung zwischen der aktiven Konzentration der Gesundheitsdienste auf Gebiete und ihrer Zahl und Einfachheit besteht. Doch sollten wir nicht die Möglichkeit außer Acht lassen, dass das Gesundheitspersonal manchmal seinen Arbeitsplatz dort sucht, wo nur wenige Aufgaben vorherrschen, die Patienten gesund und die Arbeitsbedingungen einfach und wohlstrukturiert sind.

Die allgemein zugrundeliegenden Variablen, die die Beziehung veranlassen, sind eher sozialer Natur: geringer sozialer Status und schlechte allgemeine Lebensbedingungen in einem Gebiet führen zu Gesundheitsproblemen in der Bevölkerung. Über viele komplizierte Mechanismen führen die gleichen sozialen Bedingungen generell zu schlechter Gesundheitsfürsorge oder zumindest zu einer, die im Verhältnis zu den bestehenden Problemen unzureichend ist. Das Gesundheitspersonal wird sich z.B. nicht auf solche Stellen in solchen Regionen bewerben, wenn es freie Wahl hat. Regionalfonds mögen auch mit dem Sozialstatus in den Fällen variieren, in denen die Budgeteinheiten lokal und regional begrenzt sind. Auch sind möglicherweise sozial benachteiligte Gemeinden weniger in der Lage, die Ansiedlung von Gesundheitsinstitutionen in ihren Gebieten zu fördern. Schließlich folgen viele Dienste, die ausschließlich auf privater Finanzierung beruhen, der Kaufkraft und nicht der Notwendigkeit.

Die einfachste Art, um den Hintergrund der Gesetzmäßigkeit zu analysieren, liegt in dem Verweis auf zwei parallele Mechanismen:

1. Gleichzeitige Variation von niedrigem sozialen Status in einer Region mit überproportionalen Gesundheitsproblemen.
2. Niedriger sozialer Status in einer Region führt zu schwächerer Entwicklung der Gesundheitsfürsorge.

Als ein direktes Kausalgesetz ist die inverse Gesetzmäßigkeit der Gesundheitsfürsorge von Hart demzufolge genau genommen doppeldeutig.

Der Originalartikel warnt daher auch stark vor dem Missverständnis, dass die Gesetzmäßigkeit gemäß unserer Erwartung einer klaren Beziehung zwischen Gesundheitsfürsorge und Gesundheit zustandekommt, so dass der Mangel an Gesundheitsinstitutionen zu schwacher Gesundheit führe. Unglücklicherweise sind die Gesundheitsfürsorgedienste in der Art, wie sie derzeit auf ihre Aufgaben ausgerichtet sind, ein nicht unwichtiger Faktor für den Gesundheitsstandard größerer Bevölkerungsgruppen (McKeown 1976). Hart ist der Ansicht, dass die Gesundheitsfürsorge dessen ungeachtet entsprechend dem Bedarf der Bevölkerung zu entwickeln sei. Auf dem Individualniveau bieten die Gesundheitsdienste Vorsorge, Erleichterung, Betreuung und wichtige medizinische Unterstützung an, obgleich sie sich im Allgemeinen bei der Verbesserung nationaler Gesundheitsprobleme nicht als von großer Wichtigkeit erweisen.

Mit Blick auf Form und Inhalt kennzeichnet die Gesetzmäßigkeit von Hart eine offensichtlich logische Beziehung zu anderen Gesetzmäßigkeiten der sozialen Fehlverteilung. „Das Paradox des Wohlfahrtsstaates" wurde von Eskeland und Finne (1973) nach Studien in Osloer Gebieten mit niedrigem Sozialstatus formuliert:

> Der Wohlfahrtsstaat ist in der Form organisiert, dass er am effizientesten für diejenigen ist, die seines am wenigsten bedürfen.

Der wohlbekannte biblische „Matthäus-Effekt" (vgl. Matthäus Kap. 25, V. 29-30) weist eine ähnliche Struktur auf:

> Denn wer da hat, dem wird gegeben, und wird die Fülle haben; wer aber nicht hat, dem wird auch das, was er hat, genommen werden. Und den unnützen Knecht werfet in die äußerste Finsternis hinaus, da wird sein Heulen und Zähneklappern.

Der selten zitierte letzte Teil mag als scharfer Verweis auf die Stigmatisierung verstanden werden, die häufig von sozial Benachteiligten erlitten wird.

In der Forschung amerikanischer Gesundheitsdienste findet sich eine andere Formulierung, obgleich nicht in Form einer Gesetzmäßigkeit dargestellt:

> Die Güte der Justiz mag blind sein, doch sie riecht, besonders nach Klassenunterschieden (Hollingshead und Redlich 1958, S. 192).

Aus jüngeren Formulierungen können wir eine anführen, die sich direkt auf das Verwaltungssystem bezieht:

> Nicht zufällig wandern einige durch das System, als ob ihnen von einer unsichtbaren Hand geholfen wird, wohingegen andere von einer unsichtbaren geballten Faust erwischt werden (Jacobsen et al. 1982, S. 41).

Somit verfügen wir über einen Satz an Formulierungen, der verschiedene Formen der sozialen Fehlverteilung zusammenfasst und zeigt, dass das historisch eher neue „Wohlfahrtssystem" nicht in der Lage war, die Logik umzukehren. Dies sind allgemeine Aussagen, die sich auf eine Gesetzmäßigkeit beziehen, die sich mit bestimmten Mechanismen beschäftigt, die der sozialen Fehlverteilung unterliegen. Eine wichtige mögliche Unterscheidungslinie zwischen ihnen liegt darin, dass einige hinreichend allgemein sind, um die Fehlverteilung als Art Naturgesetz zu erklären (der „Matthäus-Effekt" oder die Fassung von Hollingshead und Redlich 1958), wohingegen andere nahelegen, dass die Wirkung von einer bestimmten Ausprägung des öffentlichen Verwaltungssystems abhängig ist (Hart 1972, Eskeland und Finne 1973, Dahl 1988, Jacobsen u.a. 1982). Das inverse Gesundheitsgesetz gehört zu letzterer Kategorie. Die Formulierung stellt eine Beziehung zwischen dem Gesetz und einer bestimmten Ausprägung des Gesundheitssystems her, wie dies auch die vorgelegten Argumente tun. Ferner ist bezeichnend, dass die Form der Gesetzmäßigkeit von Hart weniger allgemein ist. Die Gesetzmäßigkeit verweist explizit auf ein Muster, das typisch für die Art ist, wie Gesundheitssysteme organisiert sind.

In seiner logischen Form entspricht die Gesetzmäßigkeit einer langen Serie von Behauptungen über die Gesellschaft, die empirisch beobachtete Tendenzen mit verschiedenen möglichen Ursachen zusammenfassen. Das Gesetz der tendenziell abnehmenden Profitrate ist ein interessanter Vergleich (Hellesøy 1988). Nach einer Interpretation sorgen einige zugrundeliegende Umstände dafür, dass man normalerweise den Trend in der Gesellschaft findet, den das Gesetz behauptet. Die Gesetzmäßigkeit nimmt ihren Ursprung aus sozial definierten Ursachen, denen man durch Handeln begegnen kann. Am Schluss seines Artikels deutet Hart an, dass wir die Gesetzmäßigkeit als eine generelle Tendenz in unserem Gesellschaftstypus anzusehen haben, allerdings eine Tendenz, der wir durch politische Prozesse und Systemveränderungen entgegenwirken können.

Daraus folgt, dass sich das inverse Gesundheitsgesetz auf einen begrenzten Sektor der Gesellschaft bezieht und verschiedene zugrundeliegende Kausalmechanismen widerspiegelt. Da beide, diese Kausalmechanismen und der Sektor, auf den sich die Gesetzmäßigkeit bezieht, von Menschen gemacht sind, handelt es sich nicht um ein „Naturgesetz", sondern um die Herausarbeitung gewisser Beziehungen oder Gesetzmäßigkeiten, die unzweifelhaft menschlicher Intervention unterliegen.

5. Allgemeinheit und Prüfbarkeit – Kritik

Nach kurzer und präziser Formulierung der Gesetzmäßigkeit als Beziehung zwischen einigen Faktoren liegt es auf der Hand, einige präzise Deutungen und grafische Darstellungen der Gesetzmäßigkeit zu betrachten. Die einfachste Interpretation ist die Annahme einer linearen Beziehung, wobei sich die Mittel für die Gesundheitsfürsorge – quantitativ und qualitativ, direkt und absolut – im Verhältnis zu steigender Nachfrage verringern.

Abbildung 1 zeigt eine solche einfache Beziehung, wobei das Angebot, als absoluter Wert gemessen, durch ein Wachstum der Nachfrage verringert wird. Verschiedene geografische Hinweise in dem Artikel von Hart erlauben eine Deutung dieser Art. Eine Interpretation dieser Form belegt, dass das Gesetz eine brutale und dramatische Abweichung von den ausdrücklich behaupteten Leitlinien der öffentlichen Gesundheitspolitik darstellt.

Wir können aber auch eine weniger strikte Deutung der Gesetzmäßigkeit vortragen, indem wir auf eine Tendenz verweisen, die für die meisten Verteilungsbemühungen innerhalb des Wohlfahrtsstaates zutrifft: die Verfügbarkeit der Güter und Dienste wächst weniger schnell, als es dem Wachstum der Nachfrage entspräche. Eine solche Beziehung ist in Abbildung 2 dargestellt. Hier steht die Gesetzmäßigkeit nur für eine systematische Abweichung von einer Erwartung, dass die Verfügbarkeit der Gesundheitsfürsorge abhängig von der

Nachfrage zunehmen sollte. Die helle Linie zeigt den Zuwachs an Verfügbarkeit, der auf einen Zuwachs in der Nachfrage erfolgt, die dunkle Kurve steht für das verringerte Ausmaß, in dem die Bedürfnisse erfüllt sind. Der erhebliche Unterschied zwischen den Abbildungen 1 und 2 deutet an, dass, wenn wir unpräzise in der Definition der Beziehungen sind, sich verschiedene Schlussfolgerungen ergeben können, die alle mit der Gesetzmäßigkeit vereinbar sind. Ein Risiko besteht, dass viele empirische Resultate mit der weniger strengen Interpretation, wie in Abbildung 2 dargelegt, übereinstimmen, wohingegen die Argumentation leicht die dramatische Situation hervorrufen mag, wie in Abbildung 1 angedeutet.

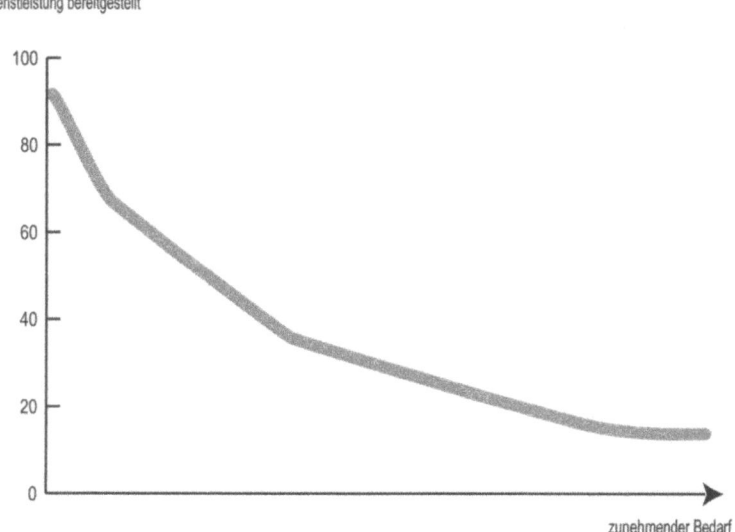

Abb. 1: Das inverse Gesetz medizinischer Versorgung nach Hart – enge Interpretation

Als einfache testbare Hypothese ist die erste Alternative am deutlichsten und leichtesten zu überprüfen, wohingegen die weite Auslegung eher eine allgemein zugrundeliegende Tendenz vieler öffentlicher Verteilungssysteme widerspiegelt. Die zweite Alternative ist deshalb allgemeiner, aber auch weniger präzise. In der weniger kategorischen Interpretation kann man die Gesetzmäßigkeit (vorausgesetzt, sie gilt) eher als Problem der Anpassung, der Organisation oder der Implementation denn als fundamentalen Mangel in der Bereitstellung öffentlicher Gesundheitsfürsorge interpretieren.

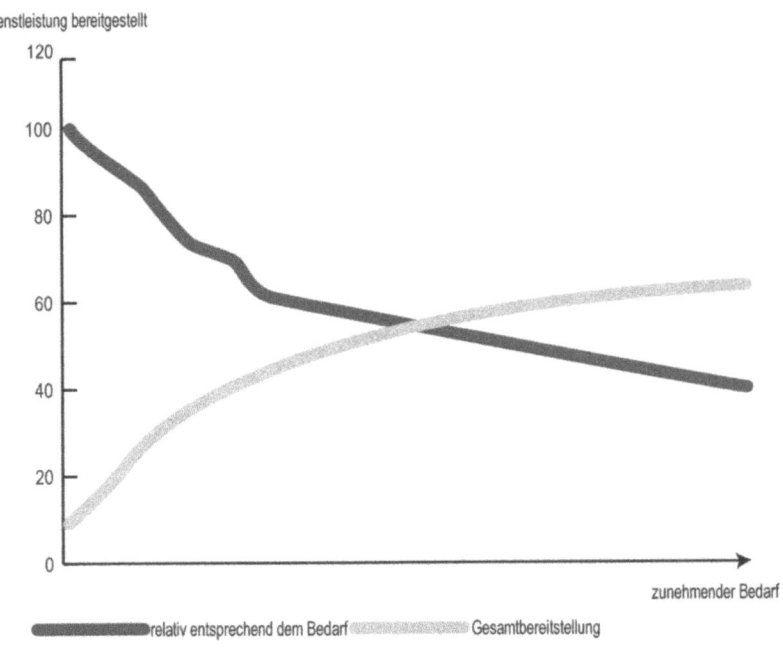

Dienstleistung bereitgestellt

zunehmender Bedarf

relativ entsprechend dem Bedarf   Gesamtbereitstellung

Abb. 2: Das inverse Gesetz der medizinischen Versorgung nach Hart – weite Interpretation

Wie bereits bemerkt, kann die Gesetzmäßigkeit auch in Beziehung zu sozialem Status und sozialer Fehlverteilung gesehen werden und so gedeutet werden, dass schlechte Gesundheit und schwache Gesundheitsfürsorge durch niedrigen sozialen Status erzeugt werden. Hier können die Folgerungen der Gesetzmäßigkeit direkt mit einem der grundlegenden Prinzipien der öffentlichen Gesundheitsfürsorge im Wohlfahrtsstaat in Beziehung gesetzt werden, so wie von Asa Briggs formuliert:

> [...] unabhängig von Schicht oder Status die allgemeine Verfügbarkeit der Gesundheitsfürsorge nach den besten Standards innerhalb eines erreichten Niveaus sozialer Fürsorge für alle Bürger sicherzustellen (zit. in Seip 1981, S. 35).

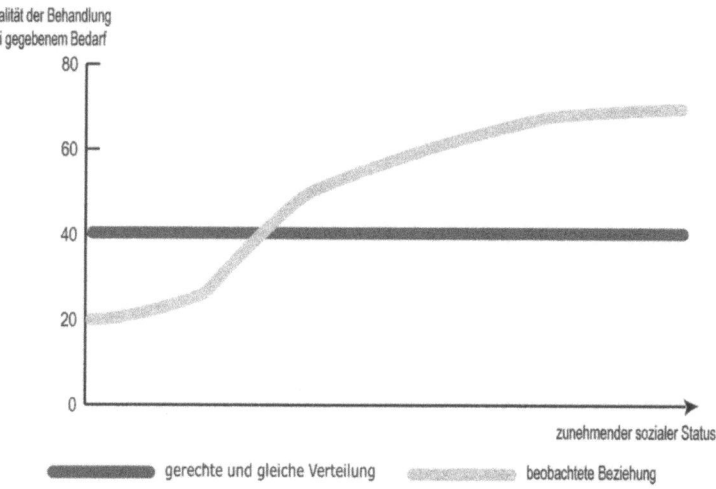

Abb. 3: Die soziale Ungleichheitsinterpretation

Das öffentliche System der Gesundheitsfürsorge ist einer der Sektoren, in denen ein ausgreifendes Ziel wie das genannte größte Legitimität besitzt. Obgleich die „besten zur Verfügung stehenden Standards" nicht immer erreicht werden können, ist es eindeutig illegitim, die Prioritäten in der Dienstleistungsqualität vom sozialen Status abhängig zu machen. Eine Fassung der Gesetzmäßigkeit, die eine Beziehung zwischen sozialem Status und der Verfügbarkeit guter Gesundheitsfürsorge herausarbeitet, mag wie in Abbildung 3 dargestellt werden. Die Erwartungen werden durch die schwarze Linie angedeutet und verweisen auf gleiche Behandlungsqualität, unabhängig von sozialem Status. Die helle Kurve deutet eine Verbesserung in der Versorgungsqualität in Abhängigkeit vom sozialen Status an, was mit dem Gesetz von Hart zu vereinbaren ist. Hier seien einige sinnvoll qualifizierende Einschränkungen gemacht. Erstens besteht die Möglichkeit, dass zumindest einige Gruppen mit niedrigem Status in der Lage sein werden, Gesundheitsdienstleistungen in erheblichem Ausmaß zu erlangen, z.B. in Institutionen arbeitende und/oder benachteiligte Personen mit sichtbaren und „würdigen" Benachteiligungen. Zweitens bleibt in der Realität nicht zu bezweifeln, dass zumindest jeder eine minimale Gesundheitsfürsorge erlangen kann und sogar ein Maximum, wo das öffentliche Budget so viel bereitstellt, wie realistischerweise erwartet werden kann. Somit können wir die Gesetzmäßigkeit wie in Abbildung 4 verändern. Hier sind die angebotenen Dienstleistungen verhältnismäßig gut für einige schwächere Gruppen mit speziellerem Bedarf (anerkannter Bedarf). Doch für den Rest der Bevölkerung gilt immer noch, dass höherer sozialer Status Zugang zu besserer Gesundheitsfürsorge bringt.

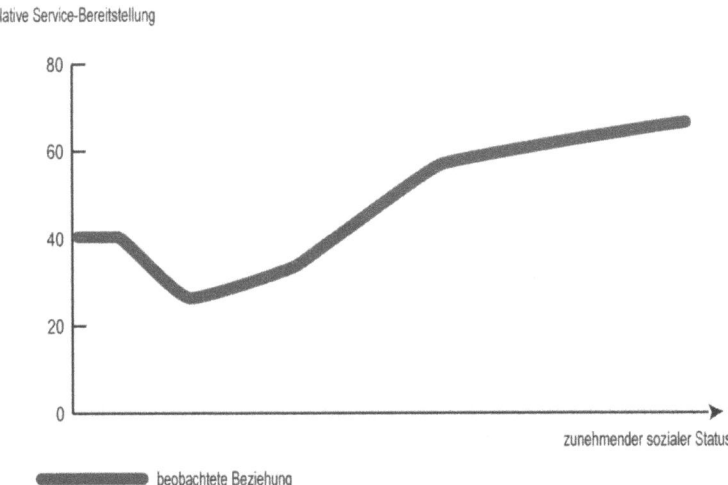

Relative Service-Bereitstellung

zunehmender sozialer Status

beobachtete Beziehung

Abb. 4: Eine wirklichkeitsnahe Interpretation der sozialen Ungleichheit?

Viele solcher Illustrationen können entwickelt werden. Uns lag daran zu zeigen, dass eine Formalisierung der Gesetzmäßigkeit leicht verschiedene Interpretationen zulässt und somit eine Anregung für die Formulierung schärferer Hypothesen sein kann, zu denen die Gesetzmäßigkeit einlädt. Andererseits gilt für diese Gesetzmäßigkeit gleichermaßen wie für andere, dass eine empirische Illustration weniger nützlich als Kenntnis der Mechanismen sein mag, die die Gesetzmäßigkeit angeregt haben. Doch werden wir immer einige Schwierigkeiten haben, solches Wissen mit Blick auf einfache zweidimensionale und lineare Darstellungen einzuschätzen.

Grundlegende Ursachen

Die Absicht von Hart in der Formulierung einer solchen Gesetzmäßigkeit ist vermutlich zweifacher Natur. Sie ist teilweise deskriptiv insofern, als er herausarbeiten möchte, dass die Realität systematisch von den offiziell anerkannten Zielen verschieden ist. Zweitens ist seine Absicht normativ. Er ist der Meinung, dass man die Situation ändern kann, und dass sie geändert werden sollte. Wenn Änderungsversuche erfolgreich sein sollen, ist grundlegende Kenntnis der Ursachen notwendig. Das sind genau die Ursachen und Strategien für solchen Wandel, die Hart in seinem Artikel diskutiert. In seiner Sicht ist die allgemeine Ursache nämlich eindeutig: „Das inverse Gesundheitsgesetz besitzt die größte Gültigkeit auf Gebieten, auf denen die Marktkräfte den stärksten Einfluss auf die Gesundheitsfürsorge haben, und minimale Gültigkeit, wo solcher Einfluss verringert worden ist."

Dieser Markteinfluss ist durch die Möglichkeit des Kaufes von Gesundheitsfürsorge sowohl direkter als auch indirekter Natur, gleichermaßen wie die wirtschaftliche und soziale Stärke des Individuums seine Chancen erhöht, eine gute öffentliche Gesundheitsfürsorge zu erhalten, sowohl individuell als auch kollektiv. Der Artikel von Hart wurde auch deswegen geschrieben, um vor zunehmender Marktdominanz innerhalb der öffentlichen Gesundheitsfürsorge zu warnen, eines Trends, der zum Zeitpunkt der Niederschrift sichtbar war. Direkte Marktmechanismen bedeuten, dass Gesundheitsfürsorge gekauft werden kann und muss und von denen gekauft wird, die ökonomisch am stärksten sind, die besonders motiviert und am besten informiert sind. Auf diese Weise geraten medizinische Dienste in eine deutliche soziale Schieflage, die wiederum zu dem Muster führt, das konform mit dem inversen Fürsorgegesetz geht. In Großbritannien herrschten in den 1970er Jahren deutliche und direkte Marktelemente. Zu einem geringeren Ausmaß sehen wir sie heute in Norwegen. Die Beiträge der Patienten und das Angebot privater Spezialisten sind solche Elemente. Die Welle der Privatisierung in den 1980er Jahren löste eine ausgedehnte Diskussion über die Gefahr aus, dass der Gesundheitsdienst dahin komme, die Verteilung wirtschaftlicher Stärke und nicht die Bedürfnisse für solche Dienste widerzuspiegeln. Wie bereits oben bemerkt, deuten zahlreiche Analysen an, dass die Fehlverteilung der Gesundheit und der Gesundheitsfürsorge in den westlichen Ländern seit der Welle der Privatisierung der 1980er Jahre zugenommen hat.

Indirekte Marktmechanismen sind dessen ungeachtet von größerem Interesse in Gesellschaften mit Gesundheitsfürsorgesystemen, die im Prinzip den freien und privaten Markt als Mechanismus für die Verteilung der Fürsorge abgeschafft haben oder die zumindest ein Prinzip der Verteilung nach den Bedürfnissen für Gesundheitsfürsorge insgesamt verwenden. Hart diskutiert verschiedene indirekte Marktmechanismen, wobei der zentrale in dem Markt für Ärzte und deren Präferenzen liegt. Wenn Ärzte weitgehend frei in der Entscheidung sind, wo sie leben und arbeiten möchten, und wenn, was allgemein der Fall ist, sie selbst zu den oberen sozialen Schichten gehören, werden sie sich von Regionen angezogen fühlen, die ihnen gute Arbeitsbedingungen und hohen Status garantieren können und wo sie unter Menschen sein werden, die den gleichen Hintergrund teilen.

Hervorzuheben bleibt, dass unsere Gesellschaften in diesem Sektor der Freiheit der Berufe große Bedeutung zuerkannt haben. In anderen Sektoren, in denen die geografische Verteilung von Bedeutung ist, gelten gänzliche andere fachberufliche Kulturen. Die Telekommunikationsfirmen, die Postdienste und die nationalen Verteidigungsdienste z.B. verwenden alle eine Kombination aus zugewiesenen Posten und Nachfrage des beschäftigten Personals. Die Freiheit der Berufswahl ist dem Bedarf für den Postdienst untergeordnet oder den Verteidigungskräften, um das gesamte nationale Territorium abzudecken.

Die Exposition von Hart mit Blick auf Großbritannien weist Ähnlichkeit zu derjenigen in Norwegen [und Deutschland, EZ] auf. Ist qualifiziertes Personal knapp, d.h. finden sich zu wenige Ärzte, werden die privaten Präferenzen des infragekommenden Personals der entscheidende Faktor in der Rekrutierung des nötigen Stabs darstellen. Dies ist eine Situation, die deutlich mit der Denkweise kontrastiert, die in den eigentlichen und klassischen öffentlichen Dienstleistungsbranchen vorherrscht, wo Personalknappheit zum Beispiel durch die Praxis der ausgedehnteren Postenzuweisung gelöst wird oder durch Nutzung knapper Mittel. Wir haben bereits die generelle Vorliebe für ein gutes Leben in einer hohen Statusumgebung kommentiert. Hart hebt ferner die Bedeutung gemeinsamer medizinischer Ideologie hervor, die heutzutage der Interaktion zwischen Arzt und Patienten besondere Aufmerksamkeit schenkt. Der Wunsch nach bestmöglichen Arbeitsbedingungen und nach einer idealen Arzt-Patient-Beziehung führt zu einer Situation, in der der sozialen Fürsorge geringere Priorität eingeräumt wird. Hart gelangt zu der harten Schlussfolgerung:

> Der Ehrgeiz, eine solche ideale Medizin unter idealen Umständen zu praktizieren, führt weltweit dazu, dass die Ärzte die Leute mit dem größten Bedarf nach ihnen verlassen und zu denen gehen, die ihrer am wenigsten bedürfen.

Die Umstände, die diesen Effekt auslösen, sind bereits unter dem Titel „Die Effizienzschwelle" untersucht worden. So finden sich verschiedene praktische und normative Umstände, die dazu führen, dass Patienten mit hohem Status und in ebensolchen Regionen als die natürlichsten und attraktivsten beruflichen Herausforderungen angesehen werden (Jacobsen et al. 1982).

Ein von Hart nicht diskutiertes Thema ist das Planungssystem, das Gesundheitsressourcen zuweist und diese innerhalb des medizinischen Sektors verteilt. Es liegt auf der Hand, auch hier nach Ursachen für entsprechende Disproportionalitäten zu suchen. Verschiedene Regionalräte, Provinzen und staatliche Autoritäten stellen unzählige Arenen dar, in denen Patienten und Berufsgruppen ihre Ansprüche darstellen und verhandeln können, wo Werte und Bedürfnisse jenseits des Umkreises des Gesundheitssektors auch einiges Gewicht besitzen. Selbst einfachste Einschätzungen, die relative Verhandlungsstärke und das Zusammenspiel zwischen den verschiedenen Beteiligten berücksichtigen, deuten an, dass weitere Prozesse als nur die Verteilung von Gesundheitsfürsorge entsprechend den Bedürfnissen berührt sind. Wenn zum Beispiel die reichste Gebietsvertretung ihre Ressourcen im Verhandlungsprozess nutzen kann und professionelle Vereinigungen die privaten Interessen ihrer Mitglieder unterstützen, haben wir mehr Grund zu erwarten, dass das System Orte höheren Status und begrenzten Bedarfs begünstigen wird. Die Personen, die potenziell am meisten gezwungen sind, darauf zu reagieren, d.h. die Patienten und die Bevölkerung der unterprivilegierten Gebiete, haben kaum etwas in diesen Arenen zu sagen. Falls die Patienten- und Bevölkerungsinteressen überhaupt in diesem Spiel vertreten sind, werden sich starke und schwache Gruppen gegenüberstehen, und die starken mögen leicht dominant werden.

Viele Studien sind über die Planung von Krankenhäusern und andere allokative Prozesse erstellt worden. Die häufige Schlussfolgerung der Studien über die Entscheidungs- und Implementationsprozesse lautet, dass ideale und formale Verteilungsziele und die Gleichheit der Rechte durch den politischen Prozess ihrer Implementation in etwas Unterschiedliches transformiert werden.

Auf der Makroebene sind viele Kommentare über die allgemeine und problematische Tendenz abgegeben worden, Prioritäten nach anderen Kriterien als dem Bedarf zu definieren, so z.B. nach geografischen Gesichtspunkten und der Beziehung zwischen größeren, spezialisierten Krankenhäusern und regionalen Gesundheitsdiensten (Fuggeli 1982).

Einige der Gründe, die dem inversen Gesetz medizinischer Versorgung zugrundeliegen, können mit den Gesundheitsdiensten in Verbindung gebracht werden, wenn man deren komplexe Struktur des Zugangs zur Gesundheitsfürsorge betrachtet. Es gibt Gründe dafür, die Verfügbarkeit der Gesundheitsversorgung, nicht zuletzt der besten Dienste und solcher mit dem höchsten Spezialisierungsgrad, mit einem Hindernisrennen zu vergleichen, in dem der Klient verschiedene Schwierigkeiten zu überwinden hat, z.B. unpassende Bürozeiten, Wartezeiten, Erfordernisse in der Artikulation und Dokumentation und subtilere Mechanismen, die sich darin äußern, einen guten Eindruck zu hinterlassen und sich selbst als einen bedürftigen Kandidaten darzustellen (Jacobsen et al. 1982).

Die Informationen in dem Artikel von Hart und aus anderen Studien über den Gesundheitsdienst liefern somit einen Satz verwobener Faktoren, die alle tendenziell das inverse Fürsorgegesetz unterstützen. Als Gesamtheit gesehen, können diese Faktoren verhindern, dass die öffentliche medizinische Versorgung dem idealen und dem formalen Ziel genügt, wirkliche Bedürfnisse zu befriedigen.

6. Empirische Einschätzung – Schlussfolgerung

Empirische Evidenz

Hart beginnt seinen Artikel mit dem Hinweis, dass sich in seinem Distrikt die Gesundheitsstandards, gemessen an Sterberaten, im Vergleich zum Durchschnitt in Großbritannien verschlechtert haben. Im Jahre 1931 lag die Sterberate in seinem Distrikt bei 128 % des nationalen Durchschnitts, im Jahre 1968 ist sie auf 131 % angewachsen. In einem späteren Artikel (1972) liefert er noch deutlichere Zahlen, eine Sterberate, die von 111 % des nationalen Durchschnitts im Jahre 1931 auf 143 % des 1959er Durchschnitts anwuchs. Die Entwicklung der Kindersterblichkeit verlief ähnlich. Wie bereits erwähnt, sind die sozial ungleich verteilte medizinische Versorgung und sogar zunehmende soziale Ungleichheiten durch zahlreiche Studien in Großbritannien bestätigt worden (Blaxter 1976,

Townsend und Davidson 1990). In den 1970er Jahren haben Untersuchungen ergeben, dass unter den niedrigsten sozialen Schichten das Risiko für gewisse Krankheiten nahezu doppelt so hoch wie in den höchsten war, ein Resultat, dass durch verschiedene Analysemethoden bestätigt worden ist. Für verschiedene Krankheiten (z.B. Bronchitis) war die Variation sogar noch größer (Williams 1977). In den Worten von Titmuss:

> Fünfzehn Jahre Erfahrungen mit dem Nationalen Gesundheitsdienst haben uns gelehrt, dass die Gruppe mit hohem Einkommen weiß, wie die Gesundheitsdienste am besten ausgenutzt werden können. Sie wird häufiger von Spezialisten behandelt, belegt eine größere Zahl privater Betten in besser ausgestatteten und reichhaltiger mit Personal versorgten Krankenhäusern, erlangt umfangreichere chirurgische Leistungen, genießt bessere Mutterschaftsfürsorge und erhält psychiatrische Unterstützung und Psychotherapie leichter als Gruppen mit niedrigerem Einkommen, besonders diejenigen, die ungelernte Arbeitnehmer darstellen (Titmuss 1968).[1]

Eine allgemeine Behauptung dieser Art muss empirisch verifiziert werden. Es finden sich zwei Elemente in der Feststellung. Sie behauptet zum einen, dass Personen, die einer höheren sozialen Schicht angehören, effizienter mit dem System interagieren, und zum anderen, dass ein besserer Gesundheitsdienst in ihrer Umgebung eingerichtet worden ist. Konkrete Analysen fallen schwer, da die Mitglieder der höheren sozialen Schichten gesund sind und Korrekturen für die geringere Bedürftigkeit dieser Schichten angebracht werden müssen. Eine weitere Komplikation resultiert aus der Tatsache, dass Personen mit hohem Status mehr verlangen, sowohl im Hinblick auf ihre eigene Gesundheit als auch auf die öffentlichen Dienste (Jensen 1983). Die Einschätzungen von Titmuss sind insoweit bestätigt worden, als sich konkrete und zuverlässige Analysen durchführen lassen (Jensen et al. 1982, Jensen 1983, Townsend et al. 1990, Pappas et al. 1993). Für Großbritannien existieren Untersuchungen, die andeuten, dass die Raten für die ärztliche Beratung am unteren Ende der Statushierarchie unter Berücksichtigung unterschiedlicher Bedürfnislagen nur die Hälfte derer an der Spitze ausmachen (Blaxter 1976). Die vorliegenden Daten sind komplex und führen tendenziell zu falschen Schlussfolgerungen über die jeweils betroffenen Ebenen, doch sollten wir festhalten, dass die Unterschiede zwischen hohen und niedrigen Statusgruppen mit Blick auf vorbeugende Gesundheitsvorsorge am größten sind (Collins und Klein 1980). Richtet man die Aufmerksamkeit auf spezielle Krankheiten und nicht auf das allgemeine Muster, werden die methodischen Probleme geringer und die Resultate deutlicher. Um einige Beispiele aus England zu berichten, können wir erwähnen, dass die Zahl der Impfungen im umgekehrten Verhältnis zum Bedarf steht, dass in Abtreibungsfällen in den niedrigen sozialen Schichten zweimal so viele zu spät ins Krankenhaus gelangen und dass die Häufigkeit von Hausbesuchen bei großen Gesundheitsri-

---

[1] Zitat aus dem Artikel von Hart.

siken nahezu fünfmal höher an der Spitze der Statuspyramide ist (Williams 1977).

Im norwegischen Gesundheitssystem finden wir eingebaute Mechanismen, die automatisch solche Ungleichheiten verringern und die Dienste leichter zugänglich machen (Gesundheitsvorsorge in Unternehmen, staatliche Gesundheitsprüfung, Überprüfungen von Hausfrauen, Kindern, Impfprogramme usw.). Doch haben Dinge dieser Art nunmehr an Bedeutung verloren und sind zum Teil durch einfachere Systeme ersetzt worden, die von der Initiative der Nutzer abhängen.

Die Entwicklungen innerhalb der quantitativen Verteilungsmuster der Gesundheitsdienste stellen nur einen Aspekt des Fehlverteilungsproblems dar. Doch ist es dieser Aspekt, der den Kern der Analyse des inversen Gesetzes medizinischer Versorgung von Hart ausmacht. So kann man einige Indikatoren identifizieren, die die Qualität der Gesundheitsfürsorge demonstrieren. Hart liefert einen Überblick über verschiedene solcher Indikatoren: in Arbeitergebieten wurden 80 % der Operationsräume vor 1900 gebaut, und nur 5 % sind nach 1945 gebaut, verglichen mit 25 % neuen Operationsräumen in Mittelklassengebieten und nur 50 % aus der Zeit vor 1900. Mit Blick auf Ärzte im öffentlichen Gesundheitsdienst können wir auf die Zahl potenzieller Patients in ihren individuellen Listen schauen. In den Mittelklassengebieten befanden sich im Vergleich zu Arbeitergebieten wesentlich mehr Ärzte mit Listen, die weniger als 1000 Patienten umfassten, und wenige mit Listen, die über 2.500 hinaus gingen. Auch wurden deutliche Qualitätsunterschiede zwischen Ärzten und den ihnen zur Verfügung stehenden Einrichtungen ermittelt. In Mittelschichtgebieten hatten viermal so viele Ärzte in Oxford oder Cambridge studiert und fünfmal so viele in London. Sie besaßen mehr Röntgenausrüstungen und fünfmal mehr waren sie in der Lage, physiotherapeutische Dienste anzubieten. Während der ersten Phase des Nationalen Gesundheitsdienstes (NHS) fanden sich deutliche Verbesserungen in den Standards und der Verteilung der Ärzte, doch ereignete sich während der 1960er Jahre ein Wandel zurück zu früheren Bedingungen.

Nahezu alle Ärzte, die ihren Dienst in den Jahren 1968/1969 in unterausgerüsteten Gebieten begannen, kamen aus dem Ausland. Der Anteil der Bevölkerung in Gebieten mit zu wenigen Ärzten wuchs allgemein an. Würde man ein Maß konstruieren, um die Fehlverteilung mit dem größeren Bedarf nach Gesundheitsversorgung innerhalb der unteren sozialen Schichten in Verbindung zu bringen, so würde man ohne Zweifel hinreichendes empirisches Material finden, um das inverse Gesundheitsgesetz von Hart zu unterstützen.

Wie angesichts der dramatischen Formulierung des Gesetzes in einem kurzen Artikel zu erwarten war, haben einige Kritiker auf die zu allgemeine und vereinfachte Formulierung hingewiesen. Doch haben wenige die grundsätzliche gesetzesähnliche Beziehung infragegestellt (Williams 1977).

Gilt das Gesetz auch heute in Norwegen?

Da das Gesetz von Hart inzwischen relativ alt ist und sich auf Großbritannien bezieht, wo die Klassenunterschiede deutlicher als in Norwegen sind, mag man annehmen, dass es kaum für das heutige Norwegen zutreffe. Doch findet sich keine systematische Dokumentation, die unzweideutig eine solche optimistische Hypothese zurückwiese. Ein Grund für den Mangel an Dokumentation und Forschung ist der Umstand, dass sich keine einfachen und allgemein akzeptierten Kriterien für soziale Schichten oder Indikatoren des Bedarfs finden.

Unglücklicherweise gibt es aber Anzeichen, dass das Gesetz auch hier und jetzt gültig ist. Eine systematische Durchsicht der verfügbaren Forschungsresultate deutet an, dass sich zweifellos eine soziale Fehlverteilung in der Gesundheitsfürsorge in Norwegen findet und dass diese Fehlverteilung am deutlichsten unter Männern ist (Dahl 1988). Doch ist schwieriger einzuschätzen, ob sich eine fortschreitende relative Verschlechterung ergeben hat, ungeachtet der Annahme, dass eine solche bei den hauptsächlichen Todesursachen für Männer existiert, nämlich Herz- und Gefäßkrankheiten (Jensen 1983). Andererseits deuten gewisse Umstände darauf hin, dass die Fehlverteilung und relative Verschlechterung in Norwegen wahrscheinlich weniger ausgeprägt als in England und den USA ist (Dahl 1988, Pappas et al. 1993).

Die geografische Fehlverteilung der Gesundheitsfürsorge ist ein wohlbekanntes Phänomen, das die norwegischen Gesundheitsverantwortlichen über ein Großteil der Nachkriegszeit beunruhigt hat (Hansen 1979). Diese geografischen Unterschiede entsprechen tendenziell den sozialen Trennungslinien und spiegeln auch das verfügbare Wissen über die Häufigkeit von Gesundheitsbeschwerden wider. Somit findet sich auf regionaler Ebene Unterstützung für das Gesetz von Hart: je höher die Häufigkeit von Gesundheitsbeschwerden, desto geringer die Gesundheitsfürsorge. Das offensichtlichste Beispiel für ein unzureichend versorgtes und überausgedehntes Gebiet ist die Region von Finnmark, wohingegen Gebiete im östlichen Norwegen Gegenbeispiele darstellen. Auf stärker lokaler Basis finden wir, dass in urbanen Gebieten mit niedrigerem sozialen Status die verfügbare Gesundheitsfürsorge schlechter ist. Für Oslo ist dies recht gut dokumentiert. In einem Bericht über Oslo zeigt Otterstad (1988), dass unter Berücksichtigung von Unterschieden in den Gesundheitsbedingungen (Sterberate) die Zahl der ärztlichen Konsultationen in den westlichen Distrikten wesentlich höher als in den östlichen war (z.B. in den westlichen Distrikten waren Personen zwischen 50 und 59 Jahren 1.39 bis 2.25 mal häufiger die Empfänger eines ärztlichen Hausbesuches).

Otterstad fasst seine Ergebnisse wie folgt zusammen:

> [So finden wir] die Beziehung zwischen hoher Sterblichkeit als Ausdruck schwacher Gesundheit und geringer Nutzung der Gesundheitsdienste. Gegenwärtige Muster der Sterblichkeit und Ziffern für die Nutzung der Gesundheitsdienste könnten darauf hindeuten, dass das Gesund-

heitssystem zu einer Vergrößerung der Unterschiede zwischen den sozialen Gruppen führt (Otterstad 1988, S. 8-9).

Das Gewicht der Fehlverteilung der Gesundheitsdienste in den östlichen und westlichen Distrikten Oslos muss auch im Lichte der dramatischen Überrepräsentierung tödlicher Herzattacken unter Männern niedrigen sozialen Status in den östlichen Regionen von Oslo gesehen werden (Holme 1982, Otterstad 1988, Dahl 1988). Auch finden sich bedeutsame Anzeichen, dass ein wohlentwickeltes Gesundheitsfürsorgesystem und die häufige Nutzung seiner Möglichkeiten zu größerer Akzentuierung vorbeugender Maßnahmen führt. Die Ressourcen der Gesundheitsdienste werden somit für Kontrolluntersuchungen, Beratung und frühe Kontakte genutzt, die wiederum Gesundheitsstandards beeinflussen (Jacobsen u.a. 1982, Aarø 1986, Elvebakken 1994).

Diese deutlichen Indikatoren – Sterberaten und die Zahl der Arztbesuche – scheinen nahezulegen, dass das inverse Gesetz der medizinischen Versorgung auch in der sozialen Hierarchie Oslos gilt. In einer Analyse alltäglicher Daten – Zahl der Einwohner und eigene Einschätzung der Bevölkerung des Bedarfs für Gesundheitsfürsorge – sind Unterschiede zwischen Teilen der Stadt Bergen gefunden worden, die unzweifelhaft die Aussagen des Gesetzes von Hart erhärten. Die geringst etablierten Gesundheits- und Sozialdienste waren diejenigen in den problematischsten Stadtquartieren (Jensen et al. 1991).

In der Analyse der Beziehung zwischen verschiedenen Bevölkerungsgruppen und den Gesundheitsdiensten bemerkten wir auch signifikante Unterschiede entlang sozialer Trennungslinien. Allgemeine Umfragen über das norwegische Gesundheitsfürsorgesystem, die die sozialen Unterschiede einschließlich der ungleichen Entwicklung der genannten Dienste markieren, sind veröffentlicht worden (Fuggeli 1982). Die unzureichenden Gesundheitsfürsorgemöglichkeiten für Patienten, die an chronischen Krankheiten leiden, und besonders für solche, die in der Arbeiterschicht typisch sind (z.B. Erkrankung der Muskulatur und des Knochenbaus aufgrund von Verschleißerscheinungen) sollten auch als Beleg für das Versagen des Systems gelten, den niedrigen sozialen Schichten zu helfen.

Somit sehen wir, dass viele verschiedene Umstände gemeinsam die allgemeine Gültigkeit des inversen Gesetzes der medizinischen Versorgung bestätigen. Sollten wir einen systematischen Test des Gesetzes durchführen, hätten wir das mittlerweile sehr extensive grundlegende Datenmaterial über Gesundheit und Gesundheitsfürsorge in Bezug zu Geografie und sozialem Status zu analysieren und dafür nützliche Indikatoren zu entwickeln. Forschung entlang dieser Gesichtspunkte wird vermutlich zur systematischen Dokumentation führen, dass die tatsächliche Verteilung nicht die Erfordernisse der Bedarfserfüllung trifft, für gleiche Behandlung und für die Vermeidung von Unterschieden in der Bereitstellung medizinischer Versorgung.

Wir sollten auch bedenken, dass die politische Absicht von Hart war, vor Marktmechanismen in der Gesundheitsfürsorge zu warnen. Seit Mitte der

1980er Jahre ist diese Besorgnis über die sozialen Konsequenzen im medizinischen Versorgungssektor, so er in einen Markt umgewandelt wird, auch in Norwegen deutlich. Zusätzlich zu diesen klaren und einfachen Umständen führt die Forschung über die Mechanismen öffentlicher Servicesysteme aber zu einer noch größeren Herausforderung, nämlich dass das öffentliche Gesundheitssystem eine ungleiche Verteilung begünstigt, ungeachtet aller Ideale, gleicher Rechte und der Absicht, die größte Fürsorge denen angedeihen zu lassen, die ihrer am stärksten bedürfen.

Schlussbemerkung

Das inverse Gesetz medizinischer Versorgung ist besorgniserregend, weil es sich auf Mechanismen konzentriert, die gänzlich den Prioritäten entgegenstehen, die den öffentlichen Gesundheitssystemen zugeschrieben werden. Hinreichende Studien liegen vor, um die Aussagen von Hart tendenziell zu bestätigen, doch ist in Norwegen das allgemeine Muster nicht diskutiert worden oder nicht zum Gegenstand der Forschung im gleichen Ausmaß gemacht worden. Obgleich in jüngster Zeit verschiedene gute Studien publiziert worden sind (Dahl 1988, Otterstad 1988), haben sich wenige Projekte speziell mit dem inversen Versorgungsgesetz von Hart beschäftigt. Zukünftige Forschungsprojekte sollten z.B. herausfinden, ob die sozialen Verteilungen der Gesundheitsbeschwerden dem Gesetz von Hart entsprechen und ob die Ausdehnung des Gesundheitssystems den Bedürfnissen der Bevölkerung folgt.

Die Soziologin Margaret Stacey ist über Jahre mit dem englischen System vertraut. Sie ist der Meinung, dass eine „zweite Phase" für die Entwicklung des öffentlichen Gesundheitsdienstes definiert werden sollte. Die „erste Phase" die jetzt zu Ende gegangen ist, hatte das Ziel, allgemeine Ressourcen und Personal für die Gesundheitsfürsorge ausreichend zur Verfügung zu stellen. Die zweite Phase würde auf die Schaffung einer Organisation und einer Kultur zielen, die es erlaube, Prioritäten entsprechend den Bedürfnissen zu setzen, auf die Lösung des Problems der sozialen Fehlverteilung (Stacey 1986).

Das Interesse an dem inversen Gesetz medizinischer Versorgung mag auf dem impliziten Wunsch beruhen, die politischen und formalen Zielsetzungen des Wohlfahrtsstaates und des öffentlichen Gesundheitssystems ernstzunehmen. Das Gesetz (und meine Interpretation) nimmt auch seinen Ursprung aus dem Engagement für soziale Gleichheit, das im Zivilrecht seine Wurzeln findet, in sozialistischer oder sozialdemokratischer Menschenrechtsideologie. Aus eher zynischer und pragmatischer liberaler Sicht ist das Gesetz weniger interessant. Es zeigt lediglich, dass die stärksten Individuen der Gesellschaft nicht nur die gesündesten sind, sondern dass sie sich auch bemühen, die beste Gesundheitsfürsorge zu bekommen, gleichermaßen wie sie praktisch versuchen, das Beste von allem zu bekommen. Gehen wir über einen zynischen Pragmatismus hinaus und machen uns eine aktive liberale, sozial-darwinistische Sicht zu eigen, würden wir das Gesetz als Beleg für eine wohlfunktionierende Gesellschaft ansehen, wo die Starken und Gesunden das meiste bekommen, wobei dies in Übereinstimmung mit universellen Gesetzen und Werten ist und im besten Interesse der Gesellschaft.

Da das Gesetz ein tragisches Problem im Lichte der Ziele der öffentlichen Gesundheitsversorgung darstellt, erscheint es sinnvoll, unsere Übersicht durch eine Diskussion zu beschließen, das Gesetz „abzuschaffen" oder seine Konsequenzen zu mildern. Verschiedene Formen der Reform können Marktmechanismen begrenzen und Regulierungen einführen oder die Patienten stärken, damit sie „die Wirkung des Gesetzes mildern". Wir deuten lediglich fünf verschiedene Schritte in einem solchen Prozess an:

1. Der erste Schritt ist ein vollentwickeltes öffentliches Gesundheitssystem, in dem private Marktelemente minimale Bedeutung besitzen oder so reguliert sind, dass sie Ziele des öffentlichen Systems vorantreiben.
2. Der zweite Schritt besteht darin, das Recht des Gesundheitspersonals zu minimieren, sich selbst frei zu etablieren, verbunden mit einer Art hinreichender Ausbildungskapazität entsprechend den Bedürfnissen.
3. Der dritte Schritt besteht darin, jeden Einwohner mit einem klaren Rechtsanspruch auf leicht zugängliche und hochwertige Gesundheitsfürsorge auszurüsten.
4. Der vierte Schritt ist die Änderung der zentralen politischen Entscheidungsprozesse, so dass sie den Blick auf Gesundheitswerte in einer Weise richten, wie sie über viele Jahre in Norwegen fehlten (Jensen 1994).
5. Der fünfte Schritt liegt darin, hohe formelle und informelle professionelle Standards zu entwickeln, die öffentliche Gesundheitsbedürfnisse in stärkerer Form hervorheben.

Selbst eine optimistische Sicht der Möglichkeiten, solche Veränderungen durchzusetzen, muss zur Schlussfolgerung führen, dass für viele zukünftige Jahre das inverse Fürsorgegesetz von Julian Tudor Hart wahrscheinlich eine zentrale Tendenz in der norwegischen Gesundheitsfürsorge bleibt, ungeachtet dessen, dass es variabel ist und verändert werden kann.

7. Literatur

Aarø, L.E. 1986: *Health Behaviour and Socioeconomic Status*, doctoral thesis, University of Bergen.
Angell, M. 1993: "Privilege and Health - What Is the Connection?", *New England Journal of Medicine* nr. 2, S. 126-127.
Blaxter, M. 1976: "Social Class and Health Inequalities", in Carter and Peel (eds.): *Equalities and Inequalities in Health*, Academic Press, London.
Bomann-Larsen, S. and T.Ø. Jensen 1992: "Pasienterfaringer med helsevesenet" (Patients' Experiences with the Health Service), in Piene (ed.): *Helsevesent i klemme* (Health Service in trouble), Ad Notam.

Botten, G. and T. Bjerkedal 1988: "Ulikheter i helsevaner i Norge" (Inequalities Health Customs in Norway in 1985, *Tidsskrift for den Norske Lægeforening*, nr. 108, S. 157-62.

Collins and Klein 1980: "Equity and the NHS: Self-Reported Morbidity, Access and Primary Care", *British Medical Journal* nr. 281, S. 1111-1115.

Dahl, E. 1988: *Sosial ulikhet i helse*, (Social Inequalities in Health), SIFF, Gruppen for helsetjenesteforskning, (Group for Health Care Research), report nr.7.

Elvebakken, K. T., S. Fjær, T.Ø. Jensen 1994: "Forebygging og politikk: historie, dilemma og grenser", (Prevention and Politics: History, Dilemmas and Limits), in Elvebakken, Fjær and Jensen (eds.): *Mellom påbud og påvirkning. Tradisjoner, institusjoner og politikk i forebyggende helsearbeid* (Between Command and Influence.Traditions, Institutions and Politics in Preventive Health Work), Ad Notam.

Ekeland, S. and J. Finne 1973: *Rettshjelp* (Legal Aid), Pax Forlag, Oslo.

Fuggeli, S. 1982: *Det medisinske klassesamfunnet* (The medical Class Society), Universitetsforlaget, Oslo.

Hart, Julian Tudor 1972a: "The Inverse Health Care Law", in *The Lancet*, 27. February 1972 (also published in Cox and Mead (eds.): *Sociology of Medical Practice*, Collier/McMillan 1975).

Hart, Julian Tudor 1972b: "Data on Occupational Mortality", *The Lancet*, 22. January 1972, S.192.

Hansen, F.H. 1979: "Kjempevekst og fordelingskrise" (Gigantic Growth and Distribution Crisis), *Tidsskrift for Samfunnsforskning*, nr. 20, S. 21ff.

Hellesøy, A. 1988: "Profittratens fallende tendens" (The Falling Trend of the Rate of Profit), in Ugelvik Larsen (ed.): *Lov og Struktur* (Law and Structure*)*, Universitetsforlaget, Oslo.

Hollingshead and Redlich 1958: *Social Class and Mental Illness*, John Wiley, New York.

Holme, I. 1982: "Coronary Risk Factors and their Possible Role in the Development of Heart Disease. The Oslo Study", *Journal of Oslo City Hospital* nr. 32, S. 79-105.

Hurowitz, J.C. 1993: "Towards a Social Policy for Health", *New England Journal of Medicine*, nr. 2, S. 89-101.

Jacobsen, K.D., T.Ø. Jensen and T. Aarseth 1982: "Fordelingspolitikkens forvaltning" (The Administration of the Distribution Policy), in *Sosiologi i dag*, nr. 3.

Jensen T.Ø. 1983: *Helsevesen og sosial skjevfordeling* (Health Service and Social Unequal Distribution), publication nr. XX from "Forvaltningen og svakstilte brukere" (Administration and Vulnerable Users), Bergen 1983 (in distribution at SEFOS, UiB).

Jensen, T.Ø. 1994: "Forebygging og helse i politikken – den nære fortid" (Prevention and Health in the Politics – the Near Past), in *Mellom påbud og påvirkning. Tradisjoner, institusjoner og politikk i forebyggende helsearbeid*, (Between Command and Influence. Traditions, Institutions and Policy in Preventive Health Work), Ad Notam.

Jensen, T.Ø. 1992: *Pasienterfaringer med helsevesen* (Patients' Experiences with the Health Service), SEFOS, note nr. 57, Bergen.

Jensen, T.Ø., Ø. Venneslan and Vaage 1991: *Desentralisering som administrativ reform* (Decentralisation as Administrative Reform), SEFOS, report nr. XX 1991.

Lindblom, C. 1976: "Another State of Mind" in *American Political Science Review*, nr. 1, S. 9-21.

McKeown, T. 1976: *The Role of Medicine. Dream, mirage or nemesis*, Nuffield Provincial Hospital Trust, London.

Otterstad, H.K.: 1988: *Helsetjeneste er best for de friske* (Health Care is best for the Healthy), SIFF, Group for Health Care Research, report nr. 2.

Pappas, G. et al. 1993: "The Increasing Disparity in Mortality between Socioeconomic Groups in the United States, 1960 and 1986", *New England Journal of Medicine*, nr. 2, S. 103-109.

Seip, A.L. 1981: *Om velferdsstatens fremvekst* (On the Growth of the Welfare State), Universitetsforlaget, Oslo.

Townsend, S., Davidson and M. Whithead 1990: *Inequalities in Health*, Penguin Books, London.

Williams, F. 1977: *Why the Poor Pay More*, Mamillian Press / National Consumer Council UK.

Ausgewählte Werke in deutscher Sprache

Hollingshead, A. B. et al. 1975: *Der Sozialcharakter psychischer Störungen*, Frankfurt a. M., S. Fischer.

McKeown, T. 1982: *Die Bedeutung der Medizin: Traum, Trugbild oder Nemesis*, Frankfurt a. M., Suhrkamp.

Wendt, C. 2003: *Krankenversicherung oder Gesundheitsversorgung? Gesundheitssysteme im Vergleich*, Westdeutscher Verlag, Wiesbaden.

12. Die Tragödie der Allmende: Gemeinschaftliche Ressourcen und individuelle Interessen

Ørnulf Gulbrandsen

1. Originalzitat

Freiheit in einer Situation der Allmende bringt Ruin für alle (Hardin 1977, S. 20).

2. Kurze Erläuterung

In aller Kürze lautet die These: wenn individuelle Nutzer gemeinsamen Eigentums (d.h. einer begrenzten Basis gemeinsamer Ressourcen) nicht irgendeiner Art Beschränkung unterworfen werden, wird das Resultat ihrer Ausbeutung exzessiv und letztlich schädlich für alle sein.

3. Hintergrund

Auf vielen Gebieten des sozialen Lebens existieren Spannungen zwischen den Bemühungen der Menschen, ihre eigenen Interessen mittels der Ausbeutung gemeinsamer Ressourcen zu befriedigen, und dem übergeordneten Interesse, die Ressourcenbasis zu erhalten. Diese Art der Spannung hat bereits Aristoteles erkannt, der hervorhob:

Was für die größte Anzahl Gemeingut ist, bewirkt die geringste Fürsorge für es. Jedermann denkt hauptsächlich an sich, kaum an die gemeinsamen Interessen, und nur, wenn er selbst als Individuum davon berührt ist (Politik, Buch II, Kapitel 3).

Hier geht es um die Spannungen, die zwischen individuellen Handlungen zum Schutz individueller Interessen und allgemeinen Folgen dieser Handlungsweisen bestehen. Solche Spannungen finden sich auf vielen Gebieten der Gesellschaft, obgleich mit erheblicher Variation in dem Ausmaß ihrer Wahrnehmung und ihres sozio-politischen Managements. Die Formulierung des „Gesetzes" von Garret Hardin als „Die Tragödie der Allmende" (1977) repräsentiert eine Verallgemeinerung dieser Variationen.

Der Zeitpunkt der Veröffentlichung des Gesetzes und das Beispiel gemeinsamen Weidelandes (=Allmende) durch Hardin, um die Thesen der Tragödie der Allmende zu veranschaulichen, sind wichtig zum Verständnis des großen Interesses, das die These in den 1970er Jahren weckte. In dieser Zeit wurde die Aufmerksamkeit der Welt zum ersten Mal auf extensive ökologische Katastrophen gerichtet wie die Ausdehnung der Wüste in der Sahel-Zone. Kulturökologen, Anthropologen und andere Sozialwissenschaftler nahmen die These von Hardin als Ausgangspunkt für die Erklärung, dass die Ausdehnung der Wüstenregion nicht durch natürliche Faktoren wie klimatische Veränderungen allein verursacht war, sondern durch menschliche Überausbeutung der verfügbaren Ressourcen verschärft worden ist.

4. Formalisierung – präzise Definition

Hardin hat die Behauptung, „Freiheit in einer Situation der Allmende bringt Ruin für alle" dadurch zu erhellen gesucht, dass er eine These über den zentralen zugrundeliegenden Mechanismus entwickelte. Zu diesem Zweck nutzte er das Beispiel der Ausbeutung nichtregulierten allgemeinen Weidegrunds durch Vieh-/Schafzüchter:

Als rationales Individuum versucht jeder Züchter, seinen Gewinn zu maximieren [...]. Er fragt: „Was ist der Nutzen *für mich,* meine Herde um ein oder zwei Tiere zu erweitern?" Dieser Nutzen hat eine negative und eine positive Komponente.

1. Die positive ist eine Funktion des Zuwachses eines Tieres. Da der Viehhalter alle Gewinne aus dem Verkauf eines zusätzlichen Tieres erhält, ist der positive Nutzen nahe + 1.
2. Die negative Komponente ist eine Funktion der zusätzlichen Überweidung, die durch ein weiteres Tier erzeugt wird. Da jedoch die Wirkungen der Überweidung von allen Viehhaltern geteilt werden, ist der negative Nutzen für einen einzelnen eine Entscheidung treffenden Viehhalter nur ein Bruchteil von – 1.

Wenn er die Teilnutzen zusammenfügt, gelangt der rationale Viehhalter zu dem Schluss, dass für ihn die einzig sinnvolle Schlussfolgerung darin besteht, noch ein weiteres Tier hinzuzufügen und noch eins und noch eins ... Aber diese Schlussfolgerung wird von jedem einzelnen rationalen Viehhalter gezogen, der die Allmende nutzt. Darin liegt die Tragödie. Jeder ist an ein System gebunden, das ihn zwingt, seine Herde zu vergrößern – in einer begrenzten Welt (Hardin 1977, S. 20).

Der zentrale Punkt kann wie folgt ausgeführt werden: wohingegen der gesamte Profit eines zusätzlichen Tieres auf der Allmende dem individuellen Landwirt zufällt, werden die Kosten dieses Tieres, ausgedrückt in verstärktem Druck auf das Grasland, von allen Nutzern der Allmende geteilt. Nimmt man an, dass die betroffenen Akteure motiviert sind, ihren individuellen Nutzen zu maximieren, so besteht in dieser Situation ein starker Anreiz für jeden Nutzer, die Gelegenheit für sich selbst zu nutzen und seinen Viehbestand zu erhöhen. Ein Anreiz, der aus folgender *Systembegrenzung* resultiert: selbst wenn *ich* nicht die Notwendigkeit nutze, um meine Herde zu vergrößern, weil ich zu der Aufrechterhaltung dieser allgemeinen Ressource beitragen möchte, habe ich keine Garantie, dass *andere* sich ähnlich verhalten werden. Wenn sie sich selbst keine

Grenzen setzen, werden sich die Weidegründe verschlechtern, während ich es versäumt habe, den Ertrag meiner eigenen Herde zu vergrößern, ein Ertrag, der ferner durch die Verringerung des Graslands gefährdet wird. Durch die Vergrößerung meiner Herde würde ich zumindest die Gefahr der Marginalisierung verringern und gleichzeitig die Kosten des Zuwachses unter allen Viehhaltern, die die Allmende nutzen, verteilen.

Logisch gesprochen, ist es wahrscheinlich, dass der Effekt der Tragödie in einer Situation ausgelöst wird, in der (1) eine gewisse Zahl *unabhängiger* Ressourcennutzer danach strebt, individuellen Profit zu maximieren, (2) eine *begrenzte* gemeinsame Ressource existiert, die (3) nicht einer gemeinsamen Kontrolle oder anderer Regulierung unterliegt. Eine solche Situation ist potenziell tragisch in dem Sinne, dass sie ihrem Charakter nach fortschreitend ist: in dem Ausmaß, in dem sich der Druck auf das Weideland vergrößert, wird sich der Prozess beschleunigen. Jeder Halter wird bestrebt sein, seinen Viehbestand zu maximieren, um angesichts zunehmender Sterblichkeit die eigene Herde aufrechtzuerhalten.

Die Absicht von Hardin war, dieses „Spiel" der Allmende-Nutzer durch spezifizierende Bedingungen zu ändern, die von Anfang an den Ausbruch dieses tragischen Prozesses verhindern können. Ursprünglich war seine Polemik gegen diejenigen gerichtet, die annahmen, dass *technische* Lösungen für das Problem gefunden werden könnten, wobei Lösungen „nur Veränderungen in Techniken der Wissenschaft, aber nur in einem geringen Ausmaß, falls überhaupt, Veränderungen in den menschlichen Werten und moralischen Ideen" (1977, S. 16) bedeuteten. Die große Herausforderung läge darin, „Korrektive zu finden, um Wächter dazu zu veranlassen, ehrlich zu bleiben. Wir müssen Methoden finden für die Legitimierung der notwendigen Autorität der Wächter wie auch für die Korrektive" (1977, S. 23). Mittlerweile hat er dieses Problem formuliert als Frage der Transformation eines, wie er es nennt, „privater Profit-kommunalisierte-Kosten"-Spiels (PP-KK), was logisch zur Tragödie der Allmende führt, in ein „privates Profit-privatisiertes Kosten"-Spiel (PP-PK) (Hardin 1986; cf. Håland 1991).

5. Allgemeinheit und Prüfbarkeit – Kritik

Die logische Struktur der These von Hardin hat sich als widerstandsfähig gegenüber verschiedenen kritischen Stimmen erwiesen. Doch in gewisser Weise hat die Kritik geholfen herauszuarbeiten, wo und wann die These anwendbar ist und die Lösung in Frage zu stellen, die Hardin vorgeschlagen hat. Ich werde kurz einige der wesentlichen Punkte zusammenfassen.

Vor allem Anthropologen haben die Gültigkeit der These durch den Nachweis einiger Beispiele dafür zu begrenzen versucht, dass Allmende nicht notwendigerweise in übermäßiger Ausbeutung und Vernichtung der Ressourcen endet. So hat Netting auf der Basis von Studien in ländlichen Regionen der Alpen behauptet, dass

> Gemeinbesitz sowohl allgemeinen Zugang und auch optimale Produktion bestimmter Typen der Ressourcen vorantreibt, wobei gleichzeitig die gesamte Kommune in die Bewahrung eingebunden wird, die notwendig ist, um die Ressource vor der Zerstörung zu retten. Der Fortbestand kommunaler gemeinsamer Rechte sollte nicht als historischer Anachronismus angesehen oder lediglich der externen Herrschaft einer geschlossenen korporativen Gesellschaft zugeschrieben werden (Netting 1976, S. 145).

In diesem Fall trifft die Annahme der „Freiheit in der Allmende" von Hardin nicht zu. Es erweist sich, dass Nutzer der Allmende durch Begrenzung kontrolliert werden können, ein Umstand, der uns von Allmenden in Norwegen wohlbekannt ist. Solche Beispiele sind irrelevant für die These von Hardin. Auch zeigen sie, dass es in der Tat möglich ist, Kontrollsysteme für die Allmende einzurichten. Anthropologen haben sich dementsprechend darum bemüht, konstruktive Beiträge für die Entwicklung der Verwaltung kollektiver Ressourcen zu liefern, wobei sie häufig die Identifizierung der kulturellen und organisatorischen Bedingungen als besondere Aufgabe ansahen, die für die Errichtung solcher Kontrollmaßnahmen notwendig sind. Doch hat der Optimismus, der gelegentlich in Empfehlungen dieser Art resultierte, die Fähigkeit solcher „traditionaler" Systeme kollektiver Regulierung überschätzt, individuellen Bereicherungsbestrebungen dort zu widerstehen, wo Marktkräfte und andere externe Faktoren griffen.

In seinem ursprünglichen Artikel hat Hardin behauptet, dass „die Allmende, wenn überhaupt, dann nur unter den Bedingungen geringer Bevölkerungsdichte zu rechtfertigen ist. Mit dem Anwachsen der Bevölkerung wird die Allmende Schritt für Schritt zum Verschwinden gebracht" (1977, S. 28). Hier mag eingewandt werden, dass Hardin nicht an die Möglichkeit der Bevölkerungsregulierung denkt, sondern von gesetzesähnlichen Beziehungen ausgeht, die auch auf die Wirkungen zwischen Bevölkerung und Ressourcenbasis (auch als Malthus-Effekt bekannt) zuträfen.

Die klassische Studie einer Gruppe von Nomaden im Mittleren Osten durch Fredrik Barth liefert eine angemessene Illustration. Diese Gruppe, bekannt als Basseri, sind schafweidende Nomaden, die saisonal zwischen den Tiefebenen und den Bergregionen des südlichen Irans wandern (Barth 1964). Obgleich die Nachfrage nach Schafswolle erheblich steigen kann, ist der Druck auf die Weideflächen innerhalb der Kapazität gehalten worden. Doch ist dies nicht das Ergebnis kollektiver Verwaltungsentscheidungen, sondern resultiert aus bestimmten Prozessen, die direkt die Zahl Herden besitzender Einheiten begrenzen. Einerseits bedeutet ein starkes Wachstum in einer Herde, dass früher oder später eine Grenze erreicht wird, innerhalb derer die Herde schwer zu handhaben ist. In solchen Fällen bestehen starke Anreize, die Tiere in sicherere Formen des Kapitals zu überführen. Folglich werden Besitzer ihre Herde verkaufen, um

Land zu erwerben und sich als sesshafte Farmer anzusiedeln. So verringern sie die Belastung für die Weiden, indem sie die Tiere in eine Region außerhalb des Weidegebietes verkaufen.

Andererseits ist eine bestimmte Anzahl an Schafen notwendig, damit ein Haushalt als funktionsfähige Einheit bestehen kann. Unterschreitet man diese Grenze, wird die reproduktive Fähigkeit der Herde zu gering sein, um die eigenen Konsumbedürfnisse des Haushaltes zu befriedigen. Somit fällt für Herden unterhalb dieses Limits die Größe tendenziell auf Null und die Familien sind gezwungen, ihren pastoralen Lebensstil aufzugeben. Barth verweist darauf, dass sich die Mortalität erhöht, wenn die Belastung der Weideflächen die Tragekapazität überschreitet, die Fruchtbarkeit hingegen verringert und die ökologische Balance schrittweise erholt (Barth 1964, S. 113 ff.).

Somit kann gesagt werden, dass der Malthus-Effekt die Herde beeinflusst (und indirekt die Menschen), was wiederum dazu dient, die ökologische Balance aufrechtzuerhalten. In einigen Weidegesellschaften haben Bevölkerungswachstum und Übernutzung direkt die Fruchtbarkeit und Sterblichkeit in der Bevölkerung selbst beeinflusst, die damit zu ökologischer Balance zurückkehrte. Folglich gilt die These von Hardin nicht für Gebiete, in denen die Natur in der Lage ist, „zurückzuschlagen" und deshalb das Gleichgewicht zwischen Ressourcen-Reproduktion und Ressourcen-Nutzung wiederherzustellen.

In späteren Arbeiten galt die Sorge von Hardin dem Umstand, dass „die nichtbewirtschafteten Allmende-Teile aufgegeben werden mussten, um der Tragödie zu entkommen" (Hardin 1986, S. 93). Er hebt hervor, dass „eine Allmende eine Ressource ist, zu der eine Bevölkerung freien und unbegrenzten Zugang hat; sie unterscheidet sich von privatem Eigentum (zugänglich nur für den Eigentümer) und von sozialisiertem Eigentum (Zugang kontrolliert durch Verwalter, die durch eine politische Einheit ernannt sind)" (1986, S. 90). Nach Hardin können die Probleme, die aus der nichtregulierten Allmende entstehen, entweder durch (1) die Privatisierung der Ressourcen oder (2) die Ernennung einer politischen Einheit überwunden werden, die den Zugang zu den Ressourcen kontrolliert.

Kritiker haben hervorgehoben, dass der Vorschlag der Privatisierung einen ernstzunehmenden politisch-ideologischen Aspekt dahingehend beinhaltet, dass eine Privatisierung der Allmende-Ressourcen exklusiver Natur sein wird und somit Klassenunterschiede erzeugt, vor allem durch die Konvertierung der Ressourcen in ein Marktgut. Eines der am besten dokumentierten Beispiele, wo sich dies ereignet hat, ist die englische „Einzäunungsbewegung" (vgl. Thompson 1976). Aus Nordsomalia berichtet Håland von einem Versuch, exklusive Rechte einzurichten. Dieser legte

eine Grundlage für die Einrichtung stabiler und produktiverer Ressourcen-Nutzung. [...] Andererseits ist unvermeidlich, dass eine Privatisierung wie diese Verringerung der Allmende-Nische neue Probleme mit sich bringt, insbesondere, wenn individuelle Einheiten Kontrolle über große Teile der pastoralen Wandergebiete erlangen können (Håland 1991, S. 112).

Eine wichtige Einschränkung für die These von Hardin liegt in der Unmöglichkeit, die sozio-ökonomischen und politischen Folgen einer Situation zu reflektieren, die der Wettbewerb um Ressourcen mit sich bringt. Eine häufige politische Folge solcher Wettbewerbssituationen ist, dass Privatisierung oft als eine Art zwingendes ökologisches und deshalb *natürliches* Erfordernis dargestellt wird, wenn die Tragekapazitäten nicht überschritten werden sollen. In Botsuana hat der Präsident selbst genau dieses Argument in einer Kampagne vorgebracht, die die Szene für eine nationalumfassende Privatisierung extensiven Graslandes durch die Einrichtung eingezäunter Farmen bereiten sollte. Er sagte u.a., dass

> die Schwierigkeit darin besteht, dass, so wie die Dinge liegen, es in niemandes Interesse ist, etwas zu unternehmen. Wenn einer sein Vieh von einem Stück Land wegbewegt, führt ein anderer sein Vieh dorthin. Das Problem kann nicht gelöst werden, es sei denn, die Zahl des Viehbestandes wird irgendwie an eine spezielle Weidequote geknüpft. Nur dann werden die Bauern ein klares Interesse haben, das Weiden zu kontrollieren [...] Unter einer neuen Weidelandpolitik [...] wird Gruppen und Individuen das ausschließliche Recht auf spezielle Gebiete eingeräumt [...] Die Entwicklung von Farmen wird begünstigt (Khama 1980, S. 321-322).

Nicht nur in Botsuana hat sich der Glaube an die Privatisierung als fehlerhaft gegenüber natürlichen Ressourcen erwiesen (Gulbrandsen 1994, S. 316-352). Ein allgemeiner Einwand gegen die These von Hardin lautet, dass die Privatisierung allgemeiner Ressourcen nicht notwendigerweise diejenigen auf den Plan locken wird, die daran interessiert sind, die natürlichen Ressourcen in Übereinstimmung mit ihrer Tragefähigkeit auszubeuten. In einer frühen Kritik argumentierte Fife, dass „das Töten der Gänse", dass „in gewissen Situationen [...] ‚industrielle Selbstregulierung' nicht nur zweifelhaft, sondern der Sache nach eine Farce ist" (Fife 1971, S. 27). Zahlreiche Beispiele haben gezeigt, dass Geschäftsunternehmen es für besonders profitabel halten, *kurzfristige Gewinne* durch die Ausbeutung potenziell erneuerbarer Ressourcen zu machen.

Das bedeutet, dass wir der These von Hardin über die Vorteile eines sogenannten PP-PK-Spiels (s.o.) folgende Annahme hinzufügen müssen, damit es das gewünschte ökologische Ergebnis liefert: die *ökonomischen Kosten* der *ökologischen Übernutzung* müssen die gesamten wirtschaftlichen Vorteile übertreffen, die die Einheit mit diesen Mitteln kurz- und langfristig erzielen kann.

Wie im obigen Zitat angedeutet, schlägt Hardin übergeordnete politische Kontrolle als eine Alternative für die Privatisierung vor. Es ist nicht ganz klar, was „eine politische Einheit" bedeuten soll, doch nehme ich an, dass Hardin vorrangig an eine externe Zwangsmacht denkt und nicht an ein kommunalbasiertes Organ, dass sich seitens der Ressourcen-Nutzer selbst bildet. Eine solche Lösung ist mit deutlichen Worten von Ophuls formuliert worden. Er hebt hervor, dass „die Begründung für eine Regierung mit größeren Zwangsmitteln notwendig ist, weil die Tragödie der Allmende nicht durch Kooperation gelöst werden kann" (1973, S. 228). Ähnlich argumentieren Carruthers und Stoners, dass politische Kontrolle erforderlich ist, ohne die „Übergrasung und Bodenerosion der kommunalen Weideflächen" die notwendige Konsequenz sein wird (1981, S. 29).

Dass solch eine externe Zwangsautorität notwendig sei, um die Nutzung der Allmende zu regulieren, ist von Anthropologen mit Beispielen wie den oben erwähnten kritisiert worden. Diese Fälle zeigen, dass sich Gemeinschaften der Ressourcen-Nutzer gründen können, die in der Lage sind, die zur Verfügung stehenden Ressourcen zu regeln (vgl. z.B. verschiedene Artikel in McCay und Acheson 1987). Ein Aspekt dieser Kritik hat sich auf den vermeintlich [westlich geprägten, EZ] ethnozentrischen Ausgangspunkt von Hardin gerichtet, d.h. seine Annahme, dass die Einheit, die die Ressourcen nutzt, ausschließlich durch das Bestreben nach individuellen maximalen Interessen gekennzeichnet ist. Die Kritik liefert Beispiele, die zeigen sollen, dass diejenigen, die die Ressourcen nutzen, sehr wohl eine *Ethik* des kollektiven Ressourcen-Managements aufrechterhalten. Diese Art der Argumentation ist gelegentlich derart extrem vorangetrieben worden, dass sie als naiv romantisch und realitätsfern kritisiert worden ist (McCay und Acheson 1987, S. 10). Doch zielt diese Kontroverse nicht so sehr auf die logische Struktur der These von Hardin als vielmehr auf eine besondere empirische Bedingung, die diese These impliziert, nämlich dass das Bestreben, individuelle Interessen zu maximieren, jede Überlegung überlagert, die man für die Ethik des kollektiven Ressourcen-Managements aufbringen könnte.

Die These der Notwendigkeit externer Zwangsautorität erfährt weitere Kritik. Diese richtet sich auf die eigene Fähigkeit der Akteure, Erfahrungen zu machen, zu kommunizieren und zu kooperieren. Es wird argumentiert, dass solche Fähigkeiten häufig degenerieren, wenn eine externe Zwangsautorität versucht, administrative Kontrolle zu übernehmen. Eine solche Verlagerung der Kontrolle hat gelegentlich zu einer Verschlechterung der ökologischen Situation statt zu ihrer Verbesserung geführt. Ostrom ist eine der konstruktivsten Kritiker der Idee, dass externe Zwangsautorität zur Vermeidung des Effektes der Tragödie der Allmende notwendig ist. Sie hebt die Notwendigkeit hervor, aus den eigenen Erfahrungen der Leute zu lernen und fragt: „Warum sind solche Bestrebungen, das Problem der Allmende zu lösen, fehlgeschlagen, während andere Erfolg hatten?" (1990, S. 14). Und weiter: „Welche Unterschiede bestehen zwischen denjenigen, die die Fesseln des Dilemmas der Allmende zerbrochen haben, und denjenigen, die es nicht geschafft haben?" (1990, S. 21). Auf der Basis solcher Fragen macht sie einen lobenswerten Versuch, die grundsätzlichen Bedingungen für die Einrichtung autonomer Allmenden zu identifizieren und gelangt zu der Schlussfolgerung eines „komplexen Musters von Variablen als Rahmen anstelle eines Modells" (1990, S. 214). Doch liefert sie keine theoretische Klärung der Bedingungen, die notwendig sind, um Ressourcen-Nutzern zu ermöglichen, die Ressourcen sowohl rational als auch kollektiv zu nutzen, oder alternativ der Bedingungen, die eine externe Zwangsautorität zur Erreichung dieses Ziels notwendig werden lassen.

Ein bedeutend ernsthafterer Versuch der spieltheoretischen Klärung der Voraussetzung für kollektive Prozesse findet sich in den Arbeiten von Axelrod, in denen gefragt wird: „Unter welchen Bedingungen wird sich Kooperation in einer Welt von Egoisten ohne zentrale Autorität bilden?" (1981, S. 306, vgl. 1984). Somit sind die Annahmen von Axelrod über die Natur der Teilnehmer und das Fehlen einer überlegenen Macht dieselben wie diejenigen von Hardin. Doch sieht er die Möglichkeit, die offensichtlichen Systemzwänge, die sich in dem logischen Modell von Hardin befinden, durch Kooperation zu überwinden, die die Teilnehmer selbst entwickeln, eine Initiative, die nicht durch ethische oder moralische Einschätzungen hervorgerufen ist, sondern durch eigene Interessen. Axelrod verfolgt diese Idee, indem er sich auf eine Situation konzentriert,

in welcher strikt selbstmaximierendes Verhalten jeder Person zu schlechten Ergebnissen für alle führt. Das ist das berühmte Gefangenen-Dilemma. Zwei Individuen können entweder kooperieren oder abtrünnig werden. Ungeachtet dessen, was der andere tut, bedeutet Nichtkooperieren einen höheren Gewinn als Kooperation. Doch wenn beide abtrünnig werden, stehen beide schlechter da, als wenn beide kooperierten (1981, S. 306).

Auf dieser Basis kann behauptet werden, dass die These von Hardin eines von verschiedenen möglichen Spielen beschreibt, die in einer Situation entstehen, in der die Teilnehmer in ein „Gefangenen-Dilemma" eingebunden sind. Hier liegt der Kern unseres Bemühens, die Reichweite der These von Hardin einzuschränken. Wie in obigem Zitat nahegelegt, finden sich (mindestens) zwei grundsätzlich unterschiedliche Formen, ein solches Dilemma der Allmende ohne anfängliche Ressourcenregelung zu regeln. Entweder kann man die Abwesenheit einer Regulierung als Tatsache akzeptieren und damit die Notwendigkeit für eine Maximierungsstrategie annehmen – wie in der These von Hardin – oder man kann alternativ den Versuch unternehmen, die anderen Einheiten mit dem Unterfangen zu mobilisieren, solche Regulierung zu etablieren, d.h. das Spiel selbst zu verändern.

Insgesamt kann ein Teil der Kritik gegen die These von Hardin ignoriert werden, weil sie sein Argument, das auf besonderen und explizit genannten Annahmen beruht, als empirische Schlussfolgerung ansieht, dass die Tragödie der Allmende unvermeidlich ist. Auch ist die These von Hardin als „westlich" und damit kulturspezifisch kritisiert worden wegen der Annahme von Hardin, dass die Nutzer der Ressourcen ihre individuellen Belohnungen zu maximieren suchen. Obgleich diese Kritik Aufmerksamkeit auf eine unter den zentralen Annahmen von Hardin gelenkt und somit geholfen hat, die Grenzen der Anwendbarkeit seiner These zu klären, ist sie gelegentlich vereinfacht worden, insofern als sie die These als eine generalisierte Theorie darüber ansieht, wie alle Allmenden tatsächlich arbeiten, und die wichtige *Prämisse* der These außer Acht läßt: individualisierte Herdenbesitzer, die unter Bedingungen der *Freiheit* der Allmende operieren. Die These von Hardin kann nur angemessen eingeschätzt werden, wenn wir die soziokulturelle Natur der Einheiten als *empirische Frage* der Beziehung zwischen Selbstinteressen und kommunalen Interessen ansehen. Die Nützlichkeit der These von Hardin liegt in der Verknüpfung der Antwort zu dieser Frage mit speziellen Prozessen, die von Bedeutung für die Verwaltung von Ressourcen sind.

Meiner Meinung nach besteht der fruchtbarste Ansatz darin, das Argument von Hardin als Werkzeug zu sehen, spezielle Prozesse und Tendenzen zu verfolgen, die potenziell in jeder Situation der Allmende wirksam sind und destruktive Folgen für die Ressourcen haben werden. Wir werden dann feststellen, dass sich in einigen Situationen keine Hindernisse ergeben, während andere modifiziert oder durch Prozesse blockiert sind, die es dem kollektiven Ressourcen-Management ermöglichen, über individuelle Ressourcen-Nutzung zu herrschen.

Eine solche Verwendung der These führt zu einer Analyse der relativen Stärke der individuellen Ressourcen-Nutzer im Vergleich zu kollektivem Ressourcen-Management. In diesem Zusammenhang kann ich nur andeuten, was das Ergebnis eines solchen Unternehmens wäre. *Erstens* müssen wir annehmen, dass sich, wenn Marktkräfte operieren dürfen, die Machtbeziehung zum Nachteil des kollektiven Ressourcen-Managements entwickeln wird. Marktkräfte bedeuten, dass die Einheiten größere Möglichkeiten erlangen für individuelle Kapitalakkumulation, und folglich gewachsenes ökonomisches Interesse und technische Kapazität für eine intensive Ressourcen-Ausbeutung. *Zweitens* findet sich wahrscheinlich eine Beziehung zwischen der Zahl der Beteiligten und dem Effekt der Tragödie: je größer die Zahl der Ressourcen-Nutzer, desto größer *ceteris paribus* auch die Schwierigkeit, sich der Einrichtung einer externen Kontrollautorität zu widersetzen, mit Macht exzessiver Ausbeutung Einhalt zu gebieten. *Drittens* erwarten wir, dass der Tragödieneffekt *ceteris paribus* vom Ausmaß abhängt, in dem Reduktionsmechanismen wirksam sind. Dies wiederum ist eine Frage a) der Fähigkeit der Natur „zurückzuschlagen" und b) der Reichweite der Mittel, die für eine Einheit zur Verfügung stehen, um ihre ökonomische Macht zu sichern. *Viertens* stellen lokale sozio-kulturelle Bedingungen einen wichtigen Satz an Variablen dar, die die Kommunikation zwischen den Einheiten und die Koordination bestimmen. Diese wiederum beeinflusst die Möglichkeiten der Ressourcen-Nutzer, eine Gemeinschaft zu entwickeln, die verantwortliche Ressourcen-Nutzung verlangt.

Die These von Hardin basiert auf der Annahme, dass die Ressourcenbasis begrenzter Natur ist, die von einer bestimmten Gruppe ausgebeutet wird, und dass ihre Fähigkeit zur Erneuerung in unveränderlicher Weise verringert wird, wenn die Nutzung ein bestimmtes Maß überschreitet. Man mag einwenden, dass eine Annahme dieser Art uns davon abhält, Prozesse zu erkennen, die in vielen Umständen Elastizität für die Ressourcen-Basis mit sich bringen. Nachfolgend werde ich herausarbeiten, wie der Begriff der „Tragekapazität" selbstkritisch geprüft worden ist. Hier möchte ich hervorheben, dass der Rahmen der Ressourcenbasis einer Gruppe nicht eine bloße Frage der Beziehung zwischen der Gruppe und ihrer Ressourcenbasis darstellt (vgl. Sandford 1983). Es ist auch eine Frage der Beziehung der Gruppe zu ihrer soziopolitischen Umwelt, wie von Barth in seiner theoretischen Entwicklung des Nischenkonzeptes in kulturell-ökologischer Analyse demonstriert (Barth 1956). In Botsuana habe ich selbst gesehen, wie die politische Vorherrschaft und Fähigkeit für wirtschaftliche Akkumulation unter den tierhaltenden Tswana die Basis für eine starke Expansion der ökologischen Bedingungen für Viehhaltung geliefert hat, durch Vertreibung der Mehrheit der Jäger und Sammler (Buschmänner) aus ihrer Umwelt.

6. Empirische Einschätzung – Schlussfolgerung

Die Beispiele von Hardin haben viele Forscher angeregt, seine These in der Analyse menschlich-ökologischer Aspekte der nomadischen Viehhaltung anzuwenden. In dem Artikel "A Tragedy of the Commons in the Sahel" (1976) haben Picardi und Seifert klare demografische und ökologische Daten geliefert um zu zeigen, wie das Bevölkerungswachstum unter den Tierhaltern mit konsequentem Zuwachs an Viehbestand darin resultierte, die Tragekapazität der Weiden zu überschreiten. Letztlich führt dies zu einer Verringerung in der Tragekapazität, was je nach Intensität wiederum zu einer Verringerung in der Fruchtbarkeit des Viehs und einer Zunahme seiner Mortalität führt. Die unvermeidliche Konsequenz ist, dass sich der Viehbestand verringert und die Bevölkerung von Hunger betroffen oder gezwungen ist, ihre nomadische Viehhaltungsexistenz aufzugeben.

Bereits in den frühen 1970er Jahren entdeckte Georg Henriksen in seinen Studien der Turkana, eines Nomadenvolkes im Nordwesten Kenias, solche Beziehungen (Henriksen 1974). Er verwies auf das grundlegende Dilemma, das früher oder später für alle westlichen Kräfte entstand, die der leidenden Bevölkerung helfen wollten: wie konnte den einzelnen Familien in einer Weise geholfen werden, die nicht die ökologische Zerstörung verschärfen würde? Aus offensichtlichen Gründen bedeutete jede Initiative, die zur Erholung verarmter und hilfloser Viehnomaden gedacht war, zusätzlichen Druck auf die Weideflächen. Auf der Basis ausgedehnten statistischen Materials aus der Sahel-Region haben Picardi und Seifert die Wirkungen verschiedener technischer „Entwicklungsprogramme" simuliert, wie z.B. tierärztlicher Dienste, Unterstützung bei der Aufzucht, bei der Grabung von Brunnenlöchern und Unterstützung beim Aufbau des Viehbestands. Eine Trendvorhersage dieser Wirkungen wird in folgendem Diagramm angedeutet:

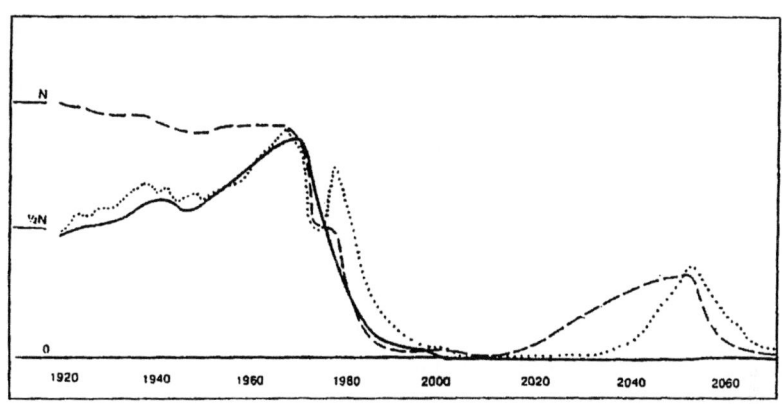

Extrapolationsanalyse: Viehbestand, Bevölkerung und Tragekapazität

Viehbestand   Bevölkerung   Tragekapazität

Abb 1.: Extrapolationsanalyse: Viehbestand, Bevölkerung und Bodenertrag (Quelle: Picardi und Seifert 1976).

Wir sehen hier, dass die Bevölkerung und der Viehbestand die Tragekapazität ungefähr seit 1960 überschritten haben. Folge ist eine konstante Überbelastung im Vergleich zur Ertragskapazität. Der grosse Zuwachs im Viehbestand während der späten 1970er Jahre repräsentiert die simulierte Wirkung der „Entwicklungsprogramme", wie oben erwähnt. Die ökologischen Schlussfolgerungen sind offensichtlich. Die Tragekapazität soll sich als Resultat des Umstands vergrößern, dass der Viehbestand auf ein sehr niedriges Niveau herabgezwungen wird. In einer solchen Situation wird erwartet, dass die Tragefähigkeit das Ausmaß der Ausbeutung um das Jahr 2010 herum überschreiten und danach sehr rapide voranschreiten wird, selbst wenn sie weit unter dem Niveau des Jahres 1960 verbleibt, bevor sie einen neuen Punkt erreicht, an dem der Viehbestand erneut die Tragekapazität überschreiten wird. Entwicklungsprogramme sind nicht die einzig treibende Kraft hinter einer solchen Entwicklung: Eine andere ist die zunehmende Möglichkeit der Viehhalter, die Steuerung der Herde mittels externer wirtschaftlicher Alternativen zu verringern (Henriksen 1974). Das offensichtliche Paradox ist, dass in Fällen, in denen sich alternative Möglichkeiten für wirtschaftliches Einkommen finden, die Belastung für die Weiden verstärkt ist statt sich zu verringern. Der einfache Grund ist, dass Haushalte, die solche Möglichkeiten ausbeuten, nicht notwendigerweise die Viehhaltung aufgeben. Wenn überhaupt, trifft eher das Gegenteil zu: die Herde verlangt zusätzliches Wachstumspotenzial, da sie häufig ein attraktives Investitionsobjekt für den Gewinn aus anderen Einkommensquellen darstellt (vgl. Gulbrandsen 1994, S. 223 ff.).

Doch wurde in den 1980er Jahren deutlich, dass sich Vorhersagen der Art wie u.a. von Picardi und Seifert mit Blick auf die Trockenheitskatastrophe der 1970er Jahre als leicht unzutreffend erwiesen (vgl. z.B. Sandford 1983). Die Frage wurde im Anschluss gestellt, ob die ökologischen Analysen der Tragekapazität hinreichend berücksichtigt hätten, wieweit sich die Weideflächen nach einer Periode der Trockenheit im Verbund mit heftiger Beweidung wieder erholen konnten. Dies hat Anlass zu intensiven ökologischen Studien gegeben, die schrittweise erheblich besser fundierte Schätzungen der Tragekapazität ergeben haben. Doch berühren diese Ergebnisse die These von Hardin in keiner Form, außer dass die Schätzungen der Schwelle bedeutend bleiben, oberhalb derer die Tragödie ausgelöst wird.

Ein weiteres wichtiges empirisches Argument für die Einschätzung der Reichweite der These ist der Umstand, dass nomadische Viehhalter, obgleich häufig nur begrenzte direkte Kontrolle der Ausbeutung der Weiden besitzend, dennoch *indirekt* Kontrolle im Hinblick darauf ausüben können, wie sie die Wasserressourcen nutzen. Was auf den ersten Blick als enorm offene und unkontrollierte Weidegebiete erscheinen mag, mag in der Tat durch kleine, territorial begrenzte Gruppen geregelt sein, die die Nutzung der Weideflächen durch begrenzten Zugang zu den Wasserressourcen kontrollieren (siehe z.B. Storås 1995). In solchen Fällen besitzt die hauptsächliche Prämisse der These – „Freiheit in der Allmende" – nur eine begrenzte Gültigkeit.

Ein anderes empirisches Gebiet, auf dem die These von Hardin ausführlich angewandt worden ist und wo wir auf norwegische Beispiele zurückgreifen können, ist das der Küstenfischerei (vgl. Brox 1991). Das Studium der Fischer und des Fischfangs aus der Perspektive der Allmende ist aus zwei Gründen interessant: erstens befinden sich Fischer selbst in einer Situation potenziellen Wettbewerbs, die wahrscheinlich den Charakter dessen annimmt, was Hardin als PP-KK-Spiel (s.o.) gefasst hat. Zweitens fangen nur wenige Fischer ausschließlich für ihren eigenen Bedarf. Im Gegenteil, sie sind stark abhängig vom Markt. Der Markt kann auch als PP-KK-Spiel begriffen werden. Wenn ein einzelner Teilnehmer das Angebot an Fisch vergrößert, um seinen Profit zu erhöhen, berührt dies das Preisniveau im Sinne des simplen Angebots-Nachfrage-Mechanismus. Die Grundrente wird reduziert, d.h. der wirtschaftliche Ertrag aus vergrößertem Fischfang verringert sich. Es bleibt jedoch eine offene Frage, ob dieses eine negative Rückkopplung in dem PP-KK-Fischerei-Spiel darstellt. Jentoft hat behauptet, dass „Fischer nicht notwendigerweise arm sind, weil sie so viel Fisch fangen". Geradezu umgekehrt mag zutreffen:

Sie fangen so viel Fisch, weil sie arm sind. Wenn man von einem gewissen Einkommensniveau ohne alternative Einkommensquellen abhängig ist, stellt die natürliche Reaktion auf eine Preisverringerung das Bemühen dar, seinen eigenen Fanganteil zu vergrößern, was wahrscheinlich zu noch geringeren Preisen wegen der vergrößerten Quantitäten des Rohmaterials führt, die an Land gebracht werden. Bei der Anstrengung, diesen Teufelskreis zu durchbrechen, haben norwegische Fischer zu einem bestimmten Zeitpunkt eine Aktion unternommen, um einen organisierten Handel aus erster Hand einzurichten, dessen Resultat das Fischfanggesetz von 1951 war (Jentoft 1987, S. 377).

Doch ist offensichtlich, dass das Fischfanggesetz unzureichend war, um die Überfischung in den norwegischen Fischgründen zu verhindern. Zu einem großen Ausmaß liegt dies am Auftreten kapitalistischer Akteure anstelle familienbasierter ökonomischer Prinzipien (vgl. Brox 1966), die, verbunden mit den Entwicklungen in der verarbeitenden Industrie und neuen Märkten, in einem riesigen Zuwachs im Volumen produzierten Fischs resultierten und folglich zu Überfischung geführt haben.

Wie im Falle der Ausbeutung gemeinsamer Weidegründe ist hier von Bedeutung zu fragen, ob eine externe Zwangsautorität notwendig und ausreichend ist, um die Fischerei unter Kontrolle zu bringen. Mit Blick auf Kristiansen (1985) und andere hat Jentoft vorgeschlagen, dass eine Kontrolle bereits auf der Basis lokaler Sanktionen besteht. Kristiansen „beschreibt zum Beispiel norwegische Fischereien als ein ‚Kommunikationszentrum', wo die Fischer Informationen erhalten und austauschen, die für das effiziente Management der Fischressourcen von Bedeutung sind und wo die Überschreitung etablierter wechselseitiger Standards moralische Sanktionen hervorrufen" (Jentoft 1987, S. 381).

Doch haben sich solche lokalen Sanktionssysteme als äußerst unzureichend erwiesen, nicht zuletzt in norwegischen Fischereien. In zunehmendem Ausmaß hat der Staat als eine Kraft interveniert, die beides regulierte, Quoten und Größe der Fangflotte. Fischereiunternehmen auf großer Basis, bei der den Teilnehmern lokale Beziehungen fehlen, haben zusammen mit expansiven Methoden kapitalistischer Produktion die Bedingungen unterminiert, die für eine interne Kooperation im Management der Fischereien notwendig sind. Die Entwicklung staatlicher Kontrolle und überwachender Autoritäten wurde somit zunehmend notwendig.

Die einzige Art, den Tragödieneffekt bei (in Größe und Komplexität) gesteigerten Skalenwerten zu verhindern, scheint darin zu bestehen, eine starke externe kontrollierende Autorität einzurichten. In den meisten Fällen bedeutet dies staatliche Autorität.

Doch in einigen Fällen ist noch nicht einmal der Staat in der Lage, hinreichende Begrenzungen der Ausbeutung der Allmende einzurichten. Ich habe dies selbst in Botsuana beobachtet, wo die staatliche Autorität gänzlich von großen Viehbesitzern kontrolliert ist. Wann immer Agartechniker regulierende politische Maßnahmen vorschlugen, um Anwachsen und ernsthafte Überausbeutung der gemeinen Weiden anzuhalten, fand sich nicht die notwendige politische Unterstützung solcher Maßnahmen (Gulbrandsen 1996).

Die Situation unter den Rentierherden der Sami des nördlichen Norwegens
liefert eine exzellente Illustration dafür, wie problematisch staatliche Regulation
einer Allmende sein kann, sowohl für die staatliche Autorität selbst als auch für
diejenigen, die die Allmende ausbeuten. In diesem Fall hat der Staat ein exten-
sives Regulationssystem eingeführt. Die Weidegründe sind in Distrikte unter-
teilt, die von Distriktsregierungen beaufsichtigt sind. Eine begrenzte Zahl von
Produktionseinheiten wird für jede Weideregion festgehalten, basierend auf
einer Einschätzung der Fähigkeit der Gebiete und der Standardzahl einer wei-
denden Einheit, sowie vom Staat in Verbindung mit der norwegischen Vereinigung ausgearbeitet, die die Rentierhalter der Sami repräsentiert (Norske Rein-
driftsamers Landsforbund). Die Zahl ist auf 300 Tiere festgeschrieben, die
verabredete Basis für ein Mann/Arbeitsjahr. In diesem Fall sehen wir, dass sowohl die Zahl der Einheiten, die die Allmende nutzen, als auch die Größe dieser
Einheiten durch staatliche Agenturen reguliert sind.

Aus der Sicht der Verwaltung ist dies keine unregulierte Allmende. Doch
bedeutet dies nicht automatisch, dass die Situation unproblematisch ist. Von
Zeit zu Zeit sind die Weideflächen aufgrund starken Drucks von unten übernutzt, die Zahl der züchtenden Einheiten zu vergrößern und den Aufbau großer
Herden zu erlauben. Wenn wir diesen Aspekt der Situation klar darstellen wollen, ist die These von Hardin zur Identifizierung der Prozesse nützlich, die diesem Druck zugrundeliegen. Zum einen hat die Gesellschaft ein Interesse höherer
Ordnung, Übernutzung zu vermeiden, was im Prinzip von allen rentierhaltenden
Sami unterstützt werden sollte. Eine gänzlich andere Frage sind die Faktoren,
die die Strategien jeder einzelnen Familie berühren. Letztere werden von starken
kulturellen Einstellungen geleitet, die die Akkumulation großer Herden als Indikator für Erfolg und Einfluss begünstigen (vgl. Henriksen 1991). Solche Überlegungen werden häufig sehr bedeutsam, wobei Übernutzung das Resultat ihrer
Anwendung auf so viele Einheiten darstellt. Dies spiegelt die Einschätzung
wider, die Hardin in dem Zitat oben geliefert hat, und illustriert einen wichtigen
analytischen Gesichtspunkt: in einem großen Ausmaß „wird die Freiheit der
Allmende" zu einer relativen Frage. Betrachtet man solche Situationen aus einem Prozessaspekt, können wir das Ausmaß der Überausbeutung einerseits als
Konsequenz der relativen Stärke einzelner regulierender Prozesse und andererseits von Kräften ansehen, die ihren Ursprung im Anreiz nehmen, individuelle
Interessen zu maximieren. Dieses Beispiel zeigt, dass es eine Sache ist, die Abschaffung nichtregulierter Allmenden als Programmpunkt zu übernehmen, wie
Hardin vorgeschlagen hat (Hardin 1996, S. 93), und eine gänzlich andere sicherzustellen, dass die Nutzer hinreichend Verständnis für die Belange höherer
Ordnung entwickelt haben, für die langfristigen Ziele mit Blick auf die Ausbeutung der Allmenden.
Das plausibelste Instrument zur Handhabung von Situationen dieser Art wird
eine Entwicklung von Strategien sein, die dem Staat zur Verfügung stehen.

Offensichtlich sind dies verstärkt Kontrollaktivitäten. Eine andere Strategie, die in vergangenen Jahren angewandt worden ist, besteht in der Verringerung der Zahl neuer Einheiten durch das Angebot alternativer ökonomischer Karrieremöglichkeiten. Umfangreiche Ressourcen sind für Bildung und für Arbeitsmarktinitiativen bereitgestellt worden, obgleich deren Effekt begrenzt war.

In anderer Hinsicht sind die Umstände günstig für den Staat, den Druck auf gemeinsame Ressourcen zu verringern, um damit die Ressourcen insgesamt auszudehnen. Ein gutes Beispiel stellt das öffentliche Straßensystem dar, besonders in dünnbevölkerten Regionen. Öffentliche Straßen können als eine Allmende gesehen werden, für die alle Nutzer die Freiheit haben sie auszunutzen, was zu Verkehrsstaus in einigen Gebieten führt. Wir erklären dies dadurch, dass sich jeder Fahrer durch solche Ideen leiten lässt, wie sie Hardin oben in seinem Zitat angedeutet hat. In diesem Fall reagieren diejenigen, die die öffentlichen Straßensysteme managen, selten durch Regulierung derselben oder durch den Versuch der Anpassung an den Transportbedarf mittels öffentlicher kollektiver Maßnahmen. Eine typische Reaktion auf das Problem war und ist, die Allmende durch Vergrößerung des Straßensystems auszudehnen. Das führt jedoch dazu, dass Fahrer ihre Einschätzungen nach der These von Hardin in einer Weise verändern, die einen noch größeren Gebrauch von dieser gemeinsamen Ressource macht, da er die negative Wirkung der gesamten Autonutzung verringert. Wiederum lautet die Folge: Verkehrsstau. Diese Dynamik hat erwiesenermaßen wahrhaft expansives Potenzial, da die politischen Autoritäten wiederholt mit der Vergrößerung des Straßennetzwerkes reagieren.

7. Literatur

Aristotle 1988: *The Politics*, Hg. Stephen Everson, Cambridge University Press, Cambridge.

Axelrod, R. 1981: "The emergence of cooperation among egoists," *The American Political Science Review*, 75: S. 306-18.

Axelrod, R. 1984: *The Evolution of Cooperation*, New York, Basic Books.

Barth, F. 1956: "Ecological relations of ethnic groups in Swat, North Pakistan," *American Anthropologist*, 58(6).

Barth, F. 1964: *Nomads of South Persia. The Basseri Tribe of the Khamseh Confederacy*, Universitetsforlaget, Oslo.

Brox, O. 1966: *Hva skjer i Nord-Norge?* (What happens in the North of Norway?), Pax, Oslo.

Brox, O. 1991: "The common property theory. Epistemological status and analytical utility," in R. Grønhaug, G. Henriksen and G. Håland (Hrsg.), *The Ecology of Choice and Symbol. Essays in Honour of Fredrik Barth*, Alma Mater, Bergen.

Ciriacy-Wantrup, S.V. and R.C. Bishop 1975: "'Common property' as a concept in natural resources policy," *Natural Resources Journal*, 15(4), S. 713-27.

Carruthers, I. and R. Stoner 1981: "Economic aspects and policy issues in groundwater development," World Bank Staff Working Paper No. 496, The World Bank, Washington DC.

Fife, D. 1971: "Killing the goose," *Environment*, 13(3), S. 20-7.

Gulbrandsen, Ø. 1980: *Agro-Pastoral Production and Communal Land Use. A Socio-Economic Study of the Bangwaketse*, Botswana Government Press, Gaborone.

216   Ørnulf Gulbrandsen

Gulbrandsen, Ø. 1986: *When land becomes scarce. Access to Agricultural Land and Communal Land Management in Eastern Botswana*, Bergen Studies in Social Anthropology, No. 33, Department of SocialAnthropology, University of Bergen, Bergen.

Gulbrandsen, Ø. 1991: "On the problem of egalitarianism: the Kalahari San in transition," in R. Grønhaug, G. Henriksen and G. Håland (Hrsg.), *The Ecology of Choice and Symbol. Essays in Honour of Fredrik Barth*, Alma Mater, Bergen.

Gulbrandsen, Ø. 1994: *Poverty in the Midst of Plenty. Socio-Economic Marginalization, Ecological Deterioration and Political Stability in a Tswana Society*, Norse Publications, Bergen.

Hardin, G. 1977: "The tragedy of the commons," in G. Hardin and J. Banden (Hrsg.) 1977 (first published in *Science*, 162: 1243-8).

Hardin, G. 1986: *Filters against folly: how to survive despite economists, ecologists, and the merely eloquent*, Penguin Books, New York.

Hardin, G. and J. Baden (Hrsg.) 1977: *Managing the Commons*, W.H. Freeman and Company, New York.

Henriksen, G. 1974: *Economic Growth and Ecological Balance: Problems of Development in Turkana, North-West Kenya*, Bergen Studies in Social Anthropology, No. 11, Norse Publications, Bergen.

Henriksen, G. 1985: "Norwegian administration and the Sami community in Helgeland," in J. Børstad et al. (Hrsg.), *Native Power. The Quest for Autonomy and Nationhood of Indigenous Peoples*, Universitetsforlaget, Oslo.

Henriksen, G. 1991: "The experience of social worth as a force in inter-ethnic relations," in R. Grønhaug, G. Henriksen and G. Håland (Hrsg.), *The Ecology of Choice and Symbol. Essays in Honour of Fredrik Barth*, Alma Mater, Bergen.

Håland, G. 1977: "Pastoral systems of production: the socio-cultural context and some economic and ecological implications," *African Environment*, Special Report, 5.

Håland, G. 1991: "Pastoralsamfunn og utnyttelse av fellesbeite: En humanøkologisk ramme" (Pastoral society and the use of the commons: A human-ecological framework), in Nils Chr. Stenseth et al. (Hrsg.), *Forvaltningen av våre naturressurser* (Regulation of our natural resources), Ad Notam, Oslo.

Jentoft, S. 1987: "'Allmenningens tragedie' – statens ansvar?" ('The tragedy of the Commons' - a responsibility for the State?), *Tidsskrift for samfunnsforskning*, 28, S. 369-90.

Khama, Sir Seretse 1980: *From the Front Line. Speeches of Sir Seretse Khama*, edited by G.M. Carter and E. Ph. Morgan, Rex Collings, London.

Kristiansen, A. 1985: "Fiskerireguleringen i historisk- og krysskulturelt perspektiv"(Regulations of the fisheries in a historical- and cross-culturalt perspective), Mimeographed, Institutt for fiskerifag, Universitetet i Tromsø, Tromsø.

Leeuw, S.N. de, and J.C. Tothill 1990: "The concept of rangeland carrying capacity in Sub-Saharan Africa – myth or reality," *Pastoral Development Network*, Paper 29b, Overseas Development Institute, London.

Manger, L. 1993: "Managing pastoral adaptations in the Red Sea Hills of the Sudan: challenges and dilemmas," paper presented at Technical Meeting on 'The New Directions in African Range Management and Policy' at Wodburn, UK, 31 May- 4 June, 1993.

McCay, B.J. and J.M. Acheson 1987: "Human ecology and the commons," in B.J. McCay et al. (Hrsg.).

McCay, B.J. et al. (Hrsg.) 1987: *The Question of the Commons. The Culture and Ecology of Communal Resources*, The University of Arizona Press, Tucson.

Netting, R. 1976: "What Alpine peasants have in common: observations on communal tenure in a Swiss Village," *Human Ecology*, 4 (2): S. 135-46.

Ophuls, W. 1973: "Leviathan or oblivion," in E.E. Daly, *Toward a Steady State Economy*, Freeman, San Francisco.

Ophuls, W. 1977: *Ecology and the Politics of Scarcity*, Freeman, San Francisco.

Ostrom, E. 1990: *Governing the Commons. The Evolution of Institutions for Collective Action*, Cambridge University Press, Cambridge.

Picardi, A.C. and W.W. Seifert 1976: "A tragedy of the commons in the Sahel," *Technology Review*, May, S. 42-52.

Sandford, S. 1983: *Management of Pastoral Development in the Third World*, Wiley, London.

Storås, F. 1995: "Being a Nomad in Turkana, Kenya," Dr.philos. Thesis, Department of Social Anthropology, University of Bergen, Bergen.

Thompson, E.S. 1976: "The grid of inheritance: a comment," in J. Goody et al. (Hrsg.) *Family and Inheritance*, Cambridge University Press, Cambridge.

Ausgewählte Werke in deutscher Sprache

Aristoteles, 2003, *Politik*, Reinbek bei Hamburg, Rowohlt-Taschenbuch-Verl., 2. Aufl., Neuausgabe, hrsg. von W. Kuhlmann und U. Wolf.

Axelrod, R., 2000 *Die Evolution der Kooperation*, München, Oldenbourg.

Ostrom, E., 1999, *Die Verfassung der Allmende*, Tübingen, Mohr Siebeck.

13. Die Selbstmord-Hypothese von Durkheim

Knud Knudsen

1. Originalzitat

Nous arrivons donc á cette conclusion générale: Le suicide varie en raison inverse du degré d'intégration des groupes sociaux dont fait partie l'individu. [...] C'est donc que, dans le milieu commun qui les enveloppe, il existe quelque force qui les incline toutes dans ce même sens et dont l'intensiteé plus ou moins grande fait le nombre plus ou moins élevé des suicides particuliers (Durkheim 1912, S. 223 und 343).

2. Übersetzung und kurze Erklärung

Wir sind nun an dieser allgemeinen Schlussfolgerung angelangt: Der Selbstmord variiert umgekehrt zum Ausmaß der Integration sozialer Gruppen, denen die Individuen angehören [...]. Es muss deshalb eine Kraft in ihrer allgemeinen Umgebung bestehen, die sie alle in die gleiche Richtung treibt, deren größere oder geringere Stärke eine größere oder geringere Zahl von Individuen zum Selbstmord treibt.

Die zitierten Sätze stellen den Kern der Theorie von Durkheim dar, die wir hier seine Selbstmord-Hypothese nennen. Grundlage der Selbstmord-Hypothese ist die Annahme, dass die Selbstmordrate Resultat stärkerer oder schwächerer Beziehungen ist, die zwischen einzelnen Individuen, ihrer sozialen Umgebung und der Gesellschaft insgesamt bestehen. Die Selbstmordrate wird hier verstanden als die Zahl der Selbstmorde pro Jahr pro 1.000.000 Personen in einer gegebenen Bevölkerung.

Durkheim argumentierte, dass es verschiedene soziale Gründe gibt, warum Personen sich das Leben nehmen. *Egoistischer* Selbstmord resultiert aus zu schwacher Integration des Individuums in die Familie und enge soziale Gruppen, wohingegen der sogenannte *altruistische* Selbstmord aus dem Gegenteil seinen Ursprung nimmt, der zu starken Integration oder mechanischer Solidarität. Ferner nahm Durkheim an, dass die Selbstmordrate zunehmen wird, wenn traditionelle Normen unklar erscheinen und schnellem Wandel unterliegen. Er nannte diesen Typus des Selbstmords *anomischen* Selbstmord. Er selbst betonte, dass sehr starke Reglementierungen des Individuums seitens der Gesellschaft wahrscheinlich in höheren Selbstmordziffern enden. Diesen Typus nannte er *fatalistischen* Selbstmord. Alle vier Typen fallen unter seine allgemeine Selbstmord-Hypothese.

3. Hintergrund

Émile Durkheim (1858 – 1917), geboren als Sohn jüdischer Eltern in der französischen Stadt Épinal, wird als einer der großen Pioniere der modernen Soziologie angesehen. In seinen frühen Jahren war er Student an der École Normale Supèrieure. Im Jahre 1887 erhielt Durkheim die erste französische Professur für Soziologie in Bordeaux, später wurde er Professor an der Sorbonne in Paris.

In seinen Werken hat sich Durkheim besonders auf kollektives Bewusstsein und Solidarität und auf die Beziehung zwischen dem Kollektiv und der Persönlichkeit des einzelnen Individuums konzentriert. Seine zentralen Werke sind *Die Arbeitsteilung in der Gesellschaft* (1893), *Die Regeln der soziologischen Methode* (1895), *Selbstmord* (1897) und *Die elementaren Formen des religiösen Lebens* (1912).

Selbstmord war teilweise eine Fortführung des Werkes über die *Arbeitsteilung in der Gesellschaft* und beschäftigt sich mit allen Aspekten der Probleme sozialer Ordnung und den Bedingungen, die zur „schlechten" im Unterschied zur „guten" Gesellschaft führen. Die Studie über den Selbstmord von Durkheim nahm ihren Ursprung nicht im Interesse an dem Phänomen des Selbstmords an sich. Er sah die Selbstmordrate an als einen *Indikator* dessen, was ihn wirklich interessierte, nämlich allgemeine *Bedingungen der Gesellschaft,* d.h. das Ausmaß, in dem die Gesellschaft entweder schlecht oder gut ist. Eine geringe Selbstmordrate würde vermutlich eine gesunde Gesellschaft anzeigen, wohingegen eine relativ hohe Rate eine kranke Gesellschaft bedeutet, in der die Individuen keine Wurzeln besitzen, unglücklich und unzufrieden sind. Durkheim wählte die Selbstmordrate als einen Indikator primär aus methodischen Gründen. Er betrachtete die Selbstmordrate als den einfachsten und zuverlässigsten Indikator zur Messung der „Temperatur der Gesellschaft".

Aus methodischer Sicht war der *Selbstmord* seinerzeit eine stark vorangeschrittene Studie. Die Methode Durkheims beinhaltete, alle statistischen Informationen zu sammeln, die über Selbstmord und soziale Gruppen zugänglich waren, und dann die Selbstmordraten über verschiedene Gruppen zu vergleichen. Er befasste sich mit Merkmalen wie Nationalität, Religion, Alter, Geschlecht, Familienstand, Familiengröße und wirtschaftlichen Bedingungen. Sein Ziel war zu belegen, dass es möglich ist, mittels solcher komparativer Methoden und vorliegenden Daten verschiedene Theorien seiner Zeit zurückzuweisen (z.B. Theorien, die den Selbstmord durch gewisse klimatische Umstände erklären, durch Rasse oder Vererbung). Zur selben Zeit belegte Durkheim, dass die Selbstmordstatistiken seine eigene Hypothese bestätigten.

Durkheim ging davon aus, dass traditionelle Theorien über die Gründe des Selbstmords, wie einige derjenigen mentaler Bedingungen des Individuums, ungeeignet für seinen soziologischen Ansatz waren, und führte deshalb die vier erwähnten Typen ein, die er als sozialbedingte Form des Selbstmords ansah. Die Typologie von Durkheim basiert auf der Beziehung des Individuums zu seiner

Bezugsgruppe und der Gesellschaft, der es angehört. Folgt man den Ideen von Durkheim, so resultieren die ersten beiden Typen, *egoistische* und *altruistische* Selbstmorde, aus der Abweichung von einer angemessenen oder idealen Integration des Individuums in die soziale Umgebung wie die Familie und enge Freunde. Durkheim erklärte die beiden anderen Typen, den *anomischen* und den *fatalistischen* Selbstmord, als Abweichungen von einer angemessenen und idealen Beziehung zwischen sozialen Maßstäben und der Anpassung des Individuums an diese Maßstäbe. Anomischer Selbstmord nimmt seinen Ursprung in einem Fehlen von Maßstäben, d.h. gesellschaftliche Erwartungen der Bürger sind unklar und absurd für das Individuum. Fatalistischer Selbstmord, obgleich nicht weiter im Werk von Durkheim ausgeführt, wird selbst durch den zu strikten und starren Griff der Gesellschaft auf das Individuum ausgelöst, das keinen Raum für autonome Handlungen besitzt. Einzelne Selbstmorde sind verschiedenen Typen zuzurechnen. Doch könnten alle Fälle des Selbstmords im Prinzip unter *eine* (oder in Kombinationen) der vier Formen eingereiht werden.

4. Formalisierung – präzise Definition

Durkheim war der Meinung, dass die Gesellschaft angesichts mangelnder Anpassung des Individuums an das Kollektiv krank war. Dies konnte eine Abweichung von einem angenommenen idealen Maß der Integration in die örtliche Umgebung sein, aber auch von einer ideellen Stabilität sozialer Maßstäbe. Er sah die Selbstmordrate als einen Indikator für die Gesundheit der Gesellschaft an. Somit kann man sagen, dass Durkheim die Selbstmordrate als Funktion zweier fundamentaler Beziehungen ansah, wie in der folgenden Gleichung dargestellt:

$$S = f(\,|\,I - I^+\,|\,,\ |\,N - N^+\,|\,)$$
$$S > K \text{ für } |\,I - I^+\,| \text{ nicht gleich 0, und/oder } |\,N - N^+\,| \text{ nicht gleich 0}$$
$$S = K \text{ für } |\,I - I^+\,| = 0 \text{ und } |\,N - N^+\,| = 0$$

Wobei: f = unspezifizierte Form der Funktion

S = Selbstmordrate, d.h. Zahl der Selbstmorde pro Jahr pro 1.000.000 Personen in einer gegebenen Bevölkerung

I^+ = angemessenes oder ideales Ausmaß der Solidarität und Integration

I = Ausmaß der beobachteten Solidarität und Integration

N^+ = ideales Ausmaß der Stabilität und Klarheit der gesellschaftlichen Maßstäbe

N = Ausmaß der beobachteten Stabilität und Klarheit gesellschaftlicher Maßstäbe

K = theoretisch maximale Größe der Selbstmordrate in einer idealen
      Gesellschaft, wobei $\left| I - I^+ \right| = 0$ und $\left| N - N^+ \right| = 0$

Klammern mit vertikalen Strichen deuten an, dass der operierende Faktor im
Ausmaß der Abweichung von Bedeutung ist, nicht das negative oder positive
Vorzeichen.

Unklar ist, ob Durkheim K als gleich 0 oder größer als 0 ansah. Er mag ein
gewisses Ausmaß an Selbstmorden als unvermeidlich eingeschätzt haben. Auch
erscheint sein begrifflicher Apparat als wenig präzise (Integration, Fehlen von
Maßstäben usw., s. Douglas 1967, S. 37-41). Besonders schwierig ist es, sich
vorzustellen, was er *in operationaler Definition* unter verschiedenen Ausmaßen
der Integration und dem Fehlen von Maßstäben verstand. Wir werden hier nicht
die Probleme der Operationalisierung anschneiden. Wahrscheinlich ist, dass
Durkheim annahm, dass S > K für $\left| I - I^+ \right|$ nicht gleich 0, und $\left| N - N^+ \right| = 0$,
und dass S > K für $\left| N - N^+ \right|$ nicht gleich 0 und $\left| I - I^+ \right| = 0$. Folglich steht
Selbstmord typischerweise in Verbindung zu einem Typus des Ungleichge-
wichtes, insbesondere die Form des egoistischen Selbstmords, obgleich andere
Arten der Abweichung die Selbstmordrate auch beeinflussen werden. Auch hat
er nicht die Frage angeschnitten, ob sich empirische Evidenz für alle möglichen
denkbaren Kombinationen der beiden Typen der Abweichung vom Ideal finden
lässt. In dieser Hinsicht bedarf die Selbstmordhypothese von Durkheim der
Klarstellung.

Durkheim diskutierte altruistischen, egoistischen, anomischen und fatalistischen Selbstmord separat. Doch verfolgte er nicht die Frage der kombinierten
Wirkung auf die Selbstmordrate in einer Gesellschaft, die zum Beispiel durch
beides, Altruismus und Anomie, oder durch Egoismus und Fatalismus gekennzeichnet ist.

Es hat jedoch den Anschein, dass Durkheim die steigende Selbstmordrate in
Frankreich und dem Rest Europas als Ergebnis geringerer Integration ansah
(egoistischer Selbstmord) und als Verringerung in der Stabilität der Normen
(anomischer Selbstmord), mit anderen Worten als *Kombination* der beiden
grundlegenden Formen des Ungleichgewichts. Doch hat er nicht explizit diskutiert, welchen Einfluss unterschiedliche Kombinationen der beiden Arten der
Abweichung auf die Selbstmordrate haben. Wird die Selbstmordhypothese von
Durkheim heute in simpler didaktischer Weise spezifiziert, könnte sie folgende
Form haben:

$$S = a + b_1 \left| I - I^+ \right| + b_2 \left| N - N^+ \right|$$

Hier wird Selbstmordrate verstanden als eine additive, lineare Funktion der
beiden fundamentalen Formen der Abweichung oder des Ungleichgewichtes.
Diese lineare Spezifikation ist jedoch nur eine vieler möglicher Spezifikationen
und sollte als ein erster näherungsweiser Ansatz gesehen werden. Wir können
uns auch andere mögliche testbare Definitionen der Selbstmordhypothese vor-

stellen, z.B. in multiplikativer Form, doch sei dies hier nicht weiter verfolgt (für eine jüngere Diskussion s. Pampel 1998).

5. Allgemeinheit und Prüfbarkeit – Kritik

Durkheim ging davon aus, dass eine gelungene Balance zwischen den Individuen und dem Kollektiv in einer gesunden Gesellschaft resultieren würde, die sich aus zufriedenen und glücklichen Mitgliedern zusammensetzt. Das Individuum sollte nicht unzureichend integriert sein, andererseits aber auch nicht überintegriert. Ferner wäre eine gesunde Gesellschaft das Ergebnis eines gewissen Grades an Klarheit und Stabilität der Normen, die das Individuum spürt und die eine optimale soziale Regulierung der Gesellschaft nahelegen.

Die Hypothese von Durkheim verweist darauf, dass Gruppen und Gesellschaften, die von einem idealen Ausmaß der Integration und der Stabilität im Hinblick auf die jeweiligen Maßstäbe abweichen, eine relativ hohe Selbstmordrate aufweisen werden. Er zeigte, dass seine Selbstmordhypothese durch verfügbare Daten gestützt wurde. Sein Argument war, dass Protestanten weniger integriert seien (in seiner Terminologie „egoistischer") und weniger Solidarität als Katholiken erführen. Protestanten sollten deshalb sowohl auf nationaler als auch auf Gruppenebene eine höhere Selbstmordrate als Katholiken haben. Offizielle Selbstmord-Statistiken unterstützten die Vorhersagen von Durkheim. Eine der Tabellen aus dem *Selbstmord* (S. 150) wird nachfolgend reproduziert. Sie zeigt, dass sich die Selbstmordrate mit zunehmendem Anteil der Katholiken in verschiedenen Landesteilen Bayerns verringerte.

Durkheim argumentierte ferner, dass eine *zu starke* Integration (bei der die Individuen durch blinden Gehorsam und Unterwerfung gekennzeichnet sind) in relativ höherer Selbstmordrate enden sollte, was gleichermaßen für eine zu geringe Integration gelte. Er sah in einigen sozialen Schichten Japans und bestimmten militärischen Gruppen solche überintegrierten sozialen Umgebungen repräsentiert und behauptete, dass eine relativ hohe Selbstmordrate für diese Kategorien zu finden sei.

Durkheim hielt ferner fest, dass Ehescheidung eine Störung der Balance zwischen Individuum und Gesellschaft beinhaltet und damit eine *normlose* oder anomische Situation anzeigt. Dies sollte folglich die Erwartung rechtfertigen, dass die Selbstmordrate unter geschiedenen Personen höher als unter verheirateten ist. Auch für diese Hypothese fand er Unterstützung in offiziellen Statistiken.

Katholizismus und Selbstmordrate. Bayrische Landesteile (1867-75)

Landesteile mit katholischer Minderheit (unter 50 %)	Selbstmorde pro 1.000.000 Einwohner	Landesteile mit katholischer Mehrheit (50 – 90 %)	Selbstmorde pro 1.000.000 Einwohner	Landesteile mit mehr als 90 % Katholiken	Selbstmorde pro 1.000.000 Einwohner
Rheinland-Pfalz	167	Unterfranken	157	Oberpfalz	64
Mittelfranken	207			Oberbayern	114
Oberfranken	204	Schwaben	118	Nordbayern	19
Durchschnitt	192	Durchschnitt	135	Durchschnitt	75

Die obigen Exzerpte sind nur ein kleiner Ausschnitt aus den verschiedenen Methoden, die Durkheim zum Test seiner Theorie verwandte. In seinem systematischen Vergleich seiner Hypothesen mit den offiziellen Statistiken falsifizierte er konkurrierende Theorien und verschaffte gleichzeitig seiner eigenen Selbstmordhypothese mehr Plausibilität.

Was in vieler Hinsicht der Analyse von Durkheim Originalität und Stärke verlieh, war gleichzeitig der große Schwachpunkt. Durkheim sah das Selbstmordphänomen als *ausschließlich* durch soziale Umstände veranlasst. Er war weder orientiert noch interessiert an der psychologischen Seite des Selbstmords. Aus seiner Sicht war die Individualpsychologie von geringer Bedeutung in einer soziologischen Studie. Es war Freud, der im Jahre 1916 die erste wichtige psychologische Studie des Selbstmords präsentierte. Ein Teil der heutigen Kritik richtet sich deshalb gegen die *begrenzte Reichweite* seines Ansatzes, der sich ausschließlich auf soziale Kräfte richtet. Psychologische Ursachefaktoren, die *unabhängig* von sozialen Umständen auftreten können, sind nicht in die Hypothese von Durkheim integriert. Will man Durkheim gegen eine solche Kritik verteidigen, so kann argumentiert werden, dass er es als gegeben ansah, dass die psychologische Komponente von einer Gesellschaft zur anderen konstant war. Doch sollten die *Unterschiede* zwischen verschiedenen Gesellschaften unter Bezug auf soziale Umstände erklärbar sein, wie bereits deutlich gemacht.

Andere Kritikpunkte stellen bestimmte Aspekte der theoretischen Argumentation von Durkheim infrage und behaupten, dass seine Beobachtungen wahrscheinlich durch alternative *Theorien* besser erklärt werden können. Douglas (1967) besteht besonders darauf, dass zuerst darauf zu achten sei, wie eine bestimmte Gruppe Selbstmord definiert, wenn die Variation in den Selbstmordraten über verschiedene Gesellschaften erklärt werden soll, mit anderen Worten: in welchem Ausmaß Selbstmord als moralisch akzeptabel oder verwerflich gilt.

Andere Sozialwissenschaftler wie zum Beispiel Gregory Zilborg (1935) haben die Aufmerksamkeit auf die geringe Zuverlässigkeit der Datengrundlagen von Durkheim gerichtet, hauptsächlich der Selbstmordstatistiken. Die offizielle Definition des Selbstmords, die in den Statistiken angewandt wird, variiert von einer Gesellschaft zur anderen. Somit lautet eine sinnvolle Annahme, dass sich erhebliche Unterschiede in der Erfassung von Selbstmorden ergeben. Wir haben bereits auf das Problem hingewiesen, die Variablen abzugrenzen, die in der Analyse verwandt werden. Heute ist somit klar, dass wichtige Einwände gegen die Selbstmordhypothese von Durkheim vorgebracht werden können.

6. Empirische Einschätzung – Schlussfolgerung

Norwegische Selbstmordstudien haben traditionalerweise einen psychologischen Ansatz verfolgt. Nils Retterstøl (Retterstøl 1970) hat die theoretischen Argumente und Resultate bereits vor über dreißig Jahren zusammengefasst, wobei er den psychologischen Faktoren bei Selbstmordversuchen besondere Bedeutung zuschrieb. Er belegte die Gültigkeit der internationalen Resultate auch für Norwegen. Damals und heute gelten die Muster, dass mehr Männer als Frauen Selbstmord begehen, die Raten unter den Älteren höher sind, Selbstmord häufiger unter Unverheirateten und Geschiedenen als unter verheirateten Personen ist und dass die städtische Selbstmordrate höher als diejenige in ländlichen Gebieten ausfällt. In einer jüngeren Arbeit (1990) hat Retterstøl diese Muster als relativ stabil nachgewiesen. Dennoch hat sich seit 1970 ein bedeutsamer Wandel ergeben, eine Verdopplung in der Zahl der Selbstmorde ist eingetreten. Der dramatische Zuwachs ist bei jüngeren Gruppen zu verzeichnen, insbesondere unter jungen Männern. Retterstøl und seine Forschungsgruppe haben eine besondere Studie unternommen, um dieses Problem besser zu verstehen (Retterstøl et al. 1985). Diese Studie wirft ein Licht auf die komplizierten Muster und wechselwirkenden Ursachen in den hohen Selbstmordraten unter Jugendlichen.

Ein Drittel war in psychiatrischen Institutionen behandelt worden, ein anderes Drittel litt unter Alkohol- und Drogenproblemen. Ungefähr ein Viertel hatte Abschiedsbriefe geschrieben, die meisten davon an den Vater und die Mutter gerichtet. Somit scheint es, als ob das Hauptargument von Durkheim als allgemeine Erklärung auch in diesem Zusammenhang von Bedeutung ist.

Herbert Hendin (1964) versucht, die Unterschiede in den Selbstmordraten zwischen den skandinavischen Ländern zu erklären, wobei Dänemark und Schweden traditionellerweise deutlich höhere Selbstmordraten als Norwegen aufweisen. Hendin vermutet die Erklärung in den kulturellen Unterschieden, besonders mit Blick auf die Erziehung der Kinder. Er sieht Unterschiede in der Sozialisation als Erklärung für die niedrige norwegische Selbstmordrate. In der norwegischen Erziehung werden Wettbewerbsdenken und Erfolgserwartungen für eine eigene Karriere und dem sozialen Prestige weniger Gewicht zugeschrieben als z. B. in Schweden. Deswegen erfahren Norweger Schwierigkeiten und Niederlagen nicht als so negativ wie Schweden, mit dem Ergebnis, dass die Norweger in solchen Situationen weniger zu Selbstmord geneigt sind. Eine ergänzende Erklärung der niedrigeren norwegischen Rate ist von Farber (1968) vorgeschlagen worden, der sich auf dänische und norwegische Familienbeziehungen konzentriert. Er behauptet, dass die norwegischen Mütter vor allem damit beschäftigt sind, ihren Kindern Liebe und Fürsorge zu vermitteln. Er argumentiert ferner, dass die norwegischen Väter eine zentralere Position in der Familie als dänische Väter innehaben. Der entscheidende Punkt von Farber ist, dass sich in den norwegischen Familien eine größere Warmherzigkeit und Fürsorge als in Dänemark findet.

In jüngerer Zeit haben sich einige Selbstmordstudien auf die Folgen der veränderten Stellung der Frauen in modernen Gesellschaften konzentriert. Einige Forscher haben Hypothesen entwickelt, die behaupten, dass die Befreiung der Frau zu größeren Unterschieden in den Selbstmordraten zwischen Männern und Frauen geführt haben, während andere behaupten, dass sich die traditionelle Lücke verringert hat. Auf der Basis von Daten aus 18 Nationen in den Jahren 1953-92 zeigt Pampel (1998), dass die Muster in der Tat sehr differenziert ausfallen. Während der Anfangsphasen der Frauenemanzipation finden sich geringe Unterschiede zwischen den Geschlechtern mit Blick auf die Selbstmordrate. In späteren Phasen, nach verschiedenen institutionellen Anpassungen taucht wieder eine Tendenz zu größeren Unterschieden auf. Ein bemerkenswerter Unterschied besteht auch in der großen Variation, die sich im Hinblick auf die Geschlechtsunterschiede zwischen verschiedenen Ländern ergibt. Pampel argumentiert, dass ein grundlegender Teil dieser Variation auf unterschiedliche starke kollektive Orientierung in diesen Gesellschaften zurückgeführt werden kann.

Die meisten der verfügbaren soziologischen Studien beschäftigen sich mit dem Phänomen des Selbstmords innerhalb westlicher Industriegesellschaften. Studien aus anderen Kontinenten oder anderen Gesellschaftstypen sind in den meisten Fällen von Sozialanthropologen unternommen worden wie die frühen Arbeiten von Devereux (1937) und später von Bohannan (1960). Es sieht so aus, als ob die Logik der Selbstmordforschung von Durkheim nur in begrenzten Analysen auf asiatische und afrikanische Gesellschaften angewandt worden ist. Besonders interessant ist die Verfolgung langfristiger Konsequenzen für die Selbstmordrate, nachdem grundlegender sozialer Wandel, wie die Erschütterungen in China in den 1990er Jahren, erfolgte.

Wir haben bereits erklärt, dass bedeutsame Einwände gegen die Selbstmordhypothese von Durkheim vorgebracht werden können. Die Analysen aus Norwegen bzw. Skandinavien liefern Beispiele alternativer Herangehensweisen in dem Versuch, das Selbstmordphänomen zu erklären. Der Grund, warum die Selbstmordhypothese von Durkheim noch eine solch starke Position einnimmt, wird in klassischer Weise von Douglas (1967) ausgedrückt.

Dennoch ist *Der Selbstmord* das beste soziologische Werk über den Selbstmord in erster Linie wegen des wissenschaftlichen Forschungsideals für soziale Phänomene, das es begründet und weil die Untersuchung in ihrer endgültigen Analyse die positivistische Tradition in der Selbstmordforschung überwunden hat – eine Tradition, die stark mit dem Verständnis des Selbstmords als einer sozial bedeutsamen Handlung kontrastiert (S. 76).

Die Aussage von Douglas, getroffen vor einer Generation, gilt noch heute.

7. Literatur

Bohannan, P. (ed.) 1960: *African Homicide and Suicide*, Princeton University Press, Princeton, N.J.

Devereux, C. 1937: "Mohave Soul Concept", *American Anthropologist* Vol. 39.

Douglas, J. 1967: *The Social Meaning of Suicide*, Princeton University Press, Princeton, N.J.

Durkheim, E. 1912: *Le Suicide*, Libraire Felix Alcan, Paris.

Durkheim; E. 1951: *Suicide. A Study in Sociology*, The Free Press, NewYork.

Farber, Maurice L. 1968: *Theory of Suicide*, Funk & Wagnalls, NewYork.

Freud, S. 1949: "Mourning and Melancholia", in *Collected Papers*,Vol. IV, Hogarth Press, London (originally written in 1916).

Gibbs, P. and W. T. Martin 1961: *Status Integration and Suicide*, University of Oregon Press, Eugene, Oregon.

Hendin, H. 1964: *Suicide and Scandinavia*, Anchor Books, New York.

Pampel, F.C. 1998: "Nation, social change and sex differences in suicidal rates", *American Sociological Review* Vol. 63, S. 744-58.

Retterstøl, N. 1970: *Selvmord. Et personlig, sosialt og samfunnsmessig problem* (Suicide. A personal, social and societal problem), Universitetsforlaget, Oslo.

Retterstøl, N. 1990: *Selvmord* (Suicide), Universitetsforlaget, Oslo.

Retterstøl, N. H. Ekeland and R. Hessø 1985: "Selvmord hos unge. Utviklingen. i Norden. Et syv års materiale fra Oslo" (Suicide among young people. The development in Scandinavia. Material collected over seven years in Oslo), *Tidsskrift fra Den norske lægeforening* 105, S. 119-22.

Zilborg, G. 1935: "Suicide among Civilized and Primitive Races", *American Journal of Psychology*, Vol. 95, S. 1361-62.

Ausgewählte Werke in deutscher Sprache

Durkheim, E.1995: *Der Selbstmord*, Frankfurt am Main, Suhrkamp.

Freud, S. ohne Jahr: *Gesammelte Werke. Chronologisch geordnet*, Frankfurt / M., S. Fischer.

14. Die Hypothese des Gegendrucks: Über Einflüsse und Wahlverhalten

Lars Svåsand

1. Originalzitat

Menschen, die gesellschaftlichem Gegendruck ausgesetzt sind, verschieben ihre endgültige Wahlentscheidung (Lazarsfeld, Berelson und Gaudet 1968, S. 58).

Die Bindung einer bestimmten Gruppe an eine Partei, die insgesamt als vorrangiger Repräsentant der Gruppe angesehen werden kann, steigt mit der Stärke der Gruppe innerhalb eines Gebietes (Tingsten 1937/1963, S. 230).

2. Kurze Erläuterung

Die Hypothese des Gegendrucks ist eine der geläufigsten Erklärungen für die niedrige Wahlbeteiligung und das inkonsistente Wahlverhalten einiger Wählergruppen. Gegendruck ist eine Situation, in der der Wähler a) verschiedene Rollen innehat, die in einigen Fällen miteinander in Konflikt stehen, und b) verschiedene Präferenzen, die nicht durch die Wahl nur einer verfügbaren Alternative abgedeckt werden können.

In jeder Gesellschaft füllt jedes Individuum mehrere Rollen aus. Jede dieser Rollen beinhaltet gewisse Erwartungen, sowohl von der Person, die diese Rolle innehat, als auch von der Umgebung. In einer Situation, in der jemand zwischen den Kandidaten oder Parteien A und B zu wählen hat, wird er versuchen, Konflikte zwischen diesen Rollen zu vermeiden.

In den USA finden sich Belege, dass Katholiken tendenziell die Demokraten wählen, während die obere Mittelschicht eher für die Republikaner stimmt. Wenn ein amerikanischer Wähler als Katholik der oberen Mittelschicht angehört, mag ein Konflikt zwischen beiden Rollen entstehen, wenn er sich für einen Kandidaten bei einer Präsidentenwahl zu entscheiden hat. Widersprüchliche Erwartungen über das Verhalten können somit von zwei sich entgegenstehenden Rollen erwartet werden. Das Resultat dieser Art von Gegendruck mag die Person sehr wohl dahin führen, ihre Entscheidungen aufzuschieben, einen der Kandidaten zu wählen oder sich gänzlich der Wahl zu enthalten. Eine solche Situation kann als sozial begründeter Gegendruck beschrieben werden.

Ein anderer Typus des Gegendrucks entsteht, wenn das Individuum überzeugt ist, dass eine von verschiedenen Wahlalternativen die Einhaltung *einer* seiner Präferenzen bedeutet, wohingegen eine andere Alternative *eine andere* Präferenz erfüllen würde. Wenn das Individuum sich vor die Wahl zwischen verschiedenen „Politpaketen", z.B. zwischen Parteiprogrammen, gestellt sieht, mag sich ein Konflikt dieser Art ergeben. Wenn ein Wähler die Innenpolitik der Partei A favorisiert und zur gleichen Zeit die Außenpolitik der Partei B und beide Präferenzen gleichermaßen stark sind, steht er in der *Situation eines psychologisch begründeten Gegendrucks.*

Die Hypothese von Tingsten beschäftigt sich eher mit den tatsächlichen Wahlalternativen als mit der Wahlbeteiligung, wie sie Lazarsfeld u.a. analysiert haben. In der Sicht von Tingsten wird der Anteil einer Partei an den Wählerstimmen in einem bestimmten Gebiet von der Größe der sozialen Gruppe mit engen Beziehungen zu dieser Partei abhängen. Dies bedeutet, dass in einer Region, wo die Gruppe A einen geringen Teil der Wählerschaft darstellt, die Partei mit größter Nähe zu A einen noch kleineren Anteil an den Wählerstimmen erhalten wird. Andererseits wird in einer bestimmten Region, in der sich eine dominante soziale Gruppe mit der Partei A identifiziert, die Partei dieser Gruppe einen überproportionalen Stimmenanteil erhalten.

Eine mögliche Erklärung dafür liegt darin, dass im ersten Fall der soziale Druck, der auf den Wähler ausgeübt wird, in Übereinstimmung mit seiner sozialen Gruppe zu wählen, unbeachtlich ist. Andere Faktoren werden seine Wahl mitbeeinflussen. In sozial homogenen Gebieten andererseits wird der Konformitätsdruck stark sein, sich auch jenseits der vorherrschenden sozialen Gruppe entfalten und Mitglieder der Minderheitengruppe dazu führen, in Übereinstimmung mit der Mehrheitsgruppe zu wählen.

Diese Hypothese ist „das Gesetz des sozialen Gravitationszentrums" (Tingsten 1963, S. 250).

3. Hintergrund

Vor allem die klassische Studie der US-amerikanischen Präsidentschaftswahl im Jahre 1940 *The People's Choice* hat die Hypothese vom Gegendruck bekanntgemacht. Diese Forschung begründete eine amerikanische Forschungstradition, die sich später auf Europa ausdehnte. *The People's Choice* markierte den Übergang von der Aggregatdatenanalyse zu Individualdaten. Diese Studie war die erste, die Paneldaten nutzte, d.h. dieselben Personen wurden mehrfach über die Zeit interviewt, in diesem Fall sieben Mal zwischen Mai und November 1940. Eines der Ziele der Untersuchung war herauszufinden, *wann* die Wähler ihre endgültige Entscheidung für einen der beiden Präsidentschaftskandidaten getroffen hatten. Dies ermöglichte es den Forschern zu analysieren, wann die Wähler ihre Wahl trafen und ob sie ihre Entscheidung im Verlauf der Wahlkampagne geändert haben.

Das Buch von Tingsten *Political Behaviour* wurde zum ersten Mal im Jahre 1937 publiziert und ist seiner Natur nach ein gänzlich anderes als das von Lazarsfeld et al. In *Political Behaviour* analysiert Tingsten Wahlstatistiken aus verschiedenen europäischen Ländern. Er war der erste, der auf die Vielfalt der

Beziehungen zwischen solchen Faktoren wie Parteistärke, Wahlbeteiligung und verschiedenen sozialen Gruppen innerhalb der Wählerschaft hinwies. Das Buch ist zu einem Klassiker in der Analyse der Beziehungen zwischen Sozialstruktur und politischem Verhalten auf der Aggregatebene geworden. In diesem Buch hat Tingsten nicht nur „das Gesetz des sozialen Gravitationszentrums" formuliert, sondern auch „das Gesetz der Disparität", das behauptet, dass sich die Unterschiede in der Wahlbeteiligung verschiedener Gruppen im inversen Verhältnis zum allgemeinen Ausmaß der Wahlbeteiligung vergrößern.

4. Formalisierung – präzise Definition

Die Hypothese vom Gegendruck, wie von Lazarsfeld u.a. formuliert, geht von einer Beziehung zwischen den Einflüssen der Umwelt auf das Individuum und dem Zeitpunkt aus, zu dem es eine endgültige Entscheidung über die Wahl trifft. Im Falle von Tingsten richtete sich die Analyse nicht auf Individuen, sondern auf Aggregate. Auf der Aggregatebene ist es nicht möglich, Daten in gleicher Weise zu analysieren wie auf der Individualebene, doch können die Ergebnisse von Tingsten im Licht der Hypothese dieses Gegendrucks interpretiert werden.

Gegendruck zu messen ist schwierig, auf jeden Fall ist es noch nicht bewerkstelligt worden. Gegendruck existiert nur in dem Ausmaß, in dem ein Individuum einen Konflikt zwischen zweien oder mehreren seiner Bezugsgruppen oder zwischen zweien oder mehreren seiner Präferenzen empfindet. Doch die Beziehung zwischen einer späten Entscheidung, zu wählen oder nicht zu wählen, und der Mitgliedschaft in einer sozialen Gruppe, deren Parteipräferenz nicht stabil ist, ermöglicht eine Deutung im Sinne von Lazarsfeld et al. In ihrer Terminologie ist die benötigte Zeit zur Entscheidung, ob man wählt oder nicht, eine Funktion des Ausgesetztseins gegenüber einem Gegendruck.

Formal kann die Situation des Gegendrucks mit Hilfe von vier Gleichungen illustriert werden. In ihrer allgemeinen Form:

1) c (Gegendruck) = f (A/B)	
2) c max. wenn (A/B) → 1 d.h. A ≈ B	In Fällen, in denen gleicher Druck für die Entscheidung für eine der beiden Alternativen vorliegt, wird der Gegendruck ungefähr gleich 1 sein. Dies ist das Maximum des Gegendrucks; die Wähler werden ihre Entscheidung bis auf den letzten Moment verschieben oder sich der Wahl enthalten.
3) p(a) = A/B p (a) max. wenn A → ∞ und B → 0	Die Wahrscheinlichkeit der Wahl der Alternative A, p(a), vergrößert sich in dem Ausmaß, in dem der Druck A zu wählen gegen unendlich geht. Der Gegendruck nähert sich dem Wert 0.
4) p(b) = B/A p(b) max. wenn B → ∞ und A → 0	Hier ist die Situation umgekehrt: die Wahrscheinlichkeit der Wahl für Alternative B, p(b), vergrößert sich in der Weise, wie sich B der Unendlichkeit nähert. Der Gegendruck nähert sich 0.

Das Gesetz von Tingsten ist so formuliert, dass sich eine kurvilineare Beziehung zwischen seinen Variablen Parteienstärke und sozialer Gruppe ergibt, die es ermöglicht, die Beziehung zwischen den Variablen wie folgt auszudrücken:

$$y = a + bx^2$$

Wir können dies wie in Abbildung 1 illustrieren. Wenn die unabhängige Variable, d.h. der Anteil der Wählerschaft, der durch die soziale Gruppe gestellt wird, ein gewisses Ausmaß überschreitet, ist nur ein geringer Zuwachs nötig, um ein deutliches Anwachsen in der Quantität der abgegebenen Stimmen für die Parteien festzustellen, die diese Gruppe am ehesten repräsentieren. Obgleich sich keine notwendige Beziehung findet, ist es häufig der Fall, dass in Abwesenheit von Gegendruck das Individuum dem Druck nur einer Seite ausgesetzt ist, nämlich dem Druck zur Konformität. Umgekehrt beinhaltet die Abwesenheit eines Konformitätsdrucks üblicherweise die Präsenz einer Situation mit Gegendruck.

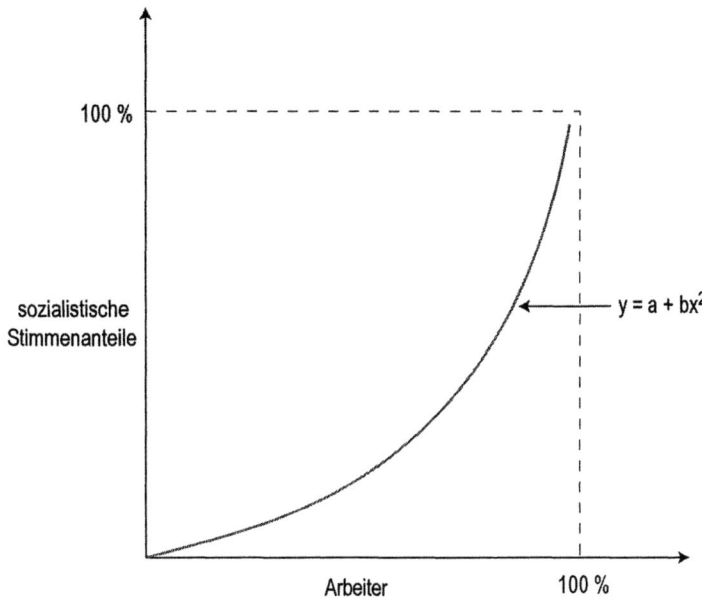

Abb. 1: Beziehung zwischen Parteienstärke und sozialer Gruppe

5. Allgemeinheit und Prüfbarkeit – Kritik

Allgemeine Überlegungen

Die Hypothese des Gegendrucks wurde formuliert in Verbindung mit der Forschung über eine Präsidentschaftswahl. Sie ist primär im Zusammenhang mit späteren politischen Wahlen zitiert worden. Jedoch ist das Problem auch aus der Psychologie bekannt, in der verschiedene Modelle und Theorien entwickelt worden sind, um das Verhalten von Individuen, die Druck unterliegen, zu erklären. Die verbreitetsten dieser Theorien sind die Dissonanz-, Gleichgewichts- und Kongruenz-Theorien. Die Dissonanz-Theorie richtet sich auf die Beziehung zwischen bewusstem Verhalten eines Individuums und der Kenntnis des Individuums, die einem solchen Verhalten entgegenstehen mag. Forschungen sind auch unternommen worden in Situationen, in denen Individuen die Wahl zwischen verschiedenen Alternativen haben. Dissonanz existiert darüber, was das Individuum über die negativen Aspekte der gewählten Alternative und die positiven Aspekte der zurückgewiesenen Alternativen weiß (Festinger 1957). Die Gleichgewichts- und Kongruenztheorien beschränken sich selbst auf das Studium von Einstellungen. Thema ist dort das Problem, ob Personen, die in Wechselbeziehung stehende Objekte einschätzen, dies in ähnlicher oder verschiedener Weise tun (Zajonc 1960). Ein Überblick über diese Modelle in Bezug zur Hypothese des Gegendrucks findet sich bei Hellevik (1975).

Die Kritik gegen die Hypothese des Gegendrucks hat sich auf die zugrundeliegenden Annahmen konzentriert. Auch ergeben sich Probleme, wenn Gegendruck gemessen werden soll.

Annahmen für die Anwendung

Die Hypothese des Gegendrucks ist entwickelt worden, um u.a. zu erklären, warum einige Personen weniger Interesse an politischen Streitfragen als andere haben. Das Argument lautet, dass Personen das Interesse an den Themen angesichts der offensichtlichen Unmöglichkeit verlieren, eine Entscheidung zu treffen. Doch bedeutet dies nicht, dass Personen, die sich an einer Wahl beteiligen, stark an der Politik interessiert sein müssen. Die Abgabe einer Stimme mag lediglich Konformität mit einer sozialen Norm bedeuten: „Wählen ist Bürgerpflicht". Diejenigen, die ihre Stimmen abgeben, mögen deshalb gleichermaßen desinteressiert sein wie die Personen unter Gegendruck. Für die Gültigkeit der Hypothese des Gegendrucks müssen deshalb zwei Annahmen spezifiziert werden: a) das Ergebnis der betreffenden Entscheidung muss emotional wichtig für die die Entscheidung treffende Person sein, und b) das Ergebnis der Wahl muss unsicher sein. Letztere Annahme bezieht sich auf die Frage, warum sich einige Gruppen der Wählerschaft der Wahl enthalten. Der Grund mag darin liegen, dass sie a) die Situation als hoffnungslos einschätzen – es gibt keinen Grund zur Wahl, weil der Wähler einer Minderheit angehört – oder b) dass das Ergebnis sicher ist. Dann besteht kein Grund zur Wahl, weil andere die eigenen Interessen berücksichtigen werden.

Eine andere Kritik der Hypothese richtet sich auf die Gültigkeit innerhalb unterschiedlicher politischer Systeme. Die Hypothese des Gegendrucks wurde in einem politischen System formuliert, indem die Wähler im Allgemeinen nur vor zwei Alternativen stehen. In diesem System ist die Bindung an Parteien häufig schwach, die Persönlichkeiten der Herausforderer spielen eine wichtige Rolle. In einem System mit starken Parteiloyalitäten und vielen Alternativen mag eine geringe Wahlbeteiligung auf zunehmende Entzauberung der Partei zurückgeführt werden, die der Wähler normalerweise wählt. Die Parteiloyalität mag stark genug sein, irgendeine individuelle Stimmabgabe für eine andere Partei auszuschließen. Deshalb zieht es der Wähler vor, überhaupt nicht zu wählen.

Messung von Gegendruck

Selbst wenn die Annahmen für die Anwendung der Hypothese des Gegendrucks zutreffen, bleibt ein wichtiger Einwand: wie kann man Gegendruck messen? Das Problem ist immer noch nicht gelöst. Es ist unmöglich, etwas über das präzise Ausmaß verschiedener Arten des Gegendrucks zu sagen, auch nicht darüber, was sich ergäbe, wenn sich die Stärke einer der konfligierenden Drucke verringern sollte. Auch ist das Wahlverhalten nicht allein durch sozialen und psychologischen Druck bestimmt: das politische System selbst mag einen Einfluss haben. In der Art, wie Sitze zugeteilt werden, mag z.B. eine Beeinflussung der Wahlentscheidung liegen (Allardt und Littunen 1967, S. 139).

6. Empirische Einschätzung – Schlussfolgerung

Vor allem in Studien vieler amerikanischer Wahlen ist die Hypothese vom Gegendruck getestet worden. Berelson, Lazarsfeld und McPhee (1966, S. 284-285) fanden, dass sich zunehmender Druck im Verlauf eines Wahlkampfes in zunehmender Tendenz zur Konsistenz äußerte, d.h. Einstellungen, die inkonsistent mit der Politik einer der beiden amerikanischen Parteien waren, verschwanden in erheblichem Ausmaß mit dem Näherrücken des Wahltags.

In einer Studie der Präsidentschaftswahlen in den USA von 1952 und 1956 wurden die Wähler auf der Basis ihrer Antworten auf sechs verschiedene Fragen als Demokraten oder Republikaner eingestuft. Nur in einigen Fällen wurde registriert, ob die Antworten der Wähler mit den Parteien in allen sechs Fragen konsistent waren. Die Forschung belegt, dass sich in dem Ausmaß, in dem die Zahl der Einstellungsdivergenzen mit einer der beiden Parteien anstieg, der Anteil der Wähler gleichermaßen vergrößerte, der sich in der Kandidatenwahl spät entschied (Campbell, Converse, Miller und Stokes 1964, S. 40-46). Dies ist ein Beispiel für einen psychologischen Gegendruck, wo die Wähler Schwierigkeiten haben, ihr Wahlverhalten mit ihren Einstellungen zu politischen Streitfragen in Übereinstimmung zu bringen.

Unter Nutzung von Umfragedaten zur amerikanischen Präsidentschaftswahl von 1964 analysierte Eitzen (1964, S. 284) Änderungen in der Wahlbeteiligung unter verschiedenen Statusgruppen. Ausgangspunkt für die Forschung war die Hypothese des Gegendrucks, die u.a. beinhaltet, dass Personen, deren Status sich unterscheidet, wenn er nach verschiedenen Kriterien gemessen wird (wie Beruf, Einkommen und in einigen Fällen auch Geschlecht, ethnische Zugehörigkeit und Religion), an Wahlen weniger stark als diejenigen teilnehmen werden, deren Status über verschiedene Kriterien konsistent ist. Doch fand Eitzen, dass es nur diejenigen mit konsistent hohem Status waren, d.h. deren Status sich auf hohem Niveau über verschiedene Kriterien bewegte, die eine höhere Wahlbeteiligung als die inkonsistente Kategorie aufwiesen. Die konsistent niedrigste

Kategorie zeigte die geringste Rate der Wahlbeteiligung. Auf der Basis seines Datenmaterials gelangte er zu der Schlussfolgerung, dass die Hypothese über Statusinkonsistenz und geringe Wahlbeteiligung zurückzuweisen ist. Himmelstrand (1970, S. 80) fand, dass die Wahlbeteiligung zwischen Wählergruppen variierte, die instrumentell oder expressiv auf ihre Wahlbeteiligung orientiert waren. Für diejenigen, die instrumentell orientiert waren, bedeutete Wählen ein Mittel der Zielerreichung, während es für diejenigen mit expressiver Orientierung einen intrinsischen Wert darstellte. In einer Situation des Gegendrucks enthielten sich Wähler, die instrumentell orientiert waren, häufiger der Wahl als diejenigen mit expressiver Einstellung, obgleich die instrumentell orientierten allgemein mehr Interesse an der Wahl hatten und mehr über Politik als die expressiv orientierte Kategorie wussten.

Valen (1973) ermittelte, dass die geringe Wahlbeteiligungsrate in dem EU-Referendum in Norwegen auf den Umstand zurückzuführen war, dass viele Wähler eine Situation des Gegendrucks zwischen den Parteien, mit denen sie sich identifizierten, und ihrer Meinung über eine Mitgliedschaft in der EU empfanden. Der wichtigste Faktor für die Wahlbeteiligungsrate scheint in den lokalen Bedingungen gelegen zu haben: je konsistenter die Meinung, desto höher die Wahlbeteiligung. Die größte Verringerung in der Wahlbeteiligung im Vergleich zur vorangegangenen Regierungswahl wurde in Regionen ermittelt, in denen beide Alternativen gleichstark waren.

In Norwegen war das EU-Referendum die erste politische Situation, die einer amerikanischen Präsidentschaftswahl ähnelt, in der nur zwei Alternativen und eine sehr starke Wahlkampagne vorliegen. In einer solchen Situation sollte es wesentlich leichter sein, Gegendruck zu erzeugen als im Falle normaler Wahlen, wo eine Vielzahl von Faktoren eine Rolle spielen.

In seiner Analyse des EU-Referendums hat Hellevik (1973, S. 105) gezeigt, dass die Wähler gespürt haben, dass ein Gegendruck zwischen örtlichen Umweltfaktoren und den politischen Parteien bestand, die ihre Argumente weitgehend über die Massenmedien verbreiteten.

Es scheint, als ob Gegendruck auch eine Rolle in der Wahlbeteiligung in dem 1994er Referendum über die EU-Mitgliedschaft gespielt hat. Die Wahlbeteiligung für dieses Referendum war erheblich höher als für das Referendum des Jahres 1972 und auch höher als für die Parlamentswahl des Jahres 1989. In einer Analyse des Jahres 1994 auf der Ebene von Stadtbezirken fanden Valen und Pettersen (1995), dass der Zuwachs in der Wählerbeteiligung zwischen den Regierungswahlen des Jahres 1989 und dem Referendum von 1994 in Verbindung damit stand, wie entschieden die Einwohner eines Gebietes mit Ja oder Nein für die EU-Mitgliedschaft abstimmten. Ein bemerkenswerter Zuwachs in der Wahlbeteiligung für das Referendum konnte besonders in Gebieten festgestellt werden, in denen die Nein-Partei stark war. In Wahlbezirken, in denen die Meinung mehr oder weniger gleich zwischen Ja- und Nein-Stimmen geteilt war,

war der Zuwachs an der Wahlbeteiligung wesentlich geringer. Diese Beziehung ist deutlich illustriert in Abbildung 2.

In jüngeren Forschungen über die politische Teilnahme und politisches Verhalten erstaunt die Abwesenheit der Hypothese des Gegendrucks.

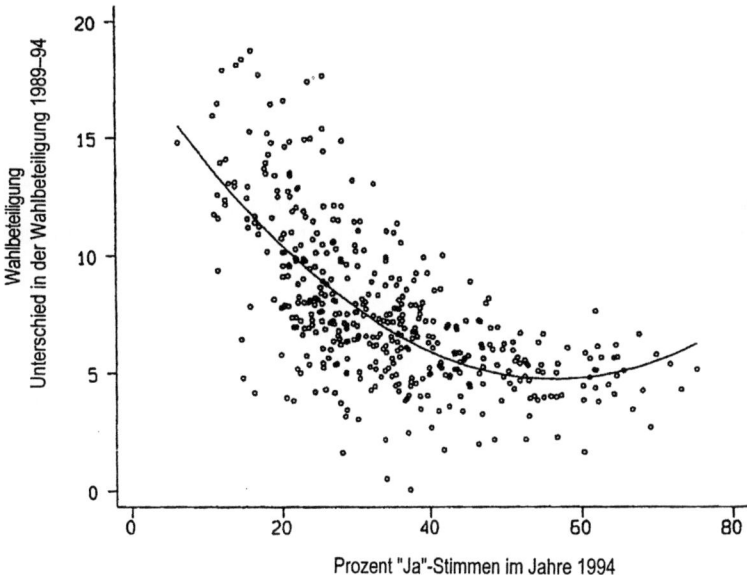

Abb.2: Unterschiede in der Wahlbeteiligung 1989 bis 1994 und Ja-Stimmen zum EU-Referendum im Jahre 1994 (Quelle: Valen und Pettersen 1995).

Die Hypothese des Gegendrucks wird in Analysen der Wahlbeteiligung und des Wahlverhaltens in einzelnen Ländern (Nie et al. 1976, Valen 1981, Särlvik und Crewe 1983) weder erwähnt noch genutzt. Dies gilt auch für Lehrbücher, die aus breiterer Sicht geschrieben sind (Butler et al. 1981, Dalton et al. 1984, Rose 1980).

Wir können nur Vermutungen über die möglichen Gründe anstellen. Eine mögliche Ursache mag in dem zunehmenden Unbehagen liegen, das sozio-ökonomischen Variablen als möglichen Vorhersagegrößen für Wahlverhalten entgegengebracht wird. Dies hat sich insbesondere für die USA erwiesen, wo die Hypothese des Gegendrucks entstanden ist. Doch kann die Tendenz auch in anderen Ländern festgestellt werden. Eine Verringerung in der Zuverlässigkeit dieser Variablen als Mittel zur Vorhersage des Verhaltens wird ihre Zuverlässigkeit als Vorhersagegrößen der Wahlbeteiligung beeinflussen. In ihrer allgemeinen Form baut die Hypothese des Gegendrucks auf der Bedeutung von

Normen auf, die in verschiedenen sozialen Umfeldern gelten, wie z.B. Schicht-
oder Religionszugehörigkeit. Selbstverständlich gilt, dass, wenn solche Faktoren
ihre Gültigkeit als Vorhersagegrößen verlieren, auch die Idee des Gegendrucks
berührt ist.
Die traditionellen Hintergrundvariablen sind ersetzt worden durch Änderung der
Analyseperspektive in Richtung der Sichtweisen der Wähler über politische
Themen oder durch das sogenannte „Issue-Wählen". Auch hier scheint die Hypothese des Gegendrucks aufgegeben zu sein. Die methodologische Entwicklung in der Wahlforschung hat präzisere Werkzeuge bereitgestellt zu ermitteln,
welche Streitfragen das Interesse der Wählerschaft und die *Stärke* ihrer Gefühle
über die verschiedenen Streitfragen berühren. Die verbesserten Möglichkeiten,
die *Prioritäten* der Wählerschaft zu identifizieren, haben ferner dazu beigetragen, die Hypothese des Gegendrucks in den Hintergrund zu drängen.
   Die Hypothese des Gegendrucks hat sich als bedeutsam für die Erklärung
geringer Wahlbeteiligung und dafür erwiesen, warum Personen ihre Entscheidungen verschieben, wenn sie vor zwei Wahlalternativen gestellt sind. In Mehr-
parteiensystemen mit starker Bindung zwischen den Wählern und Parteien ist
die Hypothese des Gegendrucks nur selten als Erklärungsfaktor genutzt worden.
Angesichts der Messprobleme ist die Hypothese des Gegendrucks auch schwierig empirisch zu überprüfen. Die Verringerung der Bedeutung sozialer Hinter-
grundfaktoren als Mittel zum Verständnis politischen Verhaltens hat auch dazu
geführt, den praktischen Wert der Hypothese des Gegendrucks zu mindern.

7. Literatur

Allardt, E. and Stein Rokkan 1970: *Mass Politics*. The Free Press, New York.
Allardt, E. and Y. Littunen 1967: *Sociologi* (Sociology), Almqvist & Wicksell, Stockholm.
Alton, T., J. Scott, C. Flanagan, and S.A. Beck (Hrsg.) 1984: *Electoral Change in Advanced Indus-
   trial Democracies*, Princeton University Press, Princeton, N.J.
Berelson, B., S. Lazarsfeld and W. McPhee 1966: *Voting*, University of Chicago Press, Chicago.
Butler, D., H.R. Penniman and A. Ranney (Hrsg.) 1981: *Democracy in the Polis*, AEI Publications,
   Washington DC.
Campell A., S. Converse, W.W. Miller and D. Stokes 1964: *The American Voter*, Wiley, New York.
Eitzen, D.S. 1972: "Status Inconsistency and the Cross-Pressure Hypothesis", *Midwest Journal of
   Political Science* vol. XVI (May 1972), no. 2.
Festinger, L. 1957: *A Theory of Cognitive Dissonance*, Stanford University Press, Stanford.
Hellevik, O. 1973: *Endring i standpunkt til norsk EF-medlemskap: Betydningen av nærmiljø og
   politisk parti analysert ved hjelp av en kryss-press modell* (Change in point of view on EU
   Membership: The Importance of Local Environment and Political Party analyzed by a Cross-
   Pressure Model), Oslo (vorläufige Ausgabe).
Himmelstrand, U. 1970: "Depoliticization and Political Involvement: A Theoretical and Empirical
   Approach", in E. Allardt and S. Rokkan (Hrsg.): *Mass Politics*, The Free Press, New York.
Lazarsfeld, S., B. Berelson and H. Gaudet 1968: *The People's Choice*, Columbia University Press,
   New York.
Nie, N.H., S. Verba, and J.R. Petrocik 1976: *The Changing American Voter*, Harvard University
   Press, Cambridge, Mass.

Pinner, F. 1968: "Cross-Pressure", in *International Encyclopedia of the Social Sciences* vol. 3, Macmillan, New York.

Rose, R. (Hrsg.) 1980: *Electoral Participation*, Sage, London.

Särlvik, B. and I. Crewe 1983: *Decade of Realignment*, Cambridge University Press, Cambridge.

Tingsten, H. 1963: *Political Behaviour*, Bedminster Press, Totowa.

Valen, H. 1973: "Norway: No to EEC", *Scandinavian Political Studies* vol. 8.

Valen, H. 1981: *Valg og politikk* (Elections and Politics), NKS-forlaget, Oslo.

Valen, H. and S.A. Pettersen 1995: "Rekordhøy valgdeltagelse" (Record in turnout) in *Brussel midt imot. Folkeavstemningen om EU* (Against Brussels. The Referendum on the EU), Ad Notam Gyldendal, Oslo.

Zajonc, R.B. 1960: "The Concepts of Balance, Congruity and Dissonance", *Public Opinion Quarterly* 24, S. 280-296.

Ausgewählte Werke in deutscher Sprache

Festinger, L., 1978: *Theorie der kognitiven Dissonanz*, Bern, Stuttgart, Wien, Huber.

Lazarsfeld, P.F., Berelson, B. und H. Gaudet 1969: *Wahlen und Wähler*, Neuwied, Berlin, Luchterhand.

15. Die Hypothese der „Zwei-Stufen-Kommunikation"

Helge Østbye

1. Originalzitat

[...] Ideen fließen häufig aus dem Radio und den Printmedien zu den Meinungsführern und von diesen zu den weniger aktiven Teilen der Bevölkerung (Lazarsfeld, Berelson und Gaudet 1968, S. 151).

2. Kurze Erläuterung

Die *Zwei-Stufen-These der Kommunikation* oder das Gesetz der *Meinungsführer* ist von zentraler Bedeutung für das Verständnis der Beziehung zwischen persönlicher Kommunikation und Massenkommunikation. Sie richtet die Aufmerksamkeit auf eines der zentralen Themen der Massenkommunikationsforschung, auf die Frage, wie stark der Effekt einer Mitteilung in den Massenmedien auf die Empfänger ist: welches sind die notwendigen Bedingungen zur Beeinflussung des Empfängers, um diesen zu einer Meinungsänderung zu bewegen?

Die Hypothese beschäftigt sich mit drei Arten der Beteiligten: *Massenmedien, Meinungsführern* und *„einfachen" Empfängern* („den weniger aktiven Teilen der Bevölkerung"). Neu in der Zwei-Stufen-These der Kommunikation ist die Entdeckung einer Vermittler-Gruppe, die Meinungsführer genannt wurden. Diese Gruppe agiert als Übermittler zwischen der Information der Massenmedien und den „einfachen" Empfängern.

Die Idee des Zwei-Stufen-Flusses der Kommunikation kann wie in Abbildung 1 illustriert werden:

Die Pfeile deuten an, dass die Kommunikation „durchkommt", d.h. einen Einfluss auf den Empfänger hat.

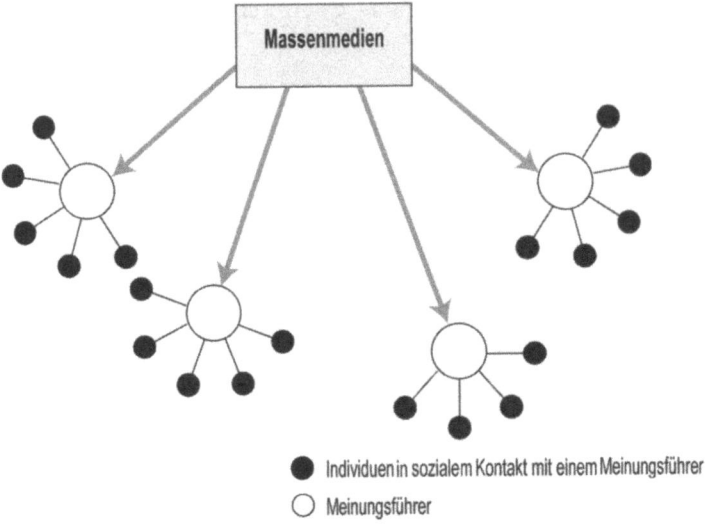

○ Individuen in sozialem Kontakt mit einem Meinungsführer
○ Meinungsführer

Abb. 1: *Die Hypothese der Zwei-Stufen-Kommunikation*

3. Hintergrund

Vor der Einführung der Zwei-Stufen-These der Kommunikation (das Buch wurde im Jahre 1944 publiziert) lautete die vorherrschende These, dass ein direkter Einfluss der Medien auf die Öffentlichkeit besteht. Angeborene psychologische Disposition oder soziales Ansehen eines Individuums mögen mit Sicherheit solche Wirkungen verhindern, doch bezweifelten wenige die Existenz einer direkten Wirkung der Massenmedien auf die „Massen". Das früheste Modell über Medieneffekte ist gelegentlich als *das hypodermatische Nadelmodell* bezeichnet worden: der Effekt des Bemühens der Medien, die Bevölkerung zu beeinflussen, wurde als weitgehend vergleichbar einer direkten Injektion von Meinungen und Einstellungen in eine Vene angesehen (DeFleur 1970, S. 115).

Der Name von Paul F. Lazarsfeld ist untrennbar mit der Entwicklung des Zwei-Stufen-Flusses der Kommunikationshypothese verbunden. Er verließ im Jahre 1933 sein Heimatland Österreich und arbeitete danach in den USA. Sein professionaler Hintergrund war die europäische Sozialpsychologie. In den USA war er lange an der Columbia University tätig.

Angesichts der Gelegenheit der US-Präsidentschaftswahl im Jahre 1940 arbeiteten er und einige andere Forscher der Columbia University an einem Projekt, das die Einflussfaktoren auf die Muster des Wahlverhaltens erfassen sollte. Über die Forschung wurde in dem Buch *The People's Choice* berichtet (Lazarsfeld, Berelson und Gaudet, 1968), dem das einleitende Zitat entnommen ist. Die Studie erwies sich als eine der fruchtbarsten empirischen Studien überhaupt.

Nicht nur war die Zwei-Stufen-Kommunikations-Hypothese ein Ergebnis der Forschung, es handelte sich auch um die erste große *Panel-Untersuchung* (d.h. dieselben Personen wurden mehrfach über eine längere Periode interviewt). Seitdem ist diese Methode in einer Vielzahl von Untersuchungen angewandt worden, u.a. in norwegischen Wahlstudien seit 1957 (siehe z.B. Valen 1981 und Valen und Aardal 1983). Ein anderes Konzept, das 1940 in die Forschung eingeführt wurde, war die *Hypothese des Gegendrucks* (s. Kap. 14).

Somit handelte es sich nicht mehr um eine Studie über die Wirkung der Massenmedien. Da diese jedoch als wichtig für das Verständnis angesehen wurde, warum die Menschen ihre Meinung ändern, wurde es für notwendig erachtet, auch einige Fragen über die Nutzung der Massenmedien in den Fragebogen einzuschließen. Klar war natürlich, dass die Massenmedien allein nicht hinreichend waren, um die Wahl einer Partei zu erklären. Während der Wahlkampagne des Jahres 1932 stand Roosevelt erheblicher Opposition in den amerikanischen Massenmedien gegenüber und wurde dennoch gewählt.

Die Daten, die von Lazarsfeld und seinen Mitarbeitern in einem frühen Stadium der Wahlkampagne gesammelt wurden, zeigten, dass nur wenige ihre Meinung änderten, und unter diesen gaben nur wenige an, dass ihre Meinung durch die Massenmedien beeinflusst sei. Der mehrheitlich genannte Grund war im Gegenteil *persönliche Kommunikation*.

In späteren Phasen des Projektes wurde diesem Aspekt große Aufmerksamkeit geschenkt. Die Antworten der Befragten deuteten an, dass eine Botschaft der Massenmedien durch die Meinungsführer für die „Massen" interpretiert wurde (Lazarsfeld, Berelson und Gaudet, 1968).

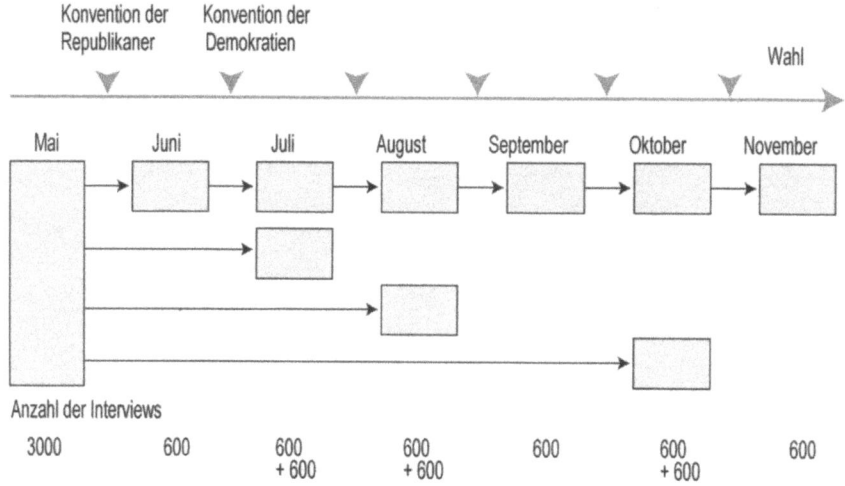

Nahezu zeitgleich mit der Forschung von Lazarsfeld beschäftigte sich Robert K. Merton mit einem Projekt, das ursprünglich die Leserschaft eines amerikanischen Journals untersuchen sollte. Diese Studie verlangte nach einer allgemeineren Perspektive. Merton hat nicht den Begriff des „Meinungsführers" benutzt, sondern der „Einflussreichen", was weitgehend dasselbe ist. Auch Merton verwies auf die Bedeutung der Sozialstruktur für das Verständnis, wie die Mitteilungen der Massenmedien den notwendigen Einfluss auf Meinungsänderungen der Empfänger erlangen (Merton 1949).

4. Formalisierung – präzise Definition

Gehen wir zurück auf das Eingangszitat. Wir bemerken, dass das Thema nicht *Ideen* sind, sondern *Neuigkeiten*. Ideen können komplexere Botschaften beinhalten. In *The People's Choice* war das Thema die Beeinflussung der Leute gegenüber einer bestimmten Partei. Auch spricht das Zitat von „häufig". Die Hypothese stellt nicht eine allgemeine Theorie dafür dar, warum Personen ihre Einstellung ändern. Die Hypothese kann andere Theorien ergänzen und verweist auf einen gewissen Aspekt der Übermittlung, nämlich die Beziehung zur sozialen Umgebung des Empfängers. Die These des Zwei-Stufen-Flusses der Kommunikation oder die Theorie der Meinungsführerschaft kann benutzt werden um zu erklären, warum Veränderungen der Einstellungen usw. entstehen, wenn Mitteilungen durch Meinungsführer „gefiltert" werden und warum sich Veränderungen *nicht* als Ergebnis eines direkten Empfangs der Botschaft durch die Massenmedien ereignen.

Die Beteiligten können wie folgt beschrieben werden:

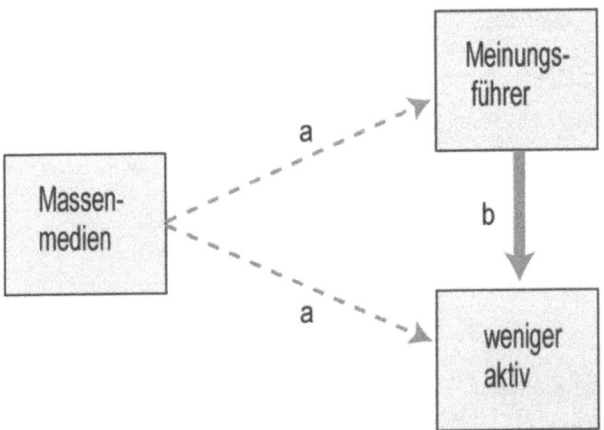

Hier bezeichnet *a* die Botschaft der Massenmedien, die sowohl die Meinungsführer wie auch die „einfachen" Empfänger erreichen kann. *b* bezeichnet die

Botschaft von den Meinungsführern auf die „einfachen" Empfänger. Die Meinungsführer mögen den Inhalt der Botschaft verändert haben und ihn somit verschieden von den Massenmedien gestaltet haben. Der Wechsel mag eine gänzliche Umkehrung beinhalten, die gleiche Botschaft mit gewissen Ergänzungen, eine Betonung bestimmter Aspekte der originalen Botschaft oder eine einfache Wiedergabe. Selbst wenn der Meinungsführer die Botschaft in unveränderter Form wiedergibt, wird sie unterschiedlich interpretiert, als wäre sie direkt von den Massenmedien aufgenommen worden. Der Meinungsführer fügt sein Prestige der Botschaft hinzu, zusätzlich zu dem Prestige, das ihr die Massenmedien verliehen haben.

Die Hypothese sagt nichts Näheres über die Wahrscheinlichkeit eines direkten Einflusses der Botschaft der Massenmedien, lediglich dass die Wahrscheinlichkeit der Akzeptanz einer solchen Botschaft größer ist, wenn sie über einen Meinungsführer vermittelt wird. Noch sagt die Hypothese etwas darüber, ob die Meinungsführer ihre eigene Meinung als Ergebnis der Botschaft der Massenmedien ändern. Dies mag sich von einem zum anderen Gebiet ändern. Auf einem Gebiet, wo das Ziel ist, mit gewissen Veränderungen Schritt zu halten, werden die Meinungsführer wahrscheinlich die ersten sein, die ihre Meinung ändern. Geht es jedoch um die Bindung an grundlegende Werte, können wir davon ausgehen, dass nur eine geringe Wahrscheinlichkeit dafür besteht, dass die Meinungsführer geneigt sein können, ihre Meinung zu ändern.

Da das Modell nicht deutlich macht, ob b, die Botschaft der Meinungsführer, die gleiche Richtung hat wie a, die Botschaft der Medien, sind wir nicht in der Lage zu sagen, in welche Richtung eine Veränderung der Einstellung stattfinden wird. Dies wiederum führt zu einer Verringerung der direkten Bedeutung der Massenmedien in der Herbeiführung einer geplanten Veränderung der öffentlichen Meinung.

5. Allgemeinheit und Prüfbarkeit — Kritik

Die Hypothese des Zwei-Stufen-Flusses der Kommunikation sollte als Reaktion gegen die Theorie eines starken und direkten Einflusses der Massenmedien auf die Empfänger angesehen werden. Allgemein gesprochen sind Theorien solcher einfachen, direkten und starken Einflüsse von den meisten Forschern aufgegeben worden, doch werden sie von anderen Gruppen sehr wohl noch geteilt, z.B. Politikern (es würde reichen, irgendeine Parlamentsdebatte über Fernsehprogramme zu verfolgen).

Das bedeutet jedoch nicht, dass alle Ein-Stufen-Hypothesen aufgegeben worden sind. Versuche sind z.B. gemacht worden, etwa auf der Basis von Festingers Theorie der *kognitiven Dissonanz* (s. gebräuchliche Einführungswerke in die Sozialpsychologie), um zu erklären, warum nicht alle Botschaften, die durch die Massenmedien vermittelt werden, den gleichen Effekt haben (Troldahl 1967).

Die häufigste Kritik der Hypothese des Zwei-Stufen-Flusses in ihrem originalen Wortlaut ist jedoch, dass sie die Existenz eines *dauerhaften Satzes von Meinungsführern* annimmt und dass die Idee eines *Zwei-Stufen-Flusses* zu einfach ist.

Verschiedene Personen sind Meinungsführer auf verschiedenen Sektoren. Person A mag sehr wohl Meinungsführer sein mit Blick auf Politik, wohingegen Person B der Meinungsführer mit Blick auf Mode ist.

Auch ist es wahrscheinlich, dass sich Meinungsführer auf verschiedenen Ebenen innerhalb ein und desselben Sektors finden. Person A mag der Meinungsführer sein mit Blick auf Politik, aber Person B kann wiederum der Meinungsführer von Person C auf dem gleichen Gebiet sein.

Diese Arten der Kritik untergraben jedoch nicht den Kern des Argumentes von Lazarsfeld. Vielmehr sind sie als Erweiterungen und Klarstellungen der ursprünglichen Hypothesen anzusehen, teilweise auch als Ergänzung, was Lazarsfeld sogar selbst dokumentiert hat (s.u.).

Der britische Medienforscher Denis McQuail hat im Jahre 1983 den Status der Hypothese des Zwei-Stufen-Flusses wie folgt zusammengefasst:

> Erstens hat die nachfolgende Forschung die Wichtigkeit der Unterhaltung und des persönlichen Kontaktes als Ergänzung und vielleicht Veränderung des Medieneinflusses bestätigt. Doch hat sie nicht deutlich belegt, dass persönlicher Einfluss immer als ein starker, unabhängiger und ‚gegenaktiver' Einflussgrund gegenüber den Massenmedien anzusehen ist. [...] Zweitens ist deutlich geworden, dass die Teilung in „Führer" und „Folgende" von Gegenstand zu Gegenstand variiert, dass die Rollen austauschbar sind und dass es viele gibt, die weder der einen noch der anderen Gruppe zugeordnet werden können. Drittens spricht eine gewisse Wahrscheinlichkeit dafür, den Prozess als Vielfachschritt denn als Zwei-Stufen-Schritt anzusehen. Schließlich dürfte klar sein, dass sich direkte Wirkungen der Medien ohne „Intervention" seitens der Meinungsführer ergeben können und hochwahrscheinlich ist, dass persönlicher Einfluss die Wirkungen in den Medien gleichermaßen verstärken wie auch ihnen entgegenwirken kann (McQuail 1983, S. 193-194).

In ihrer *Allgemeinheit* soll die Hypothese alle Situationen abdecken, in denen Massenmedien eine Botschaft mit dem Ziel der Meinungsänderung der Bevölkerung übermitteln. Auch erscheint es angemessen zu behaupten, dass sie sich auf Situationen bezieht, in denen Massenmedien nicht bewusst Einfluss ausüben wollen.

Eine wichtige Bedingung für die Möglichkeit des *Tests* der Hypothese (oder ihrer Falsifizierung) ist die Chance zur Identifizierung von Meinungsführern. Rogers und Shoemaker verweisen auf drei Methoden der Identifizierung von Meinungsführern in empirischer Forschung:

> Die *soziometrische Methode* besteht darin, die Befragten zu fragen, wen sie um Information über ein gegebenes Thema wie technologische Neuerungen oder neue Nachrichten angingen (oder „hypothetisch" angehen *würden*). Meinungsführer sind diejenigen Mitglieder in einem System, die die größte Zahl soziometrischer Wahlen erhalten. [...]

Eine Alternative zur Soziometrie ist die Wahl von *Experten oder Schlüsselinformanten,* die besonders kenntnisreich über Muster des Einflusses in einem System sind. [...] Die Experten oder Schlüsselinformanten werden gefragt, die Meinungsführer für ein gegebenes Thema oder gegebene Themen zu benennen.

Die *Selbstbezeichnungstechnik* bittet den Befragten anzugeben, in welchem Ausmaß andere sie als einflussreich ansehen. [...] Ein Vorteil der Selbstbezeichnungstechnik liegt darin, dass sie die Wahrnehmung der eigenen Meinungsführerschaft misst, die das tatsächliche Verhalten berührt (Rogers und Shoemaker 1971, S. 215-217).

Ein Nachteil aller dieser Methoden liegt in ihrer Tendenz, Unterschiede im Untersuchungsgut zu erzeugen, gleichgültig, ob solche Unterschiede in der Tat vorliegen oder nicht. Sie sind gut geeignet, *wenn* in gewisser Form die Hypothese des Zwei-Stufen-Flusses der Kommunikation zutrifft, aber sie sind nicht so geeignet zu testen, ob das in der Tat der Fall ist.

6. Empirische Einschätzung – Schlussfolgerung

Lazarsfeld führte seine Studie über die Hypothese des Zwei-Stufen-Flusses der Kommunikation und die Theorie der Meinungsführerschaft gemeinsam mit Katz durch. Diese Forschung wurde in einem neuen Buch *Personal Influence* im Jahre 1955 publiziert. Ziel der zweiten Studie war nicht zu klären, wie politische Information sich ausbreitet, sondern ob Meinungsführerschaft existiert und, wenn das der Fall ist, wie sich das auf Kenntnisse der Bevölkerung über den Markt für einfache Haushaltsgüter, Mode, öffentliche Angelegenheiten und Kinofilme auswirkt. Drei wichtige Ergebnisse wurden in *Personal Influence* herausgearbeitet:

Erstens haben die Meinungsführer meist denselben *sozialen Status* wie die von ihnen Geführten (die „Beeinflussten"). Dort, wo sich die Meinungsführer und die Beeinflussten im Status unterschieden, war der Meinungsführer üblicherweise ein Angehöriger einer höheren Statusposition (Katz und Lazarsfeld 1964, S. 237).

Zweitens stellte sich Meinungsführerschaft als *spezifisch auf einem gewissen Gebiet* dar, d.h. eine Person agierte als Meinungsführer auf einem Gebiet und nicht notwendigerweise auf anderen (Katz und Lazarsfeld 1964, S. 333-334).

Drittens erwiesen sich Meinungsführer als in der Regel weit *mehr exponiert gegenüber den Massenmedien* als die Beeinflussten (Katz und Lazarsfeld 1964, S. 312 ff.).

Zusätzlich zu diesen drei Merkmalen der Meinungsführer bemerken Rogers und Shoemaker, dass Meinungsführer eher eine kosmopolitische Sichtweise und mehr soziale Kontakte haben sowie innovativer als die Beeinflussten sind (Rogers und Shoemaker 1971, S. 378-380).

Die Hypothese ist in vielen anderen Studien getestet worden. Die beiden nachfolgenden Beispiele sind nichtwestlichen Kulturen entnommen. Ihre

Schlussfolgerungen unterscheiden sich im Hinblick auf die Gültigkeit der Hypothese des Zwei-Stufen-Flusses der Kommunikation. Eine Studie aus Kambodscha gelangt zu der Schlussfolgerung, dass

> Information von einem einzelnen Dorfangehörigen allein als steril angesehen wird, solange sie nicht von jemandem mit höherem Status interpretiert worden ist. Das Individuum sieht es nicht als seine Aufgabe an, die Nachricht einzuschätzen (Gude 1961, S. 14 – hier als Hauptschlussfolgerung zitiert nach Pool 1967, S. 244).

Andererseits hat eine Studie aus dem Nil-Delta gezeigt,

> dass die Massenmedien die Menschen in direkter und effektiver Weise erreichen (Harik 1970, S. 731).

Beide dieser Untersuchungen beschäftigen sich hauptsächlich mit der Übermittlung von Informationen, weniger mit Ideen.

Doch hat sich erwiesen, dass persönlicher Einfluss von großer Bedeutung auch für die Übermittlung neuer Ideen ist. Ziel einer Untersuchung war die Verbreitung eines neuen Medikaments unter Ärzten. Als Ergebnis ergab sich, dass Ärzte, die stärker in ein Netzwerk mit anderen Ärzten eingebunden waren, die neue Medizin früher als andere einsetzten. Persönlicher Kontakt war wichtig, um Kenntnis zu verbreiten und einen Anschub für die Nutzung des neuen und besseren Medikamentes zu erzielen (Coleman, Katz und Menzel 1966, S. 95-112).

In Nordeuropa finden sich relativ wenige Studien. In einem finnischen Forschungsvorhaben fand Piepponen eine erheblich größere Überlappung von Meinungsführern auf verschiedenen Gebieten im Vergleich mit den Ergebnissen von Katz und Lazarsfeld. Dies mag jedoch durch die Umstände erklärt werden, dass die Gebiete, die in der finnischen Studie untersucht wurden, näher in Beziehung als diejenigen standen, die in dem persönlichen Einflussprojekt analysiert wurden (Piepponen 1960, S. 72-75, zit. nach Allardt und Littunen 1968, S. 37).

In seinen Studien der schwedischen Parlamentswahlen im Jahre 1960 fand Rune Sjödén, dass das Fernsehen die wichtigste Informationsquelle für die Mehrheit der Wähler war. Sjödén benutzte eine Selbsteinschätzungstechnik, um zwischen Meinungsführern und Beeinflussten zu unterscheiden. Für Meinungsführer waren die Zeitungen die wichtigste Informationsquelle. Auf allen Gebieten der politischen Aktivität, die untersucht wurden, wurden die Meinungsführer als aktiver als die „Geführten" beschrieben (Sjödén 1962, S. 35 und 78).

Mit Blick auf Wahlkämpfe sei erwähnt, dass Botschaften der Massenmedien mittels persönlicher Kommunikation aktiv gestüzt werden sollen. Zum ersten Mal geschah dies für die Liberale Partei in Norwegen in der Wahlkampagne des Jahres 1965 in der Region von Akershus, in der Halfdan Hegtun gewählt wurde, obgleich seine Partei bei früheren Wahlen weit entfernt von einem Mandat in dieser Wählerschaft war. Verschiedene norwegische Sozialwissenschaftler, die wohlvertraut mit Lazarsfeld und seinen Theorien waren, nahmen an der Planung von Hegtuns Kampagne teil.

In der Studie von Øsbye über die Verbreitung des Fernsehens in Norwegen fanden sich (auf der Basis der Selbsteinstufung) keine signifikanten Unterschiede zwischen Meinungsführern und Beeinflussten mit Blick auf den Zeitpunkt, zu dem sie einen Fernsehapparat gekauft hatten. Doch war hier das Objekt der Studie der Verbreitungsprozess eines materiellen Gutes, nicht einer Idee (Østbye 1972, S. 147).

Andererseits hat die Forschung ergeben, dass der persönliche Kontakt wichtig für den Erfolg einer Gesundheitskampagne ist (Eriksen u.a. 1984).

7. Literatur

Aardal, B. and R. Waldahl (Hrsg.) 1994: *Valg og velgere: utvalgte bidrag fra 40 års norsk valgforskning*, (Voters and elections: selected contributions from 40 years of Norwegian electoral research), Oslo: Institutt for samfunnsforskning.

Allard, E, and Y. Littunen 1968: *Sociologi*, Almquist and Wiksell, Stockholm (1. Aufl. 1962).

Blumler, J.B. and E. Katz 1974: *The Use of Mass Communication*, Sage, Beverly Hills.

Coleman, J., E. Katz and H. Menzel 1966: *Medical Innovation*, The Bobbs-Merril Co., NY.

Curran, J. 1990: "The New Revisionism in Mass Communication Research: A Reappraisal", *European Journal of Communication*, vol. 5, no. 2-3 1990, S. 135-164.

DeFleur, M.L. 1970: *Theories of Mass Communication* (2. Aufl.), McKay, N.Y.

Eriksen , R., G. Henriksen and L. Hjulstad 1984: *Evaluering av Trim-Glad. En aksjon for økt fysisk aktivitet i Sogn og Fjordane høsten1983.* (Evaluation of 'Trim-Glad'. A movement for increased physical activity in Sogn og Fjordane Autum 1983) Universitetet i Bergen. 1984.

Gebner, G. et al. 1994: "Growing up with Television: The Cultivation Perspective" in Jennings Bryant, J. and D. Zillman (Hrsg.): *Media Effects*, Hillsdale, J.J., Lawrence Erlbaum.

Gude, E. W. 1961: *Buddhism and the Political Process in Cambodia*, manuscript.

Hardt, H. 1992: *Critical Communication Studies: Communication, History and Theory in America*, Routledge, London.

Harik, I.F. 1970: "Opinion Leaders and the Mass Media in Rural Egypt", *American Political Science Review*, vol. LXV (September 1970), S. 731-740.

Høst, S. 1979: *Moderne bruksstudier – snarvei eller blindspor?* (Modern applied studies – quick path or blind track), Oslo: Institutt for presseforskning.

Jensen, K.B. 1986: *Making Sense of the News*, Aarhus University Press, Århus.

Katz, E. and S.F. Lazarsfeld 1964: *Personal Influence*, Free Press, New York (1. Aufl. 1955).

Klapper, J.T. 1960: *The Effects of Mass Communication*, Free Press, New York.

Lazarsfeld, S.F., B. Berelson and H. Gaudet 1968: *The People's Choice (3. Aufl.)*, Columbia University Press, New York (1. Aufl. 1944).

McQuail, Denis 1983: *Mass Communication Theory. An Introduction*, Sage, London.

Merton, R.K. 1949: "Patterns of Influence" in S.F. Lazarsfeld and F.N. Stanton (Hrsg.): *Communication Research 1948-1949*, Harper & Row, New York.

Pie);ponen, S. 1960: *Ilarrastusen valinta*, Helsinki.

Pool, I. de Sola: "Mass Media and Politics in the Modernization Process", S. 234-253 in Pye, L. W. 1976: *Communication and Political Development*, Princeton University Press, Princeton, N.J.

Rogers, E.M. and F.F. Shoemaker 1971: *Communication of Innovations*, Free Press, New York.

Schwebs, T. and H. Østbye 1995: *Media i samfunnet*, (Media in socity) Samlaget, Oslo.

Sjödén, R. 1962: *Sveriges första TV-val* (Sweden's first TV-election), Sveriges Radio, Stockholm.

Svåsand, L. 1987: "Krysspresshypotesen", (The Cross Pressure Hypotesis) S. 54-61 in S.U. Larsen (Hrsg.): *Lov og struktur*, (Law and Structure), Bergen: Universitetsforlaget.

Teigen, H. 1997: "Sosialpsykologi" (Social psychology), ch. 24 in G. Nielsen and K. Raaheim (Hrsg.): *En innføringsbok i psykologi for universiteter og høgskoler*, (An introductory Text in psychology for universities and colleges), Cappelen, Oslo.

Troldahl, V.C. 1967: "A Field Test of a Modified Two-Step Flow of Communications Model", *Public Opinion Quarterly*, vol. XXX, S. 609-623.

Valen, H. 1981: *Valg og politikk*, (Elections and Politics), NKS-forlaget, Oslo.

Valen, H. and D. Katz 1964: *Political Parties in Norway*, Universitetsforlaget, Oslo.

Waldahl, R. 1989: *Mediepåvirkning*, (The effects of media), Ad Notam, Oslo.

Whyte, W.F. 1955: *Street Corner Society*, The University of Chicago Press, Chicago (1. Aufl. 1943).

Windahl, S. and B. Signitzer 1992: *Using Mass Communication Theory*, Sage, London.

Østbye, H. 1972: *Om innføring av fjernsyn i Norge* (On the introduction of TV in Norwy), NAVF's Sekretariat for Mediaforskning, Bergen.

Ausgewählte Werke in deutscher Sprache

Katz E., P. F. Lazarsfeld, 1962, *Persönlicher Einfluss und Meinungsbildung*, München, Oldenbourg.

Lazarsfeld, P. F., Berelson, B. und Gaudet, H., 1969, *Wahlen und Wähler*, Neuwied, Berlin, Luchterhand.

McQuail, D., 1973, *Soziologie der Massenkommunikation*, Berlin, Spiess.

Teil III:

Die theoretischen Herausforderung:
Arbeiten mit Gesetzen und Theorien

16. Die theoretische Herausforderung

Stein Ugelvik Larsen

Wie stellen Theorien eine Herausforderung für die Gesellschaft dar?

Die Rolle der Wissenschaft in der Gesellschaft ist nicht unproblematisch, wenngleich die Wissenschaft ein hohes Prestige genießt und der Staat große Geldsummen für wissenschaftliche Betätigung bereitstellt. Das Prestige entspringt dem Glauben, dass die Wissenschaft Wahrheiten entdeckt und dass wissenschaftliche Theorien wahr sind. Wissenschaftliche Erkenntnis wird als neutral und jenseits politischer Auseinandersetzungen gesehen. Ein solches Wissen erlangt eine besondere Position in allen Gesellschaften, einen Status, der folglich auch all denen verliehen wird, die dieses Wissen repräsentieren, d.h. wissenschaftlichen Institutionen.

Die wissenschaftliche Aktivität hat gewisse Folgen, die sich darauf beziehen, wie wissenschaftliche Ergebnisse genutzt werden, über die sich Wissenschaftler und allgemeine Öffentlichkeit kaum klar sind. In nachfolgenden Kästchen habe ich verschiedene Dilemmata illustriert, die durch die Nutzung der Wissenschaft verursacht werden.

Es findet sich keine klare Grenzlinie zwischen Wissenschaft und Forschung. Vieles in der Forschung ist von großem Wert an sich, doch kann es nicht im strengen Sinne des Wortes als Wissenschaft angesehen werden, da es das Ziel hat, Antworten auf konkrete Probleme zu erlangen und nicht allgemeine Theorien zu widerlegen oder zu entwickeln. Es ist jedoch gleichzeitig zutreffend, dass die Beobachtungen, die dabei gemacht werden, die Basis für empirische Verallgemeinerungen begründen können. Auch beginnt jede Forschung von einer mehr oder weniger expliziten theoretischen Basis. Deswegen ist Forschung ohne Theorie unvorstellbar, genauso wie Wissenschaft ohne den Blick auf empirische Bestätigung sich als fruchtlos erweist. Somit beschäftigen wir uns mit zwei kontrastierenden Positionen, doch kann die Vorrangigkeit, die einer von beiden zugeschrieben wird, auch politische Fragen aufwerfen. Soll die theoretische Arbeit der Nuklearphysik fortgeführt werden, ohne Atombomben herzustellen? Bis zu welchem Ausmaß soll die Entwicklung der Quantentheorie mit dem Ziel der Nutzung in der Mikroprozessor-Industrie vorangetrieben werden?

Grundlagenforschung: Forschung, die sich auf die Entwicklung grundlegender Theorien des sozialen Lebens bezieht.

Angewandte Forschung: Forschung, die auf bekannten Theorien gründet, gerichtet auf die Lösung eines praktischen Problems.

Handlungsforschung: politische Initiativen, ein Forscher nutzt seine Kenntnis und Theorien zur Erreichung praktischer Ziele.

Auftragsforschung: angewandte Forschung, ein Auftraggeber außerhalb der Forschungsumgebung finanziert die Forschung und definiert die Ziele.

Diese verschiedenen Typen der Forschung beleuchten Dilemmata der Forschungspolitik. In ihrem Wettbewerb um Forschungsgelder haben es sowohl die sogenannten Forschungszentren außerhalb der Universitäten als auch die Universitäten selbst verschiedentlich unternommen, die Trennungslinie zwischen Grundlagenforschung und angewandter Forschung aufzuheben. Forschungszentren versuchen akademischer zu werden, während sich Universitäten um praktische Aufträge bemühen. Grundlagenforschung ist dabei mit Sicherheit der Verlierer.

Der norwegische Soziologe *Johan Galtung* (geb. 1930) hat sich zunehmend mit dem Problem des „soziologischen Imperialismus" gegenüber unterentwickelten Ländern beschäftigt. Auf der Basis seiner Erfahrungen mit westlichen Soziologen, die Forschungen in solchen Ländern durchgeführt haben, verlangt er Augenmerk darauf, wie westliche Forscher die Maßstäbe für das Selbstverständnis der Einwohner setzen.[11] Auf diese Weise übernehmen sie die westlichen Einstellungen als einzig anwendbaren Standard und „kolonisieren" die Dritte Welt erneut. Es besteht ein Bedarf nach Symmetrie im Kontakt zwischen westlichen Forschern und den Menschen in den besuchten Ländern. In vielen Fällen sollte sogar eine Asymmetrie zugunsten der unterentwickelten Länder herrschen. Sie selbst sollten die Probleme formulieren, auf die die Forschung gerichtet ist, und die Ergebnisse interpretieren, während die westlichen Forscher ihnen zu Diensten stehen sollten.

Eine andere politische Folge der Wissenschaft hat zu tun mit *der Theorie der komparativen Kosten,* die von David Ricardo zu Beginn des 19. Jahrhunderts entwickelt wurde. Ricardo zeigte, warum es für jedes Land vorteilhaft ist, die Güter herzustellen, für die das Land am besten qualifiziert ist. England war zum Beispiel in der Textilproduktion in einer günstigeren Lage als andere, während Portugal in einer günstigeren Lage war, Wein herzustellen. Intuitiv verstehen wir alle, dass Spezialisierung und der Austausch von Gütern profitabel ist. Die Theorie hat somit die allgemeine Entwicklung des internationalen Handels legitimiert.

Doch ist die Theorie nur in kurzfristiger Perspektive empfehlenswert. Aus längerer Sicht ist eine instrumentale Verwendung der Theorie für viele Länder

---

[1]   Galtung, Johan 1977: "Science Assistance and Neo-Colonialism", in *Methodology and Ideology,* Bd. II, 1977.

[unter bestimmten Bedingungen, EZ] vernichtend. Wie im Fall der Länder, die Rohmaterialien herstellen, leiden die weinproduzierenden Länder unter dem Nachteil, dass ihre Produktion wenige Kenntnisse technologischer Entwicklung vermittelt. Langfristig werden Länder zurückfallen, die Güter auf der Stufe niedriger Technologie produzieren, verglichen mit denjenigen, die hochtechnologische Produkte herstellen, d.h. Ländern, die ihre [in diesem Sinne, EZ] „komparativen Vorteile" nutzen. Daraus resultiert das Paradox, dass die Theorie in kurzfristiger Perspektive „wahr" ist, obgleich sie mögliche langfristige Wirkungen internationalen Handels nicht berücksichtigt. Der hauptsächliche Grund liegt darin, dass die Theorie nicht berücksichtigt, welche *Arten von Gütern* mit Blick auf die „komparativen Vorteile" verschiedener Länder identifiziert werden. [Auch bleibt die Notwendigkeit höherer Wertschöpfung für den erfolgreichen Austausch im internationalen Handel unterspezifiziert – EZ.]

Am Haupteingang zur Zentralen Parteihochschule in Peking findet sich eine Statue von Mao Zedong (1893-1976) mit der Inschrift: „Suche die Wahrheit durch Fakten."

Mao hob hervor, dass die Politik und die Gedanken (Theorie) sich auf praktische Überlegungen (empirische Beobachtung) beziehen sollten. Er zielte darauf, seine Politik als „zutreffend" zu erweisen, indem er auf tatsächliche Umstände in China hinwies. Doch haben ihn seine Untergebenen nicht mit den „Fakten" über das Leben in China versorgt, da ihnen daran gelegen war, ihrem Diktator eine positive Rückkopplung zu vermitteln anstatt darzulegen, wie kritisch die Situation des Landes in der Tat war. Das Hauptproblem ist der Unterschied zwischen dem „Gebrauch der Fakten" und der „Interpretation der Fakten". Aus sich heraus machen Fakten keinen Sinn, wenn sie nicht im Lichte einer generellen Theorie gesehen werden. Hier liegt der Punkt, an dem Mao, der sich selbst der marxistischen wissenschaftlichen Terminologie bediente, seinen größten Fehler machte. Er interpretierte die Fakten in einer Weise, die ihm am ehesten lag, und formulierte politische Richtlinien für die Entwicklung Chinas, die auf erwünschten Zielen und nicht auf wissenschaftlicher Theorie beruhten.

Ich habe diese Beispiele angeführt, um die sozialen und politischen Folgen theoretischer Arbeit zu illustrieren. Die Konflikte der Wissenschaft sind alles andere als unproblematisch. Gleiches gilt für die Wahl einer theoretischen Orientierung gegenüber einer anderen.

Die Herausforderung, neue Theorien zu entwickeln

Die Theorien, mit denen sich dieses Buch beschäftigt, sind alt, insofern als sich einige der Originalformulierungen in Publikationen bereits aus den Jahren um 1700 finden. In der Auswahl der Theorien war es wichtig herauszuheben, wie „klassische Theorien" überleben und von gegenwärtigem Interesse bleiben. Dennoch haben auch jüngere Theorien wie zum Beispiel das inverse Gesetz der medizinischen Versorgung nach Hart (Kap. 11) oder die Finitismus-These (Kap.

4) unzweifelhaft auch ihre Wurzeln in älteren Theorien. Der Eindruck mag deshalb entstehen, dass theoretische Innovation in den Sozialwissenschaften wie in anderen wissenschaftlichen Disziplinen selten ist. Welche Erklärung gibt es dafür? Liegt es daran, dass Wissenschaftler konservativ sind und bevorzugt Theorien anhängen, die sie kennen, oder daran, dass diese bekannten Theorien ihr Erklärungspotenzial bewiesen haben, das stark genug ist und uns zwingt zuzugeben, dass wir in ihnen unvermeidliche Komponenten zukünftigen Wissens sehen müssen?

In allen Wissenschaften findet sich eine progressive Dynamik, die durch unsere Suche nach Antworten auf neue Fragen und das Bedürfnis angeregt wird, unser Wissen zu vergrößern. Deswegen ist die Wissenschaft durch eine andauernde Unruhe charakterisiert, die sie gegen ein allzu leichtfertiges Akzeptieren dessen zu schützen scheint, was bereits entdeckt worden ist. Doch wirkt sich die Macht existierender Paradigmen häufig gegen Innovation aus (siehe den Artikel über Thomas Kuhn, Kap. 2). Somit finden sich in der wissenschaftlichen Arbeit beide Elemente, konservative und progressive. Die Frage ist: Wie lautet der Schlüssel zur Erfindung neuer Theorien, wie sollen wir ihn finden?

Die gewöhnlichste Antwort ist, dass sich die Theorie durch die getroffenen Beobachtungen entwickelt. Theorien bilden sich heraus, wenn sich die Wissenschaftler empirischer Beobachtung widmen. Eine andere Antwort lautet, dass das theoretische Element aus einer „Liste" bekannter Theorien innerhalb der betreffenden Disziplin eingeführt wird. Die Theorien finden sich immer, und es ist unmöglich, empirische Beobachtungen ohne einen theoretischen Hintergrund zu machen, weil wir wissen müssen, wonach wir Ausschau halten.

Der Begriff der „Serendipität" wurde im Jahre 1945 von dem renommierten Soziologen Robert Merton im *American Journal of Sociology*, Bd. 50, S. 469, formuliert. Merton bezieht sich auf den Umstand, dass Walter B. Cannon im selben Jahr in seinem Buch *The Way of the Investigator,* New York, verschiedene Phänomene gefunden hat, die er wie folgt beschreibt: „Fruchtbare empirische Forschung testet nicht nur theoretisch abgeleitete Hypothesen; sie führt auch zu neuen Hypothesen. Dies mag als ‚Serendipity'-Komponente der Forschung bezeichnet werden, d.h. die Entdeckung gültiger Resultate, nach denen nicht gesucht wurde, durch Zufall oder Scharfsinn." S. auch „The Serendipity Pattern", S. 157-162 in Merton 1968: *Social Theory and Social Structure,* New York. (Der Begriff wurde zuerst von Horace Walpole im Jahre 1754 benutzt.)

Karl Popper ist der bedeutendste Vertreter der Position, dass Theorien immer schon vorhanden sind und dass die Aufgabe darin besteht, sie den stärksten herausfordernden Tests zu unterwerfen, d.h. die Theorien gegenüber der Wirklichkeit mit der Erwartung zu testen, sie falsifiziert zu sehen. Doch selbst nach dem schärfsten Test haben wir keine Sicherheit, dass die Theorie „wahr" ist, da sich neue Situationen in Zukunft ergeben mögen, die neue Tests nahelegen, die die Theorie falsifizieren mögen. Kein Nutzen liegt darin, sich erst auf die Fakten in der Suche nach Mustern und Theorien zu stürzen, weil Fakten nur eine Bedeutung in Beziehung zu einer Theorie gewinnen. Diese Sicht ist weitgehend unkontrovers. Strittiger ist die Antwort von Popper auf die Frage, wo Theorien herkommen. Seine Antwort lautet, dass Theorien zur „Welt 3" gehören, was eine kollektive Basis öffentlichen Wissens darstellt, in der „wahres" Wissen in Versuche integriert wird, widerlegtes Wissen auszusortieren. Niemand regiert diese Wissensbasis, und keiner kennt ihre wahre Ausdehnung. Jedermann ist mit einem gewissen „Welt-3-Gepäck" geboren, insofern als wir alle die Möglichkeit haben, Theorien aus der „Welt 3" aufzunehmen. Wir alle nehmen daran teil, in der Tat kann jeder ihren Inhalt beeinflussen. Ein Forscher, der sich mit einem Problem beschäftigt, muss zulassen, dass die „Welt 3" die Perspektive der Theorie beeinflusst, die auf ein bestimmtes Problem gerichtet ist. Auf diese Weise ist es möglich, eine oder mehrere Theorien in einem Projekt zu integrieren und sie als Leitlinie für die Forschung anzusehen.

In soziologischen Kreisen ist Karl Popper (1902-1994) besonders bekannt für das Abgrenzungskriterium, seine Kritik des Historizismus und die „3-Welten-Theorie".

Mit dem *Abgrenzungskriterium* etabliert er eine Grenzlinie zwischen Wissenschaft und Nichtwissenschaft. Eine wissenschaftliche Theorie ist durch ihre Eignung für einen Test gegenüber der Wirklichkeit gekennzeichnet und wird falsifiziert („das Falsifizierungskriterium"), d.h. die Theorie kann zurückgewiesen werden oder sich als falsch erweisen.

In seiner *Kritik des Historizismus* kritisiert er Plato, Hegel, Marx und (zwischen den Zeilen) den Nationalsozialismus. Diese nehmen als ihren Ausgangspunkt Prophezeiungen über die Zukunft, die gegenüber der Wirklichkeit nicht getestet werden können. Doch werden sie als wissenschaftliche Wahrheiten dargestellt und verlangen außerdem totale Unterwerfung. Diese Theorien sind nicht der Falsifizierung zugänglich. Als Konsequenz des Glaubens an diese Theorie wird eine „geschlossene Gesellschaft" entstehen, die von Demagogen regiert wird. Popper befürwortet dagegen eine „offene Gesellschaft" mit in Wettbewerb stehenden Theorien, die falsifiziert werden können.

Die *„Theorie der Welten 1, 2 und 3"* ist der ehrgeizigste Aspekt in der theoretischen Arbeit von Popper. *Welt 1* ist der materielle Teil der Existenz (Körper, Dasein und biologische Interaktion), *Welt 2* wird durch das individuelle Bewusstsein geschaffen (Erfahrung, Emotionen, Absichten, Gedächtnis), während *Welt 3* die objektive Kenntnis ist, die außerhalb des Individuums existiert und das Resultat vieler Generationen des Denkens darstellt. Aus dieser angehäuften Wissensbasis leiten wir unsere Theorien für die Forschung ab. Durch wissenschaftliche Arbeit schaffen wir auch neues Material in der „Welt 3", ohne in der Lage zu sein, sie zu kontrollieren.

Die Sicht von Popper, dass Theorien ein potenzielles Wissensarsenal zur Verfügung jedes Individuums darstellen, baut auf zwei Umständen auf. Einerseits ist eine Theorie notwendig, um Tatsachen bedeutungsvoll zu machen. Andererseits weist Popper die Möglichkeit zurück, eine allgemeine Theorie, die auf Beobachtung basiert, zu konstruieren, da wir nicht wissen können, welche Art von Wissen in der Zukunft erzeugt wird. Verallgemeinerungen als Vorhersagen der Zukunft sind bestenfalls bloße Vermutungen, die es nicht verdienen, als wissenschaftliche Theorien definiert zu werden. Deshalb nimmt Popper eine idealisierte Sicht ein, die die Existenz eines Reservoirs von Theorien in der „Welt 3" beinhaltet, die mehr darstellen als eine bloße „Liste" von Theorien, die bereits bekannt sind.

Popper liefert wenige Beispiele, die *sozialwissenschaftlichen* Theorien ähneln.[2] Die Theorien, die er diskutiert, sind wohletablierte physikalische und mathematische Theorien, doch behandelt er nicht die Frage, wie diese Theorien entstanden sind. Er äußert sich deutlich negativ über den „Psychologismus", d.h. Spekulationen über „Eingebung" und individuelle Kreativität. Für Popper hat die Soziologie des Wissens den Beigeschmack des dogmatischen Marxismus und des Determinismus. Sie gehören zu den schlimmsten Verirrungen, die ihm bekannt sind. Er hätte mit Sicherheit die Finitismus-These zurückgewiesen (Kap. 4), obgleich er vielleicht einige Sympathie für den hermeneutischen Zirkel (Kap. 3) aufgebracht hätte.

Somit finden sich zwei kontrastierende Strategien für die Entwicklung neuer Theorien: zum einen geht es um die Suche nach Mustern durch empirische Beobachtung (Induktion) oder um die „Übernahme" einer Theorie aus der „Welt 3" und ihrer nachfolgenden Anwendung auf das vorliegende Problem (Deduktion). Man könnte vermuten, dass der beste Weg für die theoretische Innovation in einer Kombination beider Strategien liegt, was auch die beste Form der Organisation des Studiums in Veranstaltungen über Theorie und Methodologie darstellt. Grundlegende Kenntnis der klassischen Theorien ist notwendig, um „wohlausgerüstet" für die Entdeckung empirischer Muster zu sein. Dies ist nicht nur eine Frage der Falsifizierung, sondern auch der Ableitung bedeutungsvoller Antworten der Theorie auf Fragen, die sich während der Beobachtung ergeben. Der Forscher muss das Erklärungspotenzial „entdecken", das seiner Theorie innewohnt. Eine neue Theorie entwickelt sich mittels eines doppelten Prozesses: teils als „Entdeckung" der Theorie und teils als Antworten, die durch die Theorie geliefert werden.

Wann können wir die Entstehung gänzlich neuer Theorien erwarten, die ihren Einfluss auf die Sozialwissenschaften in den Dekaden nach 2000 hinterlassen werden? Wie können wir sicherstellen, dass sie „neu" sind statt bloßer Weiterentwicklungen, neuer Interpretationen alter Theorien? Es gibt keine einfachen Antworten auf diese Fragen. Große Umbrüche wie die Reformation, die Aufklärung und der Zweite Weltkrieg lieferten starke Impulse für neues Denken. Bekannte Theorien mussten neuer Kenntnis weichen. Wenn sich die Gesellschaft entwickelt und neue Herausforderungen bietet, wird auch das Potenzi-

---

2   *Das Elend des Historizismus, 1957/1986, S. 62 – 63.*

al für neue Theorien entstehen. Doch sind theoretische Innovationen auch ohne besonderen sozialen Impuls entstanden, wie etwa im Fall der Relativitätstheorie.

Herausforderungen bei der Arbeit an Theorien

Theorien und theoretische Annahmen/Bedingungen

Eine Theorie ist eine allgemeine Aussage, die empirisch an den Wirklichkeiten des sozialen Lebens getestet wird. Die Aussage beinhaltet die Existenz einer Beziehung (Kovariation) zwischen zwei Phänomenen, so dass wir sagen können, dass eine Theorie ein Ereignis „erklärt". Eine wichtige Komponente bei der Formulierung einer Theorie ist die Aussage, dass die Annahmen/Bedingungen wahr sind, die für die Theorie erfüllt sein müssen. Eine abhängige Variable Y wird erklärt durch eine unabhängige Variable X (kovariiert mit ihr), vorausgesetzt die Annahmen/Bedingungen a, b, c usw. werden erfüllt.

Annahmen: wenn a, b, c usw. dann *Theorie:* Veränderungen in X verursachen Veränderungen in Y (vereinfacht X $\rightarrow$ Y)

Die Unterscheidung zwischen Annahmen/Bedingungen und der Theorie ist eine Regel, die sich auf alle Theorien bezieht, obgleich die Wissenschaftler ihre Annahmen häufig nicht explizit darlegen.

In seinem Essay über die Theorie der *unsichtbaren Hand* von Adam Smith (Kap. 9), die den freien Markt zum Vorteil aller reguliert, hat Jan Erik Askildsen die Annahmen angeführt, die erfüllt sein müssen, damit der Preis-Nachfrage-Mechanismus funktioniert.

1. Die Zahl der Marktteilnehmer muss unbegrenzt groß sein, und jeder darf nur einen sehr kleinen Marktanteil haben.
2. Unbegrenzter Zugang zum Markt für alle.
3. Homogenität der Produkte in einer Gruppe.
4. Vollständige Information über Güter und Teilnehmer.

Dies sind die *Annahmen,* die erfüllt sein müssen, damit die unsichtbare Hand eine maximale Wohlfahrt für die Gesellschaft im Ganzen erzielt. Wenn eine von ihnen nicht erfüllt wird oder in ihrer Form „pervertiert" ist, mag es schwierig sein, ein natürliches Gleichgewicht zu erreichen. In diesem Fall wird die rationale Wahl auf der Basis des Eigeninteresses des Individuums *nicht* das beste Resultat für die Gesellschaft im Ganzen erzeugen (maximale Wohlfahrt). Die Theorie ist deshalb sehr verletzlich oder „unrealistisch", wie einige behaupten würden. Kleine Veränderungen in Annahmen können Resultate liefern, die gänzlich dem entgegenstehen, was die Theorie behauptet. Ein Beispiel liefern große Monopole, die den gesamten Preiswettbewerb beseitigen und somit zu einer gesamten Preis- und Produktionskontrolle führen. Ein anderer Faktor, der manchmal beim Funktionieren des freien Marktes übersehen wird, ist die Notwendigkeit eines effizienten Staates. Wenn der Staat nicht genügend Macht besitzt, die genannten Bedingungen zusätzlich zu anderen institutionellen Erfordernissen wie Rechtssystem, Methoden polizeilicher Überwachung und rationale Verwaltung zu garantieren, wird die unsichtbare Hand nicht funktionieren. Doch war es gerade entsprechend der Theorie von Adam Smith die tatsächliche Abwesenheit der Staatskontrolle (gegen den Merkantilismus und für den freien Handel), die die befreienden Kräfte des Marktmechanismus entfaltete. [Allerdings hat Smith sehr wohl auch die Notwendigkeit staatlicher Rahmenbedingungen für die Freiheit der Märkte gesehen. EZ]

In der Diskussion von Askildsen finden wir deshalb viele Schwächeanzeichen der Theorie. Aber er zeigt auch, wie robust sie ist, wichtige Entwicklungen in der Welt zu erklären. Dass Einwände gegen eine Theorie gemacht werden können, bedeutet nicht, dass sie nutzlos ist und deshalb nicht beibehalten werden sollte. Fruchtbare Theorien sind im Gegenteil nicht entweder wahr oder falsch, wie Popper behauptet hat, sondern enthalten ein Arsenal von Ideen, die neue Perspektiven über soziale Beziehungen/Bedingungen ermöglichen. Die unsichtbare Hand liefert ein gutes Beispiel dafür, wie Annahmen explizit gemacht werden müssen und wie dies das Verständnis von Entwicklungen ermöglicht, wenn diese Annahmen nicht zutreffen oder pervertiert sind. Wissenschaftliche Bemühungen entlang solcher Überlegungen sind deshalb von großem Wert.

In seiner Erörterung der Theorie von Thünens, wie sich die landwirtschaftliche Produktion geografisch verteilt (Kap. 10), hat Peter Sjøholt eine Theorie dargelegt, die prinzipiell der Theorie der unsichtbaren Hand ähnelt, obgleich sie sich mit vollkommen anderem beschäftigt. Von Thünen war einer der großen Pioniere der Geografie und seine Theorie ist ein gutes Beispiel, wie wir auf der Basis einer Variable (Transportentfernung vom Markt, X, die „unabhängige" Variable), in der Lage sind, die Produktion landwirtschaftlicher Güter innerhalb eines gesamten Gebietes (Y, die „abhängige" Variable) zu erklären. Die Annahmen, die für eine Anwendung der Theorie zutreffen müssen, lauten:

1. Das Gebiet muss eine homogene Ebene darstellen, d.h. der Boden muss von identischer Qualität von der größten Nähe zum Markt bis zum entferntesten Punkt sein.
2. Alle Produktionskosten müssen konstant sein, mit Ausnahme der Transportkosten, die mit der Entfernung vom Markt variieren.
3. Es muss sich nur um einen Markt handeln, d.h. ein Handelszentrum (siehe die Theorie des „isolierten Staates").

Vorausgesetzt dass diese Annahmen zutreffen, wird die landwirtschaftliche Produktion entsprechend der Entfernung vom Markt variieren. Die nächstgelegenen Regionen werden intensiv bebaut (Gemüse, Milch usw.), wohingegen die entfernteren extensiv genutzt werden (Weidegrund, d.h. Fleisch/Wolle usw.) Wird eine der Annahmen ausgelassen oder „pervertiert", wird die Theorie nicht mehr mit der gleichen Präzision zutreffen. Wird z.b. eine neue Transporttechnologie eingeführt oder mehr als ein Handelszentrum etabliert, sind Anpassungen für geänderte Annahmen zu machen zur Vorhersage (rationaler) landwirtschaftlicher Produktion in einem gegebenen Gebiet. Wenn der Boden nicht homogen ist, sondern vielfältiger Qualität (z.b. wegen eines Flusses), müssen Überlegungen angestellt werden, wie diese Annahme das Ergebnis beeinflussen würde. Von Thünens isolierter Staat ist deshalb ein gutes Beispiel einer empirischen Theorie, aus der testbare Hypothesen abgeleitet werden können. Die Theorie trifft auf alle Gebiete und alle Typen landwirtschaftlicher Produktion zu. Auch eröffnet die Theorie die Möglichkeit der Verallgemeinerung mit Blick auf die Verwendung des Bodens in Städten und für die Vorhersage der optimalen Ansiedlung der Industrie. Obgleich die Theorie zur Disziplin der Geografie „gehört", sehen die meisten Sozialwissenschaftler darin ein fruchtbares Beispiel, nicht zuletzt in ihrer formalen Struktur: den deutlichen Annahmen und der Kovariation zwischen der unabhängigen Variable und den jeweiligen abhängigen Variablen.

Ebenen der Analyse: die kleine und die große Deduktion/Induktion

Im Abschnitt (5) „Allgemeinheit und Prüfbarkeit" hat jeder Autor die Position diskutiert, die die Theorie in einer Hierarchie anderer möglicher Theorien einnimmt. Wenn wir entscheiden müssen, ob ein Test unter eine Hypothese fällt oder nicht und ob eine Hypothese unter eine Theorie fällt, müssen wir fragen: *Wofür ist dieser Test ein Beispiel, und aus welcher Theorie ist diese Hypothese abgeleitet?* Mit anderen Worten, eine induktive Frage wird gestellt, um die Ebenen des Tests und der Hypothese zu identifizieren. Gleichermaßen muss die Frage gestellt werden, ob eine spezielle Theorie als Fall einer allgemeinen Theorie gelten kann.

Wie in der Einleitung hervorgehoben, kann das inverse Gesetz der medizinischen Versorgung von Hart (Kap. 11) auch als Beispiel für den *Matthäus-Effekt* angesehen werden, welcher sich in verschiedenen Gebieten auswirkt. Jensen zeigt, dass sich eine Tendenz zur Akkumulation findet, wo Güter gleichverteilt werden. Diejenigen mit einem Anfangsvorteil werden ihren Vorsprung ausbauen. Diejenigen mit der größten Bedürftigkeit besitzen weder Kenntnis noch Fähigkeit zur Formulierung ihrer Bedürfnisse. Soziale Institutionen verstärken die Fehlverteilung.

Auch können wir erörtern, ob die Theorie von Hart ein Beleg für die *Status-Theorie* ist, die behauptet, dass sich sozialer Status immer reproduzieren wird und dass sich die Unterschiede vergrößern werden, wenn nichts unternommen wird, um diesem Trend entgegenzuwirken. Bedeutet dies, dass der Matthäus-Effekt als alle diese Umstände umfassend verstanden werden sollte und stellt er deshalb die Theorie auf dem höchsten Niveau dar? Oder sind beide, das Gesetz von Hart und der Matthäus-Effekt Beispiele für Marktmechanismen, die von Adam Smith formuliert worden sind, d.h. auf einem höheren allgemeinen Niveau?

> Wie können wir sicherstellen, dass eine Theorie allgemeiner als eine andere ist? Welches ist die angemessene Ebene für unser Vorhaben? Robert Merton ist der Meinung, dass die nützlichste Methode für die Sozialwissenschaften ist, sich auf „Theorien mittlerer Reichweite" zu konzentrieren. Diese Theorien „können natürlich Abstraktion beinhalten, doch sind sie nahe genug an den beobachteten Daten, um Hypothesen für empirische Tests abzuleiten. Sie beziehen sich auf begrenzte soziale Phänomene. Beispiele sind die Bezugsgruppentheorie, Theorien über die soziale Mobilität, Rollenkonflikt und Preistheorie, Theorien über Infektionen auslösende Bakterien, kinetische Gas-Theorie".[3]
>
> Merton warnt vor einer „Theorie des Gesamtsystems", „der höheren Regionen", weil das Risiko besteht, sich in nutzloser Spekulation zu verlieren. Doch bleibt unklar, wo die Grenzlinie zwischen mittlerer und oberer Reichweite angesiedelt werden soll. Ich würde Studenten ermuntern, nicht zu fürchten weiterzudenken, obgleich sie nur über begrenztere Themen schreiben.

Ähnliche Fragen können mit Blick auf die Selbstmord-Hypothese von Durkheim aufgeworfen werden (Kap 13). Welche Theorie auf einem höheren Allgemeinheitsgrad wird durch die Selbstmord-Hypothese dargestellt? Durkheim suchte ein Paradigma höherer Ordnung, das sowohl das Ausmaß des Selbstmords wie auch der Kriminalität, der Scheidungsraten und anderer Arten der Abweichung erklären kann, die ineffektive Gesellschaften kennzeichnen. Die Diskussion der Selbstmord-Hypothese durch Knudsen liefert ein gutes Beispiel für den Wechsel zwischen theoretischer Verallgemeinerung und der Ableitung für empirische Tests. Durkheim hat die Aufmerksamkeit auf die Kräfte gelenkt, die zu einer Veränderung in der „Temperatur der Gesellschaft" von „warmen" zu „kalten" Gesellschaften beitragen. Durkheim definierte die (unabhängige) soziale Integrationsvariable operational von Nichtintegration (Abwesenheit von Normen) zu Überintegration (exzessive Normenkontrolle) an einer intermediären Form, die „die beste Temperatur" darstellt. Ferner definierte er die abhängige Variable, den Zustand der Gesellschaft, gemessen mit der Häufigkeit von Selbstmorden. Verschiedene Hypothesen können aus der Theorie abgeleitet werden, wie die Behauptung, dass sich in Gesellschaften, in denen die Integration zu schwach oder übermäßig ist, mehr Selbstmorde als in solchen mit „mittlerer" Integration ereignen werden. Die Typen des Selbstmordes (anomisch, egoistisch, altruistisch und fatalistisch) werden auch entsprechend dem Ausmaß der Integration variieren.

---

[3]   Robert Merton 1957/1968: „On Sociological Theories of the Middle Range", in: *Social Theory and Social Structure*, S. 39-72

Ein gewissenhafter Theoretiker muss sich immer fragen, ob die Tests fair und vernünftig aus den Hypothesen abgeleitet sind. In der wissenschaftlichen Literatur wird der Begriff der *Gültigkeit* für folgende Frage verwandt: ist der Test eine faire und vernünftige Form der Überprüfung der betreffenden Hypothese?

In der Rechtswissenschaft ergibt sich dasselbe Problem mit Blick auf allgemeine Regeln, einzelne Fallfragen und tatsächliche Entscheidungen. Juristen nutzen das „Subsumtions"-Konzept (Einschluss unter eine Regel), „analoge Interpretation" (Suche für Parallelen auf demselben Niveau) und „erweiterte Interpretation" (Suche nach höheren Abstraktionsniveaus). Die Rechtswissenschaft ist keine empirische Wissenschaft, doch bewegt sie sich wie die Sozialwissenschaft zwischen höheren und niederen Ebenen der Interpretation.

In der Rechtswissenschaft findet sich keine Logik, die zutreffende Interpretationen bestimmt. Einige Deutungen gewinnen ihre Autorität aus der Tradition, während andere von Richtern im Gericht getroffen werden.[4]

Das trifft gleichermaßen auf die empirischen Sozialwissenschaften zu. Ob eine Induktion oder Deduktion angemessen/vernünftig ist, muss von Spezialistenkreisen im Lauf der Zeit entschieden werden. In einer späteren Runde mag eine andere Gruppe die Entscheidung zurückweisen und die Gültigkeit des Testes aufheben. Dies ist die Entwicklung der Wissenschaft, wenngleich der Glaube vorherrscht, dass die Operationen bei Deduktion und Induktion auf viel strikteren formalen Regeln basierten. In solchen Fällen wird der Teil nicht berücksichtigt, den Erfindungsgeist, Intuition und verschiedene Formen des Argumentes bei der Entwicklung wissenschaftlicher Erkenntnisse ausmachen.

Ein cleverer Sozialwissenschaftler ist in der Lage, die theoretischen Implikationen in der Beziehung zwischen Theorie und empirischem Resultat und einer Bewegung, „aufwärts" oder „abwärts", zwischen den verschiedenen Typen/Ebenen der Inferenz wahrzunehmen.

---

[4] Der englische Jurist A.G. Guest illustriert, wie Richter nach „oben" und „unten" wandern, wenn sie ihre Gründe für aktuelle Entscheidungen zu benennen haben. *„Es ist häufig gesagt worden, dass der Richter sein gefundenes Ergebnis zunächst durch Intuition findet und danach die logischen Gründe für das Ergebnis benennt. Als psychologisches Phänomen ist dies an sich nicht allzu verwunderlich. All die zahlreichen Ziele, die die legale Ordnung befördern sollen und mit der der Richter durch seine professionellen Aktivitäten wohlvertraut ist, können zum Teil seiner eigenen Natur werden. Er hat Erfolg in der Suche nach einem rationalen Resultat, ohne sich vorher über alle Argumente klargeworden zu sein, die für das Ergebnis und seine Legitimation vorgebracht werden können"* (zit. nach Frede Castberg: Forelessninger over Rettsfilosofi (Lectures on Philosophy of Law 1965, S. 79).

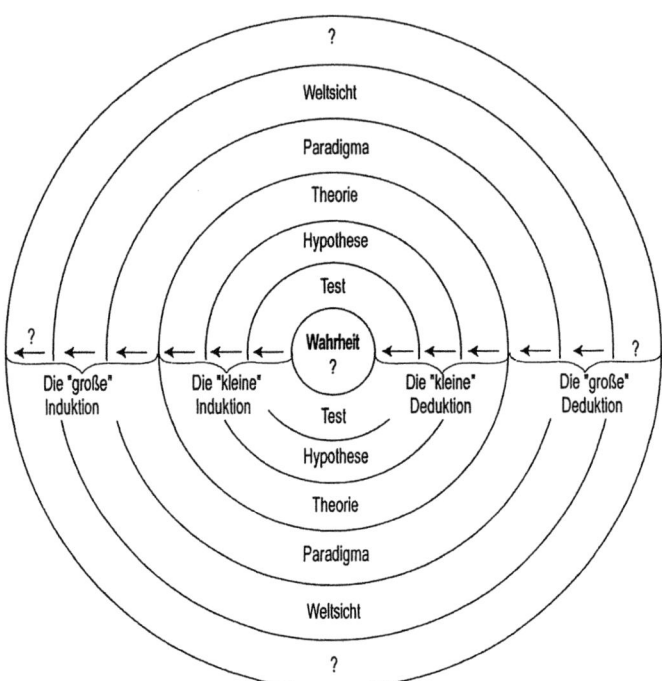

Abb. 1: Von der Weltsicht zum Test: die „große" und „kleine" Deduktion. Vom Test zur Weltsicht: Die „große" und „kleine" Induktion.

In Abb. 1 habe ich den Versuch unternommen, die verschiedenen Ebenen vom Test zu einer Weltsicht und der Interaktion zwischen den Ebenen zu illustrieren. Im äußeren Ring habe ich ein Fragezeichen angebracht, um anzudeuten, dass wir nicht wissen, was unsere Weltsicht leitet. Die „große" Deduktion stellt die Unterordnung der Theorie unter Paradigmen dar, die wiederum unter die Weltsicht fallen. Unsere Weltsicht entscheidet, welche Art von Kenntnis wir suchen und was für uns wichtig ist. Eine grundlegende Veränderung in unserer Weltsicht wird neue Paradigmen und neue Theorien notwendig machen. Dies erleichtert unser Verständnis z.B. der Weber-Merton-These, derzufolge die veränderten Rahmenbedingungen moderner Wissenschaft Anlass für neue Paradigmen und Theorien geben. Gleichermaßen hat die Theorie der Relativität die mechanische Weltsicht von Newton verändert, die lange die Naturwissenschaft beherrscht hat. Die „große" Deduktion ist deshalb selten, aber sehr fundamentaler Natur.

Die „kleine" Deduktion stellt den Weg von der Theorie zum Test dar, d.h. die Deduktion, über die eingangs in diesem Buch geschrieben wurde, von der Theorie zu einer konkreten Hypothese und zum empirischen Test. Ich habe auch ein

Fragezeichen im Zentrum der Abbildung angebracht um anzudeuten, dass die Kriterien für die Bewertung eines Tests nicht unproblematisch sind und einem Wandel in der Zeit unterliegen. Die HIV-Diagnose z.B. entstand erst lange Zeit, nachdem die Krankheit ihre verheerenden Ausmaße angenommen hatte. Somit ist in der Tat noch nicht einmal „Wahrheit" vollkommen ersichtlich, die HIV-Diagnose mag einen Test für eine vollkommen neue Hypothese einer Krankheit darstellen.

In Begriffen der *Induktion* weisen die Pfeile vom Zentrum auf die Peripherie, vom innersten Fragezeichen zum äußersten. Dies soll illustrieren, dass es nicht immer leicht ist zu wissen, wie wir zu Tests gelangen, die entscheidend für einen neuen theoretischen Durchbruch sein und sogar unsere gesamte Weltsicht ändern mögen.

Wenn wir sozialwissenschaftliche Probleme studieren, ist es nicht notwendig, die gesamte deduktive und induktive Problematik vor Augen zu haben. Dennoch sollten wir die Interaktionen, die im wissenschaftlichen Prozess stattfinden, gewärtig haben. So fühlen sich Wissenschaftler bei Tests unwohl, die nicht mit der Theorie harmonieren, was Kuhn Anomalien genannt hat, und die sich in theoretischen Veränderungen mit Wirkung nach oben für das Paradigma und die Weltsicht äußern. Das Wichtigste ist zu erkennen, sowohl wie fragil als auch robust die Welt der Wissenschaft in der Tat ist.

Die Identifizierung des Kerns von Theorien: die vier Inkompatibilitäts-Hypothesen

Der Grund, warum ich so viel Aufmerksamkeit auf die Theorie in den Sozialwissenschaften verwende, liegt darin, dass Theorien Muster andauernder Stabilität und sicherer Identifikation enthüllen. Stabilität und Muster sind notwendig für unser wechselseitiges Verständnis und für das Funktionieren des sozialen Lebens. Wir bilden Erwartungen darüber, wie andere handeln werden, und über die Struktur der Gesellschaft, die uns in die Lage versetzen, einigermaßen die Folgen unseres eigenen und des Handelns anderer Menschen vorherzusagen.

Viele Personen meinen, was die Gesellschaft charakterisiert, sind nicht so sehr Muster und Stabilität, sondern Variation, Vielfalt und Instabilität. Deswegen sei es sinnlos, nach allgemeinen Theorien Ausschau zu halten. Wir sollten stattdessen das soziale Leben als Gewirr individueller „Erzählungen" ansehen. Der Glaube an den Wert von Theorien und an Stabilität mag die ursprüngliche Erfahrung dessen ausschließen, was sich tatsächlich ereignet.

Die Kritik an der Suche nach Theorien und an den Glauben in Stabilität steht über weite Strecken mit dem Umstand in Verbindung, dass sich keine „guten" Theorien finden, die leicht die Ableitung sicherer und testbarer Hypothesen ermöglichen. Im Gegenteil ist es leicht, nahezu jedes etablierte Stückchen allgemeiner Kenntnis über das soziale Leben zu falsifizieren. Es mag deswegen sicherer erscheinen, „Fakten zu etablieren", ohne sie auf die Ebene der Theorie zu heben. Über die Jahre hat diese Sicht ihre Spuren deutlich in der Disziplin der Geschichte hinterlassen.

Doch hinterlässt uns die postmoderne Betonung der individuellen „Erzählung" und die Einzigartigkeit traditionaler geschichtlicher Forschung ein Problem: in der Erforschung von Einzelfällen und in der Hervorhebung des Einzelnen braucht man dennoch allgemeine Begriffe und Vergleiche um zu erfassen, wie eine Erzählung vermittelt wird und auf welche Weise sie einzig ist. Somit sind Muster gleichermaßen bei dieser Gedankenlinie berührt, selbst wenn man es vorzöge, sie zu ignorieren. Doch verpflichten die postmoderne Kritik und der Trend zur Einzigartigkeit des Gedankens die Sozialwissenschaft zu noch größerer Klarheit der Folgen des Denkens in Begriffen von Theorie und Muster.

Um den Kern einer Theorie zu identifizieren, mag es nützlich sein, verschiedene Typen sich wechselseitig ausschließender Hypothesen zu betrachten. Ziel ist es, *explizite Hypothesen zu formulieren*, als ob sie von der betreffenden Theorie deduziert wären. Dies sind die vier Hypothesen:

Theorie: $X \rightarrow Y$	
1. Basishypothese:	$X \rightarrow Y$
2. Entgegengesetzte Hypothese:	$X \rightarrow$ nicht Y
3. Inverse Hypothese:	$Y \rightarrow X$
4. Alternative Hypothese:	$Z \rightarrow Y$

Die Anwendung dieses einfachen logischen Apparates kann von Nutzen sein, wenn der vernünftige Kern einer Theorie bei der Überprüfung von Theorien ermittelt werden soll. Endlose Varianten der Formulierung der vier Hypothesen finden sich, doch muss die Logik die gleiche für alle vier sein. Wir können die Methode mit Blick auf die Diskussion der Hypothese des Gegendrucks von Lars Svåsand illustrieren (Kap. 14):

Was stellt die korrekte Identifizierung der Hypothese des Gegendrucks wie in Kap. 14 behandelt dar? In unserem Fall ist es die Nummer 1, da sie aus der klassischen Theorie abgeleitet worden ist. Eine Folge unseres Beispiels lautet, dass die anderen drei Hypothesen nicht zutreffen können. Doch können Wissenschaftler, die entweder skeptisch gegenüber der Hypothese vom Gegendruck im Allgemeinen sind oder die eine noch solidere Begründung für zukünftige Forschung suchen, die anderen drei Hypothesen formulieren um herauszufinden, ob sie im Hinblick auf die Realität vernünftig sind, die sich in Wahlanalysen findet. Wenn zum Beispiel die *alternative Hypothese* (4) durch das verfügbare Material

Theorie: Gegendruck (X) → Späte Entscheidung der Wahl einer Partei (aber auch mögliche Enthaltung) (Y)	
1) Basishypothese (abgeleitet aus der Theorie):	Katholiken in hohen Statusgebieten (X) → benötigen längere Zeit zu entscheiden, welche Partei sie wählen (Y)
2) Entgegengesetzte Hypothese:	Katholiken in hohen Statusgebieten (X) → entscheiden unmittelbar, welche Partei sie wählen (Y)
3) Inverse Hypothese:	Die Zeit, die notwendig ist, eine Entscheidung zu treffen (Y) → entscheidet darüber, wen Katholiken in hohen Statusregionen wählen werden (X)
4) Alternativhypothese:	Dies berührt die Wirksamkeit der Parteipropaganda in einem Gebiet (Z) → die darüber entscheidet, ob die Wähler in einem Gebiet eine lange Zeit zur Entscheidung brauchen (Y)

unterstützt scheint, mag sich dies in der mangelnden Gültigkeit/Falsifizierung der Hypothese des Gegendrucks äußern. Die *gegenteilige Hypothese* (in ihrer statistischen Version auch als Nullhypothese bekannt) kann nicht zutreffen, wenn die grundlegende Hypothese als vernünftig angesehen wird. Sie kann als klare Antithese zur zugrundeliegenden Hypothese mit dem Ziel der Illustrierung formuliert werden, was die Folgen des Gegenteils wären. Die *inverse Hypothese* sollte so formuliert werden, dass die vernünftigste kausale Richtung sichergestellt ist, wenn sich ein hohes Ausmaß der Kovariation zwischen X und Y ergibt und wenn unsicher ist, welche Variable die unabhängige (X) und welche die abhängige (Y) sein kann. Ich werde einige weitere Beispiele zur Verdeutlichung der Methode liefern.

In der Diskussion der Zwei-Stufen-Hypothese durch Helge Østbye (Kap. 15) können wir eine *entgegengerichtete Hypothese* feststellen, z.B.: während einer Wahlkampagne finden sich genau so viele Menschen, die behaupten, ihre Bindung an eine Partei (Y) geändert zu haben, weil sie interpersonal beeinflusst worden seien (X), wie sich Leute finden, die behaupten, ihre Bindung zu ändern

(Y), weil sie durch das Fernsehen und die Zeitung/Massenmedien (die *gegenteilige Hypothese* hier formuliert als Nullhypothese) beeinflusst seien.

Eine andere Formulierung der *entgegengerichteten Hypothese* (die auch der Zwei-Stufen-Hypothese widerspricht): während einer Wahlkampagne findet sich kein Unterschied in der Zahl derjenigen, die behaupten, ihre Parteibindung zu ändern (Y), weil sie persönlich beeinflusst seien (X), und der Zahl derer, die behaupten, sie seien durch Zeitung und TV beeinflusst (X).

Eine *alternative Hypothese* zur Zwei-Stufen-Hypothese mag die folgende sein: der Grund, warum Personen ihre Parteiunterstützung (Y) während einer Wahlkampagne ändern, liegt darin, dass sie aus einem Gebiet in ein anderes wegziehen (X). Mit anderen Worten wird es daran liegen, dass ein Wähler sich von einem Gebiet mit niedrigem Status in ein Gebiet mit höherem Status oder umgekehrt begibt, was die Veränderung in der Parteienbindung während der Wahl beeinflusst, und nicht am Einfluss von Meinungsführern in der näheren Umgebung.

Eine *inverse Hypothese* kann so formuliert werden: die Entscheidung, die Partei während der Wahlkampagne zu wechseln (Y) trifft das betreffende Individuum, das persönlich stärker Meinungsführern ausgesetzt ist (X). Auf den ersten Blick erscheint diese Hypothese wenig zwingend angesichts der zeitlichen Reihenfolge der Ursachen (Meinungsführer sollten einen Einfluss *vor* dem Wechsel einer Partei haben). Doch kann man darauf hinweisen, dass es in der nächsten Runde die Zögerer sind (soweit sie bekannt sind), auf die sich die Meinungsführer in ihrer Einflussnahme konzentrieren. Eine Strategie beim Management einer Wahlkampagne mag in der Tat darin liegen, ein Minimum an Zeit für die Einflussnahme auf „sichere" Wähler aufzuwenden und mehr auf diejenigen, die „offensichtlich unsicher" sind. So gefasst ist die *inverse Hypothese* nicht ohne Interesse, wenngleich wir es dann mit einer *unterschiedlichen* Hypothese zu tun haben, nicht mit der Zwei-Stufen-Hypothese. Doch war der Sinn, eine *inverse Hypothese* zu formulieren, herauszufinden, wie die Kausalrichtung, die durch die Zwei-Stufen-Hypothese benannt wird, gut bekräftigt werden kann. Bei der gleichen Operation haben wir somit eine interessante neue Hypothese „entdeckt".

Die Tragödie der Allmende (Kap. 12) liefert ein Beispiel, wie eine *entgegengesetzte Hypothese* formuliert werden kann: die individuelle Ausdehnung (X) in einem Gebiet, in dem Ressourcen geteilt werden, hat keinen Einfluss auf die ökologische Balance (Y) der Region. Doch beschäftigt sich diese Hypothese nicht speziell mit Einschränkungen und eine angemessene Formulierung mag die folgende sein: starke Begrenzungen (X) in einem Gebiet, wo die Ressourcen geteilt werden, haben keinen Einfluss auf die ökologische Balance (Y) in der Region.

Wenn die Hypothese vernünftig ist, scheint es natürlich, mit einer *alternativen Hypothese* zu folgen: entscheidend für die Zerstörung des Gleichgewichts einer Region (Y) sind die Fähigkeiten eines Gebietes für biologischen Widerstand und Erneuerung (Z) und nicht Restriktionen, die von der Gesellschaft auferlegt werden.

Eine *inverse Hypothese* mag wie folgt aussehen: entscheidend für das Ausmaß der Restriktion (X) in einem Gebiet ist das Gleichgewicht der Ressourcen in der Region (Y). Diese Hypothese ist von Bedeutung für die Tragödie der Allmende, weil sie das Problem berührt, wie Regeln zustandekommen: vor der Einführung von Regeln (X) muss das Gleichgewicht (Y) zerstört oder bedroht sein. Es ist zweifelhaft, ob es sinnvoll ist, dies eine *inverse Hypothese* der Tragödie der Allmende zu nennen, doch in unserem Zusammenhang ist zu demonstrieren, dass die Formulierung *inverser Hypothesen* zu neuen theoretischen Ideen führen kann, Ideen, die in weiterer Forschung z.B. für das Gleichgewicht der Ressourcen fruchtbar sein können. Aber es ist auch möglich, dass eine andere *Basishypothese*, vergleichbar der *inversen Hypothese,* aus der Theorie abgeleitet werden kann, die sogar ein besseres Verständnis des „Tragödieneffekts" in Gebieten mit ausgeglichenen Ressourcen ermöglicht.

Auf diese Weise können wir alle sozialwissenschaftlichen Theorien in diesem Buch und in anderen Publikationen prüfen und die vernünftigen aus den vier obengenannten Hypothesen ableitbaren Hypothesen niederschreiben. Dabei ist sorgfältig zu erwägen, welche Hypothese als die vernünftigste mit Blick auf die Theorie anzusehen ist (gültige Deduktion).

Der Zweck dieser Methode besteht darin, Studenten und Forscher mit Instrumenten zu versehen, Theorien und Hypothesen mit dem Ziel klarer Formulierung in verschiedene Richtungen zu „entfalten" oder „zu sezieren". Diese Methode soll helfen, der Theorie gewärtiger zu werden. Ihren Kern gilt es zu identifizieren. Folglich ist es eine Methode für verbesserte Wissenschaft und Forschung. Dieser Prozess ist keineswegs gradlinig und einfach, doch liefert er die notwendige erhöhte Aufmerksamkeit, die häufig in traditionellen Methodenbüchern zu vermissen ist.

Schlussbemerkungen

Wenn der Eindruck bleibt, dass theoretische Arbeit schwierig ist und dass Theorien alles andere als unzweideutig und offensichtlich sind, dann ist der Leser nicht weit von der Wahrheit entfernt. Doch je größer das Bewusstsein solcher Schwierigkeiten ist, desto eher ist man in der Lage, sie in der Forschung zu berücksichtigen und damit das Risiko zu vermeiden, trivial und oberflächlich zu werden.

Viele unklare und unsichere Zwischenschritte finden sich auf den verschiedenen Stufen einer theoretischen Erklärung. Diese mögen Pessimismus erzeugen. Es ist keine leichte Aufgabe, zwischen Annahmen und der Theorie selbst oder den verschiedenen Ebenen einer theoretischen Hierarchie zu unterscheiden. Zur gleichen Zeit mag die Definition des Problems und der Test des Kerns der

Theorie/Hypothese so viele Szenarien liefern, dass das gesamte Projekt als hoffnungslos erscheinen mag.

Doch gerade in dieser bedeutsamen Spannung zwischen Schwierigkeiten, fruchtbaren Antworten und Lösungen theoretischer Komplexität finden wir die Herausforderung der theoretischen Arbeit. Es ist keine einfache Aufgabe. Man muss sich damit beschäftigen, ohne die Schwierigkeiten unter den Teppich zu kehren. Kenntnis der Eigenart von Theorien, Vertrautheit mit den Schwierigkeiten der theoretischen Arbeit, kritischer Geist, Optimismus und ein Reichtum an Ideen und Neugierde – dies sind die Qualitäten, zu deren Kultivierung ich den Leser ermutige und die entscheidend bei der Freude an dieser Arbeit sind.

Autoren

Jan Erik Askildsen (1954) ist Assistenzprofessor an der Universität Bergen. Publikationen: "Regulating Monopolies with Worker Participation" in *Economic Analysis* 1/1998. "Human Capital, Property Rights and Labour Managed Firms" (mit N. J. Ireland) in *Oxford Economic Papers* 45/1993. "Allocation of Capital and Labour-Owned Firm Consisting of Heterogeneous Workers" in *The Scandinavian Journal of Economics* 90/1988. "Medarbeiderstyre eller kapitalstyre?" (Coworker Rule or Capitalist Rule?) in Sandmo und K. P. Hagen (Hrsg.): *Offentlig politikk og private incitamenter (Public Policy and Private Incitements)*, 1992. "Assymmetrisk informasjon i kredittmarkeder" (Asymmetric information credit markets) in G. Torsvik (Hrsg.): *Informasjonsproblem og økonomisk styring (Problems of Information and Economic Control),* 1998.

Ole Jacob Broch (1940) ist Professor der Pharmakologie an der Universität Bergen. Er hat über das Zentralnervensystem gearbeitet, insbesondere über den Stoffwechsel der Serotonine und Dopamine und die regionale Verteilung dieser Substanzen und Enzyme im Gehirn. Publikationen: *Studies of catechol-O-methyl transference in nervous tissue of the rat,* 1974. *Atferdsfarmakologi for psykologer (Behavioural Pharmacology for Psychologists,* 1992.

Tom Colbjørnsen (1951) ist Professor für Organisationstheorie an der Norwegischen Schule für Wirtschaftswissenschaften und Verwaltungswissenschaft in Bergen. Publikationen: *Mangfold, medvirkning, tillit: Ledelse og nye organisasjonsformer (Diversity, Participation, Confidence: Management and New Forms of Organization),* 1997. *Development Coalitions in Working Life* (mit B. Gustavsen and Ø. Pålshagen), 1998. *Reisen til markedet (The Journey to the Market),* 2. Aufl. 1995.

David R. Doublet (1954-2000) war Professor für Allgemeine Rechtstheorie an der Universität Bergen. Publikationen: Trancendentalfilosofi og historisisme (Transcendental Philosophy and Historicism) 1988. Die Vernuft als Rechtsinstanz (Reason as Judicial Authority) 1989. Rett, Vitenskap og fornuft (Law, Science and Reason) 1995. Retten og vitenskapen (The Law and Science) (mit J. Bernt), 1992. Juss, samfunn og rettsanvendelse (Law, Society and Application of the Law) (mit J. Bernt), 1996. Vitenskapsfilosofi for jurister (Philosophy of Science for Lawyers), (mit J. Bernt), 1998.

Nils Gilje (1947) ist Professor für Philosophie am Zentrum für Wissenschaftstheorie der Universität Bergen. Publikationen: *Anomalier i moderne vitenskapsfilosofi* (Anomalies in Modern Philosophy of Science), 1987. *Hermeneutikk i vitenskapsteoretisk perspektiv* (Hermeneutics in Scientific Theoretical Perspective), 1987. *Samfunnsvitenskapenes forutsetninger* (The Assumptions within the Social Sciences) (mit H. Grimen), 1993. *Hans Nielsen Hauge og kapitalismens ånd* (Hans Nielsen Hauge and the Sprit of Capitalism), 1994, *Filosofihistorie III* (History of Philosophy), (mit G. Skirbekk), 1996.

Harald Grimen (1955) ist Professor für Philosophie an der Universität Tromsø. Publikationen: "Fornuftige usemjer og epistemisk resignasjon" (Sensible disagreements and epistemic resignation), in E. O. Eriksen (Hrsg.): *Den politiske orden (The Political Order),* 1994. "Causally inefficient knowledge and functional explanation" in *Social Science Information* 33/1, 1994. "Starka värderingar och holistisk liberalism" (Strong assessments and holistic liberalism) in C. Taylor: *Identitet, frihet och gemenskap (Identity, Freedom and Fellowship),* 1995. "How conditions of adequacy for text-interpretations depend on practices for explaining actions" in K. S. Johannessen und T. Nordenstram (Hrsg.): *Wittgenstein and the Philosophy of Culture,* 1996. "Consensus and Normative Validity" in *Inquiry* 40/1, 1997.

Ørnulf Gulbrandsen (1946) ist Professor für Sozialanthropologie an der Universität Bergen. Er hat sich früher mit Themen der industriellen Anthropologie beschäftigt. Publikationen: *Samarbeidsideologi og interessekonflikt (Ideology of Collaboration and Conflict of Interests),* 1976. Später hat er ausführliche Studien durchgeführt und verschiedene Artikel und Bücher über politisch-religiöse Themen, Verwandtschaft/Heirat und wirtschaftlich-ökologische Probleme in Botswana vorgelegt. Das letzte größere Werk ist *Poverty in the Midst of Plenty,* 1996.

Thor Øivind Jensen (1951) ist Assistenzprofessor für öffentliche Verwaltung an der Universität Bergen. Er hat über Gesundheits- und Konsumthemen gearbeitet. Publikationen: *Håndbok i publikumsundersøkelser* (Manual for public research investigations) (mit Bomann-Larsen), 1986. *Mellom påbud og påvirkning, Tradisjoner, institusjoner og politikk i forebyggende helsearbeid* (Between command and influence, Tradition, Institutions and Policy in Preventive Healthcare), (mit Evebakken und Fjær), 1993. *Product Safety in the Field and Services,* 1997. *Den europeiske unions utfordringer: ny organisasjon og kultur omkring avhenghetsskapende substanser* (The European Union's Challenges: New Organisation and Culture around Dependence Creating Substances), 1996. "Designing the good life: Nutrition and Social democracy in

Norway" in Sulkunen et al. (Hrsg.): *Constructing the new Consumer Society*, 1997.

Jan Erik Karlsen (1942) ist Professor am Stavanger Universitäts-College und Forschungsmanager bei Rogaland Research. Er hat zahlreiche Bücher über die wirtschaftliche Organisationstheorie und das Management in Gesundheits-, Umwelt- und Sicherheitsfragen geschrieben. Er forscht über Technik- und Umwelttethik und über robuste Formen der Organisation in der Nutzung neuer Technologien.

Knud Knudsen (1944) ist Professor für Soziologie am Stavanger Universitäts-College. Publikationen: *Lithuania in a period of transition*, 1995. "Scandinavian Neighbours with different character?" in *Acta Sociologica*, 1997, "Reactions to global processes of change: Attitudes towards marriage and gender roles in modern nations" (mit Kari Wærness) in *Comparative Sociology Yearbook*, 1999.

Stein Ugelvik Larsen (1938) ist Assistenzprofessor am Department für vergleichende Politikwissenschaft der Universität Bergen. Publikationen: *Who were the fascist? Social Roots of European Fascism* (Hrsg. mit B. Hagtvet und J. P. Myklebust), 1990. *Fascism and European Literature* (Hrsg. mit B. Sandberg), 1991. *Nazismen og norsk litteratur (Nazism and Norwegian Literature),*Hrsg. mit B. Birkeland, L. Longum and A. Kittang), 1995. *I balansepunktet. Sunnmøres eldste historie 800-1600 (In the point of balance. Sunnmøre's oldest history 800-1600)* (Hrsg. mit J. Sulebust), 1994. *Modern Europe after Fascism* (Hrsg.), 1998. *Krigen og i krigens kjølvann (The War and in the Wake of War)* (Hrsg.), 1999, *Meldungen aus Norwegen* (SD/SIPO-Reports from Norway*)* (Hrsg. mit B. Sandberg and H. Paulsen), 2001.

Peter Sjøholt (1925) ist emeritierter Professor an der Norwegischen Schule für Wirtschaftswissenschaft und Verwaltungswissenschaft in Bergen. Publikationen: *- og bygda bleby. Strindas historie 1946-64* (- and the village became a town. The history of Strinda 1946-64), 1971. *Systemet av sentrale steder og omland* (The System of Central Places and Surrounding Country) 1981. "Vil varene vare?" (Will the Goods Last?) in *Det moderne Norge* (The Modern Norway) vol. 3, (Hrsg. mit D. Bjørnland und H. F. Dahl) 1982. "Norge i verden" (Norway in the World) in Cappelen: *Norge* (Norway), vol. 3, 1985. *Tropical colonization. Problems and achievements*, 1988. *Nasjonalatlas for Norge. Innenriks varehandel* (National Atlas for Norway. Domestic Commodity Trade), 1992. *Internationalisering af service og regional udvikling i Norden* (Internationalisation of Service and Regional Development in the Nordic Countries), 1992.

Lars Svåsand (1947) ist Professor für vergleichende Politikwissenschaft an der Universität Bergen. Er beschäftigt sich mit politischen Parteien. Publikationen: *Challenges to Political Parties: The case of Norway* (mit K. Strøm), 1997. *Partier uten grenser?* (Parties without Boundaries?) (Hrsg. mit K. Heidar), 1997.

Gaute Torsvik (1963) ist Professor für Wirtschaftswissenschaft an der Universität Bergen. Publikationen: "The ratchet effect in common agency: Implications for regulation and privatization" in *Journal of Law, Economics and Organizations*, 9/1993. "Collusion and renegotiation in hierarchies; the case of beneficial corruption" in *International Economic Review*, 1998. "Incentives and Discretion in Organizations" in *Journal of Labor Economics*, 1999. *Informasjonsproblem og økonomisk organisering (Problems of Information and Economic Organization*, 1997. Alle Publikationen in Kooperation mit T. E. Olsen.

Helge Østbye (1946) ist Professor für Medienwissenschaft an der Universität Bergen. Er hat am ersten Bericht über Machtfragen mitgearbeitet *(NOU 1982:3* und *NOU 1982:30)*. Er ist Mitarbeiter zahlreicher Bücher der Euromedia Research Group. *Sosialpolitikk eller sosialpornografi? (Social Policy or Social Pornography?)* (mit R. Puijk und E. Øyen), 1984. *Mediepolitikk (Media Policy)* 2. Aufl. 1995. *Metodebok for mediefag (Methods for Media Studies)* (mit K. Helland, K. Knapskog und T. Hillesund), 1997, *Media i samfunnet (Media in Society)* (mit T. Scwebs), 4. ed. 1999.

Ekkart Zimmermann (1946) ist Professor für Soziologie an der Technischen Universität Dresden. Er hat den 1993 neugeschaffenen Lehrstuhl für Makrosoziologie übernommen. Neuere Buchmanuskripte zur Politischen Soziologie, zur Systemtransformation und zur Globalisierung sind in Vorbereitung.

Personenindex

Sachindex

Jürgen Gerhards

Die Moderne und ihre Vornamen

Eine Einladung in die Kultursoziologie

2003. 202 S. mit 31 Abb. und 7 Tab. Br. EUR 18,90

ISBN 3-531-13887-1

Am Beispiel der Vergabe von Vornamen lassen sich kulturelle Modernisie-
rungsprozesse empirisch beschreiben und strukturell erklären: Die traditionellen Ligaturen Familie, Religion und Bindung an die Nation verlieren im Zeitver-
lauf in der Strukturierung der Vergabe von Vornamen an Bedeutung; Prozesse
der Individualisierung und der Globalisierung gewinnen stattdessen an Relevanz.

Christian Stegbauer

Reziprozität

Einführung in soziale Formen der Gegenseitigkeit

2002. 182 S. Br. EUR 19,90

ISBN 3-531-13851-0

Warum senden sich die Menschen gegenseitig Weihnachtskarten? Weshalb
kommt es in Wohngemeinschaften zu Konflikten, falls der Eindruck entsteht,
nicht jeder beteiligt sich an den Hausarbeiten ungefähr gleich viel wie man
selbst? Solche Themen behandelt das einführende Buch. Es'wird argumentiert,
dass die Ursachen von Gegenseitigkeit nicht mit individuellen Zweck-Mittel-Kal-
külen erklärbar sind. Die Art und Weise, wie Gegenseitigkeit ausgestaltet wird,
ist immer abhängig von der Beziehung, in der die Austauschpartner zueinander
stehen.

Heiner Meulemann

Soziologie von Anfang an

Eine Einführung in Themen, Ergebnisse und Literatur

2001. 428 S. mit 27 Abb. und 22 Tab. Br. EUR 34,50

ISBN 3-531-13742-5

Diese Einführung will „Soziologie von Anfang an" darstellen. Die Soziologie
befasst sich mit der Gesellschaft als einem Produkt sozialen Handelns. Sie
beginnt mit dem Begriff des sozialen Handelns und zielt auf die Gesellschaft.
Sie versucht, auf dem Weg vom sozialen Handeln zur Gesellschaft die Themen
oder Grundbegriffe der Soziologie systematisch darzustellen: soziale Ordnung,
soziale Differenzierung, soziale Integration, Sozialstruktur, soziale Ungleichheit,
soziale Mobilität und sozialer Wandel.

EINFÜHRUNGEN IN DIE

Soziologie

www.westdeutscher-verlag.de

Erhältlich im Buchhandel oder beim Verlag.
Änderungen vorbehalten. Stand: März 2003.

Abraham-Lincoln-Str. 46
65189 Wiesbaden
Tel. 06 11. 78 78 - 285
Fax. 06 11. 78 78 - 400

West
deutscher
Verlag

Jörg Ebrecht, Frank Hillebrandt (Hrsg.)

Bourdieus Theorie der Praxis

Erklärungskraft - Anwendung - Perspektiven

2002. 246 S. Br. EUR 27,90

ISBN 3-531-13747-6

Obwohl von Bourdieu als allgemeine Sozialtheorie mit universellem Erklärungsanspruch konzipiert, beschränkt sich die bisherige Wirkungsmacht seines Ansatzes weitgehend auf die Thematik strukturierter sozialer Ungleichheit. Der Sammelband versucht diese thematische Engführung zu überwinden, indem er die Anschlussmöglichkeiten für einige spezielle Soziologien testet, die eine besondere Relevanz und Aktualität für die moderne Gesellschaft besitzen: die Techniksoziologie, die Organisationssoziologie und die Soziologie des Geschlechterverhältnisses.

Thomas Drepper

Organisationen der Gesellschaft

Gesellschaft und Organisation in der Systemtheorie Niklas Luhmanns

2003. 344 S. Br. EUR 29,90

ISBN 3-531-13817-0

Dieser Band unternimmt den Versuch, die soziologische Systemtheorie Niklas Luhmanns für die Rekonstruktion und Systematisierung des wechselseitigen Bedingungsverhältnisses von moderner Gesellschaft und modernen Organisationen aufzubereiten, um so eine Verbindung von Differenzierungstheorie und dem Paradigma der Organisationsgesellschaft herzustellen. Die über verschiedene Theoriephasen entwickelte und mehrfach modifizierte soziologische Systemtheorie Niklas Luhmanns wird als umfassendes Erklärungsangebot für eine Gesellschaftstheorie von Organisationen diskutiert.

Christoph Deutschmann (Hrsg.)

Die gesellschaftliche Macht des Geldes

2002. 367 S. mit 17 Abb. Br. EUR 34,90

ISBN 3-531-13687-9

Das Thema „Geld" stellt bis heute trotz - oder vielleicht gerade wegen - seiner Allgegenwart in der Gesellschaft einen blinden Fleck der Sozial- und Wirtschaftswissenschaften dar. Der Band soll helfen, dieses Manko zu beheben. Jenseits der üblichen technischen Betrachtung des Geldes als Tauschmittel, Wertmaß und Zahlungsmittel wird das Thema aus einem bewusst breit gehaltenen Spektrum von Perspektiven beleuchtet: Geld als Kommunikationsmedium, Geld und Religion, Geld und Moderne, Psychologie des Geldes und des Konsums, Geld und Sozialcharakter, Zentralbanken und Finanzmärkte.

www.westdeutscher-verlag.de

Abraham-Lincoln-Str. 46
65189 Wiesbaden
Tel. 06 11. 78 78 - 285
Fax. 06 11. 78 78 - 400

West
deutscher
Verlag

Erhältlich im Buchhandel oder beim Verlag.
Änderungen vorbehalten. Stand: März 2003.